KB200548

하나님의 영광과 존귀

하나님의 영광과 존귀

조나단 에드워즈

THE GLORY AND HONOR
OF
GOD

규장

Originally published in English under the title

The Glory and Honor of God

by Jonathan Edwards

Copyright © 2004 by Michael McMullen

Published by B&H Publishing Group
One LifeWay Plaza
Nashville, TN 37234, U.S.A.

This Korean Edition © 2020 by Kyujang Publishing Company

이 전에 출판한 《하나님의 축복》(The Blessing of God)에서 감사를 표했 듯이, 예일대학교의 에드워즈 프로젝트의 책임을 맡고 있는 케네스 민케 마 박사(Dr. Kenneth Minkema)에게 큰 빚을 지고 있다. 민케마 박사는 나 의 오랜 좋은 친구이며 에드워즈의 글을 연구하는 데 도움을 준 주요 원 천이다. 브로드맨과 홀맨 출판사의 레너드 고스(Leonard G. Goss)와 그의 직원들 그리고 미드웨스트 침례교신학교의 나의 비서인 민디 로즈(Mindy Rose) 양에게도 감사를 전한다. 로즈 양은 내가 신학교의 여러 업무를 처 리하는 데 있어 내 일정을 잘 관리해주었다. 톰 퍼케이플(Tom Purkaple) 에게도 감사한다. 그는 모든 기술적인 문제들에서 언제든지 나를 도와줄 채비를 하고 실제로 기꺼이 도와주었는데, 특히 영화 '반지의 제왕' 삼부 작의 표를 다 구입해준 것에 감사한다.

나는 미드웨스트 침례교신학교의 학생들에게 1차 자료를 읽고 생각하 도록 권하는 일에 지대한 가치를 두었다. 그래서 많은 학생이 에드워즈의 설교들을 현대 영어로 옮기는 매우 골치 아픈 작업에 참여했다. 이 책에 있는 몇몇 설교들에 그런 힘든 작업을 수행하며 내게 실제적인 도움을 준 모든 학생에게 감사한다. 제세 반하트, 킴벌리 콕스, 폴 다메리, 에밀리 엘리엇, 소냐 마일즈, 닐 샌더스 그리고 스티브 서틀이 바로 그 학생들이 다. 나는 특히 한 학생, 맷 워드(Matt Ward)의 도움을 언급하고 싶다. 맷 은 많은 수고와 인내가 필요한 작업을 마친 후에 자신이 조나단 에드워 즈를 연구하는 일에 특별한 재능이 있음을 발견했다. 맷은 지속적인 격려 의 원천이었으며, 이 책을 만드는 데 핵심적인 기여를 했다.

감사의 글

조나단 에드워즈의 설교를 소개하며

CONTENTS

이 책에 실린 20편의 설교는 조나단 에드워즈(1703-1758)가 했던 설교들이다. 에드워즈는 노샘프턴(Northampton)의 회중교회 목사였으며, 그 후 매사추세츠주 스톡브리지의 후서토닉 인디언들(Housatonic Indians)에게 복음을 전했던 선교사이기도 하다.

● 이 책에 실린 설교들은 내가 스코틀랜드의 애버딘대학교와 미국의 예일대학교에서 박사 과정을 밟으며 에드워즈를 연구한 이후 그의 저술과 영향에 지속적인 관심을 가지고 연구한 결과의 일부분이다.

이 책을 만드는 데 사용한 원고들은 예일대학교 바이네케 희귀본과 사본 도서관(Beinecke Rare B업부ook and Manuscript Library)에 소장되어 있던 에드워즈의 글들을 모은 《선집》(Miscellanies)에 들어 있다. 브로드맨과 홀만 출판사에서 이전에 출판되지 않은 에드워즈의 설교를 두 권의 시리즈로 묶어 출간했다. 제2권에 포함된 이 책의 설교에 대해 몇 가지 말하자면, 설교를 선정한 원리는 딱히 없다. 단지 에드워즈가 선포한 설교의 광범위한 범위를 제시하려는 의도가 선정 원리라면 원리이다. 아홉 편의 구약 설교, 열한 편의 신약 설교로 구성됐다. 좀 더 긴 설교와 짧은 설교의 예, 복음주의적인 설교, 좀 더 교리적인 내용의 설교가 있다.

에드워즈의 설교문은 온전하게 또는 정확히 마무리된 경우가 매우 드물었다. 에드워즈의 설교에 마침표 대부분은 현대 영어로 옮기면서 내가 찍은 것들이다. 에드워즈는 종종 단어나 문자, 전체 문단을 지우기도 했다. 이렇게 한 설교는 이 책에 포함시키지 않았다. 에드워즈는 가끔 문단의 의미를 고치기도 했고 지웠다가 다시 쓰기도 했다. 이러한 까닭에 그의 설교를 읽다보면, 같은 말이 반복되고 그가 전하려는 메시지의 의미가 정확하지 않은 경우가 상당히 많다는 것을 알 수 있다. 우리가 에드워즈의 설교 원고에서 얻은 증거에 따르면, 에드워즈는 1733년 1월 이전에는 설교한 날짜를 표기하지 않았다. 그러나 그의 전집 작업에 관심을 가진 학자들은 날짜가 없는 설교에 날짜를 부과하는 작업을 많이 수행했다. 이렇게 작업한 주도적인 인물들 가운데 한 분이 바로 토머스 쉐퍼(Thomas A. Schafer)다. 에드워즈가 친필로 쓴 글들을 분석하여 추론하고 탐구하는 일은 공이 많이 들어간다. 그가 설교를 기록한 종이에는 잉크가 번져서 생긴 다양한 무늬들, 심지어 쇄선을 친 공백도 있다.

에드워즈는 다작을 했다. 워필드(B. B. Warfield)가 말한 것처럼 마치 "그는 혈관 속에 잉크 한 방울을 가지고 태어나 어릴 때부터 손에 펜이 들려져 있었다."[1] 이것이 진실이다. 에드워즈의 사상은 아직도 발견되어야 할 부분이 많이 있다. 예일대학교의 바이네케 희귀본과 사본 도서관에 있는 에드워즈 전집에 그의 친필 원고가 출판되지 않은 채 아직 남아 있다. 이 책에 포함된 설교 역시 이전에 출판되지 않은 많은 설교 중에서 아주 적은 분량이다. 에드워즈 탄생 300주년 기념사업의 일환으로 출간된 그의 설교집 《하나님의 축복》(The Blessing of God)의 후속편이기도 하다.

• 이 책이 인쇄되고 있을 무렵, 《미국의 뉴스와 세계 보고서》(U. S. News and World Report)에 "새 시대와 옛 시대의 종교"(The New Old-Time

Religion)라는 제목의 특별한 보도가 등장했다. 여기서 제이 토이슨(Jay Toison)도 이 기념사업에 대해 논평했다. 토이슨은 현대 복음주의의 부침(浮沈)을 검토하고 난 후 설교자 에드워즈에 대해 몇 가지 질문을 제기했다. 예를 들면 이런 것이다. "조나단 에드워즈라면 매주 16,000여 명의 교인들이 그들의 자동차와 밴을 타고 와서 벽돌과 유리로 된 크고 화려한 강당에서 예배하는 시카고 윌로크릭커뮤니티교회에 대해 어떻게 생각했을까?" 그는 좀 더 구체적으로 이렇게 물었다. "'분노한 하나님의 손에 붙들린 죄인들'이라는 제목의 설교를 작성한 18세기 청교도 설교자(조나단 에드워즈를 가리킴 - 역자 주)는 드라마, 멀티미디어, 현대음악을 사용하는 구도자 친화적인(seeker-friendly) 예배가, 한 개인이 예수님과 인격적인 관계를 갖는다는 것이 진정 무슨 의미인지 확인하는 역할을 한다고 인정했을까?" 토이슨은 에드워즈가 과연 "종교운동을 시작하면서 이와 같은 핵심적인 역할을 수행한" 그 운동의 현대적 모습을 인정했을지 묻기도 했다.[2]

토이슨 자신도 주목했듯이, 에드워즈는 "의도하지 않았지만 새롭고 미국적인 프로테스탄트 운동을 시작한" 선구적인 신학자였다. 이것은 "19세기와 20세기 초에 이르기까지 미국의 문화와 정치에서 최강의 종교적 힘"이 된 전통이었다. 토이슨은 이러한 운동이 진행되는 과정에서 이 전통은 "노예제 폐지에서부터 금주령에 이르기까지 중요한 모든 사회운동에 영향을 끼친" 운동이었다고 주장한다.[3]

•   누구라도 에드워즈의 저서를 읽으며 분명해지는 것 중에 하나는

그의 설교들이 생생하고 풍부한 교리들로 가득 차 있다는 것이다. 이것이 에드워즈가 해야 할 일이었는지 아닌지, 그 설교들이 충분히 실천적인 것이었는지는 에드워즈 자신도 매우 중요하게 주의를 환기시켰던 쟁점이었다. 에드워즈는 그의 《선집》(Miscellanies)에 이렇게 썼다. "나는 때때로 나 자신과 사색하곤 했다. 삼위일체와 교리들이 진리라면, 복음으로 그 교리들을 계시할 필요가 뭐가 있을까? 성화의 진보를 이루기 위해 그 교리들이 어떤 유익이 있다는 말인가?" 에이미 플랜팅가 파오(Amy Plantinga Pauw)가 2002년에 에드워즈의 사상을 연구한 훌륭한 연구서 《만물의 최고의 조화》(The Supreme Harmony of All)에서 언급했듯이, 에드워즈는 자신의 질문에 대해 전형적으로 청교도다운 대답을 제시했다. 그는 이렇게 주장했다. "나는 이 교리들이 얼마나 유용한지 경험으로 안다. 이와 같은 교리들은 지식과 영적인 세계관으로 들어가는 영광스러운 입구이며, 지극히 높은 것들에 대한 성찰이다. 그것은 바로 마음의 향상에 얼마나 공헌하는지 내가 직접 경험했던 지식이다."4

에드워즈가 그의 《선집》에서 진술했듯이, "의무는 교리에 기초하고 있다. … 삼위일체, 하나님의 사랑, 죄인에 대한 그리스도의 사랑 등에 대해 우리가 지금 가지고 있는 계시는 … 정감 있고 격조 높은 의무에 대한 이성과 당위와 관련하여 방대한 변화를 이룩한다. 그러므로 이런 교리들은 과거와 마찬가지로 지금도 새롭다."5

● 만일 우리가 에드워즈의 설교 내용에 대해 한 측면을 이해할 수 있는 통찰을 얻는다면, 설교자 조나단 에드워즈 자신에 대해서는 무엇을

얻을 수 있을까? 나는 에드워즈에 관한 박사 과정 연구를 진행하는 동안 그를 주제로 한 필리스 맥긴리(Phyllis McGinley)의 시를 우연히 접하게 되었다. 리처드 니버(Richard Niebuhr)가 나중에 올바르게 논평했듯이, 맥긴리의 시는 "조나단 에드워즈의 매우 대중적이고 광범위한 인상"을 매우 간단명료하게 표현하고 있기는 해도,[6] 놀랍게도 오류가 매우 많은 시다. 니버가 인용한 시의 첫 소절은 이렇게 시작한다.

에드워즈가 교회에서 지옥의 저주에 대해
설교할 때마다
신도들의 좌석은 흔들리곤 했다.
무시무시한 불안 때문에.[7]

그러나 그다음 맥긴리는 계속해서 이렇게 썼다.

만일 그들이 제대로 가르침을 받았다면
어린 아이들은 침대로 데려갔을 것이며
그날 밤에 그들은 만나지 않으려고 몸서리를 쳤을 것이다.
에드워즈의 하나님을.
아브라함의 하나님, 분노의 하나님,
실수를 용납하지 않으시는 분을.
성부 하나님 또는 성자 하나님이 아니라
거룩한 공포의 하나님을 말이다.

나는 이 시에 오류가 있다고 말한다. 이 시가 에드워즈와 그의 저술들에 대한 캐리커처에 근거하기 때문이다. 캐리커처란 어떤 사람이나 사물의 특징을 과장하여 우스꽝스럽게 묘사한 것을 의미한다. 나는 이 캐리커처의 출처가 흔히 에드워즈의 글을 읽지 않으려는 보편화된 반항에 있다고 주장하고 싶다. 그리고 나는 나의 학자로서의 삶 대부분을 이것을 교정하는 데 쏟았다. 하지만 동시에 에드워즈가 믿었던 하나님은 "죄를 미워하시고, 죄에 복수하시는 하나님이 아니었다"라고 주장하는 것이 아니다. 그것은 에드워즈가 분명히 설교했던 진리이기 때문이다. 맥긴리가 놓쳤던 핵심적인 요소를 폴 헬름(Paul Helm)이 놓치지 않았다. 헬름이 바르게 주목했듯이, 은혜는 에드워즈의 사상의 출발점이었으며 언제나 그럴 것이기 때문이다. "하나님의 은혜는 그의 신학의 중심이 되는 개념이다."[8]

에드워즈 본인은 이렇게 설교했다. "성부 하나님께서 자신의 아들을 보내셨다. 하나님의 아들은 하나님의 구원의 길을 놓으셨으며, 하나님 자신의 마음과 함께 있는 것들을 제외한 모든 곤경을 제거하셨다. 그리고 당신에게 은혜를 베푸시려고 기다리고 계신다. 그분의 자비의 문이 당신에게 열려 있다. 당신의 죄와 부정한 것을 씻기 위해 그분은 당신을 위해 샘을 여셨다. 그리스도는 당신을 부르고 초대하며 구애하신다. 성령님은 그분 자신의 내적 작용과 영향을 발휘함으로써 당신을 위해 애쓰신다."[9]

그러고 나서 에드워즈는 다시 이렇게 설교한다. "그리스도께서 흘리신 보혈, 그분이 내어주신 그분의 생명은 값을 매길 수 없이 귀중한 것이었다. 그것은 분명히 하나님의 피였기(행 20:28) 때문이다. 이제 이것을 고려하여, 그리스도께서 치르신 값은 모든 인류의 죄와 흠을 지불할 만한 가치가 있으며, 예수께서 당하신 고난은 온 세상과 모든 인류가 당하고 있는 영원한 고난을 속하기에 충분하다."[10]

이것이 바로 은혜였다. 우리는 처음부터 하나님을 거슬러 죄를 지었을 뿐만 아니라 하나님이시며 우리와 함께 있기 위해 오신 구주를 살해했다! 분명한 것은 하나님의 진리에 대한 이해에 도움을 준 에드워즈의 독특한 공헌을 일축한 사람이 맥긴리 혼자만은 절대 아니었다는 것이다. 일례로, 페리 밀러(Perry Miller)처럼 지명도 있는 학자가 에드워즈의 저술들을 접한 후에 에드워즈와 그가 이해한 기독교를 어떻게 자연주의적, 경험주의적 철학으로 해석할 수 있었을까? 이것은 에드워즈가 크리스천이었다는 것을 인식하지 못한 무지한 독자로서 밀러가 에드워즈를 그런 방식으로 이해했다는 것이다![11]

•   에드워즈에게는 그의 가치를 깎아내리는 사람들이 많이 있었다. 최악의 경우가 바로 안고프(Angoff)인데, 《미국인의 문학사》(A Literary History of the American People)에는 에드워즈에 대한 매우 악명 높은 말들이 들어 있다. 안고프에 따르면, 에드워즈는 "애처로워 보이고 병약하고 분노로 가득 찬 청교도였다. 과격한 신학자. 미국 교회의 강단에서 지금껏 볼 수 없던 인간에 대해 독설가." 안고프는 간단히 이렇게 말한다. "조나단 에드워즈 안에는 인류에 대한 사랑이 없었다."[12] 하지만 안고프가 1973년 페어레이 디킨슨 대학교(Fairleigh Dickinson University)에서 레버튼 강연 시리즈를 하고 나서 출간한 그의 책 서론에서 다음과 같이 언급한 것은 흥미롭다. 그 강연에서 안고프는, 하버드대학교의 그의 철학

교수들이 미국은 "철학적 탐구 영역에서 사막이 아니라 인상적이고도 사랑스러운 정원이었으며, 그 정원에 핀 꽃 중에 하나가 조나단 에드워즈였다"라는 사실을 그에게 각인시켜준 첫 선생들이었다고 언급했다. 13

그렇지만 일찍이 이렇게 평가한 것이 안고프 혼자만은 아니었다. 오해를 사기 쉬운 제목인 《위대한 부흥사들》(Great Revivalists)이라는 책을 읽어보면 - 누구나 그 주제를 공감하며 다루었기를 기대했을 텐데 - 저자는 그 책을 쓰면서 틀림없이 행동 장애 사전을 샅샅이 뒤졌을 것이다. 그 책에서 고드윈(Godwin)은 에드워즈를 "가학성 성격 장애를 가졌고, 고행적 성향을 지녔으며, 병적이고, 내성적인데다가 반쯤은 정신 이상자이며, 정서적 결함을 가진 환자이며, 사이코패스적 영적 돌팔이 의사"로 묘사한다. 14 고드윈은 대각성운동을 집단 히스테리로, 에드워즈를 뉴잉글랜드의 순박한 시민들에게 공포, 테러, 자살, 우울증을 가져다준 사람으로 이해한다.

● 대각성운동에서 에드워즈의 역할을 평가한 사람들 중에 우리가 '주류'에 속한다고 말할 수 있는 사람들은 에드워즈를 상당히 다르게 묘사한다. 많은 사람에게 그는 "미국의 영혼을 일깨운 가장 중요한 신학자"이며,15 "대각성운동 중에서도 가장 위대한 신학자 조나단 에드워즈"로 남아 있다. 16 하지만 이 사실 외에, 에드워즈가 설교할 때 그 자리에 참석한 사람들 중 몇몇은 에드워즈의 설교를 직접 들었기 때문에 1734년과 1735년의 대각성을 "대영제국에서 일어난 복음적 부흥운동(Evangelical Revival, 1730년에서 1740년대에 영국에서 존 웨슬리를 중심으로 일어난 부흥운동 - 역주)에 불을 지핀 것으로 간주할 수 있다"라고 주장한다. 17 하나 더 인용

해보자. "휘트필드(George Whitefield, 영국의 복음전도 설교자 - 역주)가 부흥운동을 촉발했다고 한다면, 에드워즈는 부흥운동의 진정한 지도자라는 것을 증명했다. … 에드워즈는 그의 논리적인 사고로 부흥운동을 변호했다. … 조나단 에드워즈는 부흥운동의 신호기이자 부흥운동의 선두에 선 신학자이기도 했다."[18]

1952년에 턴벌(R. G. Turnbull)은 에드워즈가 뛰어난 설교자로서 그 자리가 회복되기를 소망하는 한 편의 논문을 발표했다.[19] 턴벌은 에드워즈의 설교의 범위, 문체, 구조, 효과들에 관한 간략한 연구를 수행했으며, 에드워즈를 오늘날 복음주의운동에 영감을 준 인물이라고 칭했다. 6년 뒤, 턴벌은 그의 주요 저서인 《설교자 조나단 에드워즈》(Jonathan Edwards : Preacher)를 출간했다.[20] 그 책은 그 당시 여전히 친필 원고로 있던 에드워즈의 천여 편이 넘는 설교들을 분석한 것이다. 턴벌은 에드워즈의 설교를 예술가와 장인의 작품으로 불렀으며, 그를 모든 세대의 설교자 중에서 첫 번째 자리에 놓았다. 그는 설교를 일일이 검토하고 난 뒤 조나단 에드워즈가 교회생활과 교회사역에서 가장 생동감이 넘치고 도전적인 생각을 북돋운 신비로운 인물 가운데 한 사람이라고 손꼽았다.

턴벌은 '죄인들'(Sinners)라는 제목의 설교 때문에 사람들이 에드워즈를 설교자로 알아주지 않았다고 확신했다. 턴벌은 가장 조용하고 말재주가 없는 설교자들 가운데 한 사람의 명성이 이런 식으로 평가받는 것은 교회의 불명예가 된다고 말한다. 턴벌은 그런 판단이 부적절하고 부당하다고 여겼다. '죄인들'이라는 제목의 설교나 엔필드 설교(조나단 에드워즈가 1741년 7월 8일 뉴햄프턴 레이너 스몰린스키의 그리스도의 교회에서 행한 설교 - 역주)로도 알려진 그 설교는 사실 "미국의 청교도 시대에 나온 지옥불과 지옥의 저주를 주제로 한 가장 영향력 있는 설교들 가운데 하나"로 일컬어져 왔다.[21]

　뉴잉글랜드에 부흥이 임했을 때, 일반적으로 생각하는 것처럼 부흥이 지옥불 설교로 임한 것은 아니었다. 어느 일요일에 에드워즈는 그의 고향 교회에서 '죄인들'이라는 제목으로 설교했다. 그리고 나서 별다른 일이 발생했다는 기록은 아무것도 없었다. 하지만 석 달 뒤에 에드워즈는 그의 설교에 "전혀 감동을 받지 않은" 엔필드에서 설교해달라는 부탁을 받았다. 에드워즈는 전에 설교한 '죄인들'이라는 원고를 다시 사용했다. 약간의 수정이 있었지만, 넓은 지역으로 퍼져나간 부흥을 설명하기에 충분한 설교는 확실히 아니었다. 턴벌은 그 설교가 성령님(의 바람)이 원하시는 곳으로 부는 징표라고 주장한다. 그 유명한 설교에 관해 연구하면서 발견한 것은 에드워즈의 첫 자서전 작가인 홉킨스(Hopkins)가 심지어 그 설교를 언급조차 하지 않았다는 사실이다. 드와이트(S. Dwight)의 에드워즈에 관한 전기에서 그 설교를 언급하기는 했지만, 그는 단지 에드워즈의 다른 연속 설교와 연결해서 언급했을 뿐이다. 사실 그 설교가 유명해진 것은 세월이 한참 더 지나서였다. 19세기 말에 와서야 비로소 그 설교를 지옥불의 위협으로 회중들을 공포에 떨게 한 결정적인 상황으로 해석하는 전통이 이루어졌다.

●　20세기 말과 21세기를 시작하는 시기에도 에드워즈에 관한 관심은 줄어들지 않은 것 같다. 사실 오늘날 에드워즈에 대한 관심이 다시 일

어나고 있는 상황을 보고 있다. 에드워즈가 신학에 끼친 독특한 공헌을 인정하는 사람 중에 존 거스너(John Gerstner)만큼 에드워즈의 공헌을 주장하는 사람도 흔치 않을 것이다. 거스너는 이렇게 썼다. "나는 장 카디에(Jean Cadier)가 … 칼빈이 무오한 사람이었다고 생각하느냐는 질문을 받았을 때 그가 칼빈에 대해 보여준 칭송을, 내가 어느 정도 에드워즈에게 적용한 것이 잘못이 아닐까 두렵다. 카디에는 칼빈이 무오한 사람이 아니었다고 확신했지만 칼빈이 무오하지 않은 사례를 발견하지는 못했다고 대답했다."[22]

이언 페이즐리(Ian Paisley)가 쓴 《조나단 에드워즈 : 부흥의 신학자》(Jonathan Edwards : Theologian of Revival)라는 흥미로운 책 역시 에드워즈를 매우 긍정적으로 평가한다. 페이즐리는 "에드워즈를 식민지 뉴잉글랜드의 가장 위대한 사상가요 철학가로 주장하기를 갈망하면서도 에드워즈의 믿음을 거절할뿐더러 변질시키고 있는 현대 미국의 초지성인들"이라고 지칭하는 사람들을 비난한다. 페이즐리는 그들이 에드워즈에 관한 모든 것에 신빙성을 부여할 것이지만, 무오한 성경에 대한 에드워즈의 믿음과 그 결과로 성경의 율례에 따라 행동해야 한다는 믿음은 예외로 할 것이라고 주장한다.[23]

페이즐리는 진화론, 고등비평, 그가 '현대사상'이라고 지칭하는 것 등 신뢰하지 못할 사상들의 등장이 에드워즈가 "사탄에 속한 것이라고 쉽게 간파되는 독으로" 공격받아왔다고 말한다. 이러한 일은 에드워즈가 살아 있는 동안에도 있었으며 그리스도와 그분의 종들이 미움을 받는 동안에 언제든 지속적으로 일어날 것이라고 페이즐리는 주장한다.[24]

맥긴리가 오해한 것이 있다. 스위트(L. I. Sweet)도 그의 논문 "양식과 유머 : 상식의 현대적 제의"(Good Sense and Good Humor : The Modern Cult of Common Sense)에서 동의했던, 맥긴리의 평가가 진리와 너무 거리가 먼 캐리커처이기 때문이다. [25] 스위트는 에드워즈가 자주 '악착같은 사도'로 묘사되었다고 주장한다. 스위트에 따르면, 에드워즈의 불을 뿜어내는 것 같은 설교가 등골을 오싹하게 만드는 하나님의 위협으로 죄인들(의 마음)을 꿰뚫었으며, 그러하기에 에드워즈는 이런 설교를 하면서 동시에 유머가 넘치는 말을 한 문장도 할 수 없었다. 누구도 에드워즈에게서 흥겨운 유머를 발견하리라 기대하지 않을 것이다. 스위트는 조나단 에드워즈가 유머를 말하는 것은 어울리지 않는다고 믿는다.

진실은 이것이다. 에드워즈는 사람들이 자신을 온전히 이해할 능력이 없는 것에 대해 좌절감을 표현했다는 것이다. 에드워즈는 그의 교회 교인들과 벌인 논쟁의 정점에서 이런 좌절감을 표현했다. 에드워즈는 조셉 벨러미(Joseph Bellamy)에게 보낸 편지에서 자신이 무슨 말을 했거나 무슨 행동을 했든지 간에 절망했으며, 그것을 어두운 색채로 묘사했다. 스위트는 최근 학자들이 에드워즈에 대해 이처럼 훈계하는 듯한 인상을 조금씩 약화시키고 있다고 말한다.

스위트는 에드워즈가 '평범한 눈금자'라고 하기에 너무 큰 사람이라고 말했다. 사실은 그가 죄 용서함을 받았다는 지식에서 솟아 나온 기쁨으로 충만한 사람이었다고 주장한다. 에드워즈의 집은 웃음소리로 가득했다. 에드워즈의 딸 에스더는 그의 가정을 가리켜 "노래하기 좋아하는 가족"이라고 소개했다. 끊임없이 찾아오는 방문객들로 인해 그의 집은 한

개인의 가정이라기보다는 영적인 휴양지로 바뀌었다.[26]

맥긴리가 오해한 것이 또 있다. 에드워즈는 우리를 대신하여 죽으러 오신 우리의 대속자, 그 하나님의 크신 사랑에 관하여 할 말이 많았다는 것이다. 그분은 우리를 구원하시기 위해 살아 계실 때 고난을 받으셨을뿐더러 죽음을 통해서도 고난을 받으셨다. 에드워즈는 성육신 그 자체가 진정한 고난의 행위이기도 했다는 점에서, 그리스도께서는 살아 계실 때 고난을 받으셨으며, 그분의 삶 자체가 속죄라고 주장한다. 에드워즈는 출판되지 않은 그의 설교에서 그리스도의 고난이 실제로 성육신과 함께 시작되었다고 주장했다. 그리스도께서 낮아지고, 약해지고, 타락 이후의 인성을 친히 짊어지심으로써 실제 고난 가운데 계셨기 때문이다. 그분이 취하신 성품은 현재 우리가 가진 성품이었다. 에드워즈는 바로 그 시점에서 구속함을 받을 수 있다고 생각되는 유일한 교리를 분명히 따르고 있다. 에드워즈는 이렇게 설교한다. 그리스도께서 취하신 성품은 타락 이전의 그런 고상한 성품이 아니라 "타락 이후 깨지고 부서진 고난의 상태에 있는 성품이다. 타락 이후의 인성은 이전의 좋은 성품의 파멸에 불과하다. 그분은 죄성을 제외하고는 인성의 모든 결점을 친히 취하셨다. 그분은 통탄할 만한 죄의 열매들인 죄성의 모든 결점을 가진 사람들을 대신하여 고난받으셨다. 그러므로 그분이 죄가 있는 육신의 모습이 되셨다고 말하는 것이다(롬 8:3)."[27]

그러나 죄를 범한 사람이 실제로 어떻게 낮아졌는지 그 정도를 보여주는 것은 십자가에서였다. 에드워즈가 하나의 실례가 되는 설교에서 설파했듯이, 십자가는 우리가 하나님을 살해한 죄의 수단이었다.

이 모든 별을 만드셨고 천체의 거대한 시스템의 창조자이신 위대한 창조주께서 살해되셨으며, 이 시스템과 이 지구상에 그분의 피가 널리 흘려졌다. 이로 인해 전체 틀이 무너졌으며, 이 땅에 복수와 분노를 불러왔다. 이것은 하나님의 사랑하는 아들을 살해한 대가로, 또는 하나님을 죽인 대가로 오는 진노일 것이다. 이 땅은 … 그분이 죽임을 당하시고 그분의 피가 흘려진 곳이다. 이것은 사람들의 사악함으로 말미암아 행해졌다. 하나님을 죽이는 것이 모든 죄의 특성이며, 인류는 기회가 있을 때마다 그렇게 했다. 인류가 실제로 그분을 죽였을 때 그런 죄의 성품이 그들의 자연스러운 성향이라는 것을 보여주었다. 28

맥긴리는 또 오해했다. 에드워즈는 자신을 이런 사람으로 분류하는 것을 용납하지 않았기 때문이다. "에드워즈는 독자들이 자신을 미리 만들어 놓은 틀(precast mold)에 부어 넣는 것을 허용하지 않는 지성과 영성의 이해가 있었다." 29

에드워즈는 수십 년간 삼위일체 교리를 두고 영국에서 맹위를 떨쳤던 간헐적인 싸움을 의식하고 있었다. "최근에 하나의 단어, 특히 삼위일체에 관하여 성경이 말한 것을 제쳐두고 적대시하는 많은 말들을 하고 있다." 그러나 그 당시 에드워즈는 매우 정확히 이렇게 덧붙였다. "나는 성경이 결코 말한 적 없는 삼위일체에 관하여 스무 가지 말을 하는 것이 두렵지 않다." 30

• 마지막으로 맥긴리가 오해한 것은 실제로 에드워즈의 핵심적인

메시지는 단지 죄인들이 하나님을 알 수 있을지도 모른다는 것이 아니라 그들이 하나님 안에서 즐거워하게 될 것이라는 것, 그들이 하나님을 음미하고 즐기기까지 할 것이라는 점이었다. 그리고 이것은 존 파이퍼(John Piper)가 우리를 위해 되찾아준 에드워즈의 본질적인 요소다. 파이퍼는 이렇게 말한다. "그의 모든 지적인 능력에도 불구하고, 에드워즈는 침착하고, 사심이 없고, 중립적이고, 객관적인 학자와는 거리가 먼 사람이었다."[31]

에드워즈는 그가 직접 쓴 《개인 이야기》(Personal Narrative)에서 이러한 사실을 확신하게 해주는 일부 내용을 제시한다. "그리스도의 인격은 모든 생각과 사고를 삼키기에 충분하며, 탁월함으로 형언할 수 없이 멋지게 모습을 드러냈다. … 그 순간은 내가 판단하기에 약 한 시간 가까이 지속되었다. 나는 그 시간을 대부분 눈물을 펑펑 쏟고 소리 내어 울며 보냈다."[32]

에드워즈는 계속해서 이렇게 말했다.

그 당시 찬송가 전체가 내게 기쁨을 주었으며, 나는 그 찬송가 가사를 읽느라 대부분의 시간을 보냈다. 그 시간에 나는 이따금씩 묵상하면서 마음속의 달콤함을 발견했다. 이것을 달리 어떻게 표현할지 모르겠다. 다만 영혼이 이 세상에 속한 모든 관심사에서 벗어나 차분하고 달콤한 것에 온통 생각이 집중되었다고 표현할 수 있을 것이다. 때때로 환상 같은 것을 보기도 했고, 어떤 생각이나 상상에 고정되기도 했으며, 모든 사람으로부터 멀리 떠나 높은 산이나 적막한 광야에 혼자 있다는 느낌을 받았다. 그리스도와 다정하게 대화를 나누었고, 하나님 안에서 완전히 몰입되었으며, 내가 거룩한 것들을 가졌다는 느낌이 들어 때때로 갑자기 내 마음에 달콤한 불이 붙기도 했다. 어떻게 표현해야 할지 모르는 영혼의 향기가 풍겨났다.[33]

에드워즈는 이렇게 기록하기도 했다.

모든 것이 다르게 보였다. 전에 그랬듯이, 거의 모든 것에서 차분하고 달콤한 마음의 자세나 하나님의 영광의 모습이 있었던 것으로 생각된다. 하나님의 뛰어나심, 그분의 지혜, 그분의 순결하심과 사랑은 모든 것에서 드러나는 듯했다. 태양과 달과 별에, 구름과 푸른 하늘에, 잔디와 꽃과 나무에, 물에, 모든 자연에 말이다. 하나님의 뛰어나심과 지혜와 순수하심과 사랑이 나의 마음에 단단히 고정되었다. 나는 앉아서 달을 오랫동안 계속 바라보곤 했다. 낮에는 구름과 하늘을 바라보며 많은 시간을 보냈다. 이런 것들 속에서 나는 하나님의 찬란한 영광을 보았다. 그러는 동안 나는 창조자와 구원자를 생각하며 낮은 목소리로 찬송을 불렀다. 자연의 모든 솜씨 중에서 무엇이든지 부족한 것이 있더라도 그것은 내게 우레와 번개처럼 정말 달콤했다. 이전에 나를 소름 끼치게 했던 것이 이제는 하나도 없었다. 이 일이 발생하기 전에 나는 우레가 치는 것을 극도로 두려워했으며, 뇌우가 퍼붓는 것을 볼 때 섬뜩해지곤 했다. 그러나 지금은 그 반대다. 우레나 뇌우로 인해 나는 즐거워했다. 말하자면, 뇌우가 처음 칠 때 나는 하나님을 느꼈다. 그 순간에 나는 온 마음을 다해 구름을 보는 데 마음을 빼앗겨, 번개가 치는 것을 보며 하나님의 우레와 같은 장엄하고 무시무시한 음성을 들을 기회를 잡으려 했다. 나는 가끔 그런 순간을 엄청나게 즐겼다. 이로 인해 나는 나의 위대하시고 영광스러우신 하나님을 깊이 묵상했다. 이런 상황에 접어들었을 때, 내가 묵상한 것을 노래하거나 찬송하고, 또는 내 생각을 노래로 부르며 혼잣말로 말하는 것은 내게 늘 자연스러운 것이라고 느꼈다.[34]

이 모든 논평에 존 파이퍼는 다음과 같은 내용을 덧붙인다. "모든 학문과 모든 신학의 거대한 목적은 하나님을 향한 마음과 거룩한 삶이다. 에드워즈의 모든 저술의 거대한 목표는 하나님의 영광이었다. 생각해보니, 내가 지금까지 에드워즈에게서 배운 가장 위대한 것은 하나님께서 영광을 받으신다는 사실이다. 하나님은 그분을 알거나 의무적으로 순종하는 사람들에 의해 영광을 받으시는 것이 아니다. 하나님은 그분을 즐거워하는 사람들에게서 영광을 받으신다."[35]

●   그래서 만일 맥긴리가 우리에게 하나님의 성품에 관한 에드워즈의 신학에 대해 왜곡된 그림을 제시한다면, 나는 이 기회를 빌어 설교자 조나단 에드워즈에 대한 더 정확한 묘사라고 믿는 것을 제시하고 싶다. 나의 출발점은, 그리스도의 인격을 그분의 사역과 분리시킬 수 없다는 믿음과 아울러 구속은 삼위 하나님의 세 위격 모두가 관여하시는 사역이었다는, 에드워즈 안에 있는 분명한 진리다. 내가 삼위일체에 대해 언급하는 것은 그것이 에드워즈가 마이클 진킨스(Michael Jinkins)를 비롯한 여러 사람으로부터 여러 번 공격을 받은 항목이기 때문이다. 진킨스는 그의 박

사 학위 논문에서 삼위 하나님의 위격들(divine hypostases) 뿐만 아니라 하나님의 존재(divine ousia)를 구별하였으며, 그로 인해 삼위일체의 세 인격(tri-personality)을 만들어내었다. 사실 진킨스는 에드워즈가 삼위일체를 거의 분해하여 각각의 인격이 동일하거나 동일하지 않을 수도 있는 신적인 대상들(divine subjects)로 만들어버렸다고 비난한다. 하지만 진킨스 자신도 인용하듯이, "하나님은 우리에게 중보자를 주시고, 그의 중보를 받으시며, 중보자가 사신 것들을 그분의 힘과 은혜로부터 주실 뿐만 아니라, 중보자이신 그분이 하나님이시다."[36]

이러한 사실로부터 계속해서 나는 구속자의 자발성, 고난, 고통당하심에 특히 초점을 맞추기를 원한다. 그렇게 되면, 영광스러운 인격을 그분의 은혜로운 사역에서 분리할 수가 없게 된다. 이것이 에드워즈의 핵심적인 개념이다. 그리스도의 인격과 사역, 성육신과 속죄는 에드워즈의 사상과 늘 함께 붙어 있는 개념이다.

우리가 속죄론을 그것 자체만으로 볼 수 없는 까닭이 바로 여기에 있다. 그리스도의 인격과 사역은 바로 성육신과 속죄다. 에드워즈에 따르면, 그리스도는 우리의 성품을 입고 오셨다. 다시 말해 그분은 이제 "그분과 매우 친근한 대화의 자리로 올라오라고 우리를 초대하고 권하시며, 그분이 우리를 받아주고 멸시하지 않으실 것이라고 우리를 격려하신다." 그리스도께서는 우리로 하여금 그분 자신의 온전한 지위를 누리고 그분을 즐기게 하시려고 "그분의 존재에 걸맞지 않은 무한히 낮은" 성품인 인성을 취하셨다.[37]

그러므로 에드워즈의 사상에서, 속죄란 이런 뜻이다. "이제 우리가 삼위 하나님과 친밀하게 하나가 되고 연합하는 것을 방해할 것이 없으며, 이제 하나님의 존귀와 위엄의 지극히 작은 것이라도 손상시킬 것이 없는 것이다. 그분의 위엄이 그리스도의 피로 말미암아 이미 완전히 나타났으며, 그 정당함이 입증되었고, 영광을 받으셨기 때문이다."[38]

여기서 우리는 에드워즈의 풍부한 사상을 보게 된다. 그리스도께서 장차 하늘에서 지극히 높은 상태에 계시겠지만, 그분은 그분 자신과 제자들 사이에 거리를 두지 않으실 것이다. 오히려 "그분은 그들을 지극히 높은 곳으로 데리고 와서 그와 함께 있게 하실 것이다. 이것이 그리스도께서 사랑하는 친구들을 그분 자신과 함께 있게 하고, 그분의 영광으로 그들을 영화롭게 하실, 그리스도 자신의 영광을 지극히 높이시는 일이다."[39] 그리스도께서는 그분의 성품과 영광에 참여하게 하려고 우리를 높이시며, 그렇게 하심으로써 사람들은 성자를 향한 성부의 사랑과 성부를 향한 성자의 사랑에 참여한다. 에드워즈는 우리에게 그 사랑이 실제로 성령님이라고 말한다. 그래서 그리스도와 연합된 성도들은 "다른 어떤 것으로 할 수 있는 것보다 더 성부와의 영광스러운 연합을 가지며 그것을 향유할 것이다. 성도들은 하나님의 친아들에 속한 구성원들이 되기 위하여 그 아들과 성부와의 관계에, 또는 그분의 양자됨에 참여하는 자들이다. 성도들은 성부에 속한 지체가 됨으로써 성자에 대한 성부의 사랑과 성자 안에 있는 그분의 만족감에 참여한다. 따라서 성도들은 성자 하나님께서 그분의 아버지를 즐기시는 것에 그들의 방식으로 참여하며, 그들 안에서 이루어진 성자의 기쁨을 가지고, 그들이 지금까지 나누었던 어떤 대화보다도 성부 하나님과 친근하고 친밀한 대화에 이르게 된다."[40]

에드워즈에게는 이것이 구속의 경이로움이다. 그것은 타락한 인간과는 절대적으로 다른 사람에게 무한한 가치가 있을뿐더러, 속죄로 말미암아 사람이 삼위 하나님과 친밀한 교제에 들어가기 때문이다. 우리가 성자와의 연합에 들어가면, 우리는 성자와 성부가 나누는 무한한 친밀함에 참여하는 자들이 된다. "이런 것이 우리가 다른 어떤 것으로는 할 수 없는, 하나님과의 매우 영광스럽고 고상한 연합과 성부와 성자가 누리는 즐거움에 들어가는 우리의 구원의 도구다. 그리스도께서 인성과 하나가 되셨기 때문에, 그분이 신성에만 머물러 계셨다면 우리가 가질 수 있었던 것보다 훨씬 더 친근한 연합과 그분과의 대화를 누리는 이점이 있다."[41]

• 우리가 에드워즈에게서 발견하는 두 번째 사실은 그가 아타나시우스(Athanasius)를 따라 우리의 높아짐이 그리스도의 낮아짐에 있다는 것을 분명히 하고 있다는 것이다. 사람은 하나님의 가정의 일원이 된다. 우리가 문이신 성자 예수로 말미암아 그 가정에 입양되었기 때문이다. "성자와 성부 두 분은 과거에 그러했듯이 하나의 사회, 하나의 가족이어야 하며, 하나님의 백성은 말하자면 삼위 하나님 안에 있는 세 위격의 사회 안으로 받아들여져야 한다."[42]

그래서 에드워즈는 우리에게 이렇게 말한다. 교회는 '하나님의 딸'이 되었다고 말이다. 에드워즈에 따르면, 사실 이것이 창조의 모든 이유였다. 교회가 하나님의 딸로 여김을 받은 까닭은 교회가 그리스도의 배우자이기 때문이다. 사실, 에드워즈는 마태복음 25장 1-12절을 사용하여 교회와 그리스도의 결혼을 주제로 긴 일련의 설교를 했으며, 그 모든 설교의 내용은 교회가 하나님의 딸이라는 사실에서 흘러나온다. 그 시리즈 설교의 서론에서 그가 가르친 내용의 한 부분을 소개하겠다. "그러므로 우리는 주 예수 그리스도의 놀라우신 은혜를 배운다. 그분은 우리와 같은 가련하고 무가치한 피조물을 자신과의 축복된 연합 안으로 받아들이셔야 했다. 이와 같은 신적이고 무한한 영광이 낮아지신 것, 그분이 버러지 같고 먼지 같은 존재와 결혼하려 하시고, 작고 미미하고 가련한 벌레들을 자신의 신부라고 부르신 것은 너무도 놀랍다."[43]

이것은 그 계획의 핵심이었으며, 에드워즈가 이렇게 말한 까닭이 바로 여기 있다. "교회는 그리스도의 완전함이 되어야 한다고들 말한다. … 마치 교회에게 그렇게 되는 타고난 성향이 있는 것처럼, 마치 그리스도께서 교회 없이는 완전하지 않으셨다는 듯이 말이다. 우리가 가진 타고난 성향이 없이 우리는 불완전하다."[44]

이것은 에드워즈의 사상에서 그리스도가 교회 없이는 불완전한 분으로 여겨질 수 있다는 것에 주목할 만한 진술이다. 그러나 에드워즈가 말하는 바가 바로 이것이다. "하나님의 아들이 그분의 배우자 안에서 완전해지도록 하기 위해 하늘과 땅이 창조되었다."[45] "그분을 즐거워하고 그분이 그분의 사랑을 부어주는" 배우자 말이다. "이 계획은 하나님의 지혜를 따른 것이었다. 하나님의 지혜는 사람들을 낮추고 하나님의 거저 주시는 은혜를 높이는 방식으로 주어졌다. 사람들이 하나님을 전적으로, 절대적으로, 보편적으로 의존해야 한다는 것은 가장 분명하고 두드러진다."[46]

그러므로 에드워즈는 이렇게 말한다. 사람이 타락으로 말미암아 상실되었거나 심지어 사람이 타락하지 않았을 때 얻었을 그것보다도, 그리스도가 그를 자기 피로 사심으로 얻은 영광과 행복이 훨씬 더 크다고 말이다. 그렇다면, "사람에게는 성부나 성자와 친근한 연합을 누리고 대화를 나누는 이점이 결코 없었을 것이다. 인성을 입은 우리는 하나님으로부터 아주 멀리 있었을 것이며, 신성을 입은 그리스도는 우리로부터 아주 멀리 계셔서 화목이 일어나지 않았을 것이다."[47]

● 　　에드워즈가 구속의 사역에 관하여 설교한 진리의 마지막 측면은 그리스도의 사역이 진정으로 모든 사람에게 주어진 사역이라는 것이다. 그리고 만일 사람들이 이를 거절한다면, 변명할 수 없게 된다. 그래서 에드워즈는 이렇게 설교한다. "만일 하나님께서 마땅히 받아야 할 심판에서 당신을 구원하실 구세주를 당신에게 주시고, 당신이 그분을 받아들이지 않는다면, 확실한 것은 당신은 구세주 없이 가야 한다는 것이다. … 하나님께서 무한히 고결하시고 영광스러운 분을 주셨을 때, 그것도 하나님의 한 분뿐인 아들을 하나님 자신의 진노의 불에서 죄를 위한 제물로 주셨을 때, 이렇게 하여 구원을 제공하셨다. 이 구세주를 당신에게 주셨을 때, 만일 당신이 그분과 어울리지 않고, 그분을 받아들이기를 거절한다면, 그래서 하나님이 당신을 구원하지 않으신다면, 그러므로 그분은 불의하신가?"[48]

에드워즈는 이렇게 설교하기도 했다. "하나님께서 공의에 따라 당신을 정죄하여 영원히 비참한 상태에 두셨다. 당신이 처형을 받기 직전 하나님께서 은혜를 베푸셔서 자신의 아들을 보내시고, 그분은 오셔서 당신의 문을 두드리셨다. 그분의 손으로 용서하실 때, 아니 죄를 용서하실 뿐만 아니라 영원한 영광의 행위를 주려고 하시는데, 그분을 거절한다면, 이것은 하나님을 가장 비도덕적이며 비열하게 대하는 것이다. 나는 감히 당신에게 말한다. 하나님과 그분의 아들을 미워하고, 하나님과 그분의 아들에 대한 적대감에서 그분의 손으로 주신 이러한 복들을 받아들이기를 거절하는 것보다 더 악한 것이 있을 수 없다고 말이다."[49]

그러나 이 모든 것이 우리를 어디로 데려가는가? 에드워즈가 그의 설교를 통해 이루기를 소망하는 것은 무엇일까? 나는 그것이 일차적으로 순종이나 지옥을 두려워하는 것, 심지어 천국을 소망하는 것이 아니라고 주장하고 싶다. 오히려 에드워즈가 주장하듯이, "하나님을 즐거워하는 것이 우리 영혼이 만족할 수 있는 유일한 행복이다. 천국에 가는 것, 즉 하나님을 온전히 즐거워하는 것은 이곳에서 가장 행복한 생활을 누리는 것보다 훨씬 낫다. 아버지와 어머니, 남편과 아내 또는 자녀들이나 땅에 있는 친구들은 그림자에 지나지 않지만 하나님은 본질이시다. 이런 것들은 흩어진 불빛에 불과하지만 하나님은 태양이시다. 이런 것들은 개울에 지나지 않는다. 그러나 하나님은 대양이시다."[50]

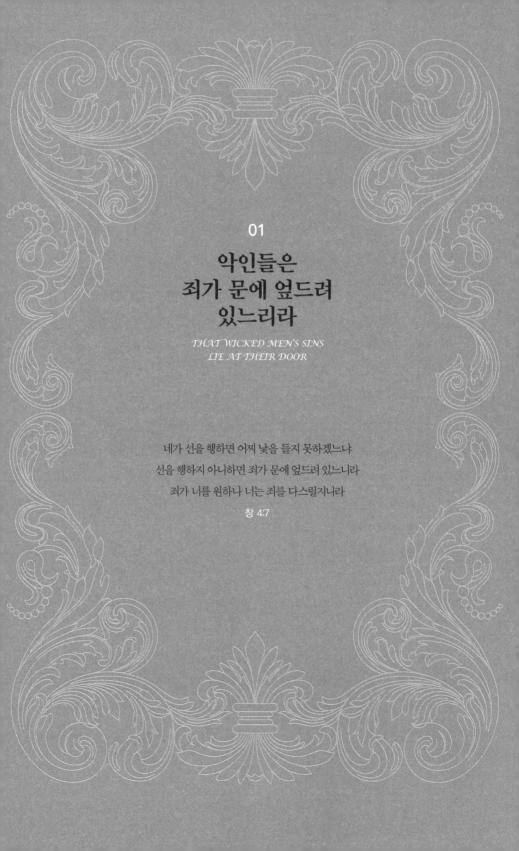

01

악인들은
죄가 문에 엎드려
있느리라

THAT WICKED MEN'S SINS
LIE AT THEIR DOOR

네가 선을 행하면 어찌 낯을 들지 못하겠느냐
선을 행하지 아니하면 죄가 문에 엎드려 있느니라
죄가 너를 원하나 너는 죄를 다스릴지니라

창 4:7

이 말씀은 아벨의 제사를 받으셨지만, 가인의 제사는 받지 않으신 것에 대해 가인이 몹시 분노한 것을 두고 그를 꾸짖으며 하나님께서 하신 말씀이다. 가인은 하나님께 분노했고 아벨에게 화를 냈다. 가인이 아벨에게 화를 내고 그를 미워했던 것은 그를 시기했기 때문이다. 아벨은 가인의 동생이었다. 가인은 자신이 동생보다 더 우월하고 더 훌륭한 사람이라고 생각했다. 그렇기 때문에 하나님께서 자신보다 누군가를 이런 식으로 더 좋아하시는 것을 눈 뜨고 볼 수가 없었다. 가인은 이런 이유로 아벨을 미워했다. 우리 시대에도 이와 비슷한 마음을 종종 보게 된다. 때때로 사람들은 아내, 동생들, 자녀들, 그 밖에 여러 사람을 미워하는 마음을 가진다. 하나님께서 자신이 아닌 상대방을 받으시고, 자기보다 열등한 사람들에게 자비를 보이시는 것이 자신에게는 자비를 보이지 않으신다고 생각한다.

가인은 하나님께서 동생의 제물은 받으시고 자신의 제물은 받지 않으신다고 하나님께 화를 냈다. 가인은 하나님을 향하여 다투는 마음이 있었다. 가인이 판단하기에 열등한 존재인 동생보다 자신과 자신의 제사를 하나님께서 받으셔야 한다고 말이다. 가인은 매우 분노했고 안색이 변했다고 한다. 오늘날에도 자신보다 열등하다고 여기는 다른 사람들에게는 하나님께서 자비를 보여주시는 반면 자신에게는 자비를 보여주지 않으신다고 하나님과 언쟁하며 툴툴거리는 사람들 안에 이와 동일한 생각이 제법 많다.

하나님께서는 이 절에서 가인이 표출한 분노의 부당성을 훈계하신다. "네가 선을 행하면 어찌 낯을 들지 못하겠느냐 선을 행하지 아니하면 죄가 문에 엎드려 있느니라." 가인은 하나님께 불만이 많았다. 마치 하나님께서 편파적이고 가인 자신보다 동생을 받아들임으로써 사람을 차별하시는 분이신 양 말이다.

하지만 하나님께서는 모든 잘못이 가인에게 있었다는 사실을 상기시키심으로써 그가 이처럼 하나님을 비난하는 것이 부당하다고 말씀하신다. "만일 네가 잘하였다면 내가 너를 용납했을 것이 아니냐? 만일 네가 잘하였다면 나는 아벨뿐 아니라 너도 받았을 것이다." 가인은 자신이 잘했다고 생각했다. 그는 하나님께 제사를 드리기 위해 땅의 소산을 가지고 왔다. 가인은 땅을 경작하는 사람이었다. 가인은 아벨이 그의 양 떼 중에 일부로 하나님께 제사를 드린 것같이 가인도 땅의 소산 중에 일부를 하나님께 드린 것을 잘했다고 생각한 것이다.

그러나 하나님께서는 사람이 보는 것처럼 보지 않으신다. 하나님은 겉모습을 보신 것이 아니라 마음을 보셨다. 가인이 드린 땅의 소산을 하나님께서 받지 않으신 것은 그것 자체에 선한 것이 없었기 때문이 아니라 그 소산을 드릴 때 가인의 마음이 선하지 않았기 때문이었다. 아벨은 믿음으로 제사를 드렸고 가인은 믿음으로 드리지 않았다. 믿음으로 아벨은 가인보다 더 나은 제사를 드렸다(히 11:4).

하나님께서는 가인에게 그의 제사를 받지 않으신 이유를 넌지시 암시한다. 하나님께서 가인의 제사를 받지 않으신 것은, 그가 겉으로 한 행위에는 문제가 없었을지 모르나, 종교심을 가지고 행한 것은 진실하지 않은 마음으로 한 사악한 짓이었다. 그러므로 죄가 문 앞에 엎드려 있어서 그의 제사가 열납되는 것을 방해했고 하나님께서는 그것을 기뻐 받지 않으셨다.

| 교 리 |

1. 사람들이 범한 죄는 계속해서 남아 죄책감을 가져온다. 사람들이 범하는 특정한 죄는 금세 끝나고 멈춘다. 일반적으로 악인들은 모든 일이 끝나고 완료되었다는 것만 의식한다. 행위가 끝났기 때문에 자신이 이전과 다를 바 없다고 여기는 것이다. 잠언 30장은 이렇게 말한다. "음녀의 자취도 그러하니라 그가 먹고 그의 입을 씻음 같이 말하기를 내가 악을 행하지 아니하였다 하느니라"(잠 30:20). 악인들의 죄가 더 증가할 때가 많다. 그들은 죄에 죄를 더하고, 죄가 자신에게 해를 준다는 사실에 둔감하다. 그들이 행한 죄가 의도적으로 지은 것이 아니더라도 그들에게 죄책이 있으며 죄의 영향과 그 열매는 반드시 따라온다.

일단 사람들이 죄를 짓더라도 보고 확인할 수 있는 것은 아무것도 남아 있지 않다. 죄인들은 예전 모습 그대로다. 그들이 죄를 지었다고 해서 그들의 얼굴이나 겉모습이 바뀌지 않는다. 추잡한 모습이나 어떤 기형적인 모습이 드러나지도 않는다. 그들이 볼 수 있는 어떤 것도 남지 않으며 느낄 수 있는 것도 없다. 사람들은 상처를 입으면, 그 후 그 상처로 인한 아픔을 느낄 수 있다. 하지만 사람들은 죄를 범하고 난 이후에 어떤 상처도, 상처로 인한 어떤 통증도 느끼지 않는다.

그러나 보이지 않는 어떤 것이 남는다. 죄책이다. 그들이 과거에 공공연하게 행한 것, 은밀하게 행한 것, 젊었을 때 행한 것, 좀 더 성숙해져서 행한 것, 어릴 때 행한 것에 상관없이 사라져버리고 끝나버린 죄에 대해서 죄책감을 느끼는 죄가 하나만 있는 것이 아니다. 비록 그 사람이 조금도 차이가 없고, 다른 사람들도 그런 죄가 있었는지 없었는지 알 수가 없고, 그 자신조차 전혀 의식하지 못한다 할지라도 그것은 마치 없었던 것 같지 않다. 사람들이 어린아이였을 때 했던 거짓말이나 어리석은 말, 또는 추하고 악한 생각, 그들이 오래전에 죄책감을 가졌던 안식일을 범한 일 중에 어느 것 하나라도 남아 있다면, 그들은 지금 그들에게 남아 있는 어떤 것이 있다는 것을 인지할 수 없다. 따라서 마치 그런 일들이 일어난 적이 없는 것처럼 해서는 안 된다는 것이 드러날 것이다.

그런데 죄책은 남아 있다. 그가 지은 죄 중에 어느 것도 없어지지 않는다. 죄책은 절대로 경감되지 않고, 오랜 시간이 지나도 사라지지 않는다. 이 죄는 여전히 존재하면서 온 힘을 다해 사람들을 대적한다. 이런 죄는 사람들이 죄를 범한 이후 짧은 시간 동안에 죄가 시키는 대로 하는 배우들로서 사람들 안에서 충분한 힘과 영향력을 발휘하며 도사리고 있다. 이와 같은 죄가 비록 사람들에게 다른 죄와 별반 다를 바 없는 죄로 보일지라도, 죄책은 남아 있으며 사람들은 그 죄책을 제거할 수 없다. 사람들은 죄를 없애지 못한다. 그들은 거기서 그들이 되려고 하는 모습 그대로 행한다.

사람들이 죄에 대해 많이 생각하지 않을지도 모르고, 마치 그들이 뭔가를 처음으로 행한 것처럼 죄로 인한 고민도 많이 하지 않았을 수도 있다. 그들은 죄를 거의 잊어버린 지 오래일 것이다. 하지만 사람들의 죄는 과거에 그랬듯이 지금의 그들과 많은 관련을 맺고 있다. 죄책은 시간이 지난다고 사라져버리는 것이 아니다. 시간은 다른 일들처럼 닳아 없어지지 않을 것이다.

그러므로 사람들이 아무리 죄를 잊어버린다고 해도 하나님은 그들이 행한 것을 목격하셨고 주목하고 계셨으며, 지금도 그것을 기억하고 계신다. 사람들의 기억에서는 사라질 수 있지만, 하나님의 기억에서는 사라지지 않는다. 죄는 하나님의 책에 하나하나 기록되어 있으며 결산해야 한다. 그 빚은 오래되었다고 멈추거나 닳아 없어지지 않는다. 오히려 그 반대다. 사람들은 모두 자신의 빚을 결산해야 한다. 모든 채무는 하나도 탕감되지 않기 때문이다. 우리는 말라기서 3장에서 다음의 말씀을 읽는다. "그때에 여호와를 경외하는 자와 그 이름을 존중히 여기는 자를 위하여 여호와 앞에 있는 기념 책에 기록하셨느니라"(말 3:16). 이 말씀은 악인들의 죄에 관한 교훈을 다루고 있다.

2. 사람들이 저지른 죄에 대한 죄책 때문에 하나님께서는 적절한 때에 그들에게 심판과 진노를 내리기 위해 준비하신다. 사람들의 온갖 죄가 그들의 원수들이다. 마음에 있는 욕정과 죄악의 습성들은 사람의 마음을 움직여 죄가 되는 행동을 하도록 힘을 발휘하고 영향력을 행사한다. 그러나 우리를 하나님으로부터 멀어지게 하는 마음만 원수가 아니라 죄가 되는 온갖 행동들 역시 사람의 무시무시한 원수들이다. 사람의 죄가 되는 행동들은 그 죄책과 협조하여 사람의 마음을 움직이는 것이다. 그 행동들은 사람의 불행과 멸망을 노린다.

이런 것들이 사람의 원수들이다. 이런 것들이 없다면 다른 원수들은 그들에게 해를 끼칠 수 없다. 이런 것들이 사람의 원수들이다. 그들에게 진노가 있다. 그 원수들은 그 마음에 사람의 죽음과 저주를 품고 있다. 이 원수들은 밤낮으로 악인의 문 앞에 언제나 엎드려 있다. 늑대가 숲속에 숨어 먹잇감을 노리듯이, 사람의 원수가 언제든지 상대를 죽이려고 기회를 엿보면서 그 사람의 문 앞에서 기다리고 있듯이, 사람의 죄가 되는 행동인 이 원수들은 그 사람의 멸망을 기다리고 있다. 원수들은 적절한 기회를 기다린다. 그들은 상대를 멸망시킬 하나님의 시간을 기다리고 있다. 원수들은 귀중한 생명을 사냥한다. 사람들이 지금까지 범해온 그들의 죄 하나하나가 그들의 문에 엎드려 있으면서 그들이 나올 때까지 기다린다. 하나님께서 그 사람 위에 떨어지게 하려고 문을 여실 때까지, 원수들이 그 사람을 멸망시키기 위한 그들의 일을 할 때가 올 때, 하나님께서는 그때가 가장 적합하고 편리한 시간이라고 보신다.

악인들이 어디를 가든지 그들의 죄가 그들을 따라가며 여전히 그들이 멸망하기를 기다린다. 만약 사람들이 그들의 주거지를 옮기거나 한 도시에서 다른 도시로 옮기거나 바다를 건너 다른 대륙에 가서 살게 되거나 지구 반대편에서 살게 된다면, 그곳에도 그들의 죄는 그들의 뒤를 바짝 추격할 것이다. 죄악은 그들의 뒤를 따라다니는 법이다(시 49:5). 그들이 어디에 그들이 살 집을 짓든지 간에 그곳에 그들의 죄가 있을 것이며, 그들의 문 앞에서 그들의 멸망을 기다리고, 그들의 집을 염탐하고, 그들을 따라다니며 괴롭힐 것이다.

하나님의 저주와 복수의 칼이 그들을 기다리고 있다. 욥기 15장에서는 이렇게 말한다. "그 말에 이르기를 악인은 그의 일평생에 고통을 당하며 포악자의 햇수는 정해졌으므로 그의 귀에는 무서운 소리가 들리고 그가 평안할 때에 멸망시키는 자가 그에게 이르리니 그가 어두운 데서 나오기를 바라지 못하고 칼날이 숨어서 기다리느니라"(욥 15:20-22). 그 사람은 자신이 어둠에서 벗어나지 못할 것이라고 믿는다. 그를 기다리는 것은 검이다. 악인을 기다리고 있는 것은 검이다. 이 검은 하나님의 진노의 불이 붙은 검이다. 그래서 다시 욥기 12장 22절은 멸망이 그의 옆에서 준비하고 있다고 말하는 것이다.

악인들은 그들의 죄로 말미암아 초래될 멸망이 자신과 상관이 없는 것으로 생각한다. 그러나 그들은 단단히 오해하고 있다. 멸망은 하나님이 말씀을 주실 때마다 그들을 꿰뚫을 태세를 갖추고 그들 바로 곁에 있다. 이것은 좋은 열매를 맺지 않는 나무의 뿌리에 도끼가 놓여 있다고 표현되기도 한다(마 3:10). 하나님의 때가 이르면 즉시 그 나무를 찍어 넘어뜨리기 위해 나무 뿌리에 도끼를 갖다 놓은 것이다. 공의가 도끼를 들 것이며 악인들은 찍혀 넘어져 불에 던져지게 될 것이다. 그들의 죄는 이미 지옥 불을 지폈다. 그들이 받을 지옥의 형벌은 이미 예비되어 있고 그들을 기다리고 있다. 영원한 사망이 그들을 기다리고 있다. 그러므로 악인들이 받을 지옥 형벌은 잠을 자지 않는다고 말하는 것이다(벧후 2:3).

영원한 사망은 늘 깨어 있다. 영원한 사망은 그들을 노려보며 하나님께서 말씀하실 때 그들을 장악하기 위해 기다리고 있다. 영원한 사망은 멸망의 무기들, 전멸시킬 무기를 가지고 전투에 나갈 태세를 갖추기 위해 완전무장을 한 채 그들을 대항할 준비를 완료했다(욥 15:24). 이것은 다시 준비 태세가 갖춰진 검으로, 이미 당겨진 활로, 화살 시위에 놓여 있고 그들의 마음 과녁을 정확히 맞히는 화살로 표현된다. 시편 7편에서는 이렇게 말한다. "죽일 도구를 또한 예비하심이여 그가 만든 화살은 불화살들이로다"(시 7:13). 오직 말씀을 주시는 하나님만이 필요할 뿐이다.

악인들은 멸망을 의식하지 못하지만 악인들이 지은 죄는 그들이 어디를 가든지, 사울이 다윗을 찾아 헤매는 것보다도 더 가깝게 그들을 따라다니며 추적한다. 악인들이 음식을 먹는 동안에도, 그들이 일하고 있을 때도, 그들이 잠을 자는 동안에도, 그들의 죄는 그들 가까이 있으며 그들의 멸망을 기다리며 노려보고 있다.

남아메리카에 사는 어떤 사람에 관한 글을 읽은 적이 있다. 그는 그간 그 지역의 도지사에게서 받은 학대에 분개하여 자신에게 상처를 준 사람을 죽이기로 굳게 결심했다. 그래서 도지사의 임기가 만료되었을 때, 그는 그 사람을 죽일 기회를 찾는 데 모든 힘을 쏟았다. 상대방은 그 원수의 결심이 어떠하다는 정보를 입수하자 원수를 피하려고 1,500킬로미터나 멀리 떨어진 다른 장소로 거주지를 옮겼다. 이 먼 곳까지 자기를 쫓아오지는 못할 것으로 생각했다. 그러나 75일이 채 되기도 전에 그의 원수는 그 도지사가 있는 곳까지 왔다. 그러자 그는 비행기를 타고 20여 일만에 다시 그곳으로부터 1,900킬로미터 떨어진 곳으로 도망을 갔다. 그의 원수는 그곳까지 그를 쫓아왔다. 그는 그곳에서 다시 2,400킬로미터를 더 멀리 도망갔다. 하지만 불과 며칠이 되지 않아 그의 대적자는 그를 쫓아 그곳까지 찾아왔다. 이런 식으로 그의 원수는 3년 4개월을 상대의 뒤를 쫓았다. 쫓기던 사람은 원수를 피하려고 매우 조심했고 늘 몸을 가리는 코트를 입고 다녔다. 하지만 그의 원수는 그의 목숨을 조심스럽게 지켜보다가 마침내 그를 그의 집 침대에서 살해했다.

죄책은 이보다 훨씬 더 가깝게 악인들을 따라다니며 그들이 어디를 가든지 뒤쫓는다. 악인들이 특정한 어떤 죄를 개선했을 수는 있지만, 그들의 죄는 여전히 그들의 문에 엎드려 있다. 악인들이 최근 죄를 피하고, 욕망을 억제하고, 자신을 부인했다 하더라도, 그들의 옛 죄는 여전히 그곳에 엎드려 있다. 젊었을 때 지은 죄는 이미 오래전에 저지른 것이고 그 죄에서 떠난 지 오래되었다. 이제 나이를 더 먹었고, 그 후 유혹을 많이 피해왔으며, 더욱 냉정해졌지만 그들의 죄는 평생 그들의 문에 엎드려 있으며 먼지 속에서 그들과 함께 누워 있다. 욥기 20장에서는 이렇게 말한다. "그의 기골이 청년같이 강장하나 그 기세가 그와 함께 흙에 누우리라"(욥 20:11).

그들이 그 후 행한 것이 무엇이 되었든지 간에 그들의 죄는 여전히 그들의 문에 엎드려 있다. 그들이 오랫동안 단정하게 행동하고, 사리 분별을 잘하여 종교적인 사람들이 되었다고 하더라도 그들이 예전에 지은 죄는 여전히 그들의 문에 엎드려 있다. 만약 그들이 자연적인 이치로 그들이 저지른 죄를 애석하게 생각하고, 다시는 그런 죄를 범하지 않기 원한다고 해도, 그들의 죄는 그들의 문에 엎드려 있다.

| 적 용 |

1. 죄인들을 일깨우라. 회심하지 않은 상태에 있는 모든 사람에게 이 사실을 고려하도록 해야 한다. 그들의 죄가 그들의 멸망을 노려보고 있는 필사적인 원수로서 그들의 문에 엎드려 있다. 당신의 생애에서 죄책감을 느껴왔던 모든 죄가 그곳에 엎드려 있다. 당신이 과거 어느 때에 무슨 죄를 지었는지를 기억해보라. 하나님이 미워하시고 하나님의 분노를 자극하는 것임을 알면서도, 당신이 어떻게 당신 자신의 욕정에 굴복했는지, 당신이 알고 있는 것 또는 동시에 그럴 만한 이유가 있다고 생각했던 것을 어떻게 했는지, 어떻게 감히 그렇게 하려고 했는지 생각해보라. 순간적이고 감각적인 쾌락을 더 좋아하거나, 선한 양심보다 세상의 작은 유익 얻기를 더 좋아한다는 당신의 그 어쭙잖다는 생각은 끔찍하다. 그러한 죄가 지금 당신의 문에 엎드려 있다는 것을 생각하라.

당신이 음탕한 행동을 하고 더러운 욕정을 은밀히 채웠다면, 그 부정한 행동을 혼자 한 것이든지, 아니면 다른 사람들과 함께 행했든지 간에, 당신에게는 그 죄에 대한 책임이 있다. 하지만 당신이 어둠 속에서나 세상에서 발견하는 것들은 죄책감이 무엇인지 알지 못하게 한다. 당신이 어둠과 세상에서 발견한 것들은 당신에 대해 아무렇지 않게 생각하게 한다. 당신의 죄는 당신의 문에 엎드려 있다. 죄는 밤낮으로 그곳에 있다. 죄는 당신이 어디를 가든지 당신 곁에서 늘 당신을 멸망시킬 채비를 하고 있다. 당신의 죄가 오래전에 행한 큰 죄였을지도 모른다. 결혼한 이후에도 당신은 당신의 모습 그대로이고, 당신이 내뱉은 지저분하고 음탕한 말과 단지 상상으로만 부정한 욕정을 채운 부정한 모든 생각으로 인해 괴로워한다.

당신이 당신의 이웃을 은밀하게 헐뜯고 나쁜 짓을 했다면 당신이 행한 행동이 아무리 가벼운 것이라 해도 그 죄가 문에 엎드려 있다는 것을 생각하라. 날마다 지은 죄에 대해 마땅히 받아야 할 전능하신 하나님의 저주와 진노가 당신의 머리 위에 있다. 당신의 생애에 무슨 죄를 지었는지 반성하고 생각해보라. 당신이 어렸을 때 무슨 죄를 범했는지 생각해보라. 십 대 때 당신이 범한 죄가 무엇인지, 홀로 지은 죄가 무엇인지, 다른 사람들과 함께 지은 죄가 무엇인지를 생각해보라. 당신이 죄가 되는 생각을 얼마나 많이 했는지, 당신의 혀로, 당신의 손으로 얼마나 많은 죄를 지었는지도 생각해보라. 자신을 돌아보면서 구체적으로 무슨 죄를 지었는지 돌아보고, 당신을 멸망시키기 위해 모든 힘과 세력으로 지금도 활동하고 있는 것들이 무엇인지 생각하라. 죄책과 관련하여 말하자면, 당신이 범한 이런 행동들은 하나도 사라지지 않는다.

당신이 범한 죄 중에 어느 것 하나라도, 당신이 아주 사소한 것이라고 생각하더라도 세상의 어떤 원수보다 더 악하다. 세상의 원수들은 현세의 생명만을 사냥할 뿐이지만 당신의 죄는 당신의 영원한 지옥 형벌을 목표로 삼는다. 비록 죄 하나가 당신의 문에 엎드려 있다 해도, 죄는 그 죄의 자궁에 지옥을 잉태하고 있기 때문에, 당신의 죄가 당신을 노리는 것보다는 차라리 살인자가 당신을 노리는 것이 더 나을 것이다. 당신의 문에 엎드려 있는 죄는 하나님의 복수의 검으로 무장되어 있다. 다음의 사실을 깊이 생각하라.

(1) 당신의 죄가 계속해서 당신의 문에 엎드려 있다면, 그 죄는 머지 않아 확실히 힘을 발휘할 것이다. 만일 세상의 원수인 살인자가 당신을

노려보고 있다면, 그가 그의 목적을 실행할 기회를 갖지 못하도록 당신은 할 수 있는 한 저지하려 할 것이다. 그러나 당신의 문에 엎드려 있는 당신의 죄는, 하나님께서 그곳에서 그 죄를 없애지 않으신다면, 그들의 목적을 확실히 실행할 것이다. 그 죄는 그곳에서 오직 하나님의 때가 오기를 기다리고 있다. 하나님의 때는 확실히 올 것이다. 그때에는 피할 길이 없다.

세상에 있는 모든 사람은 당신을 구할 수 없다. 당신도 당신의 죄에서 당신을 보호하지 못한다. 당신이 갈멜산 꼭대기나 바다 밑에 숨는다 해도, 당신의 죄는 당신을 찾아낼 것이다. 만일 당신이 하늘까지 닿는 담장을 쌓아 올려 자신을 철통같이 지킨다 해도, 그 원수들에게서 방어할 방도가 없을 것이다. 당신은 당신이 지은 죄로 재난을 잉태하고 허무함을 낳을 것이다. 욥기 15장은 말한다. "그들은 재난을 잉태하고 죄악을 낳으며 그들의 뱃속에 속임을 준비하느니라"(욥 15:35).

하나님의 때가 임하면 절대로 도망갈 수 없을 것이다. 그때에 당신은 당신을 죽일 무기로 무장한 원수들에 의해 포위를 당한 사람처럼 될 것이며, 피하여 도망가지 못할 것이다. 물론 당신은 피하여 도망가려고 모든 방법을 강구하느라 필사적인 노력을 다할 것이다. 욥기 20장에는 이렇게 말한다. "그가 철 병기를 피할 때에는 놋화살을 쏘아 꿰뚫을 것이요"(욥 20:24). 이날이 오면, 이사야서 24장 18절에 묘사된 것과 같은 일이 일어날 것이다. "두려운 소리로 말미암아 도망하는 자는 함정에 빠지겠고 함정 속에서 올라오는 자는 올무에 걸리리니 이는 위에 있는 문이 열리고 땅의 기초가 진동함이라." 그날은 하나님의 진노의 날이 될 것이며, 절대로 피하지 못할 것이다.

(2) 당신의 문에 엎드려 있는 당신의 죄는 그곳에서 당신을 죽이기 위해 정한 때를 기다리고 있다. 그때는 그 죄가 실행하는 때다. 당신의

죄는 문에 엎드려 당신을 죽이려고 당신이 문 밖으로 나오기를 기다리고 있다. 때가 되면 당신은 나오게 될 것이다. 아니 나올 수밖에 없다. 그 순간 원수들은 당신을 사로잡을 것이다. 악인들의 죄는 그들의 문에 엎드려 있다. 악인들이 사망의 침대에서 죽을 때, 얼마나 끔찍할지 생각해보라. 그것이 당신에게 닥칠 일이라면 틀림없이 이와 같을 것이다. 당신에게 이러한 일이 일어난다면 당신에게 끔찍한 때가 될 것이다. 그때를 생각하는 것만으로도 매우 무섭고 두려운 일이 될 것이다. 죽음이 다가온다고 생각하기만 해도 놀라지 않을 수 없다. 당신의 마음은 떨릴 것이다. 하지만 정작 그때가 임하면 당신은 가야 한다. 솔로몬이 표현한 것처럼 악인들은 그들의 사악함으로 말미암아 광명에서 흑암으로 밀려나 세상에서 쫓겨날 것이다. 욥기 18장은 이렇게 말한다. "그는 광명으로부터 흑암으로 쫓겨 들어가며 세상에서 쫓겨날 것이며"(욥 18:18). 악인들의 죄는 그들이 살면서 범한 모든 죄와 함께 먼지 속에 앉아 있다. 욥기 20장 11절은 또 이렇게 말한다. "그의 기골이 청년같이 강장하나 그 기세가 그와 함께 흙에 누우리라." 또는 "그 백골이 자기 죄악을 졌음이여"(겔 32:27)라고 선지자 에스겔은 표현했다.

악인들의 죄는 하나님의 심판이 그들에게 미칠 기회를 엿보려고, 이 세상에서 그들을 만나려고 만반의 태세를 갖추고 있다. 악인들이 이 땅에서 만나는 많은 일은 그들의 죄 때문에 그들 위에 내리시는 하나님의 저주의 열매들이다. 하지만 악인들이 죽게 되면, 그때에 그들이 범한 죄가 그들에게 최대한 실행에 옮겨지게 될 것이다.

(3) 죄가 당신의 문에 엎드려 있는 한 당신은 한순간도 결코 안전하지 못하다는 것을 생각하라. 멸망이 당신을 기다리고 있다. 멸망이 당신 위에 언제 닥칠지 모른다. 악인들은 미끄러운 곳에서 걷고 있으며, 종종

멸망이 아주 갑자기 그들에게 임한다. 시편 73편은 이렇게 말한다. "주께서 참으로 그들을 미끄러운 곳에 두시며 파멸에 던지시니 그들이 어찌하여 그리 갑자기 황폐되었는가 놀랄 정도로 그들은 전멸하였나이다 주여 사람이 깬 후에는 꿈을 무시함 같이 주께서 깨신 후에는 그들의 형상을 멸시하시리이다"(시 73:18-20). 그들의 멸망은 종종 그들이 멀리 있다고 생각하는 바로 그 순간에 임한다. 욥기 15장에서는 이렇게 말한다. "흑암의 날이 가까운 줄을 스스로 아느니라"(욥 15:23).

그들의 죄는 악인들이 아무 일도 일어나지 않는다고 생각할 때, 가끔 그들을 갑자기 사로잡기도 한다. 마치 그들이 걸어가다가 올무에 걸리듯이 말이다. 욥기 18장에서 이렇게 말한다. "이는 그의 발이 그물에 빠지고 올가미에 걸려들며 그의 발 뒤꿈치는 덫에 치이고 그의 몸은 올무에 얽힐 것이며 그를 잡을 덫이 땅에 숨겨져 있고 그를 빠뜨릴 함정이 길목에 있으며"(욥 18:8-10). 하나님께서는 악인들이 생각하지도 못하고 예측할 수도 없는 방법으로 종종 그들에게 심판을 내리신다. 욥기 20장 26절은 "큰 어둠이 그를 위하여 예비되어 있고 사람이 피우지 않은 불이 그를 멸하며 그 장막에 남은 것을 해치리라"라고 말한다. 하나님께서는 그들이 잠자고 있는 밤에 폭풍우를 일으키시어 그들을 끌고 가신다. 욥기 27장에서는 이렇게 말한다. "두려움이 물같이 그에게 닥칠 것이요 폭풍이 밤에 그를 앗아갈 것이며 동풍이 그를 들어올리리니 그는 사라질 것이며 그의 처소에서 그를 몰아내리라"(욥 27:20,21).

악인들의 죄는 종종 그들을 찾아내며, 그들이 번성하고 있는 중에 하나님의 진노가 내리기도 한다. 욥기 15장 21절은 이렇게 말한다. "그가 평안할 때에 멸망시키는 자가 그에게 이르리니." 사람들이 뿌리를 땅속 깊이 두고 그 가지가 옆으로 퍼진 번창하는 나무와 같아도, 저주가 그들에게 갑자기 임하며 그들의 뿌리를 마르게 하고 그 가지들을 자른다. 욥기 18장 16절은 "밑으로 그의 뿌리가 마르고 위로는 그의 가지가 시들 것이며"라고 말한다.

그들의 문에 엎드려 있는 그들의 죄는 그들이 번성하기를 기대하고, 실제로 번성하고 있을 때 종종 그들을 사로잡고, 그들에게 심판을 행한다. 욥기 20장 23절은 이렇게 말한다. "그가 배를 불리려 할 때에 하나님이 맹렬한 진노를 내리시리니 음식을 먹을 때에 그의 위에 비같이 쏟으시리라." 그래서 악인들은 결코 안전하지 않다. 그들이 그들의 문에 엎드려 있는 자신의 죄와 함께 자기 침대에 누워 조용히 잠을 잘 수 있는 것은 그들의 어리석음에서 비롯된다. 그들에게 평안이라는 것이 있다면, 그들이 가지고 있는 그 평안은 어리석은 평안이며 이치에 맞지 않는 평안이다. 그들이 이성을 발휘한다면, 그들은 결코 평안을 가질 수가 없다. 하나님의 저주가 그들 위에 있는데 어찌 안전이 있을 수 있겠는가? 빌닷은 이와 같은 사람이 사는 집 위에 유황이 뿌려져 있음을 주목한다. 욥기 18장 15절은 "그에게 속하지 않은 자가 그의 장막에 거하리니 유황이 그의 처소에 뿌려질 것이며"라고 말한다. 이 말은 하나님의 진노가 그들 위에 거하다는 뜻이며 하늘이 이 사람의 죄악을 드러내고 땅이 그 사람을 대항하여 일어날 준비를 하고 있다는 뜻이다. 그리고 욥기 20장 27절은 말한다. "하늘이 그의 죄악을 드러낼 것이요 땅이 그를 대항하여 일어날 것인즉."

2. 권면을 사용하라. 당신은 당신의 죄를 당신의 문에서 제거해야 비로소 안식을 얻을 수 있다. 당신의 죄가 제거된다면 당신은 안전히 거할 것이며, 당신은 안전하게 들어가고 나갈 수 있으며 진정 악의 두려움에서 벗어날 것이다. 그렇게 될 때 하나님은 당신과 평화롭게 될 것이며, 하늘과 땅도 당신과 평화롭게 될 것이다. 당신이 이렇게 되기 위해서는, 예수 그리스도 한 분만이 당신의 죄를 제거하실 수 있다는 것을 알아야 한다.

그리스도의 피는 죄책을 없애기에 충분하다. 만일 당신이 그리스도에게 나아가 그분을 믿는다면, 그분은 당신의 문에서 그 원수들을 없애실 것이다. 만일 당신이 예수 그리스도 안에 있다면, 당신은 당신의 죄로부터 해방을 얻을 것이다. 이것은 당신이 누리는 영광스러운 자유가 될 것이다.

이제 당신이 어디를 가든지 당신의 죄가 당신을 따르며, 당신의 영혼의 죄악이 당신을 에워싸고, 당신을 멸망시키려고 찾을 것이다. 하지만 당신은 두려워하지 않고 어디든지 갈 수 있으며 모든 원수는 영원히 없어질 것이다. 시편 103편에는 이렇게 말한다. "동이 서에서 먼 것같이 우리의 죄과를 우리에게서 멀리 옮기셨으며"(시 103:12). 그렇게 될 때 당신이 어디를 가든지 당신의 죄가 당신을 에워싸는 대신에 그리스도께서 불의 울타리가 되실 것이며, 보호의 장벽으로 당신이 가는 곳마다 당신을 둘러 보호하실 것이다. 당신이 누울 때 당신의 죄가 당신을 멸하기 위하여 당신을 노려보는 대신에 당신은 주께서 당신을 떠받쳐주시고 천사들이 당신 주위에 그들의 장막을 펼치는 가운데 눕기도 하고 자기도 하고 깨기도 할 것이다.

○

에드워즈의 이 설교는 하나님에 대한 가인의 분노가 부당함을 검토했다. 에드워즈가 살던 시대에도 동일한 정신(부당함)을 가진 사람들이 많았다는 것을 논증했다. 그 부당함이란 죄에 대한 비난의 화살을 하나님께 향한다는 데 있다. 에드워즈는 이런 식으로 하나님을 비난한 사람에게 모든 잘못이 있음을 분명히 보여준다. 에드워즈는 하나님께서 가인의 제사를 받지 않으신 것은 그가 드린 땅의 소산이 선하지 않았기 때문이 아니라 제물을 드린 그의 마음이 선하지 않았다는 데 있다고 말한다. 아벨은 믿음으로 제사를 드렸지만 가인은 믿음으로 드리지 않았다.

이 말을 마치고 에드워즈는 이 설교의 주요 메시지로 이동한다. 죄인은 자신이 범한 죄를 금세 잊어버릴 수 있을지 모르나 하나님은 그 죄를 결코 잊지 않으신다는 것이다. 죄책은 늘 남아 있다. 젊은 시절에 범한 죄 역시 잊혀지지 않고 고스란히 남아 있다. 죄책은 오랜 시간이 지나도 경감되지 않는다. 하나님께서는 사람들이 행한 것을 주의 깊게 보시고 기억해두신다. 죄를 용서받지 않고 죄가 남아 있는 한, 심판이 문에서 엎드려 기다리고 있다. 사람들은 자신이 범한 죄를 없애야 비로소 안식을 얻게 된다. 그것이 유일한 해답이다.

02

하나님의 영광과 존귀는 하나님께서 죄를 기뻐하지 않으신다는 것을 나타낸다

THE GLORY AND HONOR OF GOD REQUIRES
THAT HIS DISPLEASURE BE MANIFESTED AGAINST SIN

그러나 진실로 내가 살아 있는 것과

여호와의 영광이 온 세계에 충만할 것을 두고 맹세하노니

민 14:21

이스라엘 백성은 하나님의 분노를 촉발한 적이 종종 있었다. 그들이 출애굽 한 이후에, 이번이 그들이 범죄한 열 번째 공적인 반역 행위였다. 하지만 하나님께 큰 은총을 받은 모세는 그때마다 기꺼이 백성의 중보자가 되었다. 모세는 이스라엘 백성과 하나님의 진노 사이에 섰으며, 그들을 멸하려는 하나님의 마음을 겸손하고 진지하게, 거듭 돌이키시기를 탄원했다. 이스라엘 백성이 금송아지를 만들었을 때 모세가 하나님께 애원한 것이 그 대표적인 예다. 하나님께서 모세에게 이렇게 말씀하셨다. "내가 하는 대로 두라 내가 그들에게 진노하여 그들을 진멸하고 너를 큰 나라가 되게 하리라 모세가 그의 하나님 여호와께 구하여 이르되 … 주의 맹렬한 노를 그치시고 뜻을 돌이키사 주의 백성에게 이 화를 내리지 마옵소서 … 여호와께서 뜻을 돌이키사 말씀하신 화를 그 백성에게 내리지 아니 하시니라"(출 32:10-12,14).

이스라엘 백성은 또 다베라에서 하나님께 불평을 터뜨렸다. 그때 백성 가운데 여호와의 불이 붙어 그들을 태웠다. 그러나 모세의 기도로 그 불은 꺼졌다. 이제 그들은 정탐꾼들의 말을 듣고 원망함으로 하나님을 대적하였다. 민수기 14장 12절에 언급된 대로 하나님은 이 백성을 쳐서 멸하려 하셨다. 이때에도 모세는 늘 하던 대로 다시 엎드려 하나님께 하나님 자신의 영광과 하나님의 위대한 이름의 존귀를 위해서 이 백성을 한 사람 멸하듯이 멸하지 마시기를 기도하며 간청했다(15절).

모세는 다시 하나님을 이겼다. 하나님께서는 모세가 구하는 것을 주셨으며, 이 백성을 한 사람 멸하듯이 멸하지 않겠다고 약속하셨다. 하나님께서는 이 구절(20절)로 대답하신다. "내가 네 말대로 사하노라." 이것은 당신이 기도하는 한 하나님께서는 죄를 사하시고, 하나님께서 내리시려는 화를 돌이키시고, 그 백성을 치시며 그들을 하나의 국가로서 기업을 얻지 못하게 하시겠다고 으름장 놓으신 것을 철회하시겠다는 의미이다.

그러나 하나님께서 설령 그들의 죄를 사하셨다 해도, 하나님은 본문에서 온 땅은 하나님의 영광으로 충만하리라고 맹세하신다. 이 말은 이스라엘 백성이 철저히 징계를 받을 것이라는 뜻이다. 하나님께서는 이처럼 완악한 사람들이 저지른 범죄와 그 밖에 많은 반역 행위들과 이와 같이 빛을 거슬러 행한 행동들로 인해 하나님의 영광이 손상을 입은 채 내버려 두지 않으실 것이다. 그래서 하나님은 자비와 경고를 담아 "내 영광과 애굽과 광야에서 행한 내 이적을 보고서도 이같이 열 번이나 나를 시험하고 내 목소리를 청종하지 아니한 그 사람들은"(민 14:22)이라고 설명하신다.

모세는 하나님께서 백성을 멸하실 수 없으시다고, 땅의 여러 나라 가운데 하나님의 이름의 존귀함이 널리 퍼져야 한다면서 하나님과 다투었다. 그러나 하나님께서는 자신이 왜 백성의 죄를 불쾌하게 여기시고 그에 대한 징벌을 내리셔야 하는지, 동일한 이유를 제시하신다. 하나님은 하나님의 자비와 더불어 하나님의 공의의 영광도 나타내려고 하신다. 하나님은 하나님 자신의 위대한 이름을 영화롭게 하실 것이며 그들을 책망하셔야 할 상황을 수수방관하고만 계시지 않을 것이다. 그리고 바로 이러한 이유로 그 세대의 시체는 광야에 엎드러진 것이다. 그들 중에 어느 누구도 하나님께서 그들의 조상에게 약속하신 젖과 꿀이 흐르는 땅을 보지 못할 것이다.

| 교 리 |

하나님께서 죄를 불쾌하게 여기는 것을 나타내시는 두 가지 방법이 있다. 그중 하나는 하나님께서 하나님의 말씀에서 선포하셨듯이 자신이 죄를 불쾌하게 여기신다고 직접 선언하시는 것이다. 하나님은 하나님의 말씀에서 자신이 얼마나 죄를 미워하시는지를 종종 선언하신다. 성경의 하나님은 처음부터 끝까지 죄의 가장 완벽한 원수로 등장하신다. 다른 방법은 죄의 행위와 그 결과로 하나님 자신이 죄를 불쾌하게 여기는 것을 표현하신다.

하나님의 말씀의 선언만으로 하나님께서 죄를 미워하신다고 선언하는 것은 하나님의 존귀와 영광을 옹호하기에 충분하지 않다. 그러나 하나님의 영광은 하나님께서 죄를 불쾌하게 여기신다는 것을, 죄의 행위와 그 결과로 표현하실 수밖에 없다. 성품은 행동으로 나타나기 마련이며, 행동만으로도 성품은 충분히 나타나고 영광스럽게 된다.

I. 죄론에 대한 여러 이유들

1. 만일 하나님께서 죄를 불쾌하게 여기신다는 것을 분명히 밝히거나 증명하지 않으셨다면, 하나님께서 죄를 불쾌하게 여기신다는 것이 밝히 드러나지 않았을 것이며, 틀림없이 하나님이 죄를 인정하신다고 알려졌을 것이다. 그렇다. 그럴 경우 사람들은 하나님께서 죄를 승인하신다고 생각할 것이다. 하나님은 필연적으로 죄를 미워하시고 죄를 불쾌

하게 여기시는 속성을 지닌 분이시다. 이것은 하나님의 본질적인 영광에 속한 부분이다. 하나님께서 죄를 불쾌하게 여기지 않으신다면, 사람들은 그것이 그분이 거룩한 하나님이 아니라는 증거라고 주장할 것이다. 하나님의 무한한 거룩성은 하나님 자신이 죄를 절대적으로 싫어하시는 것으로 나타난다. 하나님이 절대적으로 선하시고 악에서 멀리 떠나 계신 분이라는 사실은 하나님이 악을 혐오하시는 것으로, 하나님의 속성이 악에서 멀고 악을 대적하시는 것에서 나타나는 것이다. 속성의 순결함은 더러움을 혐오하는 것에서 드러나기 마련이다.

하나님의 본질적인 영광은 그분이 이처럼 거룩하신 분이라는 사실에서 가장 잘 나타난다. 이렇게 표현할 수 있다. 하늘들도 그분이 보시기에 순결하지 않다고 말이다. 그러니 하물며 하나님이 보시기에 죄와 사악함은 얼마나 순결함과 거리가 멀겠는가. 하나님께서 죄와 악보다 더 혐오하시는 것은 없다.

만일 하나님이 이처럼 거룩하신 분이라면, 필연적으로 따라오는 결론은 이것이다. 그분은 틀림없이 죄를 불쾌하게 여기신다는 것이다. 그리고 만일 죄를 불쾌하게 여기시는 것이 하나님의 영광이 된다면, 죄를 불쾌하게 여기심을 나타내고 그에 따라 행동하는 것은 틀림없이 하나님의 영광이 될 것이다. 만일 하나님께서 죄 때문에 노하지 않으신다면, 사람들은 그분의 속성이 순결하지 않으며, 하나님과 죄가 한통속이라고 주장할 것이다. 그리고 만일 하나님께서 죄 때문에 분노하시는 것이 그분의 존귀가 된다면, 하나님께서 죄에 대하여 행동하시는 것은 죄 때문에 격분하신 하나님으로서 그렇게 하시는 것이다.

하나님의 거룩하심을 가르치고 보여주는 다양한 말씀들이 있다. 하나님께서 죄에 대하여 진노하시며 진노의 결과들이 그분의 거룩하심을 알려주는 가장 훌륭한 것들이다. 하나님은 불경건한 사람들에게 집행하시는 심판에서 거룩하신 하나님으로 그 모습을 드러내신다. 하나님의 거룩하심은 그분이 지옥에서 행하시는 것으로 말미암아 영광스럽게 발견된다.

죄가 발생하는 경우에, 하나님의 거룩하심의 영광을 위하여 하나님께서 죄를 미워하신다는 것을 반드시 보여주어야 하고 표현해야 한다. 하지만 하나님 안에서 미움을 입증하는 적절한 방법은 원수 갚는 것이다. 사람들의 경우에는 원수 갚는 것 없이도 죄를 미워하는 것을 보일 수 있을지도 모르겠다. 사람들은 단지 죄에 대해 애통해하는 것과 자신과 다른 사람들 속에 있는 죄를 위해 슬퍼하는 것으로 죄를 미워하는 것을 보여준다고 생각한다. 그러나 원수 갚는 것은 피조물인 우리가 죄를 미워하고 있음을 보여주는 적절한 방법이 아니다. 원수 갚은 것은 지극히 높은 존재이신 하나님께 속한 것이다. 하나님만이 세상을 통치하시는 분이기 때문이다. 하나님은 만물에 대한 명령권과 통치권을 가지고 계신다. 그러므로 하나님께서 죄를 심판하지 않고 그냥 당하고 계시기만 하는 것은 죄를 묵인하고 승인하는 것으로 해석될 수 있다. 따라서 하나님의 거룩하심의 영광 때문에라도 하나님은 반드시 자신이 죄를 미워하신다는 것을 증명해 보여주셔야만 한다.

2. 만일 하나님께서 자신이 죄를 불쾌하게 여기신다는 것을 증명하지 않으신다면, 하나님을 불쾌하게 하는 것이 얼마나 끔찍한 것인지 분명히 드러나지 않을 것이다. 죄는 하나님을 멸시하는 것이다. 멸시하는 것에는 미움과 존경하지 않음 그리고 가치 있다고 간주하지 않거나 조금도 가치 있는 것으로 평가하지 않는다는 두 가지 의미가 있다. 죄 안에는 이 두 가지가 다 들어 있다. 미움과 존경하지 않음은 하나님의 명령에 반대되는 것을 행하는 것이며, 하나님을 거스르는 적대감의 정신과 하나님에 대한 멸시를 보여준다. 또한 하나님의 뛰어나고 영광스러우신 속

성을 멸시한다. 하나님께서 자신의 율법 안에서 요구하시는 거룩함은 그분의 형상인데 말이다. 미움과 존경하지 않음은 하나님께서 불순종하는 모든 자를 멸하실 수 있고 자신이 경고하신 것들을 이룰 수 있는 하나님의 능력을 멸시한다. 미움과 존경하지 않음은 참된 순종에 영원한 상을 약속하신 하나님의 선하심을 멸시하는 것임을 보여주며, 하나님의 최고의 권세와 무한한 위엄에 대한 멸시다.

하나님의 존귀함을 유지하기 위해서는 하나님을 멸시하고 모욕하는 것이 끔찍한 일임이 보여져야 한다. 하나님을 멸시하는 것이 얼마나 끔찍한지 드러내지 않는다면, 하나님의 무한하신 위엄은 드러나지 않게 될 것이다. 말하자면 하나님이 우리의 친구인 경우를 제외하고 말이다. 그분이 경멸과 업신여김을 당하며, 책망을 받는데도 이것에 대한 어떠한 처벌도 주어지지 않는다. 그에 대한 징계가 없다면 사람들의 눈에는 그가 이런 것 때문에 멸시를 받는 것으로 보이게 될 것이다.

하나님의 존귀는 하나님께서 모욕을 당하실 때 그분을 모욕하는 사람들에게 그 대가를 무한히 치르게 할 때 나타난다. 하나님을 모욕하는 사람들은 하나님의 위엄을 잃게 할 목적으로 하나님의 위엄을 업신여긴다. 하지만 그에 대한 보복이 있을 때, 하나님의 위엄은 그 업신여김을 뚫고 빛나며, 한층 더 빛을 발하게 된다. 만일 보복하지 않는다면, 하나님의 위엄은 죄인들의 업신여김으로 말미암아 생긴 어둠 아래 감춰진 채 있을 것이다.

죄는 하나님의 위엄을 짓밟는다. 욥기 15장에서 이렇게 말한다. "이는 그의 손을 들어 하나님을 대적하며 교만하여 전능자에게 힘을 과시하였음이라 그는 목을 세우고 방패를 들고 하나님께 달려드니"(욥 15:25, 26)라고 말이다. 하나님의 존귀가 사람들의 발아래에 있는 것은 어울리지 않는다. 이렇게 짓밟힌 하나님의 영광의 존귀를 옹호하기 위해서 하나님께서 죄를 불쾌하게 여기신다는 것을 증명하실 필요가 있다.

이 땅의 왕이나 통치자의 존귀는 그들을 모욕하고 멸시하는 사람들을 징계의 칼로 다스려야 유지될 수 있다. 만일 어떤 왕이 자기의 신하들이 하나같이 자신을 멸시하는데 그것을 불쾌하게 여긴다는 것을 드러내지 않을뿐더러 그들을 벌하지도 않는다면, 이것은 그가 멸시를 받게 되는 구실이 될 것이다.

세상의 군주를 저주하는 것보다 하나님을 저주하는 것이 훨씬 더 끔찍한 일이다. 그분은 왕 중의 왕이시며 세상의 모든 군주보다 무한히 높은 분이시다.

3. 하나님께서는 자신의 공의의 존귀함을 위해 자신이 죄를 불쾌하게 여기신다는 것을 증명하셔야 한다. 하나님은 무한히 의로운 하나님 이시므로 결코 벌을 면제하지 않으실 것이다(출 34:7). 하나님의 공의는 엄격하고 단호하며, 그래서 마땅히 받아야 할 처벌대로 하나님께서 모든 죄를 확실히 심판하시는 것이 하나님의 공의의 영광이다. 하나님은 세상 최고의 유일한 통치자이시며 재판장이시다. 하나님께서는 의로우시기 때문에 반드시 죄의 결점을 지적하고 죄를 불쾌하게 여기신다는 것을 증명 하셔야 한다.

지극히 높으신 이 통치자께서 이성을 가진 모든 일꾼에게 적용되는 법을 주셨으며, 여러 약속과 경고로써 이 법을 강화하신다. 그분이 만물에서 이 법들을 집행하실 때 율법을 파기하는 모든 사람을 율법에 따라, 그리고 그들이 하나님을 떠난 것에 따라 징계하시는 일은 지극히 높으신 유일한 재판장의 공의에 속한다.

불의와 부도덕을 징계하는 일은 인간 통치자들과 재판장들의 공의에 속한다. 비록 그들이 정의에 걸맞지 않게 재판하는 경우도 있을 수 있다.

그러나 이렇게 되는 것은 그들이 지극히 높은 재판장이 아니며, 피조물인 재판장들이 지극히 높은 재판장이신 하나님께 맡겨야 할 사건이 있기 때문이다.

그러나 모든 죄를 하나님을 떠난 것에 따라 심판하는 것은 지극히 높은 유일한 재판장이신 하나님의 공의에 속한다. 하나님의 공의는 엄격하고 정확하며 단호할수록 더욱 영광스러워진다. 공의는 인간의 도덕적인 상태와 자연적인 상태 사이의 비율과 그 비율에 영향을 주는 것으로 이루어진다. 재판하는 공의는 결정하는 공의이며, 실행하는 공의는 이와 같은 비율을 가져오는 공의다. 따라서 만일 하나님께서 하나님 자신이 죄에 대하여 불쾌히 여기는 것을 증명하지 않으신다면, 그것은 그분의 공의에 흠이 될 것이다.

4. 하나님의 영광 때문에 하나님은 죄를 불쾌하게 여기신다는 것을 증명하셔야 한다. 그렇지 않으면 원수들이 용기백배하여 하나님을 대적하고, 마음 놓고 죄를 행할 것이기 때문이다.

죄는 하나님의 불명예와 관련이 있다. 즉, 죄는 천성이고 그 자체로 죄를 행하는 성향이 있다. 무한한 지혜의 방법이 아니면 만물을 뒤엎어 하나님의 영광으로 돌아가게 하지 못한다. 그러나 악인들은 하나님을 거슬러 죄를 지음으로써 하나님의 존귀를 먼지 속에 둔다. 그리고 죄인들에게는 하나님을 대항하여 죄를 짓기에 충분한 성향이 있다. 악인들은 그 악함이 너무 커서 억제하지 않는다면 얼마든지 죄를 저지른다. 만일 하나님께서 죄를 불쾌하게 여기신다는 것을 증명하지 않으신다면, 그들은 마음 놓고 아주 많은 죄를 범할 것이다. 두려움은 세상의 악함을 억제하고 사람들을 악마와 같은 존재가 되지 않도록 하는 능력이다. 하나님께서 죄를 불쾌하게 여기시고 죄에 대하여 분노하신다는 사실을 여러 방법으로 증명하신다. 그런데도 사람들이 너무 악하고 세상이 악한 것으로 가득 차 있다면, 그리고 하나님께서 그들이 하는 대로 전적으로 내버려두시고, 그들이 하나님의 분노를 유발하더라도 심판을 받지 않는다고 안다면, 그들이 무엇을 못하겠는가? 사람들이 도달하게 될 불경건함의 극치가 어떨 것인지 누가 말해줄 수 있겠는가?

사람들에게 지속적으로 위협을 가해야 할 절대적인 필요가 있다. 알다시피 지금 악을 행하는 자들은 위협을 받고 있으며, 설령 그 위협들이 그들을 영원한 비참함에 이르게 할 거대한 위협이라 해도, 위협의 대상이 되는 악은 무한하다. 그런데도 사람들은 감히 수많은 악을 범하고 있다. 하나님의 직접적이고 적극적인 계명들을 거슬러, 사람들의 양심이라는 밝은 빛을 거슬러 얼마나 많은 일이 자행되고 있으며, 그럴 경우 그들이 도대체 하지 못할 일이 무엇이 있겠는가?

만일 하나님이 존귀의 보호자로서 위협이 있어야 하고 그것이 합당하다면, 하나님께서 자신이 위협한 대로 실행하시는 것 역시 참이다. 하나님께서 단순히 공포심을 조장하려 사람들을 위협하시고, 그런데 동시에 위협한 것들을 실행할 의도가 없다는 것은 서로 어울리지 않는다.

위협과 실행이 연결되지 않는다면 위협한 것들이 무슨 유익이 있겠는가? 그럴 경우 의심의 여지없이, 위협과 실행 사이에 필연적인 연결이 존재하지 않는다는 것이 알려질 것이다. 그러나 이것이 알려진다면, 위협은 그 힘을 잃는다. 악인들이 속으로 이렇게 말할 수 있기 때문이다. "참되신 하나님께서 내가 이런 일들을 했다고 내게 영원한 저주를 내리실 거라고 위협하시지만, 하나님이 그렇게 하려는 것이 아니라면, 그것은 단지 겁을 주려고 나를 위협하실 뿐이야. 하나님은 자신이 위협하신 것을 반드시 실행하지는 않으셔." 이렇게 하여 악인들은 자만한다. 실행과 필연적으로 연결되지 않는 위협은 늘 그렇듯 그리 두려운 것이라고 할 수 없다.

5. 하나님께서는 자신의 영광을 위해서 자신이 죄를 불쾌하게 여기신다는 것을 나타내신다. 이를 통해 피조물은 하나님의 은총의 가치를 더욱 알게 된다. 악에 대항하는 것을 아는 지식은 알면 알수록 좋다.

타락 이전에 아담은 선을 몰랐다. 그가 타락 이후에 악을 알았던 것처럼 그 당시에는 악을 몰랐기 때문이다. 그런 이유 때문에 금단의 나무는 선악을 알게 하는 나무로 불리는 것이다. 하늘에 있는 천사들도 타락 이전에 선과 악을 몰랐다는 것이 분명하다. 천사들은 타락한 천사들의 비참함을 보거나 하나님께서 나타내시는 의로운 불쾌감을 겪은 뒤에야 비로소 하나님의 은총의 가치를 알게 되었다. 하나님의 은총의 가치는 이제 하늘에서 훨씬 더 잘 알려지고 있다. 천사들은 그곳에서 지옥의 고통의 연기를 보고 있기 때문이다.

하나님의 은총을 알게 된 타락한 사람들은 죄를 범한 자신의 친구들 위에 하나님의 불쾌함과 분노가 집행되는 것을 보게 된다. 그때에 그들이 자신을 친구들로부터 구별하신 하나님의 은총을 누리고 있다는 것을 더욱 소중히 여기게 될 것이다. 하나님의 은총을 받은 사람들은 그들을 구별하신 하나님의 은혜에 더욱 감탄하며 하나님을 칭송할 것이다. 특히 그들이 지은 죄가 심판받는 것을 볼 때, 그들의 죄를 불쾌하게 여기게 될 때 그렇게 된다. 하지만 죄를 범한 사람들이 어떻게 죄를 떠나게 되었는지 알게 되면, 그들에게 임한 하나님의 은혜에 놀라 하나님을 높여드릴 것이다. 하나님이 죄를 불쾌하게 여기시는 것이 나타나게 되면 하나님의 영광은 영원히 높아질 것이다. 하나님의 구속하시는 사랑과 그들에게 베푸신 자비로 인해 구속함을 받은 사람들은 하나님의 영광을 영원히 찬송할 것이다.

II. 하나님께서 사람들의 죄를 불쾌하게 여기신다는 것을 증명하는 여러 방법이 있다. 이를 통해 하나님은 자신의 존귀를 옹호하고 자신을 영화롭게 하신다.

1. 하나님께서 불경건한 자들을 어떻게 영원한 지옥의 형벌에 넣으시는지 보여주려고 하신다. 불경건한 자들을 영원한 지옥의 형벌에 넣으시는 것이 하나님께는 자신을 영화롭게 하시는 것이다. 하나님께서는 하나님의 영광을 목적으로 삼으셨다. 그렇게 하심으로써 하나님께서 죄를 불쾌하게 여기신다는 것을 보여주고 표명하기 위해 위협하셨다. 하나님은 이러한 위협을 지금도 하고 앞으로도 하실 것이다. 특히 하나님께서는 계속 악한 상태에 있고 그들의 죄 가운데서 죽는 악인들은 주님의 임재와 주님의 능력의 영광으로부터 징계를 받아 영원히 파멸될 것이며, 그들은 쉬지 않고 영원히 고통받게 되는 용광로 불에 던져지게 될 것이라고 선언하셨다. 악인들이 죽고, 심판 날에 더 온전히 그러한 심판을 받게 될 때 사람들에게 이러한 심판이 내릴 것이다. 하나님은 이렇게 행하심으로써 자신의 영광의 정당성을 입증하신다.

(1) 이 징계로 악한 자들이 하나님을 멸시하는 것은 끝나겠지만, 그들이 하나님을 미워하는 것은 끝나지 않을 것이다. 하나님과 악인들 간의 적대감은 그들의 마음에 영원히 남아 억눌러지지 않을 것이다. 하지만 그들이 하나님을 무시하던 일은 끝나고, 더 이상 하나님을 등한히 여길 만한 분으로 생각하지 않을 것이다. 하나님을 마음을 기울일 만한 가치가 있는 분으로 여기게 될 것이며 이런 징계를 받음으로 여러 가지 점에서 하나님에 관한 그들의 생각을 바로잡을 것이다. 어떤 사람이 죄를 범하고 있을 때 사람들 중에 어린아이 하나가 보는 것보다 모든 것을 보시는 하나님의 눈을 가지고 있다는 것이 가장 중요하다고 생각할 것이다.

악한 자들은 징계의 엄청난 무게를 느낄 때, 하나님의 위대하심과 위엄에 대해 과거에 가지고 있던 것과 다른 생각을 할 것이다. 그럴 때 그들은 그분이 진정 위대한 하나님이시고, 모든 민족도 그분과 비교하면 아무것도 아니라는 것을 알게 될 것이다.

과거에 악인들은 하나님의 분노에 대해 들었을 때 그것을 무시했다. 그들은 하나님의 분노를 가볍게 여겼고, 감히 하나님의 분노를 촉발시켰다. 하지만 지금은 더 이상 하나님의 분노를 가볍게 여기지 않을 것이다. 악인들은 하나님의 분노를 촉발하는 것이 얼마나 두려운 것인지 경험으로 보고 알 것이다. 그들은 하나님의 분노를 사는 것이 왕의 진노를 사는 것보다 더 두려운 것임을 알게 될 것이다. 그들은 하나님의 분노를 두려워하기보다 자신의 욕망을 부인하고 다소 불편한 것들과 맞닥뜨리는 것을 더 두려워했다. 하지만 이제는 더 이상 그렇게 하지 않을 것이다. 악인들은 이 세상에서 그들 앞에 놓인 모든 문제와 자기 자신을 부인하는 것을 기꺼이 짊어질 것이다. 그들이 짊어지고 있는 하나님의 진노의 1천 분의 일이라도 경감시키고 그들의 혀를 서늘하게 하기 위한 물 한 방울이라도 얻기 위해서 말이다.

그들은 더 이상 하나님의 은총을 업신여기지 않을 것이다. 하나님께서는 이 세상에 있는 동안 그들에게 은총을 주셨는데, 그들은 그 은총을 부지런히 그리고 끊임없이 추구해야 할 가치가 있다고 여겨본 적이 없었다. 그것을 위해 수고할 가치가 있다고 생각하지 않았지만, 이제 그들은 그들의 어리석음을 알게 될 것이다. 그리고 하나님의 은총이 이제 온 세상만큼 가치가 있다는 것을 알게 될 것이다. 그들이 지금까지 가졌던 것처럼 하나님의 은총을 얻기 위해서라면 그러한 기회를 위해 무엇을 못 내어주겠는가?

악인들은 하나님의 능력을 더 이상 멸시하지 않을 것이다. 그들은 자신이 하나님의 손 안에 있고, 하나님께서 기뻐하시는 대로 얼마든지 비참하게 하실 수 있다는 것을 들었지만, 그런 말을 귀담아듣지 않았다. 이제 그들은 하나님의 분노로 말미암아 하나님의 능력이 얼마나 큰지 알게 될 것이다. 멸하기로 준비된 진노의 그릇들 위에 하나님이 자신의 능력을 알려주실 것이다.

악인들은 과거에 가졌던 생각과 달리 하나님의 진리에 대해 다른 생각을 하게 될 것이다. 그들은 하나님께서 성경에 있는 미래의 세상에 관한 말씀을 종종 들었다. 하지만 그들에게는 그것이 현실적으로 보이지 않았다. 그들은 하나님께서 선포하신 하나님의 진리를 의지하지 않았다. 그러나 이제 그들은 하나님이 참되시다는 것을 알게 될 것이다. 악인들은 하나님께서 그들에게 선포하신 모든 것이 사실이었다는 것을 알게 될 것이다. 그들이 지옥에 던져질 때 그들이 하나님을 업신여기던 것이 영원히 끝날 것이다.

(2) 이러한 고통을 바라보는 다른 사람들은 그 안에서 자신의 위엄과 거룩함을 나타내시는 하나님을 보게 될 것이다. 하나님의 위엄과 거룩함은 이 세상에서 악인들 위에 내리신 가벼운 벌을 통해서 나타날 것이지만, 이것은 그들이 받을 영원한 지옥 형벌에서처럼 완전하게 나타나는 것은 아니다. 하나님의 위엄과 거룩함은 불경건한 사람들이 받을 지옥 형벌에서 무한히 나타날 것이다. 하나님께서 죄를 미워하시는 것과 그 하나님의 진노가 심판 중에 악한 자들에게 무한한 악으로 표현되기 때문이다. 하지만 그 고통을 바라보는 사람들은 그들이 불경건한 사람들이 받는 징계의 영원성에 대한 포괄적인 지식을 가지고 있지 못한 것처럼 하나님의 무한한 위엄과 거룩함을 헤아리지 못한다. 그러나 이에 대한 표현과 효과는 그것으로 말미암아 상처를 입은 하나님의 위엄과 거룩함에 실제

로 영향을 주는 것이다.

2. 하나님은 예수 그리스도의 죽음과 고난으로 악을 불쾌하게 여기심을 증언하셨다는 점에서 영광을 받으신다. 하나님께서 불경건한 자들을 지옥에서 영원히 고통받게 하신 것처럼, 하나님은 율법에서 자신의 위엄과 존귀를 충분히 그리고 온전히 입증하시고, 그리스도의 고난에서 하나님의 공의를 이루신다. 특히 예수 그리스도의 고난이 하나님의 존귀와 영광에 지대한 영향을 미치는 세 가지가 있다.

(1) 고난을 당하신 분의 신적인 탁월함과 무한한 가치다. 그리스도는 하나님과 동등한 분이시다. 빌립보서 2장은 이렇게 말한다. "그는 근본 하나님의 본체시나 하나님과 동등됨을 취할 것으로 여기지 아니하시고"(빌 2:6). 요한복음 1장 1절은 이렇게 선언한다. "태초에 말씀이 계시니라 이 말씀이 하나님과 함께 계셨으니 이 말씀은 곧 하나님이시니라"라고 말이다. 이와 같은 분이 고난을 당하셔야 한다는 것은 그분이 대신해서 고난당하신 모든 사람이 영원히 고난을 당한 것과 같다. 그분은 잠시 동안 고난을 당하셨지만, 그 기간은 그분의 인격의 존엄성으로 메워졌다. 악인들의 고통의 기간이 무한하듯이, 예수 그리스도의 탁월하심은 무한하며, 온 인류가 영원히 고난을 받은 것보다도 그분이 잠시 고난을 받으신 것이 훨씬 더 위대하다. 그분이 고난을 받음으로써 공의가 완전히 충족되었다. 죄의 값이 온전히 지불되었기 때문이다. 그리스도께서 세상을 이처럼 사랑하셔서 악인들의 죄책을 짊어지기를 기뻐하셨을 때, 하늘의 손상된 위엄은 그 정당성이 영원히 입증되었으며, 그간 깨어졌던 율법의 존귀함은 영원히 회복되었다. 이를 위해 그리스도와 같은 한 분이 하나님의 존귀와 위엄을 위해 고난을 당하셔야 했다.

(2) 성부 하나님을 위해 고난당하시는 예수 그리스도의 가까이 계심과 사랑이다. 그리스도는 하나님의 유일한 아들이셨다. 그분은 영원부터 하나님의 사랑의 대상이자 기쁨이며 하나님의 존귀의 무한한 대상이셨다. 그러나 예수께서 우리의 죄책을 친히 지기를 기뻐하셨을 때, 하나님께서는 죄를 너무나 미워하셔서 죄를 불쾌하게 여기시는 것을 증명하고, 하나님께서 사랑하는 아들에게 죄에 대한 징계를 내리기로 하셨다. 그리고 하나님의 아들이 친히 죄책을 짊어지셨을 때, 하나님께서는 그 아들의 가장 작은 죄조차 무죄를 선언하지 않으셨다. 하나님께서는 그 아들에게서 마지막 1원까지 정확하게 받아내셨다. 그리스도께서 그 잔을 자신에게서 지나가게 해달라고 기도하셨을 때, 그 잔이 지나가지 않는 것이 하나님의 뜻이었다. 이것은 공의가 반드시 집행되어야 한다는 것을 보여준다.

(3) 그리스도께서 받으신 고난의 위대함이다. 하나님의 속성을 가진 분이시고 성부 하나님께 사랑스러운 분이 고난을 당하셔야 한다는 것은 하나님이 얼마나 죄를 미워하시는지를 보여주는 놀라운 증거가 될 것이다. 그러나 하나님께서 죄를 미워하신다는 사실은 그리스도께서 많은 고난을 당하셨을 때 가장 두드러지게 나타났다. 그리스도의 생애는 고난이었다. 우리는 이렇게 말할 수 있다. 그분은 슬픔의 사람이며 비탄함을 아신 분이셨다고 말이다. 그리스도께서 자신의 영혼에 얼마나 엄청난 고난을 겪으셨는지, 보혈을 흘리는 극도의 괴로움을 당하셨는지 말할 수 있는 사람은 아무도 없다. 이 괴로움은 그리스도께서 십자가 위에 달리실 때 겪을 고난의 전주곡이자 맛보기였고, 그리스도께서 십자가에 달리실 때 함께 못박힌 다른 두 사람보다 더 빨리 죽은 요인이었다.

그리스도께서 자신의 영혼에 겪으신 고난은 하나님으로부터 직접 온 것이다. 따라서 하나님은 자신의 아들 그리스도의 죄를 징계하심으로써 하나님의 영광의 정당성을 놀랍게 입증하셨다. 실제로 그리스도의 고난은 모든 면에서 지옥의 형벌을 받는 사람들의 고난과 같지 않았다. 그리스도의 지위라는 커다란 차이 때문에 그분의 고난은 지옥의 형벌을 받는 사람들의 그것과 동일할 수 없었던 것이다. 예를 들어, 그리스도는 고난을 당하셨지만 절망하지 않으셨다. 그리스도는 동일한 일들을 겪으셨지만, 죄가 없고 거룩하신 분으로 고난을 당하셨다. 말하자면, 그리스도는 저주받은 영혼들과 함께 동일한 불에 던져지셨지만, 그분은 푸른 나무였고 그들은 마른 나무였다. 따라서 불은 모든 점에서 그들에게 동일한 결과를 내지 못했다. 그리스도는 저주받은 사람들의 비참함을 동일하게 짊어지셨다. 그래서 하나님의 거룩하심의 존귀, 위엄, 공의는 불경건한 자들의 영원한 지옥 형벌로 말미암아 정당성을 입증받았듯이, 그리스도의 고난으로 말미암아 충분하고 온전하게 정당성을 입증받았다. 그리고 두 가지 관점에서 그리스도의 고난은 유익이 있다.

첫째, 죄를 심판하심에 있어 하나님의 공의의 불변함은 그리스도의 고난에서 훨씬 더 분명히 드러났다. 하나님께서는 자신의 아들의 죄를 면책하지 않으신다는 점에서, 하나님은 죄의 악행을 따라 죄를 심판하시고 죄책을 청산하신다는 것이 더욱 분명해졌다. 만일 세상에 있는 어떤 것이 하나님께 공의를 버리도록 하는 유혹이 될 수 있었다면, 그것은 아들에 대한 하나님의 무한한 사랑일 것이다. 하지만 그리스도께서 우리의 죄를 짊어지셨을 때, 하나님은 그리스도에게 자신의 진노를 쏟으셨다.

공의에 대한 불변의 관심은 그것을 원수(악인들이 하나님의 원수라는 의미에서)에게 실행할 때보다는 사랑하는 친구, 하나밖에 없는 아들에게 실행할 때 가장 잘 나타난다.

둘째, 하나님의 진노를 그리스도의 고난에 집행할 때 그곳에 율법의 위협들이 완전하게 성취되었다는 것이다. 불경건한 자들이 받은 지옥의 형벌로는 율법의 위협들은 아직 완전히 성취되지 않았듯이, 성취되었다고 말할 수 있는 때 역시 없을 것이다. 율법은 늘 성취될 것이다. 하지만 그 어떤 것도 성취되지 않을 것이다. 율법에 의한 징계가 결코 끝나지 않았으며 영원하기 때문이다. 그러므로 영원히 끝날 때에 비로소 그 징계가 끝나게 되지만 그 징계는 영원히 끝나지 않을 것이다.

그러나 이제 그리스도의 고난으로 율법의 위협은 이미 완전히 끝났다. 무한한 징계는 영원히 해결되었다. 하늘에서 율법의 위협이 완전히 끝난 것을 본 사람들은, 악인들의 지옥 형벌 안에서는 보지 못했던, 그리스도의 고난 안에서 율법이 이미 성취된 것을 보았다.

3. 하나님께서는 이 세상에서 사람들을 심판하고 분노하셨고, 죄를 불쾌하게 여기신다는 확신을 주는 것으로 만족해하셨다. 본문(민 14장)에 있는 존경에 관한 내용은 하나님께서 이런 것들을 불쾌하게 여기신다는 증거였다. 이스라엘 백성이 하나님을 원망하고 믿지 않고 하나님의 분노를 촉발하자 하나님께서는 진노하심으로 그들이 가나안 땅의 안식에 들어가지 못할 것이며, 그들이 광야에서 40년간 방황하고, 그곳에 그들의 시체가 엎드려질 것이라고 맹세하셨다. 하나님의 영광과 존귀 때문에 하나님께서는 때때로 사람들의 죄악을 불쾌히 여기신다는 표지를 두셔야만 했다.

(1) 하나님께서 이 세상에 행하시는 심판은 사람들의 특정한 죄들, 그들이 악하게 살아가는 것들을 불쾌히 여기신다는 분명한 증거일 때가 있다. 대부분 그렇지 않지만 모든 사람에게 모든 일이 비슷하게 임한다. 하지만 모든 사람에게 모든 일이 동일하게 발생한다는 생각은 성급한 판단이다. 그리스도께서도 유대인이 불쑥 이렇게 판단하는 것을 보시

고 그들을 꾸짖으셨다. 누가복음 13장은 이렇게 말한다. "또 실로암에서 망대가 무너져 치어 죽은 열여덟 사람이 예루살렘에 거한 다른 모든 사람보다 죄가 더 있는 줄 아느냐"(눅 13:4). 하나님께서는 종종 이 세상에 하나님께서 죄를 불쾌히 여기신다는 명백한 증거를 의도적으로 제시하신다. 그런데 우리는 그 증거를 눈여겨보아야 한다. 하나님께서는 그 증거가 자신의 영광이 되기를 기대하신다. 이런 일이 헤롯에게 일어났다. "헤롯이 날을 택하여 왕복을 입고 단상에 앉아 백성에게 연설하니 백성들이 크게 부르되 이것은 신의 소리요 사람의 소리가 아니라 하거늘 헤롯이 영광을 하나님께 돌리지 아니하므로 주의 사자가 곧 치니 벌레에게 먹혀 죽으니라"(행 12:21-23).

하나님은 이 세상에서 사람들이 지은 죄 때문에 분노를 표현하신다. 그리고 하나님의 불쾌감을 입증한 사람들은 하나님께서 불쾌감을 표시하심으로 유익을 얻는 사람과 그렇지 못한 사람으로 나뉜다. 하나님께서는 이 두 종류의 사람들에게 내리시는 심판을 이용하여 다른 방식으로 자신을 영화롭게 하신다. 먼저 심판으로 유익을 얻지 못하는 사람들에게 내리시는 하나님의 심판이 어떻게 하나님을 영화롭게 하는지 보고자한다.

① 그들이 영원한 심판의 선구자들인 것처럼, 하나님께서는 동일한 방식으로 영광을 받으신다. 비록 하나님께서 영원한 심판으로 자신이 영광을 받으시는 것과 같은 정도로 영광을 받으시는 것은 아니지만 말이다.

② 영원한 죽음, 갑작스러운 죽음을 겪음으로 그러하다.

③ 영원한 심판을 가중시킨다. 심판은 경고다. 완악한 마음을 포기하는 것이다.

④ 영원한 심판으로 말미암아 유익을 얻는 사람들에게는 영원한 심판

에 나타난 하나님의 공의를 더 변화가 심하게 함으로써 그러하다. 하나님의 심판으로 그들은 하나님의 명예를 더럽히는 일을 멈춘다.

(2) 하나님의 존귀 때문에 하나님은 이 세상에서 공적인 심판으로 사람들의 죄를 불쾌하게 여기신다는 증거들을 제시하셔야 한다. 이 죄들은 하나님의 존귀와 영광의 정당함을 입증하기 위해 공적인 심판 또는 하늘의 분노를 야기한다.

어떤 백성의 죄는 개개인의 죄보다 하나님의 명예와 더욱 관련이 있다. 백성들의 죄는 다수가 가담하는 죄이다. 백성들은 특정한 사람보다 하나님을 배반하는 일에 훨씬 더 협력하기 때문이다. 그리고 이와 같은 죄들은 대부분 공적인 죄에 속한다. 이런 공적인 죄는 다른 어떤 것들보다 하나님의 명예를 더럽히는 것과 더욱 관련이 있다. 하지만 총체적으로 백성들의 죄는 죄 있는 사람들 사이에 공적으로 알려지며 다른 사람들이 보기에도 더 공적인 죄들이다. 전문적인 직업을 가지고 있고 종교계에서 명성이 있는 사람들이 유죄 판결을 받을 경우, 이것은 그들을 보는 다른 모든 사람의 눈에 세상에서 하나님의 명예와 종교를 더욱 실추시킨다. 따라서 하나님께서는 다른 사람들이 보는 앞에서 심판을 행하심으로써 하나님 자신의 존귀함의 정당성을 입증하실 특별한 필요가 있는 것이다.

그들은 이 세상에서만 하나의 백성으로서 징계를 받을 수 있을 것이다. 하나님께서는 한 민족, 그 백성의 죄를 사회와 결속된 사람으로서, 그들의 공적인 관심사와 관련된 사람으로서 징계하기 좋은 때를 보고 계신다.

| 적 용 |

1. 그러므로 우리는 구원자께서 우리를 대신하여 우리 죄에 대한 징계를 받으셔야만 했던 필요성을 이해할 수 있다. 하나님의 영광으로 인해 하나님은 죄를 징계하심으로써 하나님께서 죄를 불쾌하게 여기신다는 것을 증명하셔야 한다는 것과 우리도 죄를 지은 사람들이라는 사실을 알기에, 우리를 대신해서 다른 분이 우리가 마땅히 받아야 할 고난을 당하시는 것 외에는 하나님의 진노를 피할 방법이 없다는 것이 분명하다.

만일 우리가 세상에 가져온 죄 이외에 우리에게 죄가 없다고 한다면, 우리는 틀림없이 구원자의 필요에 방해가 되었을 것이다. 혹은 우리에게 죄가 없고 단지 범죄에 대한 실제적인 죄책만 있다고 한다면, 우리는 틀림없이 구원자 없이 영원히 소멸하고 말 존재가 되었을 것이다. 그렇다면 우리는 참으로 비참한 상황에 있는 사람이 된다. 만일 우리가 구원자 안에 있지 않다면 우리의 수많은 죄는, 지금 우리가 들은 것처럼 우리의 모든 죄는 하나님의 영광으로 인해 마땅히 받아야 할 징계를 받게 된다. 그러므로 죄인들에게 그들을 대신하여 그들의 빚을 갚아줄 다른 사람이 없다면, 우리는 하나님께서 죄인들의 죄를 작은 것 하나까지 정확히 받아내실 것이라고 확신할 수 있다. 하나님께서 친히 자신의 영광을 드러내실 것이기 때문이다.

그리스도 바깥에 있는 모든 사람은 참으로 비참한 상황에 처해 있다. 하나님은 확실히 성경에서 맹세하신 그대로 행하실 것이다. 그들이 지금 그리스도 없는 동일한 상태를 계속 유지한다면, 영원히 비참하게 될 것이 확실하다.

2. 그러므로 우리는 지극히 작은 죄까지 해결한 사람이 가장 지혜로

운 사람이라는 것을 배운다. 사람들은 죄를 버리겠다고 완전히 결정할 때 지혜로워진다. 가능한 한 죄에서 가장 멀리 떨어져 있고 죄를 피하려고 매우 조심하는 사람들이 가장 지혜로운 사람이다. 우리는 교리를 통해 죄와 고난이 얼마나 밀접하게 연결되어 있는지를 알고 있다. 죄의 삯은 사망이다. 죄 안에서 행하는 사람들은 지옥의 길에서 행하는 것이다. 현재 사람들이 죄가 없는 것처럼 보이고 죄에서 해방되어 담대한 것처럼 보여도, 독사가 독약을 사람들의 마음에 주입시키고 있는 것이다. 지옥으로 들어가게 할 독약을 말이다.

죄 가운데서 사는 것은 저주를 받는 확실한 길이다. 그런 사람은 확실하고 영원한 저주를 받을 것이다. 저주가 사람들을 따라다니는 것에서 알 수 있듯이, 저주는 사람들에게 속해 있다. 가장 도덕적이고 종교적인 사람들은 가장 지혜로운 사람들이다. 그들은 범죄와 무종교를 반대하고 이것들을 억누르는 데 가장 신경을 쓴다. 도덕적이고 종교적인 사람들은 사악함을 책망받아 마땅한 것으로 수치스러운 것으로 여긴다. 그들에게는 악인들에게 두려움을 주는 통치자들이 있고, 종교가 없는 것을 반대하고, 덕을 좇는 열심이 있다. 이 사람들은 기독교를 전파하는 데 가장 마음을 쓰는 사람들이다. 그들에게는 죄에 대하여 경고하는 일에 충성되고 종교와 경건을 가르치기 위해 힘을 쓰는 선생들이 있다.

도덕적이고 종교적인 사람들은 지금 만연해 있는 어떤 악이든지 개선하기 위해 온 마음을 기울이는 가장 행복한 사람이다. 동시에 그들은 가장 비참하고 악한 사람들이다. 하나님은 자신의 영광과 존귀를 위해 그들을 기뻐하지 않으시며 불쾌하게 여기신다는 것을 증명해야 하시기 때문이다. 사람들이 분주하고, 악이 만연해 있고, 그들이 악함 가운데 계속 머물러 있고, 개선하지 않는 상황에 있을 수는 있지만, 하나님께서는 그들에게 그분이 불편해하시는 것을 보고 느낄 기회를 확실히 주실 것이다.

3. 사람들이 하나님의 얼굴에 있는 분노의 표정을 대하게 되면 그들은 자신의 마음과 삶을 살펴야 하며, 자신이 무슨 죄를 지었는지 물어야 한다. 하나님은 자녀들을 의도적으로 괴롭히거나 슬프게 하지 않으시기 때문이다. 예레미야애가 3장에서 이렇게 말한다. "주께서 인생으로 고생하게 하시며 근심하게 하심은 본심이 아니시로다"(애 3:33). 이것은 하나님 자신의 영광에서 나온 것이다. 하나님의 얼굴에 분노가 가득할 때는 우리가 무슨 일을 저질러서 이러한 하늘의 심판을 내리게 했는지 반드시 살펴보아야 한다.

4. 그런 이유로 우리는 이 땅에 하나님이 분노를 내린 원인을 찾을 필요는 없다. 제가 여러분에게 하나님께서 자신의 섭리 가운데 이 땅의 공적인 사안에 분노를 내리셨다고 알려줄 필요는 없다. 하나님께서 실제로 이 땅에 내리신 재앙들이나 우리가 최근에 겪고 있는 더 큰 재앙들이나 모두 하나님의 경고이고 위협이었다.

뉴잉글랜드주는 오랫동안 서로 반목하고 분열해왔다. 특히 분열과 논쟁은 이 땅의 수뇌부나 권력을 가진 사람들에게 영향을 주었다. 통치자들 사이에는 때때로 불행한 의견 충돌이 있었다. 그 결과 많은 시간과 재산이 낭비되었으며, 이러한 상황은 최고조에 달할 때까지 계속될 것이다. 우리끼리 논쟁하고 있는 동안 국가가 위기를 당하게 되고, 우리의 삶과 교회의 권리도 위험에 처하며 상당히 오랫동안 휘청거릴 것이다. 이런 일은 우리 주에만 일어난 것이 아니라 인접한 다른 주들에서도 일어나고 있다. 부차적인 원인이 무엇이 되었든지 간에 이런 현상이 발생하는 곳에 내린 하늘의 분노가 바로 이런 것들이다. 우리의 통치자들이 눈이 멀어 무엇을 해야 하는지 몰랐다면, 왕들에게서 지혜를 거두어가시고, 그들 앞에 어둠을 펼치신 분은 바로 하나님이시다.

우리의 통치자들이 신실하지 못하고, 그들이 이 땅의 평화와 번영에 대한 참된 목적 없이 개인적인 식견이나 다툼의 정신으로 통치한다면, 이것은 하나님의 불쾌하심의 표현이다. 하나님은 그들을 신실하지 못하게 버려두신다. 만약 우리가 우리의 왕과 우리의 정부를 호의적으로 보지 않는다면, 이것은 하나님께서 우리에 대해 불쾌한 마음을 가지고 계신다는 표현이다. 하나님은 하나님께서 좋든지 싫든지 간에 왕의 마음을 돌리신다.

그리고 우리는 이것이 우리에게 내린 재앙들과 하늘의 분노를 촉발하게 하는 이 나라의 죄라고 확신 있게 단정할 수 있을 것이다. 하나님께서는 우리의 죄가 극악할 정도로 자라 하나님의 존귀와 영광으로 인해 자신이 불쾌하시다는 것을 증명하셔야 한다고 보신다. 분노를 일으킬 필요가 있을까? 우리의 죄는 그 자체로 악한 것이 아닌가? 우리가 심판을 없애고 피할 수 있는 유일한 길은 우리가 변화되는 것이다. 하나님께서 현재 우리에게 드리운 구름을 제거하시는데 우리가 변화하지 않는다면, 우리는 곧 다른 것들이 닥치는 것을 보게 될지도 모른다. 하나님은 계속해서 우리에게 경고하시고 우리를 위협하신다. 그런데 만일 우리에게 개선의 여지도 없고 변화도 일어나지 않는다면, 우리가 기대할 수 있는 것은 단 하나밖에 없다. 하나님께서 우리를 처리하시거나 지금이나 이후에 소멸하겠다고 경고를 발하시는 것이다. 우리가 계속해서 악한 백성으로 남는 한, 우리의 공적인 사안을 향해 미소짓거나 그것을 지속하게 하실 것을 기대한다면, 그것은 헛된 기대다. 하나님께서 우리를 위협하고 경고하셨는데 그것이 우리에게 전혀 효과가 없다면, 우리는 이런 경고 외에 다른 어떤 것들을 보게 될 것이다.

만일 우리가 경미한 심판에 영향을 받지 않고 점점 더 저항한다면, 우리는 더 큰 심판을 자초할지도 모른다. 만일 하나님의 막대기가 떨리는 데도 우리가 변화하려 하지 않는다면, 하나님은 자신의 막대기로 세계 내리치실 것이다. 만일 우리가 하나님의 뜻을 거슬러 행동하려 한다면, 하나님은 우리의 죄에 대해 일곱 배나 더 벌을 주실 것이다.

○

이 설교에서 에드워즈는 왜 죄가 반드시 징벌을 받아야 하는지를 자세히 설명한다. 그것은 죄를 미워하시는 하나님의 속성 때문이다. 그러므로 하나님의 거룩하신 속성 때문에 죄는 반드시 처리되어야 한다. 하나님이 죄를 멸시하신다는 사실이 에드워즈의 주된 주장이다. 그는 하나님께서 죄에 대해 자신의 불쾌감을 표명하고 입증해야 하는 자세한 이유가 있다고 말했다. 만일 하나님께서 그렇게 행동하지 않으신다면, 하나님께서 죄를 불쾌하게 여기신다는 것이 명확해지지 않을 것이라는 것이 그 이유다. 하나님을 멸시하는 것이 얼마나 끔찍한 일인지도 분명히 드러나지 않을 것이다. 하나님은 자신의 공의의 존귀함을 위해서도 그렇게 행동하셔야 한다. 그렇게 하지 않으신다면 하나님의 원수들이 용기백배하여 하나님을 거슬러 죄를 범할 것이다. 심지어 마음대로 그렇게 할 것이다. 마지막으로 하나님께서 죄를 불쾌하게 여기신다는 것을 나타내는 것은 하나님께 영광이 된다. 그렇게 하심으로 피조물들은 하나님의 은총의 가치를 더욱 의식하게 되기 때문이다.

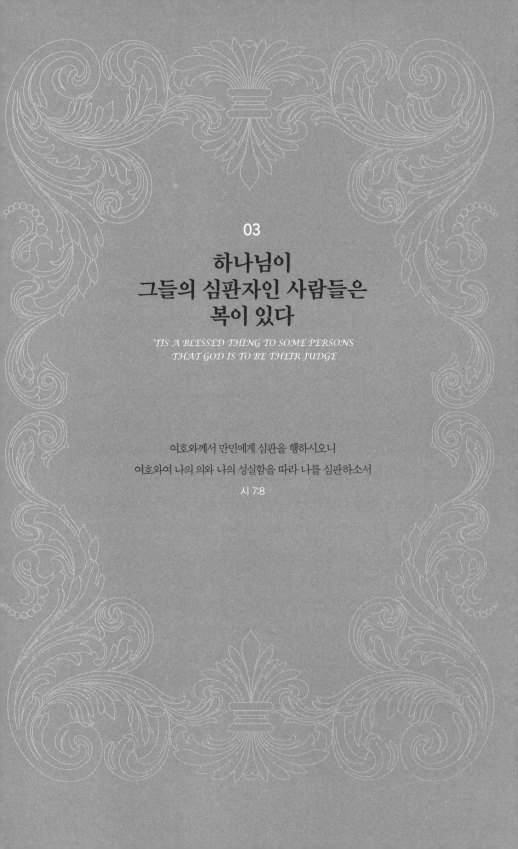

03

하나님이
그들의 심판자인 사람들은
복이 있다

'TIS A BLESSED THING TO SOME PERSONS
THAT GOD IS TO BE THEIR JUDGE

여호와께서 만민에게 심판을 행하시오니

여호와여 나의 의와 나의 성실함을 따라 나를 심판하소서

시 7:8

우리는 이 시편의 제목에서 시편 7편이 다윗이 베냐민인 구시의 말에 따라 여호와께 드린 노래라는 것을 알게 된다. 이 제목은 다윗이 그의 아들 압살롬을 피해 달아날 때 다윗을 저주했던 시므이가 처했던 동일한 상황을 의도한 것 같다. 시므이도 베냐민 사람이었기 때문이다. 이 이야기는 사무엘하 16장에 등장한다. 우리는 거기서 시므이가 다윗을 어떻게 저주했는지, 즉 그가 다윗을 피를 흘린 자라고 비난한 내용을 읽는다. 피를 흘린 자라는 말은 살인자이며 벨리알의 사람이라는 뜻이다. 시므이는 다윗에게 사울의 집의 피를 흘린 죄가 있다고 비난했다. 마치 다윗이 왕위를 얻으려고 사울과 그의 아들들을 죽게 한 책임자이며 그래서 지금 하나님께서 그의 아들 압살롬을 선동하셔서 다윗에게 그 죄에 대해 징벌하기 위해 그를 대적하여 반역하게 하신 것처럼 말이다. 8절은 시므이가 했던 말을 빌려 이렇게 말한다. "사울의 족속의 모든 피를 여호와께서 네게로 돌리셨도다 그를 이어서 네가 왕이 되었으나 여호와께서 나라를 네 아들 압살롬의 손에 넘기셨도다 보라 너는 피를 흘린 자이므로 화를 자초하였느니라 하는지라"(삼하 16:8).

바로 그때가 하나님께서 다윗을 호되게 꾸짖으시고, 그가 죄로 인해 겸손하게 되는 때였다. 그래서 다윗은 아비새가 가서 시므이의 머리를 베려 하자 이를 금했다. 이때 다윗은 이 일에 대해 하나님께 탄원했다. 다윗은 하나님께 이 문제로 간구한다. 시므이가 자신을 사울의 집의 살인자라고 비난하고 있다고 말이다. 이 본문의 3-5절과 같이 우리는 두 가지 사실을 주목할 수 있다.

1. 다윗은 시므이의 이러한 저주로 인해 이 문제로 스스로 위안을 삼았다. 그리고 하나님께서 그의 백성의 심판자가 되셨다고 확신한다. 그때는 사람들이 다윗을 정죄한 때였다. 그의 아들 압살롬은 다윗을 불의한 왕이며 백성에게 공의를 행하지 않은 사람이라고 정죄했다. 이것은 압살롬이 자기 아버지를 대신해서 왕이 되어 백성에게 공의를 행사할 수 있다는 듯이 거짓을 말하는 것이었다. 압살롬 편에 서 있던 무리는 다윗을 살 가치가 없는 사람으로 정죄했고, 그래서 왕의 생명을 찾는 데 마음을 같이하였다. 시므이는 다윗에게 비난을 퍼부었다. 그는 다윗을 심판했고, 그를 살인자로 정죄했으며, 다윗에게 사울 집의 살인자라는 책임을 부가했다. 이런 상황에서 다윗은 하나님께서 그의 백성의 심판자가 되실 수 있다는 사실로 스스로 위안을 삼은 것이다. 시므이는 다윗의 심판자가 될 수 없었다. 지금 심판하고 정죄하려는 원수들은 많이 있다. 그러나 다윗의 위로는 이것이다. 이를테면, 사람들이 심판할 때는 일이 제대로 돌아가지 않는다. 하나님께서 심판하셔야만 만사가 제대로 돌아간다. 다윗은 일이 뜻대로 되었다고 만족해하며 주님이 그의 백성을 심판하실 것이라고 말한다.

2. 다윗은 이 문제에 대해 그의 심판자이신 하나님께 호소한다. "여호와께서 만민에게 심판을 행하시오니 여호와여 나의 의와 나의 성실함을 따라 나를 심판하소서"(시 7:8). 다윗은 만물을 보시는 하나님의 눈으로

심판을 받고자 한다. 그는 하나님께서 그의 마음을 찾으시고 거기서 발견하신 것에 따라 자신을 심판하시기를 바라고 있다. 마음을 볼 수 있는 분이 그의 심판자가 되셔야 하는 것, 이것이 바로 다윗이 바라던 바였다.

우리는 여기서 더 나아가 이어지는 구절에서 다윗이 어떻게 이것으로 기뻐했는지 볼 수 있다. 9절은 이렇게 말한다. "악인의 악을 끊고 의인을 세우소서 의로우신 하나님이 사람의 마음과 양심을 감찰하시나이다"(시 7:9). 10절은 이렇게 말한다. "나의 방패는 마음이 정직한 자를 구원하시는 하나님께 있도다." 11절은 "하나님은 의로우신 재판장이심이여…"라고 말한다.

| 교 리 |

1. 하나님은 하나님의 백성을 판단하는 심판자이시다. 그러므로 그들이 무죄 선언과 상급 받는 것을 놓친다는 것은 절대적으로 불가능하다. 이것은 하나님께서 그들의 심판자가 되실 수 없다면 확신하지 못하는 것이다. 사람들이나 천사들이 그들의 심판자였다면, 그들이 의롭게 되고 상급을 받는다는 확신의 확실한 근거가 없었을 것이다. 그러나 하나님께서 그들의 심판자가 되시기 때문에 그들은 다음과 같은 이유로 실패할 수 없다.

(1) 하나님은 모든 것을 보는 심판자이시다. 그러므로 아무도 그분을 속일 수가 없다. 그분은 마음을 살피신다. 이러한 이유로 사람의 자녀의 양심을 감찰하신다. 따라서 마음이 하나님과 바른 관계에 있고 진실하고 올곧은 사람들은 하나님이 그들의 심판자이신 것을 즐거워해야 한다.

시편 기자가 즐거워하는 것이 바로 이것이다. 그는 하나님께서 자신의 의를 따라 자신의 마음에 있는 성실함을 따라 심판하시기를 기도한다. 9절에서 그는 "의로우신 하나님이 사람의 마음과 양심을 감찰하시나이다"라고 말하는데, 그는 이로 인해 즐거워하는 것 같다.

만일 모든 것을 보지 못하시고, 사람들의 마음을 볼 수 없으며, 사람들이 그분을 얼마든지 속일 수 있는 그런 하나님이라면, 사람들은 하나님의 심판의 결과가 어찌될지 걱정하며 두려움에 떨 수밖에 없을 것이다. 그럴 경우 그들은 실제로 선한데도 정죄를 받을지도 모르기 때문이다. 이러한 이유로 이 세상에서는 같은 피조물들에게서 정죄를 받는 이들이 많이 있다. 그들이 비록 다른 사람들을 심판하더라도 그 사람의 마음은 볼 수 없기 때문이다. 사람은 빈약하고 무지하고 실수할 수 있는 심판자들이다. 그들은 자신의 눈에 띄는 어떤 특정한 것을 근거로 다른 사람들을 심판한다. 그리고 모든 상황을 적절히 고려하지 않고 눈에 보이는 어떤 것에 근거하여 위선적인 사람들처럼 너무 성급하게 사람들을 정죄한다. 또는 사람들은 그들이 경건한 사람들에 대해 가지고 있는 잘못된 생각과 원리들을 근거로 다른 사람들을 정죄하기도 한다. 이런 경우도 있다. 사람들은 선입견에 눈이 어둡거나, 다른 사람들에 대한 적대감에서 오는 개인적인 편견을 근거로 다른 사람들을 몰인정하게 대하기도 한다.

불꽃 같은 눈을 가지신 하나님이 그들의 심판자이신 것은 사람들에게 복이다. 하나님께서는 모든 것을 보시며 그들을 있는 모습 그대로 보시고, 겉모습을 보지 않고 마음을 살피신다. 그렇기 때문에 편견에 눈이 멀거나 속아 넘어가는 일이 없다.

(2) 하나님은 의로운 심판자이시다. 이 사실에 근거하여 그들은 무죄 선언을 받고 상급을 받는다. 심판자가 해야 할 일은 공의를 행하는 것이

다. 그들에게 공의를 행할 분이 그들의 심판자라는 사실로 인해 기뻐할 이유가 있는 사람들이 우리 중에 있다. 이것이 바로 만일 공의가 시행된다면 무죄 선언을 받고, 영원한 상급을 받게 될 사람들이 누리게 될 행복이다. 그들은 사실 하나님의 공의에 대해 전혀 이의를 제기하지 못한다. 그들에게 그럴 만한 자격이 없기 때문이다. 그러나 그리스도 안에서 그들은 당연히 받아야 할 무죄 선언과 영생을 요구할 수 있다. 그들은 죄책으로부터 무죄 선언을 요구할 수 있다. 그들이 그리스도 안에서 의인이 되었기 때문이다. 그들에게는 죄책이 없다. 모든 것이 예수 그리스도의 피로 해결되었기 때문이다. 그들은 마땅히 받을 영생을 요구할 수 있다. 그리스도 안에서 그들은 값을 주고 산 바 되어 의를 얻었기 때문이다.

이것이 비록 그리스도를 주시고, 자신의 의에 관심을 표현하시는 하나님 안에 있는 무한한 은혜의 행위일지라도, 이것은 하나님의 의를 받은 사람들을 의롭다고 하시는 하나님의 공의의 행위이다(롬 3:26). 하나님은 의로우시며 예수님을 믿는 자를 의롭다고 하신다. 그러므로 이와 같은 사람들은 무죄 선언과 상급을 결코 잃지 않을 것이다. 하나님이 완전히 의로운 심판자이시고, 변치 않는 분이신 이유이다. "…세상을 심판하시는 이가 정의를 행하실 것이 아니니이까"(창 18:25). 이것은 의로운 심판자를 그들의 심판자로 두는 것이 복된 사람들에게 미치는 행복이다.

그리스도 안에 있는 사람들 중에는 불의한 심판자들로 인해 정죄를 받고 있는 이들이 많이 있다. 박해의 기간에 죄가 없고 거룩한 사람들 중에 어떤 사람들은 세상의 심판자들 앞에서 심문을 받으며 마치 가장 악한 사람들인 것처럼 정죄를 받고 징벌을 받는다. 이처럼 부당한 심판을 받는 수천수만의 사람들이 가장 끔찍한 행악자들처럼 죽음에 처해졌다. 그리고 역사상 수많은 사람들이 그들에게 상처를 주는 이웃들 때문에 개인적인 박해로 정죄를 받기도 했다. 그들은 가련한 사람들로 비난을 받고 욕을 먹었으며, 그런 사람들로 취급받았다. 그러나 하나님께서 그들의 최종적인 심판자이시라는 사실이 그들에게 행복이다. 하나님은 완전하시다. 그분은 의로우시고 공의로우시며, 그들에게 공의를 행하실 것이다. 하나님은 다른 사람이 그들에게 해를 끼치지 못하게 하신다.

(3) 하나님께서 그들의 심판자가 되시는 한 위험은 없다. 그들은 죄가 없다는 판결을 받고 상을 받을 것이다. 하나님이 그들의 아버지가 되시며 구속자가 되실 것이기 때문이다. 그들에게는 강력한 위로의 근거가 있다. 그것은 그들의 심판자의 모든 것을 아는 지식과 완전하고 불변하는 의로움에서 나오는 위로다. 또한 하나님과의 관계와 그들에 대한 하나님의 사랑에서 나오는 위로이기도 하다. 그렇기 때문에 그들에게는 가장 큰 확신이 있다. 하나님께서 그들에게 어떠한 악을 행하신다는 것은 전혀 상상할 수 없다. 그들에게 어떤 천사가 정해진다면, 하나님께서 그들의 친구이시듯 그들에게는 천사와 같은 친구들이 있는 것이다. 자신의 아버지가 심판자가 되시는데 자녀가 의를 행하지 못할까 두려워할 필요가 있겠는가? 아버지에게 갚아야 할 빚을 정확히 갚지 못하거나 아버지가 자녀에게 의로운 보상을 하지 않으실까 두려워할 필요가 있겠는가? 그러나 하나님을 그들의 아버지로 삼은 사람들에게는, 세상의 부모가 그들의 자녀를 사랑하는 그 어떤 사랑보다도 더 큰 사랑으로 그들을 사랑하시는 하나님이 계신다. 하나님께서 심판 자리에 앉으실 때, 하나님은 자신의 자녀들을 버리지 않으실 것이다. 하나님은 그들의 기업을 받게 하실 것이다. 하나님은 자신의 자녀들을 구속자의 피로 값 주고 사셨기 때문이다.

그렇다. 이뿐만 아니라 이 구속자는 친히 심판자가 되셔서 사랑하는 그들을 위해 자신의 목숨을 버리셨다. 그분은 그들의 심판자로 삼위 중한 분이시다. 확실한 것은 그분이 자신의 피로 값 주고 사신 자기 백성을 나중에 모른다고 하지 않으신다는 사실이다. 그분은 그들의 죄를 기꺼이 사하시기 위해 죄책을 없앨 목적으로 피를 흘리신 것이다. 더 나아가 이 구속자는 그들에게 상 주시고자 자신의 의로움의 충족성을 부인하지 않으셨다. 그분은 그들을 위해 의도적으로 이 의를 행하셨다.

(4) 그리스도께서 그들의 심판자가 되시는 한 그들은 끝까지 자신을 위해 죽으신 그분께 심판을 받을 것이다. 그들은 심판 때 죄가 없다는 선언을 받을 것이다. 그리스도께서 마지막 때에 자신의 백성을 절망시키지 않으신다는 것은 확실하다. 그들은 어느 연약한 사람도 지금껏 겪어 보지 못한 고통을 겪으신 분으로 말미암아 심판을 받아 그들에게 내려진 영생을 얻을 것이다. 그러므로 하나님께서 그들의 심판자가 되신다는 점에서 그리스도께서는 십자가에 죽으셔서 그들에게 내려진 것을 이루신 것이다. 만일 여느 사람이 약속한 것이라면, 그들은 하나님의 약속 안에서 위로받을 수 있는 것과 같은 위로를 받지 못했을 것이다.

2. 하나님이 그들의 심판자가 되시는 것은 어떤 사람들에게 유익이 다. 하나님이 심판자가 되심으로 그들을 비난하고 정죄하는 모든 사람의 입이 닫힐 것이기 때문이다. 세상에 있는 동안 사람들로부터 비난의 홍수 가운데서 고통당하는 경건한 사람들이 많이 있다. 많은 사람이 입을 열어 그들을 대적하며, 그들에게 온갖 욕설과 악한 말들을 한다. 사람들과 형제들을 참소하는 자라 불리는 마귀가 그들을 고발한다. 그러나 하나님께서 그들의 심판자가 되시는 한, 그들의 모든 입이 닫힐 때가 온다는 것은 확실하다. 하나님께서 그들을 공개적으로 인정하시고 그들의 죄를 사하실 때, 그들이 받은 모든 비난과 고발들이 근거 없는 것이고 불의

하다는 것이 알려지게 될 것이다. 이로 인해 그들은 혐의를 벗게 될 것이다. 이로 인해 그들의 심판이 빛같이 나타날 것이며 그들의 의가 대낮처럼 밝게 될 것이다. 시편 37편에 표현된 것처럼 말이다. "네 의를 빛같이 나타내시며 네 공의를 정오의 빛같이 하시리로다"(시 37:6).

그리스도께서 그의 제자들에게 그들이 사람들로부터 어떻게 고발당하고 정죄받을지 말씀하셨을 때, 그분은 제자들에게 그때는 아무것도 감춰지지 않고 반드시 드러날 것이라고 위로하셨다. 마태복음 10장에서 이렇게 말한다. "제자가 그 선생 같고 종이 그 상전 같으면 족하도다 집 주인을 바알세불이라 하였거든 하물며 그 집 사람들이랴 그런즉 그들을 두려워하지 말라 감추인 것이 드러나지 않을 것이 없고 숨은 것이 알려지지 않을 것이 없느니라"(마 10:25,26). 모든 것을 다 아시고 무한히 의로우신 하나님 외에 다른 사람이 그들의 심판자였다면, 비록 그들의 죄가 사함을 받게 된다 하더라도 그들을 대적하는 사람들의 입을 그렇게 효과적으로 닫게 하지는 못할 것이다.

(1) 하나님이 그들의 심판자가 되시는 한, 자신의 진실함과 결백함에 대해 그 마음에 있는 어떤 곤란한 것이라도 효과적으로, 그리고 영원히 제거될 것이다. 크고 많은 역경을 마주하는 성실한 사람들이 많다. 그들은 결백한데도 큰 두려움을 가지고 행하고, 때로는 매우 낙담하며 두려워하거나 이로 인해 칠흑 같은 어두움에 처하기도 한다.

그리고 사탄은 그들을 괴롭히고 고통을 주기를 기뻐한다. 사탄은 그들의 양심에다 대고 하나님께서 그들의 영혼에 복수하실 것이라고 지속적으로 고발한다. 사탄은 이것을 이용하여 그들을 소유하려고 한다. 그들이 위선자이며 그들 속에 성실함이 없다고, 그리고 하나님께서 그들을 기뻐하지 않으시며 미워하신다고 말이다. 그들이 행하는 것은 자기애에서 나오는 것뿐이며, 그들이 가지고 있는 것은 일반적인 깨달음과 애정에 불과하다고 말한다.

그러나 하나님이 그들의 심판자가 되시는 한, 모든 역경이 영원히 제거되고 모든 어두움이 영원히 사라지게 될 때가 올 것이다. 하나님께서 그들을 죄가 없다 하시고 그들의 옳음을 인정하기 위하여 오실 때, 사탄이 고발한 모든 것은 무효가 될 것이다. 모든 의심과 두려움이 영원히 사라질 것이다. 어둠과 구름이 하나도 남을 수가 없다. 만일 하나님 외에 다른 사람이 그들의 심판자가 된다면, 비록 그들의 죄가 사함을 받는다고 해도, 그것이 의심과 양심의 가책을 이처럼 효과적으로 제거하지는 못할 것이다. 그들이 속을 수도 있다는 생각이 떠오를 여지가 있기 때문이다. 사람이나 천사도 마음을 헤아릴 수 없기 때문이다.

(2) 심판자이신 하나님이 그들의 죄를 사하시고 의로움을 인정하신 다는 것은 그들에게는 말로 표현할 수 없는 영원한 영예가 될 것이다. 이로써 참으로 성실하고 바르고 의로운 전가로 그들이 완전하다는 것이 사람들과 천사들에게 확실히 알려지고 명명백백하게 드러날 것이다. 만일 어떤 사람이 그들을 심판하고 그들을 인정한다면, 이런 것이 확실히 알려지지 못할 것이다. 그들의 심판은 오류가 있는 심판이기 때문이다.

심판 날에 하나님께서는 어떤 사람을 모든 사람과 천사들, 귀신들 앞에서, 모든 것을 보시는 하나님의 앞에서, 하나님이 보시기에 그 사람이 죄가 없고 완전하다고 선언하실 것이다. 그리고 그를 완전한 의로 옷 입히시고, 그에게 영원한 영광과 축복을 주시는 하나님을 그의 심판자로 삼는다는 것은 참으로 큰 영예가 될 것이다. 심판 날에 모여 있을 엄청나게 많은 사람의 눈앞에서 하나님께서 그 사람에게 이런 복을 주시는 것은 매우 영광스러운 일이다. 이것은 어느 사람이나 천사가 그에게 의롭고 참되다고 판명되었다고 선언하고, 그가 영생을 받았다고 선언하는 것보다 더 무한히 큰 영광이 될 것이다. 위대한 왕이시며 만물의 주님의 소유가 되는 것보다 더 영광스러운 것이 무엇이겠는가? 요한계시록 3장에 약속된 것은 큰 영광이다. "이기는 자는 이와 같이 흰 옷을 입을 것이요 내가 그 이름을 생명책에서 결코 지우지 아니하고 그 이름을 내 아버지 앞과 그의 천사들 앞에서 시인하리라"(계 3:5). 마태복음 25장 21과 23절에 "잘하였도다 착하고 충성된 종아"라는 그리스도의 말씀을 들을 사람은 진정 영광스러울 것이다.

| 적 용 |

그러므로 우리는 다른 사람들의 심판 날을 생각하면서 기뻐할 이유가 있다는 것을 배울 수 있다. 이날은 많은 사람에게 끔찍한 날이 될 것이다. 많은 사람들, 땅의 임금들, 권세 있는 사람들 그리고 장군들에게 두려운 날이 될 것이다. 그들은 그날에 동굴과 산들의 바위 틈에 숨어 어린 양의 진노에서 숨는다. 그날에는 땅에 있는 모든 사람이 그분으로 인하여 소리 내어 슬피 울 것이다. 어떤 사람에게는 그날을 생각하는 것 자체만으로 두렵고, 만일 그날이 엄정하게 심판하는 날이라는 것이 드러난다면 더욱 두려울 것이다. 사람들이 심판 날이 매우 가까웠다는 것을 안다면, 그리고 그와 같은 메시지가 하늘로부터 와서 그것을 진리로 받아들여야 한다면, 그 마음에 열정이 일어날 것이다.

그러나 그날을 두려워할 이유가 없고, 그날을 생각하고 기대하며 기뻐해야 할 이유로 삼는 사람들이 있다. 그들은 내일이 심판 날이 될 것이라고 해도, 후회할 이유가 없다. 하나님이 그들의 심판자가 되신다는 것이 가장 행복한 일이기 때문에, 그분이 심판하시는 행복한 날이 그들에게 임할 것이기 때문이다. 그런 사람들에게는 그날을 고대하고 갈망하고, 그분이 나타나시기를 사모할 만한 이유가 있다(딤후 4:8). 내게만 아니라 주의 나타나심을 사모하는 모든 사람에게도 말이다. 요한계시록 22장은 이렇게 말한다. "이것들을 증언하신 이가 이르시되 내가 진실로 속히 오리라 하시거늘 아멘 주 예수여 오시옵소서"(계 22:20).

그러므로 하나님께서 당신의 심판자라는 사실이 재앙이고 고통과 같은 것이 아닌지 자신을 살펴보라. 당신은 당신의 이웃과 당신의 경건한 이웃들이 당신에게 이와 같은 이야기를 해주고, 이런 고백을 하고, 그들의 좋은 의견을 전달하는 경건함을 보이는 대상이 될 수 있다. 당신의 이웃들은 당신을 정죄하지 않고 당신을 의롭다고 한다. 만일 그들이 당신의 심판자라면, 당신은 그런 평가를 받을 만큼 잘했을 것이다.

하지만 이웃이나 신앙인들일지라도 사람들이 당신의 심판자가 되는 것이 아니라 모든 것을 보시고 마음을 살피시는 하나님께서 심판자가 되신다는 이 사실이 당신에게 고통을 안겨주는 것은 아닌지 부지런히 살피고 알아봐야 한다. 하나님께서는 당신이 한 말이나 시인하는 자백으로, 또는 종교적인 이야기를 하며 보여주는 겉모습과 같은 것으로 당신을 심판하시지 않으시고, 마음 깊은 곳까지 살피실 것이다. 하나님의 눈은 불꽃 같아서 당신을 꿰뚫으시며, 어떤 것도 하나님의 눈에서 감출 수 없다. 모든 사람이 행한 일은 불에 드러날 것이다(고전 3:13). 불에서 감출 수 있는 것은 하나도 없다. 만일 당신이 집에 불을 지르고 그대로 타게 내버려 둔다면, 집안에 있는 모든 것이 불에 탈 것이다. 그리고 만일 집안 비밀스러운 장소에 나무나 짚을 감춰두었다면, 불은 그것을 찾아내 태워 버릴 것이다. 위선적인 사람들에게는 심판의 날이 이와 같을 것이다. 그날은 모든 사람이 그가 어떤 사람인지, 그가 한 일이 무엇인지를 드러내고 선언할 것이다. 하나님은 모든 찌꺼기와 더러운 것을 태우는 연단하는 자의 불과 같을 것이다. "그가 임하시는 날을 누가 능히 당하며 그가 나타나는 때에 누가 능히 서리요 그는 금을 연단하는 자의 불과 표백하는 자의 잿물과 같을 것이라"(말 3:2).

당신의 이웃들은 당신을 칭찬하는가? 당신의 목회자는 당신에게 너그러움을 베푸셨는가? 심판의 날에 어떤 것이 당신에게 도움이 되겠는가? 그때에는 당신의 경건한 이웃들이 당신을 좋게 생각하는지 또는 당신의 목회자로부터 회심했다고 인정을 받았는지 묻지 않을 것이다. 그러나 하나님은 친히 당신을 심문하고 심판하실 것이다. 당신이 심판의 날에 불로 불타 없어질 것보다도 그 시험을 견딜 만한 어떤 것이 가지고 있는지, 당신은 그것을 돌아보아야 할 것이다.

이 교리는 우리에게 다른 사람들로부터 경건하다는 인정을 받는다는 것이 얼마나 곤란한 상태인지를 보여준다. 어떤 사람들에게는 하나님이 그들의 심판자가 되신다는 것이 큰 행복이다. 그러나 다른 사람들에게는 그 사실이 말할 수 없는 고통이다. 동일한 근거로 복이기도 하고 고통이기도 하다. 하나님이 심판자가 되신다는 것이 어떤 사람들에게는 복이다. 하나님은 모든 곳을 보시는 속일 수 없는 심판자이시다. 바로 이것이 다른 사람들에게는 고통스러운 일이 되는 것이다.

그러므로 누구나 자신을 살피고 검증해야 하고 자신이 어떤 기초 위에 서 있는지 보아야 한다. 변덕스럽고 당황스러운 것에 마음을 빼앗기고 있는가? 그것이 본질적인 것인지, 하나님께서 나타나실 때에 그대로 서 있을 것인지를 살펴보라. 그리고 여기서 당신에게, 하나님께서 그들의 심판자가 되시는 것이 고통이라고 생각하는 사람들이 어떤 사람들인지를 보여주려 한다.

이 교리는 우리에게 진정으로 경건한 사람들이 얼마나 복되고 행복한 상태에 있는지를 보여준다. 이것이야말로 복이고 행복이다. 모든 것을 보시고, 전능하시며 무한히 의롭고 거룩하신 하나님이 그들의 심판자가 되신다는 것이 그들에게 진정한 복이기 때문이다. 그들은 영원한 상태에 대해 검증을 받게 되며 심판자이신 하나님 앞에 설 때 기뻐할 만한 이유가 있다. 이런 사람은 참으로 안전하고 복된 상태에 있다. 그들이 누구를 두려워할 필요가 있겠는가? 사람들이 그들을 정죄한다고 어찌할까? 그들은 그들의 원수가 누구인지 마음을 써야 하지 않을까? 이 세상에서 이곳을 지날 때 어떤 변화를 겪게 될까? 땅이 옮겨지고 산들이 바다 깊은 곳에 던져진다면 어떻게 될까? 죽음이 찾아온다면, 심판의 날이 다가온다면, 그렇지 않으면 장차 올 것이 오도록 내버려두자. 그들은 안전하며 그들에게는 복이 있다.

이런 일이 당신에게 일어나기를 구하라. 이와 같은 상태와 이런 환경을 확실히 할 현재의 기회를 개선하라. 이제 당신에게는 준비의 날이 있다. 이와 같은 상태에 들어갈 복된 계절과 기회가 있다. 네 가지 지침을 제시하겠다.

(1) 사람들의 심판에 기대지 말라. 사람들은 빈곤하고, 오류가 있는 피조물이다. 그들은 자신이 선량한 너그러움이 있다고 생각할 수 있다. 물론 너그러움이 있을 수 있지만 마음을 들여다볼 수는 없다. 나는 당신에게 이런 성품을 가진 사람들의 도움과 조언을 받지 말라고 충고한다. 하나님께서는 사람들에게 하나님의 말씀으로 조명하여 다른 사람들에게 그들의 처지를 알게 하시고, 그들이 성경을 적용할 수 있도록 큰 도움을 주게 하실 수 있다. 가끔 실제로 그렇게 하시지만, 그들에게 심판을 맡기지는 않으신다. 사람이 아무리 지혜롭고 희망을 걸 만한 경험이 많은 사람들이라도, 사람들의 심판의 안내를 받지 말라.

(2) **자신을 자주 살펴보고 시험해보라.** 당신이 마땅히 이 일을 해야 하고, 무조건 밀고 나가면서 시간을 써야 한다는 의미에서 그렇게 하라는 말이 아니다. 당신의 과거 경험을 골똘히 생각하라. 그리고 자신을 성찰하라. 엄격한 규율들로 자신을 시험하고 이 일을 신실하게 다루어라. 산만하거나 이 일로 인해 우쭐하지 말라. 편견과 자기애에서 현실을 오해하고 있는 것은 아닌지 자신을 살피는 데 주의하라. 당신이 자신을 살피는 동안, 양심으로 하여금 자유롭게 자신을 두둔하듯이 자신을 비난하게 해야 한다. 양심은 양쪽 측면에서 똑같이 자유롭게 해야 한다.

매우 부정직하게 자신을 살피는 사람들이 많이 있다. 그들은 양심에 거리낄 때 자신을 두둔하는 말을 하는 것이 당연하다고 생각할 것이다. 하지만 양심이 이런 일들과 상반되게 자신의 위선을 드러내는 어떤 것을 증언하려 할 때 그들은 양심의 입을 닫는다. 그들은 양심으로 하여금 솔직하게 말하려 하지 않고, 양심에 거슬리는 것을 듣지 않으려고 귀를 닫는다. 양심의 증언을 두려워하기 때문이다. 양심이 자신이 무가치하다는 것을 드러낼까봐 두려워한다. 양심을 매수하지 말라. 할 수 있는 한 양심에게 많은 자유를 주라. 그리고 양심의 목소리에 귀를 기울이라.

(3) **하나님께 당신을 찾고 시험하시도록 진지하게 기도하라.** 하나님께서 당신의 심판자가 되셔야 한다는 사실을 알라. 하나님께 지금 당신을 찾으시고 당신의 현재 상태를 드러내주시기를 기도하라. 하나님께 당신의 눈이 감기지 않게, 편견으로 자기 성찰을 방해받지 않게 도와주시기를 기도하라. 그래서 하나님께서 당신의 생각을 지도하시고 당신을 인도하셔서 당신의 영혼의 상태와 상황을 발견하게 하시기를 기도하라. 시편 139편은 이렇게 말한다. "하나님이여 나를 살피사 내 마음을 아시며 나를 시험하사 내 뜻을 아옵소서 내게 무슨 악한 행위가 있나 보시고 나를

영원한 길로 인도하소서"(시 139:23, 24).

(4) 좋은 유산에 대한 훌륭한 증거가 많아도 그 유산에 대한 가장 좋은 증거들을 찾아라. 그중에는 어떤 근거로 더 나은 유산이 있고, 다른 것보다 사람들의 마음에 근거하여 확신하고 만족하고 행동하게 하는 것들이 있다. 최상의 증거들을 찾아라.

○

1736년 10월, 시편 7편 8절을 중심으로 한 이 설교는 에드워즈가 시편에서 메시지를 선정한 5편의 설교 중에 첫 번째 설교다. 에드워즈는 다음과 같은 내용을 주장한다. 어떤 사람들에게는 하나님이 그들의 심판자이신 것이 복이라는 사실이다. 하나님께서 그들의 심판자가 되신다는 것은 복이다. 에드워즈는 그 이유를 이렇게 설명한다. 그들이 하나님의 백성이라면, 그들은 반드시 무죄 선언과 상급을 받을 것이기 때문이다. 또한 하나님께서 그들의 아버지이시며, 의로우시며, 언제나 옳은 것을 행하시며, 모든 것을 보시며, 속지 않으시는 분이시기 때문이다. 그러므로 그것이 복된 이유는 더 이상 비난을 받지 않을 것이고, 모든 사람이 볼 수 있도록 분명하게 그들이 하나님으로 인해 의롭다는 인정과 무죄 선언을 받을 날이 올 것이다. 그들이 의심하고 두려워하던 모든 것들은 제거될 것이다. 하나님께서는 그날에 그들을 하나님이 보시기에 죄가 없으며 완전하다고 선언하실 것이다.

이 본문의 적용은, 심판은 신자들이 생각만 해도 기뻐할 수 있는 날이라는 것이다. 그래서 사람들은 하나님이 그들의 심판자가 되신다는 것이 좋은지 아닌지 스스로 점검해보아야 할 필요가 있다. 에드워즈는 신자들에게 하나님이 그들의 심판자라는 사실에 즐거워해야 하고, 그러한 이유로 그들은 심판 날을 갈망해야 한다고 말한다. 그러나 다른 많은 사람에게 그날은 무시무시한 날이 될 것이다. 에드워즈가 "모든 것을 보시고, 마음을 살피시는 하나님"이라고 부르는 분은 사람들이 말한 이야기들을 가지고, 또는 사람들이 입으로 고백하는 것들에 의해 사람들을 판단하지 않으시고, "너희 마음 깊은 곳까지 살펴보실 것"이다.

그 당시 이 설교는, 에드워즈가 모든 회중에게 그들의 소망의 근거를 확실하게 하기 위해 매우 신랄하며 직접적이고 도전적으로 호소한 대표적인 설교였다. 다른 사람들의 판단에 너무 마음을 두어서는 안 된다는 것이다. 자기 스스로 점검해보고 결정해야 한다. 에드워즈가 주장하듯이, "사람들은 빈약하고 무지하고 실수할 수 있는 피조물들이며, 그들은 마음을 들여다볼 수 없는 존재들"이기 때문이다.

04

악인들은 현재나 미래나
자신들의 처지에 대해
무감각하다

THAT WICKED MEN BE NOT APT TO BE SENSIBLE BUT
THAT IT WILL ALWAYS BE WITH THEM AS IT IS NOW

그의 마음에 이르기를

나는 흔들리지 아니하며 대대로

환난을 당하지 아니하리라 하나이다

시 10:6

시편 10편 6절은 악인의 정신과 실제 살아가는 삶을 묘사하는 내용이다. 우리가 이 구절에서 얻을 수 있는 것은 이 악인들이 삶에서 붙들고 있는 것이 무엇인지 묘사하는 내용이다. 그들은 하나님 찾기를 거절하고 늘 탐욕의 길로 다닌다. 그는 마음속으로 "나는 흔들리지 아니하며 대대로 환난을 당하지 아니하리라"라고 말한다.

이 구절의 후반부는 전반부에 대한 주해다. 그는 마음속에 자신이 흔들리지 않는다고 말했다. 이 말은 지금과 달라지지 않을 것이라고 상상한다는 뜻이다. "나는 대대로 환난을 당하지 않을 것이기 때문이다." "나는 나의 악함으로 인해 어떤 징벌도 받지 않을 것이다." 지금 그는 번창하고 있으며, 3절에 언급된 것처럼 자기 마음의 욕망들을 자랑하며, 그의 삶이 달라지지 않는다고 생각한다. 하나님의 심판은 그의 시야에서 멀다. 곧바로 이어지는 13절에서 다시금 이와 비슷한 목적을 묘사한 부분에서 우리가 알게 되듯이 말이다. "어찌하여 악인이 하나님을 멸시하여 그의 마음에 이르기를 주는 감찰하지 아니하리라 하나이까?"

| 교 리 |

악인들은 자신이 행한 일을 자각하지 못하고, 자기에게 일어나는 것이 늘 현재와 같으리라고 생각한다. 그들은 마음속으로 자신이 흔들리지 아니할 것이라고 말한다. 자신들의 상태가 바뀌지 않을 것이라는 의도적이고 확고한 판단에서 그렇게 말하는 것은 아니다. 이성이 있고 그 이성을 실행하는 사람이라면 다른 사람에게 교훈을 받지 않거나 현재 그에게 일어나는 일이 늘 동일하리라는 결론을 내리는 것이 불가능하다.

그러나 악인들은 자신에게 일어나는 일을 곰곰이 생각하고 자각하는 데 너무 서툴다. 그들은 현재 그들의 처지에 대해 거의 생각하지 않고 자각하지 못해 마치 그들의 상태와 정반대 상황이라는 판단을 내린 것처럼 행동한다. 악인들은 그들의 상태가 달라질 것이라고 생각하지 않는다. 그들은 자만하는 성향의 지배를 받고 있는 것이 분명하며, 미래에 대한 의식과 다가오는 변화를 보지 못한다.

1. 악인들은 현재의 순간을 살고 있으며 자신의 현재 상태가 그렇지 않으리라는 것을 심각하게 고려하지 않는다. 그러나 악인들은 그런 사실을 용인하려는 버릇이 있으며, 그들은 반성할 때 합리적으로 결론을 내려야 한다. 전도서에서는 "산 자들은 죽을 줄을 알되 죽은 자들은 아무 것도 모르며 그들이 다시는 상을 받지 못하는 것은 그들의 이름이 잊어버린 바 됨이니라"(전 9:5)라고 선언한다. 그런데 그들은 이런 사실을 고려하지 않을뿐더러 그것을 그들이 행동하는 근거의 원리로 삼지도 않는다.

사람이 반드시 죽는다는 것은 악인들이 쉽게 생각하지 않는 원리다. 그러나 그들이 이 원리를 상기하게 될 때, 그들의 생각은 거의 또는 전혀 인상적이지 않게 된다. 악인들은 그들의 삶의 끝을 고려하지 않는다. 그들은 미래를 생각할 때 이 세상에 있는 현실적인 것들을 계획한다. 악인들은 다음과 같은 상상을 즐긴다. 어떻게 살 것인가? 무슨 사업을 할 것인가? 어떤 계획들을 추구할 것인가? 어떤 쾌적한 환경에 있을 것인가? 장차 어떤 사람이 되기를 소망하는가? 사람들 사이에서 어떤 영향을 받게 될 것인가? 그 밖에 이와 유사한 질문이 제기될 것이다. 하지만 이러한 때에라도 악인들은 더 이상 생각을 발전시키지 않는다. 죽음을 맞이할 날에 이 세상에 살면서 그들이 관심을 가졌던 모든 것이 반드시 끝날 것이라고 생각하려 하지 않는다.

악인들의 생각은 온통 장래의 직업과 현세를 즐기는 데 머물러 있다. 그리고 거기서 멈춘다. 그들은 이후에 것은 아예 생각하려 하지 않는다. 그들의 생애가 죽음으로 끝날 텐데도 그들은 이를 상상하거나 생각하려 하지 않는다. 죽음, 죽어가는 고통의 중압감 아래 가라앉게 되리라는 것, 차가운 죽음이 점점 기어 들어오고 있다는 것, 호흡이 짧아진다는 것, 점점 쇠약해지며 활력을 잃는다는 것, 더 이상 숨을 쉴 수 없게 된다는 것, 임종을 앞두고 살아보기 위해 발버둥치게 된다는 것, 폐가 더 이상 그 기능을 수행하지 못할 거라는 것, 심장의 고동이 멈출 거라는 것, 피가 멈추고 더 이상 돌지 않는다는 것, 몸의 모양이 일그러질 거라는 것, 몸과 영혼의 하나됨이 파괴되고 영혼이 그간 머물던 옛집을 떠난다는 것 말이다. 영혼은 더 이상 그 집에 적합하지 않게 되고 보이지 않는 영들의 세계로 날아갈 것이다. 창백한 죽음이 그 얼굴에 내려앉으며, 그들은 캄캄하고 적막한 무덤에 눕게 될 것이고 썩기 시작한다. 벌레들이 그들을 먹기 시작하고 마침내 그들은 흙으로 변하여 하늘이 무너져도 다시 살아나지 못할 것이다. 이 일 이후 그들이 지금까지 알고 있었던 장소는 이제 그들을 모른다고 할 것이다. 그들의 얼굴을 더 이상 보지 못할 것이며, 그들의 음성을 더 이상 듣지 못할 것이고, 그들의 모습은 이 땅에서 영원히 찾아볼 수 없을 것이다.

악인들은 이런 것들을 고려하지 않는다. 그들이 비록 매우 확신하고 매우 가까이 있다고 생각하면서도 그런 것들을 거의 다시 생각하지 않는다. 그들은 확실한 진리에 속하지 않은 것에 대해서 매우 확고히 생각한다. 그들은 중요하지도 않는 것들에 마음을 쏟고 있다. 악인들은 그와 같은 것들에 마음을 고정하며, 계획하고 추구하고 그것들을 중심으로 살고 있다. 시편 기자가 말한 대로, 마치 이런 일들 때문에 그들 자신의 삶이 끝나지 않을 것이라고 생각한다. "그러나 그들의 속 생각에 그들의 집은 영원히 있고 그들의 거처는 대대에 이르리라…"(시 49:11).

베드로후서 3장 4절에 언급된 것처럼, 그들은 세상의 종말에 관해 만물은 처음 창조될 때와 같이 그냥 있다고 말할 준비가 되어 있다. 그들은 죽음에 대해 종종 듣는다. 그러나 그들은 여전히 살고 있다. 만물이 여러 해 전에 계속되었듯이, 지금도 계속되고 있으며, 미래에도 그럴 것이라고 인식한다.

2. 지금 악인들은 감각적인 세상에 살고 있다. 그들은 영적이고 영원한 세상과 너무 다른 이 세상에 잠시 동안만 살 것이라고 생각하지 않으며, 이 사실을 자각하지 못하고 있다.

그들은 이 세상에 살고 있다. 이곳에서 감각적인 대상들에 싸여 있다. 그들의 영혼은 거대한 몸집과 하나가 되어 그들처럼 세상적이고 연약하여 썩을 몸을 가지고 있는 다른 사람들 사이에 거주하고 있다. 그들은 세상이 늘 현재와 같을 것이라 생각하고 잠시 후에 전혀 다른 세상으로 옮겨가야 한다는 사실을 생각하지 않는다. 그들이 해 아래에서 행해지는 것에 더 이상 참여하지 못하고, 또는 그들이 지금 이 땅에서 보는 사물들에 더 이상 관여할 수 없는 세상을 생각하지 않는 것이다.

악인들은 영적인 세상에 그들의 거처를 두어야 한다는 것을 생각하지 않는다. 그곳은 그들이 몸과 분리될 곳이며, 그들이 이곳에서 하듯이 신체적인 감각으로 사물들을 인식하지 못하는 곳이다. 그곳에서 그들이 바라보게 될 사물들이란 주로 영적인 것들이다. 그들은 영들 사이에 거할 것이다.

악인들은 그들의 감각을 만족시키는 세상에서 살고 있다. 이 세상은 그들의 정욕을 불태울 것을 발견하는 곳이다. 이곳에는 그들의 탐심과 세상적인 성향의 대상들이 있고, 그들이 재산을 얻을 수 있는 곳이다. 그들은 좋은 집, 멋진 옷, 사치스러운 생활을 자랑하며 만족할 수 있다. 그들은 음욕을 탐할 수 있으며, 그들이 추구하고 누리는 것들이 더 이상 존재하지 않는 세상이 다가올 것이라는 사실을 고려하지 않는다.

이 세상에서 그들은 대부분 무엇을 먹을지, 무엇을 마실지, 무엇을 입을지에 집중하며 살고 있다. 세상에 있는 것들이 온통 그들의 관심사였다. 하지만 그곳은 이와 다를 것이다. 그들은 이와는 다른 것들에 마음을 쓰겠지만 그곳에는 그들을 분주하게 할 것들이 없다. 악인들은 이런 것을 전혀 생각하지 않는다.

3. 악인들에게는 하나님의 분노를 알 수 있는 어떤 징표도 보이지 않는다. 그들은 그들이 듣게 될 소식을 감지하지 못한다. 그들은 살면서 하나님의 끔찍한 분노에 대해 많이 들어왔다. 아주 오래전에도 들었고 지금도 여전히 듣고 있다. 하지만 그들에게는 아무것도 보이지 않는다. 그래서 그들은 계속해서 악을 행하는 것이다. 그들은 하나님께서 금하신 일들을 매일 행한다. 그런데도 그들은 하나님께서 그 일들을 불쾌하게 여기는 어떤 징표도 보지 못한다. 하나님께서 그들을 홀로 내버려두셨다. 악인들은 다른 사람들만큼 편히 지낸다. 그들이 보기에 세상은 결코 달라

질 것 같지 않다.

악인들은 하나님께서 그들의 사악함을 눈여겨보고 계신다는 것과 사악함에 대해 결산하실 작정이라는 사실을 자각하지 않는다. 그들은 그들이 말하는 모든 어리석은 말과 머릿속에 있는 모든 악한 생각 그리고 그들이 행하는 모든 악한 행위를 하나님께서 어떻게 결산하실지 생각하지 않는다. 그들은 하나님께서 그들이 지은 죄 하나라도 잊지 않으신다는 것을 생각하지 않는다.

이제 악인들은 하나님께서 그들의 마음으로 인해 분노하고 계신다는 것에 대해 조금도 두려움이 없다. 그들은 장차 그렇게 되리라는 것을 감지하지 못한다. 그들은 판결이 선언될 때 그들의 영혼이 어떤 놀랄 만한 두려움으로 가득할지 그리고 하나님의 판결이 시행될 때 얼마나 두려운 진노가 표현될지 생각하지 않는다.

하나님의 존재와 하나님의 분노는 그들의 시야에서 사라지고 말았다. 그들은 여러 위협만을 들을 뿐이며, 잠시 후에 하나님께서 즉각적인 방법으로 자신을 드러내시고 자신의 불쾌감을 드러내실 것이라는 사실을 감지하지 못하고 있다. 하나님께서 자신을 드러내시고 난 후에야 그들은 지금까지 들었던 위협이 사실임을 알게 될 것이다.

지금은 악인들 중에 번영을 누리는 사람들이 많이 있다. 그들은 만사가 잘 풀린다. 그들은 재산도 많고 영예도 누린다. 그들은 영향력을 행사하는 사람들이며 겉으로 보기에 편안하다. 악인들은 그들이 생각하듯이 경건한 사람들보다 많은 면에서 자신들이 더 낫다고 생각한다. 그들은 다른 세상에서 그들이 갖게 될 몫이 이생에서 그들이 가지고 있는 몫과 얼마나 다른 것인지 분별하지 못한다. 그들이 받는 존경은 삶이 끝날 때 끝날 것이다. 그러고 나서 그들의 고난의 날들이 시작될 것이다. 그때에 그들은 풍요로움 대신 모든 것이 궁핍하게 될 것이다. 영예를 누리는 대신

낮아져서 진흙탕처럼 경멸을 받게 될 것이며, 세상의 쓰레기와 오물처럼 하나님에게 버림을 받을 것이다.

4. 악인들은 만약 그 생명이 연장되어도 이 세상에서 그들이 만나고 싶은 변화가 무엇인지 깨닫지 못한다. 죄는 근시안적이고 무엇이 미래인지 무감각하게 만든다. 그들은 미래에 있을 일과 보이지 않은 세상에 대해 아주 둔감할뿐더러 생각하지도 않는다. 또한 이 세상에서 장차 있을 변화에 대해서도 둔감하며 그 변화를 생각하지 않는다. 인류의 보편적인 경험으로 이 땅에서 장수한 사람들조차 이곳에서 여러 변화가 실제로 일어나고 있다고 생각하지 않는다.

(1) 악인들은 장차 이곳에 닥칠 어둠의 날들을 기억하지 않는다. 그들은 젊음을 즐거워한다. 청춘의 시절을 보내는 동안 그들의 마음은 그들에게 기운을 북돋는다. 그들은 이 세상의 쾌락과 허영심에 마음을 두고, 여기서 오래 살아야 한다면 어둠의 날이 얼마나 될지 고려하지 않는다. 그들은 사람이 필연적으로 슬퍼하기 위해 태어난다는 것을 생각하지 않는다. 그들은 그들이 이 세상에서 만나게 될 고통이 얼마나 많은지, 그들이 지금 그렇게 신뢰하고 있는 허영심 외에 그들을 위로할 수 있는 어떤 것이 필요한지, 얼마나 많은 고난을 겪어야 하는지를 고려하지 않는다.

그들은 악한 나날을 살아가면서 그 악한 날들이 올 것이라고 생각하지 않는다. 나이가 들수록 그들은 즐거움이 없다고 말할 것이다. 해와 빛이, 달과 별들이 어두워지고 비가 내리고 구름이 드리울 때, 집을 지키던 사람들이 두려워하게 될 때, 강한 자들은 허리를 굽히게 될 것이다. 방앗간은 찧을 곡식이 없어서 멈추고, 창 밖으로 내다보는 사람들은 어둡게 되며, 거리에 문들이 닫히게 될 것이다. 방앗간의 소리가 자주 들리지 않을 때, 그들은 새 소리에 일어나고, 음악의 모든 딸은 몰락할 것이다. 악인들이 높은 것을 두려워하게 될 때, 메뚜기가 짐이 될 것이며 욕망은 사라질 것이다. 솔로몬이 잠언 12장을 시작하면서 멋지게 묘사한 늙은이처럼 말이다. 악인들은 이와 같은 때에도 그들의 위안과 평화의 기초를 놓는 것을 생각하지도 관심을 두지도 않는다.

(2) 악인들은 그들의 죄가 삶의 과정에서 무엇을 야기하는지 생각하지 않는다. 현재로서는 그들이 죄를 짓고 양심의 찔림에 무감각할 때, 그 죄는 그들에게 일종의 기쁨을 준다. 그들은 그들의 사악함이 불안과 골칫거리와 성가신 일을 위해 어떤 기초를 놓고 있는지 무감각하다. 죄로 인해 그들에게 해로운 일이 꼬리에 꼬리를 물고 일어난다. 그들은 죄 때문에 엄청난 저주가 그들에게, 그들의 재산에, 그들의 모든 관심사에 닥치고 있다는 것에 무감각하다. "악인의 집에는 여호와의 저주가 있거니와 의인의 집에는 복이 있느니라"(잠 3:33).

(3) 악인들은 지금 그들에게 얼마든지 기회가 있는 것처럼, 이후에 구원을 추구할 좋은 기회를 가질 것이라고 생각한다. 현재 그들은 그들이 가진 기회를 등한히 하며, 어느 때가 올 때까지 그 일을 미루고 있다. 그때는 아마 젊은 시절이 지나갈 때, 즐거움과 기쁨을 추구하는 마지막 때가 지나갈 때까지일 것이다. 또한 그들이 세상에 자리 잡고 살 때까지, 이러한 굴욕이 끝나고 그들이 감지하지 못할 때까지 계속될 수 있다. 하지만 그때에 악인들은 지금처럼 자신의 영혼의 구원을 추구할 엄청난 이점을 가지게 될 것이라고 생각한다. 악인들은 그들의 마음이 얼마나 더 강퍅하게 되는지, 얼마나 경솔하고 활기가 없게 될지는 생각하지 않는다. 그리고 지금 그런 것처럼 종교적 의무를 수행하려 하지 않는다. 그들

은 하나님께서 그들을 마음을 강퍅하게 하는 데 버려두신다는 위험을 알지 못한다.

그들이 왜 무감각한지, 그 이유에 대해 몇 가지를 열거하자면,

(1) 악인들의 무감각은 죄의 속성에서 일어난다. 죄는 영혼의 죽음이기 때문에 여러 측면에서 사람들을 자연적으로 죽은 자처럼 만든다. 죄는 여러 기능을 마비시키고 죽게 만든다. 죄는 정신적인 능력을 무디게 하며 약화시킨다. 또한 이해를 어둡게 한다. 죄는 일종의 황폐함과 불신을 일으키는 독이다. 거의 생각을 하지 않거나 어리석게 생각하는 악인들이 영적인 것들에 대해서 순간적인 것들에 사려 깊지 못하고 무디고 책임 없이 행동한다면, 그들은 왜곡되고 이성을 상실한 사람으로 취급받을 것이다.

이처럼 죄는 영혼을 강퍅하게 하고 무디게 만들기 때문에 그 영혼은 가장 명쾌한 이성과 가장 분명한 빛의 조명을 받지 못하고, 가장 위대하고 직접적인 관심의 대상이 되는 것들에 의해서도 감동되지 않는 것 같다. 죄는 사람을 짐승과 같이 만든다. 그렇기 때문에 그들은 깊이 생각하지도 않고, 깨닫지도 못하는 것이다. "존귀하나 깨닫지 못하는 사람은 멸망하는 짐승 같도다"(시 49:20). 죄는 사람을 깨닫지 못하는 말과 노새처럼 만든다(시 32:9).

(2) 사람들의 무감각은 편견에서 나온다. 지금까지 줄곧 언급한 사례들에서 악인들은 현재 상황을 그대로 유지하고 싶어 하기 때문에 무감각한 것이다. 그들은 이 세상에 살기를 택한다. 그들은 이 세상에서 영원히 끌려나올 생각을 견딜 수 없다. 그들에게 죽음은 낯설다. 죽음이 영원히 자신과 무관한 것이 되기를 바란다. 그들에게 공감을 살 만한 것은 아무

것도 없다. 악인들은 이 세상에서 감각적인 대상들과 살고 싶어 하며, 자신의 욕정을 위한 연료를 찾는다. 그들은 하나님을 그들의 시야 밖에 두고 싶어 한다. 그들을 죄 가운데 그냥 내버려 두기를 바라고 있다. 현재의 편안함과 번영을 좋아하며, 그렇기 때문에 악한 날이 멀리 있다고 생각하는 것이다. 요한계시록 18장 7절에서 말하는 영적인 바벨론이 바로 그런 곳이다. "…나는 여왕으로 앉은 자요 과부가 아니라 결단코 애통함을 당하지 아니하리라."

| 적 용 |

1. 우리는 악인들이 왜 미래의 변화에 관심을 기울이지 않는지 알게 된다. 그들이 미래가 오지 않는다고 생각하기 때문이다. 대체로 악인들이 미래의 때와 변화에 대비하는 것을 극도로 등한히 한다는 것은 쉽게 관찰할 수 있다. 악인들은 온통 현재의 일에만 관심을 가지며 그렇게 하는 이유는 그들이 현재의 일 외에 다른 어떤 것에도 무감각하기 때문이다. 죽을 때를 대비하라고 사람들에게 온갖 말을 하고 행동도 하지만 악인들은 그런 말에 설득당하지 않을 것이다. 왜냐하면 그들은 자신이 반드시 죽는다는 사실을 심각하게 느끼지 못하기 때문이다. 그들의 집이 영원히 계속될 것이라는 내면의 생각을 가지고 있으며, 그 때문에 그들은 미래에 대해 등한히 한다. 악인들은 장차 올 영적인 세상이 곧 지나가게 될 이 세상과 매우 다르다는 사실을 현실적으로 느끼지 못한다. 그들이 미래의 세상을 대비하지 않은 이유가 바로 여기에 있다.

악인들은 하나님의 진노의 위험을 감지하지 못한다. 그들은 하나님의 진노로부터 안전함을 얻는 데 관심이 없다. 그들의 마음이 젊은 날에 생기를 공급하고, 그 마음의 길에서 눈에 보이는 대로 행하고 있는 동안, 그들은 얼마나 많은 어둠이 다가오고 있는지 무감각하다. 이것이 그들이 다가오는 어둠을 대비하지 않는 이유이다.

2. 우리는 많은 사람이 지옥에 가는 이유를 안다. 왜냐하면 많은 사람이 지옥의 위험을 느끼지 못하기 때문이다. 그들은 지옥을 피할 적당한 수단을 사용한다. 이것이야말로 사탄이 사람들을 공격하기에 가장 좋은 이점이다. 사탄은 그들의 눈을 멀게 하고 귀를 닫아, 사탄이 그들을 인도하려는 재앙을 보지 못하게 한다. 많은 사람이 지옥에 대해 경고하는 사람들의 소리를 듣지 않는다. 그들은 아주 현명하고 매력적인 소리를 듣지 못한다. 그래서 사탄은 자신의 뜻대로 그들을 이끌어 포로로 만든다. 만일 악인들이 자신의 위험을 감지할 수 있었다면, 멸망으로 인도하는 넓은 길에 이처럼 많은 사람이 몰려들지 않았을 것이다. 그리고 생명의 길이 여행자들에게 그토록 좁게 느껴지지 않았을 것이다.

3. 우리는 사망과 심판이 흔히 신앙심 없는 사람들을 놀라게 한다는 것을 배운다. 그들이 안전하게 자고 있을 때 그리스도께서 밤에 도적 같이 오시는 것을 예상하지 못했다. 그들은 한밤중에 잠에서 깨어나 벌레 하나에도 놀란다. 솔로몬은 이것을 전도서 9장 12절에서 우아하게 묘사했다. "분명히 사람은 자기의 시기도 알지 못하나니 물고기들이 재난의 그물에 걸리고 새들이 올무에 걸림 같이 인생들도 재앙의 날이 그들에게 홀연히 임하면 거기에 걸리느니라."

한 부자가 자기 영혼에게 "영혼아 여러 해 쓸 물건을 많이 쌓아 두었으니 평안히 쉬고 먹고 마시고 즐거워하자"(눅 12:19)라고 말한 바로 그날 밤, 그는 자신의 죽음으로 놀랐다. 그는 자신에게 이 세상에서 편안하고 즐거운 날을 약속했다. 하지만 하나님께서는 그날 밤 부자에게 그의 영혼을 요구하셨다. 이것은 일반적으로 악인들에게 일어나는 일을 나타내는 것이다.

4. 악인들에게 지금 일어나고 있는 일들이 언제나 동일하게 지속되지는 않는다는 사실을 생각하도록 권면하자. 자신이 듣는 설교, 받은 경고에 개의치 않는 당신, 이 세상에서 즐기는 것만으로 충분하다고 생각하는 당신, 지금 육체의 기회를 마음껏 주고 있는 당신. 당신이 상상하고 있는 현재의 상태는 곧 모두 지나가버릴 것이다. 그리고 엄청나게 바뀐 세상이 올 것이다. 그때가 가까이 왔다. 문 앞에 와 있다.

○

이 설교는 날짜가 기록되지 않은 초기 설교들 가운데 한 편이다. 에드워즈는 청중들에게 그들이 아무리 반대로 생각하고 말한다 해도 하나님께서는 늘 의롭게 행동하실 것이라는 점을 깨달으라고 촉구한다. 하나님께서는 자랑하는 사람들, 하나님의 경고를 무시하고 다가오는 사람들, 하나님의 심판을 부인하는 사람들에게도 늘 의롭게 행동하신다. 에드워즈는 "살아 있는 사람들은 자신이 반드시 죽는다는 것을 알아야 한다"라고 말한다. 그는 계속해서 "그런데도 그들은 마치 그런 일이 일어나지 않을 것처럼, 또는 그들의 죄악된 길에 어떤 악영향도 미치지 않을 것처럼 행동하고 있다. 그들은 가까운 미래에 닥칠 일이 무엇인지 전혀 생각하지 않는다. 그들은 이 땅과 이 순간을 위해서 살고 있다"라고 말한다. 에드워즈의 시대는 이전이나 지금이나 여전히 동일하다. 하지만 그는 죽음이 다가오는 것을 놀라울 정도로 회화적으로 묘사한다. "그들의 폐는 숨쉬기를 그쳤다", "심장의 박동이 그쳤다", "피가 멈추고 더 이상 돌지 않는다"라고 묘사했다. 그러고 나서 "창백함, 귀신 같은 죽음"이 "그 얼굴에 내려앉아 있다"라고 표현한다.

이런 도전 이후에 사람들이 하나님을 진지하게 찾는 것은 놀라운 일이 아니다. 그러나 에드워즈는 하나님께서 눈에 보이지 않는 분이시기에 그와 같은 메시지는 늘 오랫동안 유지되지는 않았다고 말한다. 이것은 죄의 충격적인 특성 때문이다. 그리고 그들은 편견으로부터 자신이 좋아하는 방식으로 살아가기로 선택한다. 설교의 마지막 문장은 에드워즈가 어떻게 이런 경고를 그의 교인들에게 남겼는지 보여준다. "이러한 일들은 문 앞에 와 있다."

05

하나님은 먼저
사람의 마음을 준비시키시고
그 후에 기도에 응답하신다

GOD'S MANNER IS FIRST TO PREPARE
MEN'S HEARTS AND THEN
TO ANSWER THEIR PRAYERS

여호와여 주는 겸손한 자의 소원을 들으셨사오니

그들의 마음을 준비하시며 귀를 기울여 들으시고

시 10:17

시편 10편에는 하나님의 백성을 박해하는 자들의 악과 압제가 제시되었으며, 환난을 당하는 하나님의 백성의 특권이 묘사되었다. 하나님의 백성은 원수들의 미움과 압제에도 불구하고 하나님의 은총을 받고 자비를 입은 사람들이다. 이 본문에는 하나님께서 자신의 백성에게 행하신 은총이 두 가지 측면에서 제시되었다.

1. 하나님은 자신의 백성이 드린 기도와 바람을 받으시기 위하여 그들의 마음을 준비시키신다. 이것은 하나님께서 하시는 일이다. 사람은 자신에게 필요한 것을 얻지 못하며, 하나님의 것을 받기 위해 스스로 준비하지도 못한다. 하나님의 백성이 드린 기도에 응답받기 위한 준비는 새로운 다른 어떤 것이 아니다. 바로 마음의 준비가 요구된다. 마음은 전혀 준비되어 있지 않으면서 하나님의 자비를 구하는 사람들이 많이 있다.

2. 시편 10편 17절에는 하나님께서 실제로 백성의 기도를 자신의 귀로 들으신다고 표현되었다. 이것은 하나님의 거저 주시는 주권적인 자비를 나타내는 것처럼 보인다. 우리는 하나님께서 귀를 기울여 들으시도록 할 수 없다. 하나님께서 우리의 기도를 들으시는 것이다. 자신의 백성을 향

한 하나님의 자비는 그 백성에 의해 움직이거나 이끌리는 것이 아니다. 하나님의 감동으로 되는 것이다. 하나님의 자비는 하나님에게서 시작된다. 자비의 시작을 피조물에서 찾아서는 안 된다. 사람들의 기도나 그들 속에 있는 어떤 것 때문에 하나님께서 그들에게 자비를 베풀어주시는 것이 아니다. 하나님의 자비는 하나님의 주권적인 기쁨에서 나온다. 하나님은 언제든지 자신의 선하시고 기뻐하시는 뜻에 따라 자비를 보이신다.

하나님의 백성은 하나님의 자비로 인하여 하나님으로부터 모든 것을 받는다. 그래서 그들에게는 하나님께 기도하고 싶은 마음이 생기게 된다. 하나님께서 그들에게 자비를 주고 싶어 하시기 때문에 그들에게 기도의 영을 주셔서 자비를 구하게 하신다. 하나님의 백성이 하나님의 자비를 받도록 준비하시는 것은 하나님의 사역이다. 우리가 자비를 받을 준비를 하는 것이 아니다. 그런데 그들이 준비를 한다 해도 자비를 주시는 분이 하나님이신 것은 분명하다. 자비의 시작과 끝은 하나님께서 거저 주시는 은혜다. 그러나 지금 말하고 있는 사람들의 기도에 대한 응답에서 하나님이 눈여겨보시는 것은 그 방법과 순서다. 오늘의 설교에서 이 사실을 주목해서 지적하려고 한다.

| 교 리 |

하나님의 방법은 먼저 사람들의 마음을 준비시키는 것이고, 그다음 그들의 기도에 응답하시는 것이다. 이처럼 먼저 마음을 준비하려면 어떻게 해야 하는지 알려 주려고 한다. 하나님께서 사람들이 기도하는 은혜를 주시기 위해 그들의 마음을 어떻게 준비시키시는지를 보여줄 것이다. 하나님의 자비를 얻기 위해 마음을 준비하는 것은 세 가지로 이루어졌다.

1. 자비를 구하기 위해서는 자비를 누리기 위해 마땅히 갖추어야 할 마음을 준비해야 한다. 사람들 중에서 종종 하나님께 자비를 구하는 기도를 하고 정작 자비를 얻게 되었을 때 그것을 누리지 못하는 사람들이 많다. 먼저 자신이 자비를 얻기에 적합한 사람인지 곰곰이 생각해보아야 한다. 사람들은 가끔 필요한 무언가를 하나님께 요구한다. 그런데 정작 하나님의 것들을 누리지 못할 때가 있다. 그래서 악한 자가 악한 사람으로 존재하는 동안에 하늘의 복을 누리기에 유익하지 않은데도 하늘의 복 누리기를 기도할 수 있다. 하늘의 복은 악한 자가 누리기에 적합하지 않을뿐더러 그들에게 유익하지도 않다. 자연인이 하나님과 교제하고 양심의 평화를 위해 기도할 수 있다. 그들은 이런저런 것들을 기도해야 한다. 그러나 그들이 먼저 준비해야만 그것들을 누릴 수 있을 것이다.

사람들은 종종 이런 것들을 하나님께 구한다. 사람들이 이런 것들을 소유할 수는 있어도 하나님께서 그들이 준비할 수 있도록 그들 안에 변화를 일으키지 않으신다면 이것에서 오는 혜택의 달콤함과 열매를 맛볼 수 없다. 사람들 속에 만연한 성향들이 있다. 만일 사람들이 구하고 있는 것들을 이미 가지고 있다면, 사람들은 그것의 선함을 누릴 수 있을 것이다. 그래서 사람은 잠시 있다가 없어질 선한 것들을 얻기 위해 기도하기도 한다. 만일 하나님께서 그들이 원하는 것을 주신다 하더라도, 사람들에게는 그런 것들이 전혀 유익이 되지 않을 것이다. 이런 것들이 그 자체로 선하다는 것은 확실하다. 하지만 사람들의 마음의 악한 성향으로 인해, 사람들이 그것들을 가진다는 것이 최상은 아니다. 오히려 그것은 사람들에게 상처를 주며 고통을 야기할 것이다.

환난을 당하는 사람들은 그 환난에서 해방되기를 기도한다. 환난에서 해방될 준비를 하지 않으면서 말이다. 그들이 해방되는 것이 그들에게는 최상이 아닐 것이다. 그들이 해방되더라도 그들은 해방의 선한 것을 갖지 못할 것이다. 그뿐 아니라 만약 하나님께서 그들이 소망하는 것을 이루어주신다고 해도, 그것으로 어떤 위로와 만족도 누릴 수 없을 것이다. 이와 같이 많은 사람들은 간절히 이루어지기 바라고, 갖기를 바라는 것들과 세상적으로 좋아 보이는 것들을 가지고 있다. 실제로 그들이 갖지 않았을 때 훨씬 더 도움이 되는 것들 말이다. 사람들은 그 마음에 부정과 시기와 악한 것들을 심어주고, 명예와 번영을 진정한 환난으로 변화시키는 악한 성향들을 가지고 있다. 그들은 소유할수록 더 많은 것을 갈망하며, 더 부정한 것에 빠지게 되고, 더 추악한 욕망을 불러일으킨다. 마치 우리가 불에 기름을 부을 때 불길이 더 타오르듯이 말이다.

어느 한 사람에게 일어나는 것은 모든 사람에게 일어난다. 사람들은 하나님께 그들이 받아서 유익을 얻을 만한 선한 것을 구하지 않을 때가 많이 있다. 사람들은 자신이 그것에 어울리지 않는 상황인데도 잠시 있다가 없어질 번영을 얻기 위해 기도한다. 그들이 구하는 것은 그들에게 쓸모없는 것들이다. 만일 하나님께서 그들에게 건강과 화평과 풍요로움을 주신다면, 그들은 자랑과 육욕, 다툼과 언쟁을 증가시키기 위해 그것을 개선할 것이다. 하나님께서 먼저 그것을 받기에 적합하도록 그들을 준비시키기 위해 그들의 성향을 바꾸시지 않는다면 사람들은 그들이 받은 것으로 인해 부분적으로 더 악하고 더 비참하게 될 것이다.

그러므로 하나님께서 사람들의 기도를 듣고 응답하시며 그들이 구하는 것을 주실 때, 하나님은 먼저 그들이 그것을 누리고, 유익한 열매를 맺으며, 알맞게 사용하기에 적합하도록 준비시키며, 선한 능력을 갖도록 하신다. 하나님께서는 사람들이 그것을 소중하게 여기며, 하나님이 베푸시는 자비의 가치를 자각하도록 준비시키신다. 그래야 사람들은 하나님께서 주신 것에서 자신의 행복을 알고 그것을 더 기뻐할 수 있다. 하나님께서는 사람들의 마음의 성향을 준비시키신다. 하나님은 사람들이 하나님께서 주신 복을 즐기도록 하려고 그들의 입맛을 바꾸신다.

이러한 사람들의 마음은 이스라엘 백성이 광야에서 하나님께 음식을 달라고 부르짖을 때 그 백성의 상태와 같다. 하나님께서는 메추라기를 보내셨고, 그들은 배가 부를 때까지 먹었다. 그러나 이것은 그들에게 큰 재앙의 증거가 되었다. 이스라엘 백성이 애굽에서 먹던 음식을 떠올리며 광야생활을 불평한 까닭에 백성들 중 대다수는 고기가 아직 그들의 이 사이에 있는데도 하나님이 내리신 큰 재앙으로 죽고 말았다(민 11:31-33). 그들은 자신들이 구한 자비에 적합하지 않은 사람들이다. 그들이 더 잘 준비하기도 전에 그들이 구한 것을 받았다면 그들이 받은 것이 그들에게는 파멸이 될 것이다.

2. 사람들이 자비를 받기 위해 준비해야 할 것은 하나님을 인정하는 것이다. 하나님은 사람들을 준비시킨다. 자비가 주어질 때 그것을 주신 분이 하나님이시며 하나님의 손에 자비가 있음을 인정하고, 하나님께 영광을 돌리도록 사람들을 준비시킨다.

하지만 많은 사람이 이러한 준비를 하지 못하고 있다. 사람들이 만일 그들이 구하는 자비를 이미 가지고 있다면, 그것을 얻기 위해 하나님을 절대적으로 의존해야 한다는 사실을 자각하지 못할 것이다. 사람들은 하나님의 존재와 영향력을 자각하지 못하기 때문에 자비가 하나님에게서 온 것이 아니라 자신이나 부차적인 원인을 통해 얻었다고 생각한다. 그들은 그들 자신이 자급자족할 수 있다고 생각하기에 그들이 받은 자비가 어떻게 하나님으로부터 왔는지 생각하지 않고 그 영광을 자신에게 돌리는 것이다.

3. 하나님께서는 사람들에게 그들의 연약함과 무력함을 자각하게

하심으로 하나님이 주신 자비에 담긴 능력을 인정하도록 준비시키신다. 하나님은 사람들에게 그들의 눈이 멀었음을 자각하게 하심으로 하나님이 주신 자비 안에 담긴 말씀을 인정하도록 준비시킨다. 또한 그들의 비참함을 깨닫게 하셔서 하나님의 자비를 인정하고 영광을 돌리도록 준비시키신다. 하나님께서는 사람들에게 그들의 죄와 무가치함을 자각하게 하심으로 자비 안에 담긴 중보자를 인정하도록 준비시키신다. 하나님은 사람들에게 자비의 필요와 큰 가치를 깨닫게 하심으로 그 자비를 주신 하나님께 영광을 돌리도록 준비시키신다. 하나님은 이스라엘 백성을 미디안의 손에서 구원하시기 전에 이 점에 대해 주의를 주셨다. 하나님께서는 이스라엘 자손들이 "내 손이 나를 구원했다"라고 하지 않게 하시려고(삿 7:2) 자비를 주신 하나님께 영광을 돌리도록 주의를 주셨다.

4. 자비를 구하는 준비는 그것을 개선하기 위한 준비로 이루어진다. 사람들은 그들이 그것을 잘 활용할 준비가 될 때까지 그들이 요구하는 축복을 받을 자격이 없다. 그러므로 하나님께서 자비를 베푸시기 전에 먼저 그 문제에 다루실 것이다. 하나님께서 우리에게 넘치는 손을 펴시고 하나님의 인애를 주실 때, 하나님이 주시는 것은 우리의 즐거움을 위한 것만 아니라 우리의 개선을 위한 것이기도 하다. 영적이든 현세적이든 하나님이 자비를 베푸시는 것은 무엇이든 사용할 수 있다. 하나님께서 주시는 자비의 목적은 우리가 그것을 가지고 하나님을 찬양하는 데 있다. 그러므로 하나님께서는 사람들의 기도를 들으시고 그들에게 자비를 베푸시며 그들이 구하는 복을 주실 때, 이렇게 사용하도록 먼저 사람들을 준비시키시곤 한다. 하나님께서는 자비를 주시는 하나님을 인정하고, 자비로 인해 하나님을 사랑하도록 사람들을 준비시키신다. 자비를 주신 하나님을 찬송하고 하나님께 영광을 돌리도록 준비시키신다. 이러한 일들에는

자비를 구하는 마음의 준비가 들어 있다. 이제 이 준비는 율법적인 차원과 복음적인 차원 두 가지 방법으로 작용한다.

(1) 사람들이 자비를 얻기 위해 기도하는 율법적인 차원의 준비가 있다. 율법적인 차원의 준비는 어떤 은혜를 마음에 불어넣는 것이 아니라 진정으로 더 나은 방법으로 만들어내는 것이다. 이 준비는 율법을 사용하여 사람들에게 그들의 죄책감, 비참함, 무력함을 자각하게 함으로써 그들의 양심을 설득하는 것이며, 자연의 원리에 따라 성령의 영향에 의해서만 가능하다. 그래서 자연인들이 회심을 위해 기도한다. 만약 하나님께서 그들의 기도에 응답할 계획이 있으시다면, 먼저 예수 그리스도 안에서 그들에게 자비를 주시도록 기도할 것이다. 사람들은 자신의 완전한 실패와 죄책을 고민하면서 그들이 찾는 은혜를 받을 수 있고, 시행할 수 있게 된다. 그것은 예수 그리스도에 대한 믿음이다. 그런 다음 그리스도를 자신의 죄와 비참함에서 구원하실 구세주로 받아들일 수 있게 된다.

이로써 사람들은 자비를 누리고 그 자비의 원천을 의지하는 믿음의 풍성함을 누릴 가능성이 더 많아진다. 사람이 자신의 위험과 비참함을 더 자각할수록 그의 구원은 더 커지기 때문이다. 그리하여 죄인들은 그들을 돌이키고 구원의 상태로 인도하는 큰 자비 안에서 하나님을 인정할 준비를 한다. 자신의 비참함을 잃고 자비를 얻게 될 때, 사람들은 그 자비의 위대함에 감사할 준비를 한다. 사람들은 자신의 무력함을 깨닫고 하나님을 의지하고 있음을 알게 된다. 자기 의로움의 무가치를 인식함으로써 하나님의 능력의 영광을 인지할 준비를 하며, 예수 그리스도의 공로에 모든 영광을 돌릴 준비를 한다. 따라서 율법은 초등교사로서 사람들로 하여금 그리스도를 위해 준비하게 한다. 갈라디아서 3장 24절은 율법이 우리를 그리스도에게 인도하는 우리의 초등교사라고 선언한다.

(2) **자비를 받기 위한 마음의 복음적인 차원의 준비가 있다.** 복음적인 차원의 준비는 마음에 거룩한 성향과 거룩한 뼈대 그리고 거룩한 행위를 작용하게 하는 준비다. 마음은 자비를 올바르게 누리게 하고 인식하게 하며, 자비를 받을 준비를 하게 하는 직접적인 성향이다.

자비를 받기 위해서는 순수한 생각, 겸손, 믿음, 사랑 그리고 영적인 욕구라는 복음적인 마음의 준비가 필요하다. 하나님의 백성이 어떤 특별하고 놀라운 자비, 세상적이거나 영적인 것을 얻기 위해 기도할 때, 하나님께서는 그들이 구하는 자비를 주시려는 계획을 가지고 계신다. 언제든지 먼저 그들을 낮추심으로써 준비시키시고, 그들이 하나님 앞에 용납될 수 없고 무가치한 존재라는 의식을 갖게 하신다.

하나님께서는 사람들이 자비를 얻도록 하나님만을 거룩하게 의존하게 하고 그런 마음을 불러일으켜 그들을 준비시킬 수 있는 분이시다. 사람들은 하나님과 하나님의 능력을 인식함으로써 모든 것이 하나님으로부터 온다는 것을 알게 된다.

(3) **사랑. 이런 이유에서 하나님께서는 사랑을 베푸신다.** 사랑은 우리에게 하나님을 인식하게 하고 하나님께 영광을 돌리는 성품이다. 사랑은 우리가 하나님의 자비를 받을 때 그 자비를 더욱 향상시키는 성품이다.

(4) **거룩한 욕구. 경건한 사람들이 영적인 자비를 구하기 위해 기도할 때, 그들은 하나님과 더욱 친밀해지며 그분과 교제를 나누며, 그분의 은총을 더 많이 받는다.** 경건한 사람들은 기도할 때 먼저 그들 마음속에 하나님을 찾으려는 거룩한 욕구를 일으킨다. 그 후 하나님의 자비가 주어져서 그 자비를 누릴 때까지 계속 갈망하며 자비를 받을 준비를

한다. 기도를 통해 하나님의 자비를 받으면, 그 자비에 감사하고 자비의 가치를 더욱 인식하게 되고 자비의 위대함을 맛보며, 자비를 주신 것에 감사하게 된다. 사람들이 그들이 구한 자비를 가볍게 여기거나 자비의 위대함을 의식하지 않거나 그것을 갈망하는 마음이 적어질 때, 그들에게는 자비를 얻으려는 마음이 그만큼 적어지게 된다.

나는 이제 하나님께서 왜 사람들의 마음을 준비시키시고 나서야 그들의 기도에 응답하시는지에 대한 두 가지 교리적 이유를 간단히 제시할 것이다. 그것은 하나님 자신의 영광을 확실하게 하는 것이며 경건한 사람들의 선을 장려하려는 데 있다.

하나님의 자비의 대상인 사람들을 향해 그분이 작정하시고 목표로 삼으신 것 두 가지가 있다. 이것은 하나님의 영원한 열망이 들어 있는 하나님의 선한 목적이다. 그리고 하나님께서 자신의 아들을 이 세상에 보내시고, 사람을 구원하신 것에 나타난 영광스럽고 놀라운 하나님의 자비와 계획을 목적으로 삼으신 것이다. 이것은 하나님의 선택함을 받은 백성의 마음과 그들과 함께 나아가는 모든 발걸음에 성령으로 작용하시는 모든 행위에 나타난 하나님의 목표이다.

1. 이것은 하나님께서 자신의 영광과 관련하여 가지고 계신 하나님의 방법이다. 만일 하나님께서 사람들이 전혀 준비되어 있지 않은데도 그들이 자비를 구할 때마다 자비를 베푸신다면, 이것은 하나님의 말씀의 불명예에 대한 혼란을 줄 것이다. 이 외에도 하나님은 자비를 받은 사람들로부터 자신의 능력, 은혜, 모든 자비의 영광을 얻지 못하실 것이다. 이와 반대로 하나님께서는 은혜를 베풀고 사람들의 기도에 응답하셨다는 것으로 멸시를 받으실 것이다. 하나님께서는 사람들로부터 멸시를 받으실 분이 아니다. 하나님은 자신의 명예와 존귀를 아끼시기 때문이다(겔

36:21). 준비되지 않은 사람들은 자비를 베푸시는 하나님을 인정하지 않는다. 그들은 하나님이 자비를 베푸신 것으로 하나님께 영광을 돌리거나 하나님을 영화롭게 하지 않는다. 하나님께서 기도에 응답하시면서 특별한 자비를 베푸실 때 그분이 의도하신 계획은 바로 사람이 하나님의 자비로 인해 하나님께 영광을 돌리는 것이다. "환난 날에 나를 부르라 내가 너를 건지리니 네가 나를 영화롭게 하리로다"(시 50:15).

2. 이것이 백성들의 선에 관해서 하나님께서 하시는 방법이다. 하나님께서 자비를 보이려고 하실 때, 그 자비를 받는 사람의 유익을 위해 가장 좋은 방법으로 자비를 베푸신다. 하지만 이미 앞서 언급했듯이, 만일 하나님께서 준비가 전혀 안 된 사람에게 복을 내리신다면, 그는 그 복의 혜택과 그 복을 누릴 능력도 없을 것이다. 하나님의 자비 자체는 복이지만 그것을 받기에 적합하지 않은 사람들에게는 재앙이 될 것이다. 가장 건강에 좋은 음식이 독이 될 수 있으며, 가장 크게 성공한 것이 결과적으로 가장 큰 원수가 될 수 있다.

| 적 용 |

1. 우리가 왜 기도해야 하는지에 대한 한 가지 이유를 가르친다. 기도는 우리에게 필요한 자비를 얻기 위해 우리를 준비시키는 수단이다.

기도의 목적은 하나님께 우리의 바람, 상황, 필요를 알리는 데 있지 않다. 우리는 이 사실을 모르더라도 하나님은 이런 것들을 완벽하게 알고 계신다. "그러므로 그들을 본받지 말라 구하기 전에 너희에게 있어야 할 것을 하나님 너희 아버지께서 아시느니라"(마 6:8). 가끔 성경에 제시된 사람들의 태도에 나타나는 것처럼 하나님께서는 자신의 백성의 기도와 부르짖음에 더 감동하시는 것처럼 보인다. 그러나 기도의 목적은 하나님께서 우리에게 자비를 보이시도록 하려는 데 있지 않다. 과거 야곱이 하나님과 씨름하여 힘을 얻고 하나님을 설득한 전형적인 말씀처럼 하나님께서 사람들의 기도에 굴복하시는 듯이 보여도, 하나님이 우리의 기도에 응답하려 하시고 자비를 베푸신다고 생각해서는 안 된다. 하나님께서 자비를 베푸시는 것은 전적으로 하나님의 마음에서 일어나는 일이다. 하나님은 마치 자신이 기도에 설득당하고 감동을 받으신 것처럼, 자비를 베푸시기 전에 기도하기를 기뻐하시고, 더욱이 자주 기도의 결과로 자비를 주시기를 기뻐하셨다.

하지만 하나님께서 기도의 응답으로 자비를 보이실 때, 하나님은 먼저 자비를 주시고, 그 후 자비를 구하며 기도하는 사람들에게 영향을 주시며, 이미 자비를 주시도록 기도할 마음을 일으키신다(겔 36:36,37). 기도는 그 자체가 기도의 응답이며 하나님의 자비의 열매다.

그런데 하나님께서 기도의 응답으로 자비를 주시기를 기뻐하시는 가장 큰 목적은 사람들이 열정적인 기도로 자비를 받을 마음을 준비시키려는 데 있다. 기도하면 자비의 필요성과 가치에 대한 인식, 자비를 얻고자 하는 열렬한 바람이 자극된다. 자비를 받았을 때 우리의 마음은 자비를 아끼고 즐기며, 하나님의 자비에 감사할 마음을 더 많이 준비할 수 있다. 기도는 반드시 이러한 고백을 가지고 드려야 한다. 이런 기도는 우리가 구하는 자비에 대해 우리가 얼마나 무가치한 존재인지 느끼는 수단이 될 것이다. 그리고 우리는 하나님의 존전에 가까이 감으로써 그분의 위엄을 느끼고 그분 앞에 겸손해질 수 있다. 이를 통해 하나님의 자비를 받기에 적합한 사람이 될 수 있다. 하나님께 자비를 구할 때, 마음으로 구하는 자비를 주시는 하나님을 의지하게 되며, 우리 안에 하나님을 의지한다는 의식을 불러일으킨다. 기도는 우리 몸에 하나님만으로 충분하다는 것을 믿는 믿음의 수단이 된다. 우리는 자비를 받을 때 하나님의 이름을 영화롭게 할 준비를 할 수 있다.

2. 그래서 우리가 금식에 성공을 거둔다면 우리는 어떻게 금식해야 할지 배울 수 있다. 우리는 자비를 구하며 준비하기 위해 금식해야 한다. 사람들이 기도하는 자비를 얻기 위해 마음을 준비하는 태도로 금식할 경우, 그들의 기도를 하나님께서 들으시고 응답해주실 것을 기대할 수 있다. 그리고 하나님께서는 간청하는 것을 주실 것이다. 그렇지 않다면, 그들이 자주 금식해봤자 일주일에 두 번씩 금식한 바리새인처럼 자주 금식한다 하더라도 소용이 없을 것이다.

막연히 형식적으로 하는 금식은 마음을 준비하는 것이 아니다. 금식은 우리가 일상적으로 먹는 음식을 먹지 않거나 우리 몸을 학대하는 것이 아니다. 금식은 인상을 찌푸리거나 평상시의 모습과 다른 모습을 보이거나 풀처럼 고개를 숙이는 것이 아니다. 금식은 사람들이 함께 모여 우리가 죄 있는 피조물이라고 고백하거나 우리가 부패했고 타락한 사람들이며 우리 중에 얼마나 죄악이 넘쳐나는지 고백하는 것이 아니다. 우리가 이런 것들을 위해 오래 기도하고 자비를 내려달라고 기도하는 것이 아니다. 금식은 온 땅이 우리에게 필요한 자비를 얻기 위해 우리의 마음을 준비하는 이 형식들에 마음을 같이 하여 모이는 것이 아니다. 우리는 어쩌면 해마다 이런 행동을 할 수 있을 것이다. 하지만 우리의 마음은 전혀 준비하지 않고 오히려 이와 반대로 마음의 준비를 더 못할 수도 있다. 그렇다. 우리는 행동으로 이렇게 하며 금식을 하는 중에서도 우리 자신이 자비를 얻기에 적합하지 않은 사람이라는 것이 더욱 드러날 뿐이다.

만일 우리가 금식하기 위한 목적으로 금식한다면, 우리의 금식은 개혁이 필요하다. 개혁하지 않은 금식으로는 자비를 얻기 위한 마음을 준비할 수 없다. 부패하고 타락하고 개혁되지 않은 사람들은 번영하기에 적합하지 않다. 하나님께서 그들에게 번영을 주신다면, 그들은 그것으로 하나님을 욕되게 하고 자신들을 파괴한다. "곡식과 새 포도주와 기름은 내가 그에게 준 것이요 그들이 바알을 위하여 쓴 은과 금도 내가 그에게 더하여 준 것이거늘 그가 알지 못하도다"(호 2:8).

그래서 만일 우리가 자비를 얻기 위해 준비할 목적으로 금식한다면, 금식할 때 우리가 잘못한 것에 대한 진정한 회개가 동반되어야 한다. 우리의 고백은 마음을 더 강팍하게 하는 막연한 위선이 되어서는 안 된다. 우리의 간구가 단순한 과시여서는 안 되고, 우리에게 하나님의 도우심이 절실하다는 의식이 있어야 한다. 우리는 재앙의 원인이 무엇인지 민감해야 한다(대하 6:28-30).

이러한 이유에서 우리가 구하는 자비를 얻기 위해 마음을 준비하는 방법으로 이 땅에서 무엇을 위해 금식해야 하는지 깊이 생각하게 된다. 우리는 해마다 공적인 금식을 한다고 하지만, 우리 자신을 겸손하게 하는 것을 금식의 이유로 삼지는 않는다. 다른 어떤 것과 마찬가지로 위선으로 금식하지는 않는가? 그 땅이 백성들의 금식으로 고쳐졌는가? 아니면 그들이 더 나빠지지는 않았는가?

3. 그러므로 우리가 드린 기도에 어떤 응답을 받으려 한다면 우리는 매 순간 무엇을 해야 하는지 배울 수 있다. 첫째, 그것은 기도의 응답을 받을 준비를 하는 데 힘쓰는 것이다. 이 목적을 위해 우리는 하나님의 자비를 구할 때, 마음에 우리가 구하는 자비를 받을 준비가 되어 있지 않은지, 마음을 살피고 또 살펴야 한다. 그리고 마음이 준비되지 않은 것에 진지하게 맞서 싸우고 우리에게 필요한 마음을 준비하기에 힘써야 한

다. 우리 안에 적합하지 않은 것들로부터 가급적 자신을 멀리, 즉시, 철저히 분리해야 한다. 우리 자신을 모든 죄악에서 분리해야 한다. 자연인 상태에 있는 사람들은 회개의 은혜를 얻도록 하나님께 부르짖는다. 그들은 자신들이 찾고 있는 자비를 받기 위한 율법적인 준비를 할 수 있도록 진지하게 노력하고 구해야 한다. 그들은 자신들이 처한 위험을 좀 더 볼 수 있도록 노력하고, 하나님의 무한한 위대하심을 좀 더 감지할 필요를 달라고 구해야 한다. 그들이 하나님의 진노의 대상이며 자신이 하나님의 영원한 진노 앞에 서 있음을 느낄 수 있게 해달라고 구해야 한다. 자신이 계속해서 위기 상황에 있음을 확실히 느끼고, 살아가면서 짓는 죄들, 마음의 죄악 된 성품, 이로 인해 하나님이 보실 때 엄청난 죄인임을 더 느끼게 해달라고 구해야 한다. 또한 자신이 얼마나 무력한 존재인지 알게 해달라고 구해야 한다. 하나님의 백성이 구하는 영적인 자비가 무엇이 되었든 지 간에, 그들이 어둠 가운데 있기에 빛이 필요한 존재들이며, 의심 가운데 있거나 특별한 유혹 아래 있다면, 이러한 구체적인 상황에서 그들에게는 놀라운 도움이 필요하다.

하나님의 백성은 자비를 구하는 기도뿐만 아니라 그것을 받을 준비를 하기 위해 자신을 살펴보아야 한다. 그래서 자신이 하나님의 자비를 받기에 적합한 사람이 되는데 필요한 것이 무엇인지를 먼저 살펴야 한다. 그런 다음에 좀 더 겸손해지도록 구해야 한다. 자신에 대해 무가치하다는 의식을 가져야 한다. 회개, 뉘우침, 하나님을 의지하기를 구해야 한다. 하나님의 백성은 그들이 구하는 이 영적인 자비의 거룩한 맛을 맛보기 위해 기도해야 한다. 달콤하고 행복한 맛이다. 그리고 그들은 하나님의 사랑을 능동적으로 추구하고, 하나님께 영광을 돌리려는 마음을 가져야 한다. 그럼으로써 하나님이 주신 자비를 축복하고 하나님께 영광을 돌릴 수 있는 준비를 하게 된다.

우리가 어떤 특별한 자비, 어렵고 고통스러운 사건 앞에서 어떤 도움을 구할 때, 그리고 우리에게 있어서 놀랄 만한 하나님의 모습을 구할 때 기도해야 할 뿐만 아니라 앞서 말한 것들과 우리의 길을 찾는 것에 온 힘을 다해야 한다. 우리의 마음은 회개와 겸손과 자아 깨어짐과 하나님 의지함을 이루기 위해 진정으로 준비하도록 노력해야 한다. 우리는 마음을 하나님께 올바르게 기울이고, 우리가 구하는 자비를 향상시켜야 하며, 우리가 받은 모든 자비로 하나님께 영광을 돌려야 한다. 사람들이 기도의 응답을 받지 못한 가장 큰 이유 중 하나가 틀림없이 이런 것이 부족했기 때문일 것이다.

둘째, 격려. 기도의 이 위대한 의무는 바로 격려하는 것이다. 격려는 종교의 가장 위대한 의무 가운데 하나다. 종교를 갖고 있지 않은 사람은 성경에 하나님 앞에 기도하기를 그치는 사람으로 묘사되었다. "참으로 네가 하나님 경외하는 일을 그만두어 하나님 앞에 묵도하기를 그치게 하는구나"(욥 15:4). 기도 없이 사는 사람들은 무신론자들과 같고 짐승 같은 존재로 살아간다. 그들은 마치 하나님이 없는 것처럼, 영혼이 없고, 하나님과 아무런 관련이 없는 것처럼, 하나님의 은총이 필요 없는 사람처럼 산다.

시편 10편 17절 본문과 교리는 이러한 기도의 의무를 수행하는 데 큰 격려가 된다. 우리는 이를 행함으로 우리에게 필요한 자비를 받기 위해 우리의 마음을 준비하고 주님으로부터 자비를 얻을 수 있다. 하나님께서는 우리에게 필요한 자비를 받게 하려고 더 잘 준비하게 하신다. 그리고 하나님으로부터 자비를 얻을 수 있게 하는 방법을 지시하셨다는 것은 인간에 대한 하나님의 선하심의 영향이다. 그러므로 온 힘을 다해 진정으로 기도의 의무를 불러일으키자. 이것은 경건한 사람들이든지 불경건한 사람들이든지 누구를 막론하고 친히 수행해야 할 의무다.

여기서 자연인들이 가끔 이러한 기도의 의무에 참여하는 것에 반대하는 입장에 대해 몇 마디 하고 싶다. 다음과 같은 반대 입장이 제기된다. 만일 내 기도 중 하나님께 열납되는 기도가 하나도 없다면, 내가 왜 기도를 해야 하는가? 내 기도가 아무짝에도 쓸데없거나 기도를 해봤자 유익이 없거나 기도하며 할 수 있는 것이라고는 자기애를 없애는 것뿐이라는 말을 종종 듣는다. 그뿐만 아니라 기도는 해야 하니까 한다거나 기도하면서 하나님을 존경하는 마음이 하나도 없으니 기도는 다 위선이라는 말을 듣는다. 기도가 입에서만 나오고, 기도에 마음이 전혀 담겨 있지 않다면, 이렇게 말할 만도 하다고 생각한다. 그러니 나의 기도는 하나님께 열납될 수 없고 하나님에게 역겹고 가증스러운 것이 되고 말 것이다. 하나님은 나를 그분에 대한 사랑이 전혀 없고 그분을 미워하는 원수로 보신다. 하나님은 내가 그분께 기도하고 있는 바로 그 시간에 나를 자신을 미워하고 있는 원수로 여기신다. 그래서 악한 자의 기도는 주님께 가증스러운 것이라고 말하는 것이다. 그러므로 무슨 목적으로 기도해야 하는가? 내 기도는 하나님의 마음을 내게로 가까이 오게 하지 못한다는 말을 듣는다. 오히려 반대로 나의 기도가 그분을 자극한다고 한다. 악한 자들은 나를 의롭다 하지 않고 정죄한다. 그로 말미암아 나는 더 죄 있는 사람이 될 뿐이다. 그러므로 내가 기도하지 않는 것이 더 낫지 않을까?

1. 우리에게 지시하시는 하나님의 충고와 분명한 명령을 들을 때 의심하고 반대한다는 것은 참으로 이치에 맞지 않는다. 당신에게 주시는 하나님의 충고는 기도하라는 것이다. 하나님은 당신에게 그렇게 하라고 명령하신다. 하나님께서는 당신에게 하나님의 선한 것을 찾는 적절한 방법으로 이 지침을 주신다. 하나님은 이러한 방법으로 우리에게 지시하셔서 요한계시록 2장에 언급된 하나님을 아는 지식을 찾게 하신다. 하나

님은 사람들에게 지혜를 찾아 부르짖으라고 하신다. 야고보 사도는 우리에게 이렇게 말한다. "너희 중에 누구든지 지혜가 부족하거든 모든 사람에게 후히 주시고 꾸짖지 아니하시는 하나님께 구하라 그리하면 주시리라"(약 1:5). 베드로는 마술사 시몬에게 혹시 하나님께서 그의 마음에 품은 나쁜 생각을 사하실지도 모르니, 하나님께 기도하라고 말했다(행 8:22).

하나님의 충고가 선한지 의문을 제기한다면, 당신이 하나님보다 더 지혜롭다는 말인가? 하나님께서 당신에게 이러이러한 방법으로 하나님의 선하심을 찾으라고 지시하실 때, 당신은 그것이 좋은 방법이 아니라고 결정하겠는가? 하나님께서 주시는 충고에 당신에게 어려워 보이는 것이 있다면 어찌하겠는가? 그 충고에 신비로운 것들이 있음을 보게 되고, 그 충고에 반대하게 된다면 어쩌겠는가? 이럴 경우에 할 수 있는 모든 반대는 그리 강하지 않은 것으로 보이도록 하라. 하나님의 충고에 반대하는 것은 틀림없이 하나님의 지혜에 반대하는 것이며, 자신의 이성을 하나님의 말씀 위에 두려는 것이다. 하나님께서 "이렇게 하라"고 말씀하실 때, 당신에게 이 과정을 취하라고 충고한다. 사람들은 어려운 일은 어려울 것이라고 내버려두는 것으로 충분하다고 생각하려는 경향이 있다. 하나님께서 친히 길을 결정하신 경우, 그 길에 대해 불평하는 것은 틀림없이 불합리하고 우스운 일일 것이다. 그리스도께서 이 땅에 모습을 드러내셨다. 그리고 당신은 의심을 품은 채 그분과 함께 가야 한다. 그리스도께서 그 의문을 해결하셔야 하며, 당신에게 그 길에서 해결책을 찾으라고 충고하신다. 당신은 그리스도의 충고가 그 문제를 결정하는 데 충분했다고 생각하지 않는가? 그러나 만일 그러하다면, 당신이 지금 결정하지 못하면 앞으로 더 이상 그 문제를 결정하지 못할 것이다. 만일 그리스도께서 지금 세상에 계시고, 당신이 그분께 가서 특별히 그분께 구하는 것과 동일하게 그분이 당신에게 그렇게 하라고 충고하셨기 때문이다.

2. 당신이 기도를 등한히 함으로써 하나님을 피하는 것은 아닌지 생각해보라. 기도하지 않는 반대 입장 중 하나는 기도를 하면서 죄를 짓는 것이다. 그러므로 당신은 죄를 피하려는 생각에 기도를 등한히 하려는 유혹을 받는다. 그러나 기도를 등한히 함으로써 과연 죄를 피할 수 있겠는가? 아니다. 오히려 이와 정반대다. 당신은 더 불순종하게 됨으로써 죄책감이 들 것이다. 당신은 기도하면서 겉으로 죄를 피하는 행동을 할 것이다. 이것이 당신이 해야 할 구체적인 의무다. 당신이 명령을 받아 행하는 행위는 비록 당신이 기도하는 중에 엄청난 위선자라는 죄책감을 느끼게 되고, 의무를 다하는 방식이라는 점에서 다 죄가 있기는 하지만, 기도하기를 등한히 하는 것은 오히려 더 의도적인 반역과 지독한 불경의 죄가 될 것이다.

3. 하나님께서 때때로 하나님을 사랑하지도 않고 존경하지도 않는 사람들의 기도에 응답하기를 기뻐하신다는 사실을 생각해보라. 당신에게는 선한 것이 없고 하나님이 보시기에 모두가 다 미워할 만한 것뿐이다. 하나님을 대항하여 적개심으로 가득 차 있는데도, 하나님은 때때로 그들의 이러한 기도를 불쌍히 여기시고 그 기도를 들으시기를 기뻐하신다. 하나님께서는 사람들의 마음에 하나님에 대한 진정한 사랑과 존경이 최소한의 불꽃도 없이 자기애만으로 행하는 기도를 종종 들으신다. 그들이 드리는 기도에 가장 무서운 방법으로 하나님의 진노를 증가시키고, 그들에게는 영원히 정죄할 만한 것 외에 아무것도 없는데, 하나님은 무한하고 주권적인 은혜로 자주 이러한 기도에 응답하기를 기뻐하신다. 사람들이 자기애만으로 기도하더라도 말이다.

하나님께서 피조물들이 그들의 행복을 바라는 것에 관심을 가지고 그들의 바람에 응답하시고 만족해하시는 것은, 그러한 기도에 하나님이 받을 만하고 기뻐할 만한 것이 있기 때문이 아니다. 하나님께서 피조물에게 내리시는 하나님의 주권적인 은혜를 기뻐하시기 때문이다. 사람들이 하나님의 원수들이며 그들의 최상의 기도라는 것이 가증하고 추악한 것이지만, 하나님께서는 종종 이 모든 것을 간과하시고 그들의 바람에 관심을 가지시기를 기뻐하신다. 하나님의 원수들은 그들만의 행복을 갖는 것과 그들의 바람이 이루어지고 그들의 기도에 응답하는 것을 원한다.

하나님은 이러한 기도를 들으실 의무가 없다. 하나님께서 응답하시는 경우, 그 기도에 어떤 받을 만한 것이 있기 때문에 응답하시는 것이 아니다. 또한 그 기도에 어떤 선한 것이 있거나 진정한 종교나 그 기도에 하나님을 존경하는 것이 있어서 응답하시는 것도 아니다. 그들의 기도에는 이런 것들이 하나도 없다. 하나님께서는 어떤 약속을 하셔서 하나님이 기도에 응답할 의무가 있으셔서 기도에 응답하시는 것도 아니다. 이유는 단 하나다. 죄 있고 비참한 가운데 처한 피조물들이 그들 자신의 행복을 열정적으로 바라는 것에 관심을 기울이시는 것이 하나님의 은혜의 풍성함에 따른 하나님의 기뻐하시는 뜻이기 때문이다. 비록 사람들에게는 하나님의 은혜를 받을 만한 것과 기도 응답을 받을 만한 것이 없지만, 하나님께서는 그들의 기도에 관심을 가지고 계신다.

우리는 시편 145편 16절과 147편 9절에 나오는 말씀을 통해 하나님께서 그분의 손을 펴서 모든 생물의 소원을 만족하게 하신다는 것과 그분이 우는 까마귀 새끼에게 먹을 것을 주신다는 것을 읽는다. 하나님께서는 피조물들이 선한 것을 바라는 것이 당연하고 필요하다는 것을 잘 아신다. 그래서 그의 원수들의 소원에 마음 쓰기를 기뻐하시는 것이다. 하나님은 이런 일을 하셔야 할 의무가 없고, 그렇게 하겠다고 약속하지도 않으셨다. 이렇게 행하시고 위선과 온갖 가증한 것으로 가득 찬 사람들의 기도에 응답하시는 것은 하나님의 기쁘신 뜻이다. 그렇다. 사람들이 무한한 복과 영원한 자비를 얻기 위해 기도할 때, 그렇게 응답을 받는 것은 놀라운 은혜의 증거다. 하나님의 은혜가 그러한 것을 어쩌겠는가. 우리는 종종 이러한 하나님의 섭리를 본다. 최근에 우리 가운데에서도 놀라운 방법으로 그러함을 보았다. 자연인 중에서 참으로 많은 사람이 이 방법을 취했고 그 목적을 달성했다. 하나님께서는 그들의 기도에 응답하셨다. 이것과 다른 방법으로 성공한 사람이 어디 있는가?

4. 당신의 기도가 그 자체로 선한 것이 없다 해도 그것이 기도하는 데 방해가 되지 않는다. 당신의 기도는 당신이 구하는 자비를 얻기 위해 마음을 합법적으로 준비하는 수단이 될 수 있다. 기도는 회개하기 위한 준비 작업의 수단이 되기도 하며, 기도는 회개의 가장 큰 수단 중 하나다. 준비의 작업은 주로 사람들의 양심을 설득함으로써 이루어진다. 기도는 이런 경향을 지닌다. 사람들은 기도를 통해 하나님의 임재 앞에 나아간다. 이 행위는 양심을 연약하게 하여 스스로 반성하게 하며, 하나님 앞에서 자신들이 얼마나 큰 죄를 지었는지 생각하게 한다. 기도는 사람들의 생각에 하나님을 간직하게 하며, 그들의 마음에 하나님의 위대하심에 대한 의식을 각인시킨다. 또한 사람들에게 하나님의 경고와 그분이 죄를 미워하고 불쾌하게 여기신다고 선포하신 것을 품게 한다. 사람들을 심판자 앞에 세우는 것이야말로 양심으로 하여금 그들이 자신의 죄에 주의하게 하는 최상의 방법이다. 그 심판자는 죄를 극도로 미워하시며 죄에 대해 복수하시는 하나님이다. 죄의식은 우리를 하나님과 연결해준다.

자신을 하늘과 땅의 장엄함 앞에 두는 것은 자신의 추악함을 의식하고 그것을 유지하는 좋은 방법이다. 기도는 왕이나 위대한 사람 앞에 있을 때 마음의 악함을 더 주목하고 살피게 해준다. 기도로 인해 사람은 자신의 습관을 지키게 된다. 또한 그 어느 때보다도 자신의 더러움과 누더기 같은 자신을 눈여겨볼 것이다. 기도하면 양심은 인생의 죄에 더욱 주목하게 한다.

사람이 죄를 범하고 해를 끼친 대상과 그에게 노하신 분과 더 가까이하면 할수록 그의 생각을 일깨워 그가 행한 범죄를 더 의식하게 하여 하나님의 은혜와 자비를 바라면서 하나님께 더 가까이 나아가게 된다. 그런 다음 그는 사람들 사이에 다른 사람들을 향해 그에게 불쾌감을 주었던 것에 대해 더 많이 주목할 것이다. 만약에 한 사람이 다른 사람에게 상처를 입혔고, 다른 사람이 그것으로 크게 기분이 상했다면, 그 사람은 상처를 입은 사람과 더욱 관련이 있을 것이며, 그는 더욱 그가 상대에게 행한 상처를 생각할 것이다. 특히 그가 친절을 구하며 그에게 다가갈 때는 더욱 그렇다. 만일 어떤 사람이 자기보다 높은 사람의 기분을 상하게 했고, 그 후에 상처를 입힌 사람에게 가서 그에게 어떤 친절이나 도움을 요청할 수밖에 없다면, 이로 인해 그는 자신이 기분을 상하게 한 것들을 더 많이 생각하게 될 것이다.

하나님께 드리는 진실하고 지속적인 기도는 하나님께서 인간에게 죄를 납득시키고, 인간이 어떤 존재인지 깨닫게 하는 큰 수단이다. 하나님께서는 기도로써 사람들을 하나님 앞에서 겸손히 낮추신다. 그들은 기도할 가치가 없다고 생각하는 사람들을 무지하다고 생각한다. 왜냐하면, 기도는 그들이 구하는 자비를 받을 마음을 준비하는 중요한 수단이기 때문이다.

이제 나는 이러한 기도의 의무를 어떻게 수행하여 당신의 마음에 당신이 구하는 자비를 받을 준비를 하게 하는지, 몇 가지 지침을 제시하려 한다.

1. 당신이 구하고 있는 것의 목적으로 영적인 혜택의 필요를 의식하라. 직접적인 조명과 교훈의 필요를 자각하라. 하나님의 은혜의 필요를 의식하라. 영적인 혜택들은 영혼의 선함을 이루는 것이다. 이런 것들이 당신에게 필요하다는 것과 당신의 비참함을 의식해야 한다. 마음의 완악함, 각성의 필요, 공허함과 어두움, 영적인 위로의 필요, 연약함과 강함의 필요 말이다. 이런 혜택들의 중요성에 대한 지대한 의식, 회개의 필요를 느껴야 한다. 당신의 마음을 이런 생각에 고정해야 하고 세상에 두어서는 안 된다.

당신은 필요한 복을 받기 위해서 하나님을 의지하는 감각을 가져야 한다. 모든 목사가 자신의 은사나 노력을 고려하지 않은 채 설교한다면 어떻겠는가. 당신은 기도로 준비할 마음이 일어날 리 없을 것이다. 아마도 당신은 나라 곳곳에 하나님의 임재가 필요하다는 것을 느낄 것이다.

하나님의 도우심으로 최대한의 노력을 기울여서 사역을 개선하려는 열망과 결의를 가져라. 목회자와 함께 앉으며, 그를 돕고, 그의 손에 힘을 실어주고, 당신의 영혼과 다른 사람들 사이에서 행하는 그의 사역을 격려하라.

또 화목하게 하는 정신이 절실히 필요하다. 이것은 당신의 목회자와 양 떼들 사이에 필요한 연합의 정신이다.

이곳에서 하나님의 백성에게 권면이 사용된다. 성도들은 이 시대에 그들이 찾는 자비를 받을 준비를 구하는 것이다. 오늘날 당신이 하나님께 간청하도록 하신 자비는 당신 가운데 복음 사역이 정착하기를 추구하는 중요한 노력으로 하나님이 주신 축복이다. 자비를 얻어야 한다는 것은 당신에게 매우 중요하다. 그것은 대부분 이곳의 안녕과 번영은 물론 당신과 당신의 가족의 복지와 관련된 것이다. 이것은 당신이 해마다 겉으로 부요하고 풍성한 번영을 누리는 복을 받는 것 그 이상일 것이다. 그것들은 당신의 명예, 안락함, 고요함, 그리고 즐거움을 위해 진정으로 당신을 행복한 사람으로 만들 것이다. 이것은 하나님께서 백성에게 베푸신 가장 큰 복이다.

내가 당신에게 하나님의 자비를 구하라고 마음을 들쑤시는 이유는 전에 이 문제에 있어서 그리 행복해하지 않은 사람들이 많았기 때문이다. 이 시대에 많은 목회자와 성도들 사이에 갈라서는 일이 많다. 이 얼마나 불행한 일인가. 주일에 하나님의 복을 구하라. 당신의 기도에 응답하는 것으로 인해 기뻐하라.

2. 당신이 기도의 응답을 받는 데 방해가 될 수 있는 것이 있다면 무엇이든지 다 제거하라. 때때로 사람들은 길게 기도하지만, 기도의 응답을 받지 못하는 경우가 있다. 그 이유는 아직 제거해야 할 걸림돌이 남아 있기 때문이다. 그들이 이전에 행한 것인데 아직까지 남아 있는 것이라든지, 하나님께서 그들에게 금하도록 하신 것인데도 여전히 계속되고 있는 것이라든지, 그들이 하나님께 행한 역겨운 것이 있기 때문이다.

여호수아와 이스라엘 자손들이 아이 성을 무너뜨렸을 때의 경우가 그렇다(수 7장). 여호수아는 여호와의 궤 앞에서 얼굴을 땅에 대고 저녁까지 엎드려 있었다. 여호수아와 이스라엘 장로들은 그들의 머리에 먼지를 뒤집어쓰고 하나님께 진실되게 부르짖었다. 그러나 하나님께서는 여호수아에게 이렇게 이르셨다. "…어찌하여 이렇게 엎드렸느냐 이스라엘이 범죄하여 내가 그들에게 명령한 나의 언약을 어겼으며 또한 그들이 온전히 바친 물건을 가져가고 도둑질하며 속이고 그것을 그들의 물건들 가운데에 두었느니라 그러므로 이스라엘 자손들이 그들의 원수 앞에 능히 맞서지 못하고 그 앞에서 돌아섰나니 이는 그들도 온전히 바친 것이 됨이라 그 온전히 바친 물건을 너희 중에서 멸하지 아니하면 내가 다시는 너희와 함께 있지 아니하리라"(수 7:10-12).

여호수아와 장로들은 스스로 구별하여 진실되게 기도했다. 하지만 그들은 기도하는 것 외에 또 다른 일을 했다. 그들은 기도의 응답을 받는 데 방해가 되는 것을 제거했다. 하나님께서는 여호수아에게 말씀하신 것처럼 이렇게 말씀하신다. "일어나라 어찌하여 이렇게 엎드렸느냐?"

이처럼 기도 응답을 가로막는 것은 주로 두 종류였다. 하나는 사람들이 지금 몸담고 있지만 철저하게 깨뜨리지 않은 현재의 죄이거나 다른 하나는 그들이 아직 제거하지 않았거나 보상하지 못한 다른 사람에게 행한 과거의 악행들이다.

(1) 사람들이 철저하게 깨뜨리지 않은 현재의 죄. 사람들이 구원을 추구하면서 반드시 시작해야 하는 첫 번째는 철저한 개선이다. 사람들이 가진 욕망, 지속적으로 허용한 죄악 된 행위나 악한 습관들의 방종, 또는 부분적으로만 다시 시작하고 전적으로는 하지 않은 것이 있다면, 그들은 자신의 기도에서 많은 유익을 얻지 못할 가능성이 크다. 그들이 계속해서 이런 삶을 지속하는 한, 규율을 지키고 기도는 계속할 수 있을지 몰라도, 마침내 지치고 목적을 이루지 못한다. "내가 나의 마음에 죄악을 품었더라면 주께서 듣지 아니하시리라"(시 66:18). 그들의 마음에 은밀하게 숨기려고 하고, 끊으려고 하지 않는 저주받은 것이 있는 한, 그들은 기도해도 호흡과 힘만 낭비할 뿐이다. 그 어떤 목적도 이루지 못할 것이다. 특히 악한 영으로 말미암아 그들의 기도는 수포로 돌아갈 것이다. "그러므로 각처에서 남자들이 분노와 다툼이 없이 거룩한 손을 들어 기도하기를 원하노라"(딤전 2:8).

그러므로 구원을 추구하고 있는 사람들은 이 문제를 부지런히 추구해야 한다. 그들은 구석구석 찾으며 온 힘을 다해 조사해야 한다. 천국에 가려는 마음은 있지만, 그들이 혀 밑에 숨겨둔 달콤한 조각으로 지옥에 가는 사람들이 많다. 당신의 기도 응답을 가로막는 다른 어떤 걸림돌이 있는지 자문해보라.

(2) 아직 합당한 보상을 하지 않은 사람들에게 행한 과거의 악행들. 그리스도의 명령은 이것이다. 만일 우리가 제단에 예물을 드리려고 하면 "예물을 제단 앞에 두고 먼저 가서 형제와 화목하고 그 후에 와서 예물을 드리라"(마 5:24)는 것이다. 적절한 보상을 하지 않은 채 괴로워하는 것은 죄 안에 사는 것이며, 스스로 죄 안에 있음을 인정하는 것이다. 이것은 상처를 준 모든 사람에게 지금도 상처를 주며 사는 것이다. 당신의 이웃은 계속해서 고통 속에서 살고 있으며 상처는 제거되지 않았다. 당신은 그에게 준 상처를 제거할 의무를 등한히 한 채 살고 있다.

그러므로 이 문제를 부지런히 살피라. 당신이 이웃에게 나쁜 일을 했는지, 예전이나 최근에 이런 일을 한 적이 있다면 즉시 보상해주었는지 찾아보라. 그 일이 만일 사적으로 행해졌고 그가 모르는 일이라면, 당신은 그가 겪은 일을 완전히 만회할 수 있고, 그가 고통받은 것을 완전히 해결했다고 확신할 수 있을 것이다. 하지만 만일 당신의 이웃이 알고 있거나 강한 의구심을 가지고 있던 상처라면, 그것이 그에게 걸림돌이 되고 불쾌감을 주었다면, 당신은 그를 회복해야 할뿐더러 그에게 당신의 잘못을 고백해야 한다.

다른 사람들이나 그들의 재산에 가한 악행들에 대해서만 보상해야 하는 것이 아니다. 당신이 어떤 때 어느 문제와 관련해서든지 다른 사람에게 욕을 하거나 악한 의도로 비난과 험담을 해서 그에 대한 나쁜 소식을 퍼뜨린 것이 있는지 생각해보라. 그에게 상처를 주고 학대함으로 어떤 방식으로든지 그로 인해 슬퍼하고 불쾌감을 느끼게 했다면 당신은 그에게 당신의 잘못을 고백해야 한다. 그에게 무가치하다는 것을 나타내고, 당신이 그에게 준 불쾌감을 없애야 할 의무가 있다. 설령 상대방이 당신보다 낮은 위치에 있는 사람이라 해도 본래 그 사람으로 회복해주어야 한다. 그렇게 하지 않는다면, 당신은 죄 안에서 사는 것이며, 그것은 당신의 기도 응답을 가로막는 것이 될 것이다.

당신들 중 한 사람이 부모에게 누가 보아도 해서는 안 될 행동을 했다면, 또는 불순종하거나 무시하거나 사악한 짓을 하거나 그들에게 어울리지 않는 행동을 하여 부모를 슬프게 하거나 불쾌하게 했다면, 그들에게 잘못을 고백하고 용서를 구하라. 그렇지 않으면 당신의 행동은 기도 응답을 얻는 데 방해가 되는 영원한 걸림돌로 남는다고 해도 전혀 이상하지 않을 것이다. 하나님께서는 부모에게 상처를 입히는 것을 매우 미워하시기 때문이다. 이런 죄는 특히 하나님의 저주를 가져온다. 그 밖에 누구든지 당신이 상처를 준 사람이 있다면 내버려두지 말고 당신의 잘못을 고백하라. 그 사람이 같은 동네에 사는 사람이든지, 다른 동네에 사는 사람이든지 막론하고 말이다. 그래서 성경은 우리에게 죄를 서로 고백하라고 명령한다(약 5:16).

바울이 에베소에서 복음을 전하고 그곳에서 복음의 놀랄 만한 성공을 거두었을 때, 사람들이 자기가 한 자복하였다는 이야기가 성경에 나온다(행 19:18). 자복할 때 어중간하게 하지 말고 철저히 하라. 율법에 따라 자백하며 이 일에 주저하지 말라. 자백에 자기 부인이 있기 때문이다. 무엇을 해야 할지 찾고 있는가? 당신은 자비를 얻을 가장 좋은 방법을 알아내려고 마음을 쓰는 것 같다. 그래서 당신은 그런 말을 들을 때 틀림없이 주눅이 들 것이다. 자비는 부패한 본성으로는 얻을 수 없기 때문이다. 당신은 어려움을 극복하고 자기를 부인하는 것으로 만족해야 한다는 말을 자주 듣지 않았는가? 구차한 변명을 대지 말라. 이것은 하나님의 나라를 압박하기 위한 것이 아니다. 지금 결심하여 그 일을 분명히 하라. 기도 응답에 방해가 되는 것을 남겨두지 말라. 당신의 힘으로 그것을 제거하라.

자신을 낮추라. 그리고 고백하기 싫어하는 당신의 잘못과 당신에 대한 비난들을 고백하라. 당신을 비난하는 사람이 당신이 오랫동안 동정을 베풀었던 사람이고, 당신이 생각하기에 그리 좋은 친구가 아니라도 말이다. 하지만 당신은 그 사람이 형제나 자매라고 해도 당신을 좌지우지한다고 생각하고 혹은 두려워한다. 그가 아랫사람이라고 해도 말이다. 당신은 그 문이 좁다는 것을 알고 있다. 그러므로 당신은 자신을 낮추고 더 나은 사람이 되기 위해 작아진 것에 만족해야 한다. 경건한 사람 중에 어느 사람이든지 말로나 행위로 어떤 사람에게 악을 행한 것에 죄책감이 들었고 마땅한 보상을 해주지 못했다면 서둘러서 속히 보상하라. 그래야 하나님께서 하나님의 얼굴을 당신에게서 숨기지 않으시고 당신이 하나님의 그 빛과 위로 그리고 임재를 놓치지 않을 것이다. 그럴 때 당신은 당신의 선한 기업을 얻을 것이다.

3. 간절하고 끈질기게 기도하라. 이것은 잠언 2장 3절의 해석에서 암시했다. "당신이 만일 지식을 불러 구하며 명철을 얻으려고 소리를 높인다면", 이는 밤낮 부르짖은 과부의 비유에서 교훈을 받으며(눅 18:1-8), 제자들이 예수님에게 "그 여자가 우리 뒤에서 소리를 지르오니 그를 보내소서"(마 15:23)라고 말한 가나안 여인의 이야기에 암시되어 있고, 그리스도 예수를 뒤따라오면서 "다윗의 자손이여, 나를 불쌍히여기소서"라고 소리지른 앞 못 보는 사람의 이야기에서 교훈을 받는 내용이기도 하다. 그리고 자신의 가슴을 치며 기도한 세리는 이렇게 말했다. "하나님이여 나를 불쌍히 여기시옵소서 나는 죄인이로소이다"(눅 18:13).

어떤 사람은 위에 언급한 사람들을 진정성 있는 기도자라 할 수 없다고 말한다. 그들이 때로 따분하고 영적이지 않은 사람이라고들 한다. 당시 그들은 실제로 기도에 마음을 기울이지 않은 사람들로 알려졌다. 하지만 이것이 사실이라 해도, 사람들은 여전히 한 측면에서는 진심 어리다고 할 수 있다. 당신은 당신이 반대하는 일을 반대하면서 당신의 따분함을 없애려고 분투해서 노력하고 저항하는 일에 온 마음을 집중할 수 있다. 당신은 따분하고 강퍅한 마음과 씨름하는 일에 마음을 집중해야 한다. 간절한 기도는 다른 어떤 기도보다도 마음을 준비하는 일을 더 풍성하게 한다. 욕구에 맞고 잘 준비된, 축복을 바라는 간절한 기도가 마음에 일어난다. 따분하고 부주의한 기도자들보다는 간절하게 기도하는 사람들에게 사람의 연약함이 더 많이 느껴진다.

4. 자주 지속적으로 기도하라. 기도의 지침은 이것이다. 항상 기도하라. "쉬지 말고 기도하라"(살전 5:17). "예수께서 그들에게 항상 기도하고 낙심하지 말아야 할 것을 비유로 말씀하여"(눅 18:1). 에베소서 6장에서는 이렇게 가르친다. "모든 기도와 간구를 하되 항상 성령 안에서 기도하고 이를 위하여 깨어 구하기를 항상 힘쓰며 여러 성도를 위하여 구하라"(엡 6:18).

이러한 지속적인 기도와 간구는 마음에 복을 받을 철저한 준비를 하는 것이다. 중간에 중단하고 지속하지 않는 것은 기도의 바른 방법이 아니다. 사람들이 간절하게 기도하면서도 다시 그들의 손을 느슨하게 하고, 다시 기도하고, 또 느슨하게 하는 것을 반복하며 구한다면, 이런 기도로는 목적을 이루지 못한다. 어느 때든지 만일 사람들이 간절히 기도하면서도 다시 기도에 태만해지고 기도를 중단하게 될 때 어느 정도 마음의 준비를 하기 시작한다면, 다시 모든 것을 잃게 된다. 그럴 경우 그것을 다시 얻는 것은 이전보다 훨씬 더 어렵다.

준비 작업은 보통 점진적으로 행해진다. 누구나 자신의 힘을 지속적으로 사용하고 마음을 들여 연습도 하고 행함으로써 자신이 어떤 존재인지를 분명히 알게 된다. 자신에 대해서, 자신의 연약함, 앞을 보지 못함, 마음의 완악함을 더 잘 보게 된다. 하지만 기도를 멈출 때, 한동안 태만하게 지낼 때, 다시 모든 것을 잃어버린다. 다시 시작하고 지속하고 끝까지 하는 것 이외에 다른 방법은 없다. 호세아서 6장은 이렇게 말한다. "그러므로 우리가 여호와를 알자 힘써 여호와를 알자 그의 나타나심은 새벽 빛같이 어김없나니 비와 같이, 땅을 적시는 늦은 비와 같이 우리에게 임하시리라 하니라"(호 6:3). 이것은 자비를 구하는 마음을 준비하는 데 효과적인 방법이다. 따분한 방법으로 자비를 구하는 사람들은 절대로 안정을 이루지 못한다. 여기서 나는 당신에게 다음의 지침 두 가지를 교훈하려고 한다.

우리가 지속해서 기도한다고 하지만 사람들은 기도를 얼마나 자주 해야 하는지를 두고 미신적인 생각을 할 수 있다. 우리가 항상 기도해야 한다는 말을 들을 때, 이것은 기도에 모든 시간을 사용해야 한다는 의미가 아니다. 지속해서 꾸준히 기도해야 한다는 의미다. 한 가지 의무를 실천하느라 모든 시간을 사용하거나 다른 것은 배제하고 하나의 의무만을 행해서는 안 된다. 우리가 감당해야 할 의무는 많다. 그리고 이 모든 것은 알맞은 때와 장소에서 반드시 해야 하는 것들이다. 누구에게도 기도를 하루에 두 번이나 최대한 세 번 하고, 다른 의무들을 기도와 더불어 은밀하게 해야 한다는 규칙을 만들라거나 하나의 법칙으로 제시하라고 충고하지 않을 것이다. 세상일을 마치고 기도하겠다는 법칙을 만든 사람 중에 그것을 잘 실천하는 사람도 있을 것이다. 성경의 성도 중에서도 하루에 세 번 이상 기도하는 것을 지속해서 실천한 사람은 거의 없다. 다니엘은 하루 세 번 기도했다(단 6:10). 다윗은 시편 55편에서 이렇게 말한다.

"저녁과 아침과 정오에 내가 근심하여 탄식하리니 여호와께서 내 소리를 들으시리로다"(시 55:17). 실제로 다윗은 시편 119편 164절에서 자신이 하루에 일곱 번 주를 찬양한다고 말한다.

이것을 다윗이 기도한 통상적인 횟수로 이해해서는 안 된다. 이런 예들은 하나님을 지속해서 찬송해야 한다는 의미로 받아들여야 한다. 다윗은 온종일 하나님을 찬양할 것과 하나님의 영광을 위해 살아가려는 의지를 밝히고 있다. 일곱이라는 숫자는 완전수이다. 성경에서도 그런 의미로 매우 자주 사용된다. 따라서 기도의 정확한 횟수를 가리키는 것이 아니다. 기도를 자주 하지 않거나 항상 기도해야 한다는 규칙을 정하지 않는 사람들에게 굳이 권할 만하지 않다. 내 생각에 이것은 하루에 두 번이나 최대 세 번 이상 지속해서 기도하는 사람들에게 권할 만하다고 생각한다. 사람들이 성령의 임재 아래 있고 하나님 앞에 나아가 자신의 영혼을 쏟아 놓으려는 갈망이 있는 특별한 때에 적합할 것이다. 또는 사람들이 손을 잠시 멈추고 다른 일을 하지 않게 될 때 기도를 자주 할지도 모른다. 사람들은 성경에 계시된 하나님의 보좌에 언제든지 자유롭게 나아갈 수 있는 기회가 있다. 그래서 다윗은 자신이 하루에 세 번 기도한다고 말하기는 했다. 하지만 자주 그리고 여러 번, 기도할 필요가 없다고는 생각하지 않았다. 시편 119편은 이렇게 말한다. "내가 주의 의로운 규례들로 말미암아 밤중에 일어나 주께 감사하리이다"(시 119:62).

구원을 구하는 사람들은 의도한 것보다 더 자주 또는 그들이 살아 있는 것보다 더 오래 지속적이고 안정된 방법으로 기도하라는 어떤 충고도 하지 않을 것이다. 누구라도 "나는 이제 매우 자주 기도하고 하나님께서 내게 은혜를 주실 때까지 더 많이 기도할 거야. 그러고 나면 나는 지금처럼 자주 기도하지는 않을 작정이지"라고 말한다면 우스꽝스러울 것이다. "나는 하루에 두 번 기도하는 것으로 만족해." 이것은 다분히 자기 의를 드러내려는 마음이 있어 보인다. 그들은 전에 그들의 영혼이 자유로웠을 때에는 마치 기도하려 하지 않았다는 듯이, 그리고 그들이 원하는 것을 얻었을 때 종교에서 그렇게 많이 기도하지 않은 것처럼 하나님을 극도로 사악하게 대우한다. 그들은 지금 자신의 관심사를 위해 기꺼이 기도하는 것처럼 과거에는 하나님의 영광을 위해 그리 많이 기도하지 않았다. 그들은 하나님께 그들이 구하는 것을 달라고 설득할 때까지 하루에도 수없이 기도할 것이다. 그러고 나면 그들은 하나님께 그렇게 많이 기도하지 않을 것이다. 그런 경우라면 하나님은 틀림없이 적은 횟수의 예배로 만족하실 것이다.

자신의 구원을 추구하고 있는 사람들은 세상적인 사업을 포기해서는 안 된다. 우리는 일반적인 소명과 특별한 소명을 둘 다 수행해야 한다. 확신이 있는 사람들은 특별한 소명을 행할 의무를 등한히 한 것의 정당성을 입증받지 못한다. 어느 한 사람이 특별한 소명으로 받은 일은 실제로 그가 해야 할 의무이며, 일반적으로 해야 할 외적인 직업도 등한히 해서는 안 된다. 성경에는 그들이 하는 직업에 부지런하라는 지침이 있다(잠 22:19). 이것은 의심의 여지없이 그들이 특별한 소명으로 받은 일일 것이다. 그리고 사도 바울은 사람들에게 수고하여 친히 손으로 일을 하라고 명령한다(고전 4:12).

사람들은 매일 경건생활에 사용할 일정한 시간을 찾아야 한다. 사람들이 세상일을 방치하고, 일반적으로 여가 시간을 쓰는 것만큼, 그리스도인들이 종교와 영혼에 관심을 쏟지는 않는다. 하지만 사람들이 세상일을 등한히 할 때, 그들은 그들의 의무와 복을 받는 방법을 등한히 하는 것이다. 세상일을 멀리하는 사람들은 안전한 길에 있는 사람들로 여기고, 자신들은 훌륭한 길에 있다고 생각할지도 모른다. 하지만 이것은 오해다. 세상일은 예배와 종교와 함께하는 것이며, 세상일을 등한히 하는 것은 하나님께서 명령하신 것이 아니다. 만일 사람들이 그렇게 한다면, 그들은 아주 짧은 시간 안에 얻어야 할 조건들에 전적으로 의지하는 것처럼 보인다. 확실한 것은 그들에게 그렇게 오래 지속하려는 의지가 없다는 사실이다. 사람들은 정반대의 필요를 찾을 것이다. 그들은 감당할 수 있는 방식을 추구해야 한다. 하나님의 때가 언제일지 아무도 모르니 그냥 내버려 두고 기다리라.

사람들은 구원을 구하는데 진지하고 온 마음을 쓰면서도 세상일에도 부지런하다. 세상일에 부지런한 것은 전혀 구원에 방해가 되지 않는다. 사람들은 다른 때와 마찬가지로 일을 하는 것과 동시에 매우 진지하게 찾을 수 있다. 세상일을 내팽개칠 때는 아마 생각지도 못했던 불리한 점들이 많이 생길 것이다. 그것은 올무에 걸리는 길이며, 사탄에게 기회를 주는 것이다. 그것으로 인해 사람들은 유혹에 노출된다. 특히 낙담시키려는 유혹에 빠지게 한다. 사람들이 이런 길을 잘 유지할 수 없기 때문이다. 그러므로 사람들이 잠시 떠났다가 마침내 홀가분하게 그들이 하던 세상일로 되돌아올 때, 그들은 모든 것을 포기하게 될 위험에 처할 것이며 성공에 대한 소망을 내팽개쳐버리게 될 것이다. 사람들은 자신이 마치 영적 침체에 빠진 듯이 여길 것이다. 사탄은 이런 것으로 그들을 몹시 괴롭힐 것이며, 그들의 마음을 혼란케 하고 올무에 빠뜨릴 것이다.

그리고 나면 또 다른 올무가 기다리고 있을 것이다. 자신들의 일을 잠시 등한히 할 때 그들의 일은 머지않아 더 악화되고 불리하게 될 것이다. 그리고 마귀는 그들을 시험하여 극단적으로 영적 침체에 빠뜨릴 것이다. 영적 침체 가운데 사람들 앞에는 모순이 발생한다. 그들이 기도의 빈도에 대해 말할 때, 기도의 언어는 사람들이 회심한 이후 하나님을 위해 하려고 했던 것에 비해 회심 이전에 자신들을 위해 하려고 했던 것에 집중된다.

그다음으로 많이 표현되는 것이 자기 의다. 사람들을 자기 의로 세우는 경향이 농후한 극단적인 예가 몇 가지 있다. 그중에 하나는 따분하고 게으르게 추구하는 방법이다. 예를 들어 자기 의를 세우기 위해 금식의 방법을 지속하는 것이다. 또 다른 것은 미신이나 그가 마땅히 해야 하는 것 이상의 종교적인 행동들이다. 이는 자신이 그렇게 행함으로 마치 천국을 사려고 하는 것처럼 보인다. 바리새인들이 일주일에 두 번 금식하고, 길게 기도하고 그 밖에 여러 가지 종교적 행위로 스스로 의롭다고 생각하는 것처럼 말이다.

그리고 마음은 그들의 구원에 강한 관심이 있으며, 구원에 대한 약속을 받았으면서도 육체를 부적합하게 만드는 경향이 있다는 것이 또 다른 불리한 점이다. 어떤 사람이 확신이 있을 때, 몸이 고통이나 괴로움에 지배당하거나 우울함에 빠지지 않도록 하는 것은 매우 유익하다.

이런 것들을 오해하지 말아야 한다. 누구도 세상적인 삶을 사는 것을 유리한 것으로 생각하지 말아야 한다. 그러므로 세상적인 일에 열심을 내라. 세상에서 많은 것을 얻어라. 하지만 지속적인 부지런함과 신중함으로 하라. 종교를 가리지 말고 마음의 중심에 매일 유익한 자신만의 시간을 마련해두라. 일할 때 당신을 감시하는 눈이 있을 것이다. 당신의 일은 당신의 마음을 떠나지 않는다. 다가오는 계절에 주의해야 한다. 세상일은 아직 유혹이 많은 의무다.

5. 끝까지 진지하게 기도하라. 무엇을 하든지 질투나 느슨한 생각을 가지고 하지 말라. 로마서 12장 12절은 언제나 또는 당신이 살아가는 동안 "기도에 항상 힘쓰라"라고 말한다. 에베소서 6장은 이렇게 말한다. "모든 기도와 간구를 하되 항상 성령 안에서 기도하고 이를 위하여 깨어 구하기를 항상 힘쓰며 여러 성도를 위하여 구하라"(엡 6:18). 골로새서 4장 2절은 "기도를 계속하고 기도에 감사함으로 깨어 있으라"라고 말한

다. 만약에 진지하게 기도를 드렸거나 오랫동안 생각하고 그 속에서 큰 낙담을 했을지라도 기도하라. 낙담했던 것은 저절로 해결될 것이다.

사람들은 확실히 이것을 반대하고 자신들이 이렇게 하는 것이 좋지 않다는 것을 안다고 말할 것이다. 그들은 더 악해지고 더 멀리 떠날 뿐이다. 이전보다 더 준비하지 않는다. 하지만 이렇게 하는 것에 대해 다음과 같이 말해주고 싶다. 당신은 언제 멀리 떠나는지도 모르며, 언제 가까이 올지도 모른다고 말이다. 당신은 숲에서 길을 잃은 사람과 같다. 그리고 잠시 그의 인도자를 따른다. 그는 자신이 내내 집을 떠나 있다고 생각한다. 그가 가장 가까이 있다고 생각되는 경우에도 자신은 아주 멀리 와 있다고 생각할지도 모른다. 그리고 집이 보이는 곳에 와 있을 때에 그는 처음에 어디에 있었는지도 모른다. 그들은 모두 그의 예상과는 반대로 잘못된 길에 서 있는 것 같다.

당신이 멈춘다는 것은 광기가 될 것이다. 광기는 "그들에게는 아주 멀리 있는 것이다"라고 말하기 때문이다. 당신의 인도자를 따라야 한다. 그 인도자는 바로 하나님의 말씀이다. 하나님의 말씀은 당신에게 여전히 기도하라고, 찾으라고, 계속 따라오라고 지시한다. 길을 잃은 불쌍한 사람은 끈덕지게 고집을 피우며 인도자를 따르기를 거절한다. 그에게는 그 길이 잘못된 길로 보이기 때문이다. 그리고 그렇게 하는 것이 그에게는 광야에서 멸망하는 길일 것이다. 그 사람은 자신이 길을 잃었다는 것을 생각해야 한다. 그는 자신이 지금 어디에 있는지 모른다. 그러므로 자신의 생각을 따르지 말고 그 길을 알고 있는 자의 지시를 따라야 한다.

많은 사람이 실제로 가장 준비가 잘 되어 있을 때 준비가 덜 되었다고 생각한다. 그들은 자신이 멀리 떠나 있다고 생각할 때 침울해진다. 매우 멀리 떨어져 있는데도 합법적으로는 잘 준비되어 있기 때문이다. 삶에 대한 합법적인 준비 말이다. 누가 보더라도 그들은 전적으로 죽었다. 부드

러운 마음을 준비하는 것이야말로 완악한 마음을 능가한다. 거룩함은
사악함을 능가한다. 그것을 누구라도 느끼기 때문이다. 빛은 어둠을 이
긴다. 건강은 앞이 보이지 않는 상태를 넘어선다. 마태복음 9장에 이런
말씀이 있다. "예수께서 들으시고 이르시되 건강한 자에게는 의사가 쓸데
없고 병든 자에게라야 쓸 데 있느니라"(마 9:12).

그러므로 자신만의 생각으로 낙담하지 말라. 당신은 앞을 보지 못하
고 길을 잃었다. 그러므로 자신을 전적으로 포기해야 하며, 하나님의 말
씀대로 하나님의 조언자이신 분을 영원한 인도자로 삼아야 한다. 전진하
라. 그리고 어떤 상황에서든지 연연하지 말라. 저절로 해결될 것이다.

○

1735년 3월에 금식을 주제로 설교한 비교적 초기의 설교다. 53쪽으로 구
성된 비교적 긴 설교이며, 그중 39쪽이 적용에 해당한다. 이 설교는 기도의
목적과 의무를 다룬다. 에드워즈는 우리에게 "우리가 하나님께서 우리의 기
도에 귀 기울이시게 하는 것이 아니라 하나님께서 그렇게 하신다"라는 사실
을 상기시킨다. "그의 백성을 향한 하나님의 자비는 백성에 의해 움직이는
것이 아니라 하나님 스스로 움직이신다. 하나님의 자비는 하나님 자신에게
서 시작되고, 하나님 안에서 처음으로 솟아난다." 다른 말로 표현하면, "하
나님의 자비는 하나님 자신의 주권적인 기쁨에서 비롯된다." 우리는 하나님
에 의해 기도하라고 격려를 받기 때문에 기도한다. "이것은 하나님께서 자
신의 백성을 위해 자비를 베푸셔서 그들에게 자비를 찾는 기도의 영을 주시
기 때문이다."
그렇다면 우리가 기도해야 하는 이유는 무엇인가? 에드워즈는 그 이유를 설
교의 적용에서 답한다. 기도는 우리가 어려움에 처해 있을 때 하나님의 자비

를 받을 준비를 하는 수단이다. "기도의 목적은 하나님께 우리의 상황, 우리의 필요, 우리의 바람을 알려드려는 것이 아니다. 우리가 알려드리지 않더라도 하나님은 이미 완벽하게 알고 계시기 때문이다." 그러고 나서 에드워즈는 참된 기도의 특성, 필요, 그리고 그 결과들에 대하여 더 상세한 내용을 많이 제시한다. 하지만 이 설교는 단지 기도에 관한 막연한 이론적인 논문이 아니다. 그가 기록하고 있듯이, "본문과 교리는 이러한 기도의 의무에 대해 격려해준다."

06

현재의 이 세상은
언젠가 끝날 것이다

THAT THIS PRESENT WORLD SHALL
ONE DAY COME TO AN END

주께서 옛적에 땅의 기초를 놓으셨사오며

하늘도 주의 손으로 지으신 바니이다

천지는 없어지려니와 주는 영존하시겠고

그것들은 다 옷 같이 낡으리니 의복 같이 바꾸시면 바뀌려니와

시 102:25,26

이 교리를 말하면서 동일한 본문의 첫 번째 설교에서 세상이 종말에 이른다는 것이 의미하는 바가 무엇인지, 온 우주가 종말에 이르러야 한다는 것이 의미하는 바가 아닌 것들을 보여주었다. 구체적으로 말해 우리는 지극히 높은 하늘들은 종말에 이르지 않을 것이라고 말했다. 세상의 종말은 우리가 현재의 상태에서 눈에 보이는 이 세상과 관계있는, 이 세상에 관한 내용일 뿐이다.

| 교 리 |

세상이 종말에 이르고 있다는 것은 세상이 불에 타서 하나도 남지 않게 되었다는 것이 아니다. 이 세상이 없어지는 것과 우리가 거주하고 사용하기에 적합한 세상의 현재 모습과 위치가 전적으로 파괴될 것이다. 다음으로 우리는 세상이 종말에 이를 것임을 보여주었다. 그리고 최소한 세상이 항상 지속되지는 않을 것이라는 이유에서 두 가지 논증을 주목했다.

우리는 세상이 영원히 지속될 수 없다는 것과 그것을 보존하거나 갱신하지 않는 이상 항상 지속될 수 없는 특성을 지니고 있다는 것을 보여주었다. 이 세상은 타락하고 부패했으며 혼돈의 상태로 있었다. 그러므로 하나님께서 이런 세상을 지속시키기 위해 고통받을 가능성은 없다.

두 번째로 우리는 성경이 모든 의심을 다 해소했음을 살펴보았다. 이 사실에서 우리는 이 세상이 일시적으로 사용되고 있음에 불과하다는 것을 배웠다. 세상은 다른 세상을 위한 재판 상태, 천국에 들어가기 위해 택함을 받은 자들의 준비 장소에 지나지 않는다. 그리고 성경은 세상이 반드시 종말에 이를 것이라는 사실을 분명하게 선언한다. 또한 우리에게 그때까지 세상에서 벌어지는 중요한 모든 사건을 설명하며 장차 올 세상이 어떤 모습일지에 대해서도 구체적으로 묘사한다. 이것이 우리가 강조했던 세 번째 내용이다. 우리는 앞에서 세상이 종말에 이르는 방식에 대해 살펴보았다. 먼저 크고 장엄한 심판이 있을 것이다. 그리스도께서 하나님의 위엄과 영광을 옷 입고, 거룩한 모든 천사를 대동하고 하늘로부터 내려오실 것이다. 그리고 마지막 나팔 소리에 죽은 자들이 다시 살아나고, 큰 자나 작은 자나 심판대 앞에 반드시 설 것이며, 그들의 행위대로 심판을 받고 판결을 받아야 한다는 것을 살펴보았다. 그중에 영원한 생명으로 가는 자들과 영원한 불이 타는 곳으로 들어갈 자들도 있을 것이다.

세상은 곧 없어지게 될 것이며, 땅은 심하게 진동할 것이다. 세상은 불로 없어질 것이다. 땅과 그 안에 있는 모든 행위는 불타 없어질 것이다. 땅은 다 불꽃 가운데 있을 것이며 공기는 온통 불꽃으로 채워질 것이다. 눈에 보이는 하늘들도 사라져버릴 것이다.

우리가 말했던 네 번째이면서 마지막 내용은 세상이 없어진 후 한때 세상에 거주했던 사람들의 상태이다. 현재의 은혜의 세대와 그들의 구원에 관하여 하나님과 인간이 맺은 언약이 그때가 되면 반드시 영원한 종말에 이른다는 사실이다. 그리고 선한 사람들과 악한 사람들이 서로 영원히 분리될 것이며 그들이 완전히 다른 상태에 있을 것이다. 엄청나게 고통스러운 상황 가운데 사람이 있는가 하면, 극단적인 행복을 누리는 사람이 있을 것이다. 그때가 되면 그들의 몸은 사람들이 누릴 수 있는 행복에 참여하거나 또는 비참함에 참여하게 될 것이다. 성도들의 몸은 그리스도의 영광스러운 몸처럼 되고, 모든 악한 자의 몸은 거대한 용광로에 던져질 것이다. 각각 그들이 받을 완전한 상급을 받든지 징계와 심판을 받을 것이며, 그들의 상태는 영원하고 불변할 것이다.

이제 우리는 하나님의 도움으로 이 교리를 좀 더 발전시키려 한다.

1. 우리는 지금 만물을 유지하고 계시는 하나님의 장대한 능력을 배운다. 하나님께서는 만물을 없어지게 하실 수 있다. 온 우주는 하나님의 손안에 있다. 하나님은 그것을 가지고 자신의 뜻대로 행하실 수 있다. 하나님께서 기뻐하시는 대로 만물을 변화시키기도 하고 불변하게도 하신다. 지구와 해와 달과 별들과 같은 우주 안에 있는 천체와 행성들을 자신이 원하는 대로 하실 수 있다.

하나님은 단지 말씀하셨다. 세상은 무(無)에서 생겨났다. 또 하나님이 말씀하시는 순간 이 모든 장대한 구조, 이 광대한 틀은 즉시 폐허가 되고 녹아 없어질 것이다. 우리의 상상력을 펼쳐 그 위대함을 상상하게 하는 이 땅과 저 하늘을 없어지게 하고 폐허로 만들 수 있다는 것은 참으로 장대한 능력과 힘이 분명하다. 이는 실로 우리가 이해할 수 없는 것이다.

온 땅을 진동시키려면 엄청난 힘이 필요할 것이다. 산 하나를 옮기는 데도 장대한 힘이 요구되니, 지구 전체를 진동시키려면 얼마나 큰 힘이 필요하겠는가. 가장 큰 산들도 두더지가 파놓은 흙 두둑보다 못하며, 흙덩어리보다 못하다. 우리가 멀찍이 떨어져 하나님의 손아래에서 땅이 진동하고 요동치는 것을 볼 수 있다면, 마을과 도시들이 진동하여 주저앉는 것을 보고, 산들이 뒤집히고, 바다의 섬들이 진동하여 그 자리에서 옮겨져 산산조각으로 흩어지는 것을 보게 될 것이다. 그것은 하나님의 능력을 우리에게 보여주는 좋은 생각이 될 것이다.

이는 하나님의 능력을 생생하게 보여준다. 하나님께서는 산들을 옮기시며 분노로 산들을 뒤엎으신다. 또한 땅을 그것이 놓인 자리에서 움직이시며 산들을 받치고 있는 기둥들을 흔드신다(욥 9:4-6). 나훔서 1장은 세상 끝에 하나님의 능력의 거대한 영향을 생생하게 묘사한다. "그는 바다를 꾸짖어 그것을 말리시며 모든 강을 말리시나니 바산과 갈멜이 쇠하며 레바논의 꽃이 시드는도다 그로 말미암아 산들이 진동하며 작은 산들이 녹고 그 앞에서는 땅 곧 세계와 그 가운데에 있는 모든 것들이 솟아오르는도다 누가 능히 그의 분노 앞에 서며 누가 능히 그의 진노를 감당하랴 그의 진노가 불처럼 쏟아지니 그로 말미암아 바위들이 깨지는도다"(나 1:4-6). 하나님께서 죄인들에게 분노하시는 날에, 산들은 진동하고 뒤집어지고 녹기도 할 것이다. 이미 우리가 들었듯이, 바위와 세상에 있는 모든 것이 뜨거운 열에 녹아 사라질 것이다.

하나님께서는 시내 산에서 자신의 능력을 영광스럽게 나타내셨다. 산이 흔들리고 광야로 시내 산을 두르게 하셨으며, 산 위에 삼키는 불과 우레와 번개가 그곳에 있게 하셨다. 이는 출애굽기 19장 16-18절에 자세히 설명되어 있다. "셋째 날 아침에 우레와 번개와 빽빽한 구름이 산 위에 있고 나팔 소리가 매우 크게 들리니 진중에 있는 모든 백성이 다 떨더라 모세가 하나님을 맞으려고 백성을 거느리고 진에서 나오매 그들이 산 기슭에 서 있는데 시내 산에 연기가 자욱하니 여호와께서 불 가운데서 거기 강림하심이라 그 연기가 옹기 가마 연기 같이 떠오르고 온 산이 크게 진동하며."

그러나 만일 진동과 떨림으로 시내 산에 강림하심으로 하나님의 영광스러운 능력이 나타났다면, 하나님이 세상이 다 볼 수 있게 거룩한 모든 천사를 대동하고 하늘 구름을 타고 내려오시며, 온 땅은 몹시 진동하고, 지구 전체는 과거에 시내 산이 그러했듯이 용광로처럼 불에 탈 때, 하나님의 능력은 얼마나 영광스럽겠는가?

그 당시에 있었던 이 천둥과 번개와 이스라엘 진영의 모든 사람이 들었던 나팔 소리는 하나님의 위엄과 능력을 보여준다. 하나님의 권능의 영광은 온 땅을 메울 천둥과 번개 그리고 모든 민족이 들을 수 있는 나팔 소리로 더욱 경이롭게 나타날 것이다.

하지만 장차 세상에 닥칠 큰 화재 또는 우주적인 불길이 하나님의 전능하심을 가장 생생하게 제시할 것이다. 삼키는 불은 하나님의 능력과 분노의 상징이다. 하나님은 소멸하는 불이시다. 하지만 하나님의 능력은 이 삼키는 불꽃에 놀라운 모습으로 등장한다. 이 불꽃에 땅과 그 안에 있는 모든 행위가 타서 없어질 것이다.

2. 하나님께서 영광스럽고 놀랍고 두려운 모습으로 하늘에서 내려오실 때, 나타날 영광과 위엄을 상상할 수 있는 사람은 아무도 없다. 하나님을 섬기는 만만의 빛나는 스랍들, 하나님 앞에는 천사장이 하나님의 나팔을 불며 앞장설 것이다. 모든 민족, 즉 열방의 모든 악인은 하나님의 모습에 떨 것이고, 성도들은 하나님을 찬송하는 노래를 할 것이다.

요한계시록에는 그리스도의 장엄한 위엄이 마치 그분이 나타나실 때 하늘과 땅이 그 앞에서 멀리 도망쳐야 하는 것처럼 표현되었다. "또 내가 크고 흰 보좌와 그 위에 앉으신 이를 보니 땅과 하늘이 그 앞에서 피하여 간 데 없더라"(계 20:11).

우리는 시편 18편 7절부터 시작하여 몇 절에 걸쳐서 하늘에서 내려오는 하나님의 위엄이 생생하게 제시되고 있는 것을 본다. "이에 땅이 진동하고 산들의 터도 요동하였으니 그의 진노로 말미암음이로다 그의 코에서 연기가 오르고 입에서 불이 나와 사름이여 그 불에 숯이 피었도다 그가 또 하늘을 드리우시고 강림하시니 그의 발 아래는 어두캄캄하도다 그룹을 타고 다니심이여 바람 날개를 타고 높이 솟아오르셨도다 그가 흑암을 그의 숨는 곳으로 삼으사 장막같이 자기를 두르게 하심이여 곧 물의 흑암과 공중의 빽빽한 구름으로 그리하시도다 그 앞에 광채로 말미암아 빽빽한 구름이 지나며 우박과 숯불이 내리도다 여호와께서 하늘에서 우렛소리를 내시고 지존하신 이가 음성을 내시며 우박과 숯불을 내리시도다"(시 18:7-13).

여기서 우리는 세상이 하나님의 것이고, 그의 소유가 있으며, 그가 그것을 소유하고 있고, 그가 그것의 소유주이며 주권자라는 것을 배운다. 그가 원할 때 그는 그것을 파괴하고 종말을 고한다.

3. 여기서 우리는 하나님께서 세상을 소유하시며 세상의 주권자이시라는 것을 배운다. 하나님께서 세상을 멸하기 원하실 때 하나님은 그것을 종말에 이르게 하신다. 하나님께서는 물질세계에 대해 주권을 가지고 계신다. 그분의 명령에 하늘과 땅은 오랜 세월 그 모습을 유지해온 형태를 내려놓는다. 자연은 주권자에게 복종하며, 오랫동안 그 모습을 간직해온 자연의 현재 모습과 여름과 겨울의 연속을 끝낸다. 땅은 오랜 세월 동안 해오던 나무와 식물을 생산하지 못한다. 모든 야생동물은 새끼를 낳지 못하고 사람들의 세대도 지속되지 못하고 멈춘다. 태양은 더 이상 떠오르지 않으며, 달과 별들은 그 경로에서 멈추며, 더 이상 그 궤도를 따라 돌지 않는다. "그가 해를 명령하여 뜨지 못하게 하시며 별들을 가두시도다"(욥 9:7).

그때에 하나님께서는 작은 자나 위대한 왕이나 황제나, 세상에 사는 모든 사람을 자신의 심판대 앞에 오게 하심으로 세상에 거하는 자들에 대한 하나님의 주권을 보여주실 것이다. 땅의 거만한 자들은 이제 예수 그리스도의 심판대 앞에 설 것이다. 모든 사람이 예수 그리스도에 대하여 가장 별 볼 일 없는 거지와 같은 수준에 놓일 것이며, 그 심판자의 저항할 수 없고 번복할 수 없는 판결로 그들의 영원한 상태가 정해질 것이다.

4. 당신의 마음을 이 세상에 두지 말라고 권한다. 이 세상에 있는 모든 것은 부패하고 장차 없어진다. 당신은 이 모든 것이 불 속에 있는 것을 볼 때 그것들이 헛된 것임을 알 것이다. 당신의 마음을 더 낫고 더 오래 지속되는 세상에 고정하지 않았다면, 그것 역시 당신의 눈앞에서 불에 탈 것이다. 그때 당신이 다른 영원한 세상에 대한 관심과 영원한 기업을 추구한 것이 얼마나 지혜로운 길이었는지 알게 될 것이다.

이 세상의 죄들은 다 불에 타기 위해 축적되었다. 그러므로 세상일에 상관하지 말자. 오직 다른 세계에 복종하자. 불길이 우리에게 미치지 못하도록 세상에 빠지지 말자. 장차 끝나게 될 세상과 가급적이면 거리를 두는 것이 가장 지혜로운 길이다.

그때에는 누구나 하늘에서는 가장 작은 것, 지극히 작은 부분이 이 세상의 많은 나라보다 더 낫다고 확신하게 될 것이다. 그때가 되면 지상의 모든 나라, 국가의 모든 왕궁, 풍요로운 옷, 금과 은과 보석들, 왕관들, 그리고 홀들이 누구에게나 닥치는 큰불에 다 타버릴 것이다.

그러므로 그리스도께서 구속하기 위해 오신 타락하고 부패한 이 세상에 속지 말고, 우리의 눈과 마음을 끊어버리자. 그리스도와 그분의 나라는 이 세상에 속하지 않았음을 알자. 자신의 집처럼 여기지 않는 것들에 마음을 두지 말고 우리의 영원한 거주지인 하늘을 바라보자. 그리고 그분을 만나기 위해 이 땅에서 들려 올려 주님과 영원히 함께 있을 그리스도의 재림을 소망하자.

5. 모든 사람은 자신이 그 시간을 준비하지 못할까 마음을 쓰고 아주 조심해야 한다. 다른 일들에 대한 당신의 관심은 이것과 비교할 때 아주 가볍고 얄팍하다. 그날은 공포의 날, 하나님의 분노의 날이 될 것이다. 그날은 화덕처럼 불탈 것이며 건국 이래 지금까지 한 번도 없었던 큰 고통의 때가 올 것이다. 그날을 준비한 모든 사람은 행복하다. 누구든지 깨어 자기 옷을 지키는 자는 복이 있다. 시편 46편 1-3절처럼 말할 수 있는 사람은 복이 있다. "하나님은 우리의 피난처시요 힘이시니 환난 중에 만날 큰 도움이시라 그러므로 땅이 변하든지 산이 흔들려 바다 가운데에 빠지든지 바닷물이 솟아나고 뛰놀든지 그것이 넘침으로 산이 흔들릴지라도 우리는 두려워하지 아니하리로다."

세상 끝에서 당신이 준비하지 않았다는 것을 알았을 때, 당신에게 어떠한 일이 일어날지 잠시 생각해보라. 그때에 당신이 처한 상황과 어떠한 일이 일어날지 마음에 그림을 그려보거나 제시해보라.

1. 만일 당신이 하나님의 아들이 구름을 타고 영광 중에 강림하시는 것을 볼 준비가 되어 있지 않다면, 얼마나 끔찍한 일이 일어날지 생각하라. 그때에 수백만의 천사들과 하나님의 존전에서 발산한 우레와 번개를 동반하고 그분이 오시는 것을 느낄 때, 전능하신 하나님의 이러한 모습은 끔찍하고 소름 끼칠 것이다. 전능하신 하나님께서 당신과 화해할 수 없는 영원한 원수이심을 알게 될 것이다. 하나님께서 당신을 심판하고 정죄하며, 자신의 진노를 당신에게 실행하러 오신다는 것을 깨닫게 될 것이다. 그렇다면 하나님과 같은 분의 진노를 받는 것이 당신에게 얼마나

두려운 일일지 누가 말할 수 있겠는가?

이 두려운 심판의 존재 앞에 땅이 진동하고 떨기 시작하는 것을 당신은 어떻게 느낄 것인가? 당신이 작은 규모의 지진에도 두렵고 1분 정도 땅의 진동을 느끼는 것만으로도 깜짝 놀란다면, 온 지구가 마치 산산조각이 나는 것처럼 될 때 당신이 죄를 지은 상태에 있다면, 당신이 지반에 금이 가는 소리를 듣는다면, 산들이 뒤집히고 동시에 온 하늘이 번쩍이는 섬광으로 가득 채워지고, 뇌우 속에서 듣는 것보다도 훨씬 더 끔찍한 우렛소리로 가득 채워진다면, 이 모든 것이 전능하고 분노하시는 하나님의 가시적인 현존 앞에서 벌어진다면, 당신은 얼마나 놀라워하겠는가.

당신이 사악한 사람들이 내는 울부짖음과 비명소리를 듣는다면 어떤 생각이 들겠는가? 사방에서 떨림과 울음소리와 통곡이 감지되고 이를 가는 것을 보게 된다면 어떤 생각이 들겠는가? 당신은 기꺼이 멀리 날아가 버리려고 할 것이다. 그러나 날아갈 곳이 아무데도 없다. 당신이 굴과 산들의 바위 틈에 몰래 숨고 산들과 바위가 당신 위에 떨어져 어린 양의 진노에서 당신을 숨겨줄 수 있다면, 당신은 해결책을 찾아 다행이라고 생각할 것이다.

2. 마지막 나팔 소리에 악인들이 무덤에서 일어나 심판대 앞에 선다면 당신에게 얼마나 끔찍한 일이 될지 생각하라. 그 나팔 소리는 참으로 끔찍하다. 이것은 힘센 천사장이 분 나팔이다. 악인들이 무덤에서 나와 두려움과 염려를 나타내며 심판대 앞에 끌려 나오고, 마귀들이 오랜 세월을 어둠의 쇠사슬에 묶인 채 있다가 심판의 날에 지옥에서 나오는 것을 본다면 얼마나 끔찍하겠는가. 수많은 무리, 수십억의 악한 자들과 귀신들이 함께 울며 통곡하고 떨며 그들이 이를 가는 장면을 본다면 얼마나 두렵겠는가.

3. 심판자 왼쪽에서 그들과 함께 있는 자신을 보게 된다면 어떠할지 생각해보라. 그때에는 자리를 바꾸거나 몰래 기어가 오른쪽에 있는 사람들 속에 들어가는 일은 일어나지 않을 것이다. 당신의 처지를 바꾸기 위한 기도나 부르짖음이 소용없을 것이다. 거기서 당신은 자신의 심판과 판결을 기다리며 서 있어야 한다.

기쁘게도, 당신이 알고 지낸 경건한 사람이나 친척들, 당신의 신앙의 어머니나 아버지, 형제나 자매, 당신의 믿음의 자녀들 또는 당신의 구원을 위해 오랫동안 진실하게 구하고 기도하며 종종 경고하고 간청했던 목사님이 당신 곁에 있을 수는 있다. 하지만 모든 것을 보시는 심판자로 인해 고통을 당하는 일은 없을 것이다. 그리고 당신은 무로 돌아가거나 짐승으로 변하거나 두꺼비나 뱀으로 바뀌지는 않을 것이다. 하지만 당신은 틀림없이 당신의 바람과는 달리, 계속 인간이 되고 마귀처럼 되어 영원히 하나님의 진노를 받게 될 것이다.

4. 그때에 당신이 지은 모든 죄가 온 세상 앞에 드러나게 되면 어떠할지 생각하라. 과거 세상에 감추고 은밀하게 지은 모든 죄와 사악한 것들이 하나님과 천사와 사람들 앞에 선언되고 제출될 것이다. 그때에는 당신이 골방과 어둠 속에서 행한 것들이 빛 가운데 선포될 것이다. 그날에 당신의 모든 죄와 어리석은 말이 기록된 책, 하나님의 기억 책과 빚을 기록한 책들이 펼쳐질 것이다. 그다음 당신은 그 죄들에 대한 모든 빚을 하나도 남김없이 다 청산해야 할 것이다.

5. 당신에게 영원한 형벌에 처하는 판결이 내려질 때, 그것은 진정으로 무시무시한 판결이 될 것이다. "저주받은 자들아, 나를 떠나 마귀와 그의 천사들을 위하여 예비된 영원한 불에 들어가라"라는 말씀이 선포된

다면 얼마나 무섭겠는가. 그러므로 모든 마귀와 죄인들에게 가해지는 공포는 심각할 것이다. 그 공포로 그들의 영혼은 절망의 바닥으로 가라앉을 것이다.

판결문의 모든 단어 하나하나가 견딜 수 없는 공포를 전해줄 것이다. "나를 떠나라." 그리스도께서는 그들을 내쫓으신다. 개나 뱀이나 극도로 불쾌하고 가장 징그러운 동물들처럼 그리스도의 현존에서 멀리 보내실 것이다. 마치 가장 혐오스러운 것처럼 말이다. "떠나라. 내 눈에서 영원히 사라져라." 그리스도께서는 그들을 "이 저주받은 자들아"라고 부르신다. 이 저주는 그들에 대한 가장 큰 증오와 혐오, 그들에 대한 가장 뜨거운 분노를 드러낼 것이다.

"영원한 불에 들어가라"는 저주를 받은 자들은 그리스도의 앞에서 내쫓김을 받고 용광로 불에 보내어 가장 고통스럽고 비참한 곳으로 들어가게 된다는 의미다. 그 불은 영원히 꺼지지 않을 것이다. 심판자의 입에서 나온 '영원한'이라는 단어는 그들에게 내려진 모든 판결 중에서 가장 침울하고 놀라운 말이다. 그들은 이처럼 엄청난 불행을 예상하지 못했을 것이다.

6. 이제 판결이 끝나 영원한 불에 던져지는 것이 당신에게 일어난다고 할 때 어떠할지 생각하라. 모든 사람이 이 거대한 용광로에 거꾸로 던져지게 될 때, 그리고 불길이 그들의 벌거벗은 몸을 둘러싸고, 하나님의 진노가 그들의 영혼을 태우게 될 때, 그 무리 속에 얼마나 처절한 비명소리가 있겠는가. 얼마나 큰 고함과 울부짖음이 있을까.

경건한 사람들과 관련해서, 당신은 그들이 예수 그리스도와 함께 즐거워하는 곳으로 가며 영원한 복으로 들어가는 것을 볼 것이다. 하지만 당신은 틀림없이 이 고통의 장소에 거처를 삼을 수밖에 없을 것이며, 영혼과 몸이 영원히 고통받을 것이다.

많은 사람이 추측하듯이 이 땅은 계속해서 큰 화재가 일어나는 곳이 될 것이다. 화염이 집어삼키며 온통 불로 뒤덮인 세상에서 산다는 것이 어떻겠는가. 그 불길을 피해 숨을 곳은 없다. 온 땅이 화덕처럼 불탈 것이다.

7. 그리고 마지막으로, 만일 당신이 저주받은 사람들 중 한 사람이라면, 수천 년 동안 이런 상태에서 계속 지내고 난 후 당신에게 어떤 일이 일어날지 생각하라. 당신은 줄어들지 않는 동일한 비참함과 고통 속에서 불길과 싸울 것이다. 실제로 이런 고통 속에 일천 년간 있다는 것은 긴 시간이다. 하지만 일천 년이 끝날 때, 당신은 또다시 일천 년을 지내야 하고 그러고 나서 또 다른 일천 년을 지내야 한다. 결코 마지막에 가까울 수 없을 것이다. 만약 당신이 이런 일로 정신을 차리지 않고 여전히 계속 안전하다고 생각하고 심판과 영원을 준비하는 데 있어서 부주의하다면 이는 놀라운 일이 될 것이다.

그래서 세상 끝과 그 이후에 당신에게 어떤 일이 일어날지 생각하고 나서 당신이 그것을 준비하지 못했다는 것을 알게 되었다면, 또 다른 하나를 더 생각하라. 그것은 곧 결정될 문제다. 그에 따라 세상 끝에 그것이 당신에게 일어날 것인지 아닌지 결정될 것이다. 심판의 날이 언제 있게 될지 우리는 모른다. 하지만 그것이 머잖아 일어나든지 아니든지 간에 이것 하나는 확실하다. 여기 지금 이곳에 있는 사람들은 누구나 그날에 모든 사람에게 이런 일이 닥칠 것을 알게 된다는 사실이다. 당신이 이생에서 알게 되든지 그렇지 않든지 간에 모든 사람이 우편에 있게 되든지 왼편에 있게 되는지, 그가 영원한 복을 받는 판결을 받게 될지, 아니면 영원한 불에 들어가는 판결을 받게 될지 확실히 알 것이다. 분명한 것은 40년 내에 대부분의 사람들이, 10년 내에 많은 사람들이, 자신이 세상의 종말에 있으며 그리스도의 기쁨에 들어갈지 아니면 마귀와 함께 타는 용광로 속에 들어가게 될지 확실히 알게 된다는 사실이다.

그러므로 자기를 부인하기 위해 노력하고, 세상의 종말을 대비하여 준비하기 위해 할 수 있는 것을 하는 것은 참으로 보람 있는 일이다. 그리고 때가 되면, 당신은 안전한 상태에 있게 될 것이다. 세상과 그 안에 있는 모든 것이 불에 타버리고 하늘도 녹아 없어질 때, 하나님께서 당신을 지켜주시고 보존하실 것이다. 그리스도가 놀라우신 위엄과 큰 영광으로 오시는 것을 볼 때, 당신은 좋은 기업을 받는 것에 위로를 받고 기뻐할 것이다. 당신에게는 심판자에게 드릴 좋은 회계 장부가 있다.

당신이 심판자 앞에 소환되어 그분의 의의 옷을 입게 될 때, 당신은 두려워하지 않고 즐거워할 것이다. 당신은 우편에 선 사람들 중 하나이며, 당신의 몸은 그리스도의 영광의 몸과 같이 될 것이다. 당신은 복된 판결을 받을 것이다. "내 아버지께 복 받을 자들이여 나아와 창세로부터 너희를 위하여 예비된 나라를 상속받으라." 당신은 노래를 부르며 당신의 머리에 관을 쓰고 그리스도의 영광의 나라에, 거룩하고 복된 땅에 들어갈 것이다. 그곳에서 주님과 함께 영원히 있을 것이다.

○

에드워즈의 설교들 가운데 날짜가 기록되지 않은 설교 중 하나이다. 동일한 본문으로 한 두 편의 설교 중에 두 번째 설교다. 그는 이 설교문을 작성하기 위해 보통 사이즈보다 큰 노트를 사용했다. 이 설교는 16쪽으로 이루어졌다. 명시적으로 적용을 쓰지 않았지만, 교리 내용을 개선한 13쪽의 내용이 있다. 에드워즈는 세상이 종말에 이르고 있다는 것이 사람들이 오해하는 것과 다른 의미가 있다는 사실을 재차 설명한다. 그러고 나서 세상이 종말에 이르고 있다는 말의 의미가 무엇인지를 자세히 설명한다. 그는 '크고 장엄한 심판'이 있을 것이라고 말한다. 땅은 몹시 흔들릴 것이며, 불이 세상을 태워버릴 것이고, 눈에 보이는 하늘은 사라져버릴 것이다. 그다음에 "세상이 녹아없어지고 난 후 전에 세상에 거하는 자들의 상태"에 대해 설교한다.

그런 다음 에드워즈는 교리를 발전시켰고, 하나님의 크신 능력에 대해 말한다. 하나님은 만물을 지나가게 하실 수 있는 분이시다. 예를 들어, 그가 질문하는 것처럼, "온 땅을 진동하기 위해서는 얼마나 큰 힘이 필요하겠는가?" 하나님의 영광스러운 위엄에 대해서도 말한다. 예를 들어, "하나님께서 하늘의 구름을 타고 내려오실 때 장차 드러내실 하나님의 영광과 위엄을 아무도 알 수 없다." 그러고 나서 에드워즈는 하나님께서 세상의 주인이심을 묘사한다. 하나님은 세상의 소유자이기도 하시고 주권자이기도 하시다. 이 모든 것이 사실이다. 만물이 곧 녹아 없어질 것이기 때문에, 그는 교인들에게 모든 사람이 곰곰이 생각해야 할 아주 직접적인 고려 사항 7가지로 결론을 맺는다. 영원한 심판의 정죄를 받게 된다면 얼마나 끔찍하겠는가. 그 후에 "당신이 지은 모든 죄가 온 세상 앞에 빛 가운데 드러나게 될 것"이라는 것도 깊이 생각하라.

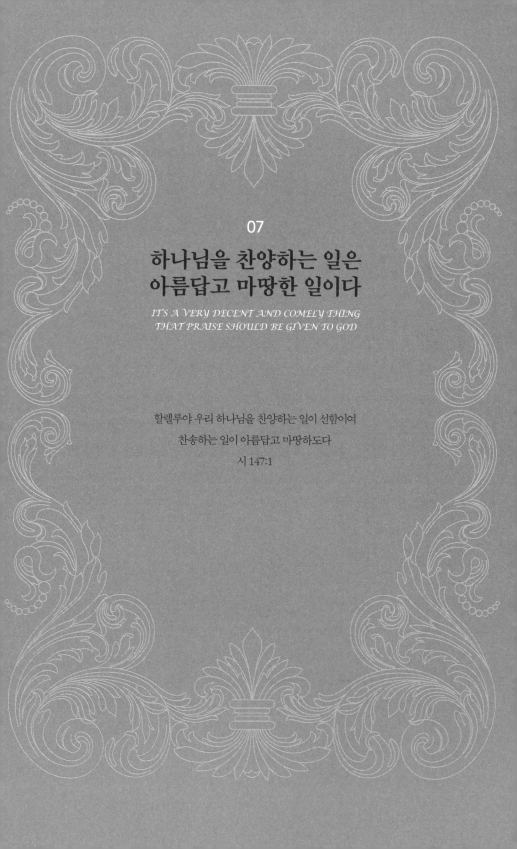

07

하나님을 찬양하는 일은
아름답고 마땅한 일이다

*IT'S A VERY DECENT AND COMELY THING
THAT PRAISE SHOULD BE GIVEN TO GOD*

할렐루야 우리 하나님을 찬양하는 일이 선함이여

찬송하는 일이 아름답고 마땅하도다

시 147:1

다윗은 생애 대부분을 하나님을 찬양하는 데 썼다. 그는 탁월한 음악가였으며, 가나안 온 땅에서 음악과 시인으로 이름을 날렸다. 그리고 다윗은 사울에게 간택되어 사울의 울적한 기분을 달래주고 악한 영을 내쫓았다. 사울의 마음은 악한 영의 영향으로 암울했다. 사울은 그의 신하들에게 이렇게 말했다. "나를 위하여 잘 타는 사람을 구하여 내게로 데려오라"(삼상 16:17). 그러자 신하 중 한 사람이 대답했다. "내가 베들레헴 사람 이새의 아들을 본즉 수금을 탈 줄 알고 용기와 무용과 구변이 있는 준수한 자라 여호와께서 그와 함께 계시더이다"(삼상 16:18). 23절에는 이렇게 기록되었다. "하나님께서 부리시는 악령이 사울에게 이를 때에 다윗이 수금을 들고 와서 손으로 탄즉 사울이 상쾌하여 낫고 악령이 그에게서 떠나더라."

주로 이런 목적으로 다윗은 그가 가진 탁월한 음악적 재능을 발휘하여 하나님을 찬양하였고, 자신의 목소리와 수금으로 하나님의 이름을 높였다. 이것이 음악의 일차적인 목적과 의도였다. 하나님을 찬양하기 위해 음악을 사용하는 것은 가장 적절하고 아름답다. 세상에 기록된 첫 번째이면서 가장 오래된 노래는 하나님을 찬양하는 노래다. 그래서 다윗이 그것을 사용한 것이다. 지금은 찬송이 사람의 욕망을 만족시키며 부추기고 게으름과 음탕함을 달래기 위한 사악한 목적으로 잘못 사용되고 있다.

이 이스라엘 왕처럼 찬양을 신적인 행위에 이토록 많이 사용한 사람은 전혀 언급되지 않았다. 여기서 다윗은 그의 뿌리이며 후손이신 분의 생생한 예표였다. 다윗은 이전에 어느 누구보다 성부 하나님을 탁월하게 영화롭게 하였고 이로 말미암아 '이스라엘의 훌륭한 시편 기자'라는 이름을 얻었다. 사무엘하 23장은 이렇게 말한다. "이는 다윗의 마지막 말이라 이새의 아들 다윗이 말함이여 높이 세워진 자, 야곱의 하나님께로부터 기름 부음 받은 자, 이스라엘의 노래 잘하는 자가 말하노라." 다윗의 시편들은 지금까지 교회에서 사용되고 있다.

시편들은 하나님의 집에서 다윗이 임명한 노래하는 사람들에 의해 다윗 시대에 사용되었으며, 그 후 이스라엘의 예배에 사용되었다. 역대하 5장 13절과 에스라서 3장 10,11절이 이런 내용을 전하는 것 같다. 이와 마찬가지로 우리는 시편이 그리스도, 그분의 사도들 그리고 원시 그리스도인들에 의해 사용되었다는 것도 발견한다. 시편은 기독교회에서 줄곧 사용되었다. 그리고 만일 우리가 다윗이 왜 하나님을 찬양하는 데 이처럼 매우 많은 시간을 쓰고 많은 시편을 지었는지 그 이유를 알려고 한다면, 그 이유를 오늘 읽은 본문에서 발견한다. 다윗은 하나님을 찬양하는 것이 선하고 즐겁고 아름다운 일이라고 생각했다.

1. 우리에게는 다윗의 증언이 있다. 다윗은 하나님을 찬양하는 것이 선하다는 경험을 많이 가지고 있다. 주님을 찬양하라. 하나님께 찬양을 드리는 것은 선하기 때문이다. 찬양하는 것은 유익하고 이롭다. 영혼은 하나님을 찬양하는 것으로 인해 더 좋아지고 큰 유익을 얻는다. 하나님을 찬양하는 것은 자연히 영적인 삶에 도달하고 영적인 삶을 강화하고 확증

하고 증가시키는 훈련이다. 그리고 하나님을 찬양하는 것은 하나님의 큰 상을 받는 일이다. 우리는 하나님을 예배하며 하나님을 높이는 시간을 시간의 낭비라고 여기지 말아야 한다. 하나님을 찬양하는 것은 헛되지 않다. 우리 영혼을 위해 이보다 더 좋은 시간은 없다. 하나님을 찬양하는 것은 영혼에 생기와 새 생명을 준다. 기도만 아니라 찬양도 하늘에서 복을 내려오게 한다.

2. 하나님을 찬양하는 것은 유익하며 달콤하고 기쁜 경험이다. 이러한 접근의 즐거움은 하늘의 기쁨에 가장 가까이 다가가는 것이다.

3. 하나님을 찬양하는 것은 마땅하고 정감 어린 일이다. 이에 근거하여 찬양하는 것은 가장 바람직하다. 그렇게 드려지는 찬양은 유익하며 즐겁고 선한 찬양이 되기 때문이다. 사려 깊은 사람은 그것이 즐겁든지 그렇지 않든지 상관없이 유익한 것을 행할 것이다. 사람들은 오직 그들이 경험할 수 있는 즐거움을 위해서 많은 일을 한다. 그리고 그들은 자신이 마땅히 해야 하기 때문에 행한다. 사람들은 선하고 좋은 명령을 지키려는 것 때문에 행동한다. 하지만 이 모든 것이 하나님을 찬양하는 이유와도 일치하며, 방금 전에 열거한 이런 것들 하나하나가 높은 수준에 있는 것들이다.

| 교 리 |

우리는 하나님을 찬양하기 위해 반드시 포함해야 할 것이 무엇인지 생각해볼 것이다. 일반적으로 찬양은 하나님의 위대하심과 선하심을 높이

는 경험이다. 겉으로 어떻게 보일지 몰라도 마음을 표현하지 않는다면 그것은 찬양이 아니다. 우리가 그분에게 무슨 말을 하든, 우리가 겉으로 무엇을 행하든 하나님은 우리가 하나님의 영광과 은혜에 대한 의식의 영향을 받고, 이 의식이 표현된 진정한 마음의 찬양만을 받으신다. 예를 들어 우리가 아주 분명한 방식으로 하나님의 탁월하심과 자비로우심을 제시하고, 우리의 말로 아주 밝게 드러낸다면 어떠할까? 그리고 가장 훌륭한 멜로디로 찬양의 시편과 찬송을 부르고, 하나님이 이 모든 것을 받으신다면 어떠할까? 그 찬양이 사람들의 눈과 성도들의 눈에 선하게 보일 수도 있고, 그들 가운데서 겉으로 드러나게 하는 것만을 실제로 자극할 수도 있다. 하지만 하나님은 그런 것을 참된 찬양으로 여기지 않으신다. 하나님께서는 이러한 찬송에서 선한 것을 보지 않으신다.

찬양은 지적 능력이 있는 피조물의 행위이지 단순한 기계나 무생물의 행위가 아니다. 마음에 있는 의식의 표현으로서 찬송을 지성적으로 그리고 정신적으로 바르게 행해야만 바른 찬송이 된다. 하나님이 지성이 있는 피조물의 찬송을 받으시거나 찬송을 받으시는 척하신다고 생각해보라. 그 찬송이 마음으로 행해지는 것이 아니라면, 마음으로는 찬송하지 않는 것을 받으시거나 받으시는 척하신다면, 그것은 더 이상 찬양이 아니다. 만일 마음이 없이 어떤 피조물이 동일한 말과 소리, 외적인 행동을 한다면, 이런 것들을 찬양이라고 할 수 없듯이 말이다.

하지만 찬양은 마음, 입, 행동으로 하는 찬양으로 구별할 수 있다. 하나님은 첫 번째 부류에 속하는 찬양만 받으신다. 그것이 찬양의 본질이기 때문이다. 마음이 없는 다른 두 부류의 찬양은 하나님이 보시기에 헛되고 받으시기에 합당한 찬양이 아니다.

1. 마음으로 하는 찬양은 하나님의 뛰어나심과 은혜를 의식하면서

드리는 하나님에 대한 사랑, 기쁨, 감탄과 존경의 내적 표현이다. 정신적인 찬양은 사랑, 기쁨, 감탄과 존경이 어우러진 마음의 행동이다.

찬양이 없는 곳에도 감탄과 존경이 있을 수 있다. 마귀들은 틀림없이 하나님께서 행하시는 많은 일을 의아해할 것이다. 그들은 하나님의 아들 예수 그리스도의 성육신, 고난, 죽음을 이상히 여기고 놀라워할 것이다. 은혜를 이런 식으로 표현하는 것은 사람이 타락했을 때 마귀들이 사람에게 조금도 기대하지 않았던 것이었다. 마귀들은 하나님께서 사람들을 그들의 손에서 이런 식으로 구속하시리라고 상상하지 못했다. 하지만 마귀들은 이런 일을 행하신 하나님을 찬양하지 않고 오히려 하나님을 모독했다. 찬양이 없을 때에도 하나님의 선하심으로 인해 기쁨이 있을 것이다. 그 기쁨은 사람에게 나온 것도 아니고 사랑을 동반한 것도 아니다. 악인들은 하나님께서 그들에게 베푸신 선하심의 열매인 여러 가지 일로 기뻐하기는 하지만, 하나님을 찬양하지는 않는다. 이러한 기쁨의 기초는 그들이 하나님에게서 보는 어떤 것이 아니라 그들 스스로 받은 선함에 있기 때문이다.

그러므로 사랑과 기쁨과 놀람으로 하나님을 높이는 마음이 있을 때 하나님은 비로소 찬양을 받으시는 것이다. 찬양은 하나님 안에서 하나님께 찬양을 표현하려는 열망을 가지고 하나님에게서 나오기 때문이다. 여기서 우리는 왜 찬양이 즐거운 것인지를 배운다.

왜 지속해서 찬양해야 하는지에 대해 본문에 언급된 두 번째 내용은 기쁨이다. 그러므로 우리는 하나님 안에서 즐거워하는 것이 하나님을 찬양하는 것이라는 사실을 성경에서 종종 발견한다. 시편 68편은 이렇게 말한다. "의인은 기뻐하여 하나님 앞에서 뛰놀며 기뻐하고 즐거워할지어다 하나님께 노래하며 그의 이름을 찬양하라 하늘을 타고 광야에 행하시던 이를 위하여 대로를 수축하라 그의 이름은 여호와이시니 그의 앞에서 뛰놀지어다"(시 68:3,4).

2. 기도나 하나님을 찬양하는 일이나 하나님의 은혜와 자비의 뛰어 나고 놀라운 일에 관한 설교를 한다. 그때 우리는 하나님을 칭송하고 감사하면서 마음으로 하지 않고 입술로만 찬양하는 일이 있다. 우리 입으로 하나님을 찬양하는 이 모든 방법에 대해서 시편 105편에는 이렇게 언급되었다. "여호와께 감사하고 그의 이름을 불러 아뢰며 그가 하는 일을 만민 중에 알게 할지어다 그에게 노래하며 그를 찬양하며 그의 모든 기이한 일들을 말할지어다"(105:1,2).

찬양은 누구나 마음의 열정적인 행위와 동작으로 하며 그것을 말로 표현할 때 자연스럽다. 이것은 어떤 동작에도 해당하지만, 특별히 사랑과 기쁨과 같은 행위를 말한다. 그리고 하나님을 향한 마음을 진실되고 성실한 동작으로 표현하는 것이 아름답다. 하나님을 찬양하는 것은 자연스럽게 나오며, 억지나 위선으로 하지 않을 때 더 정감이 있다. 그러므로 찬양은 그 안에 성실함이 담겨 있을 때 아름답다. "너희 의인들아 여호와를 즐거워하라 찬송은 정직한 자들이 마땅히 할 바로다"(시 33:1).

3. 우리는 우리의 행동과 행위로 하나님을 찬양할 수 있다. 행동은 몸을 움직이거나 어떤 일을 함이며, 행위는 사람이 의지를 가지고 하는 것을 말한다. 우리의 말 외에도 사랑과 경탄과 기뻐함의 외적인 표현은 많다. 우리의 행동은 이러한 것들을 우리의 목소리보다 더 낫게 표현할 수 있다. 행동 그 자체에는 감사를 표할 수 있는 것들이 많다. 그 행동은 감사하는 영혼으로 행해지고 우리의 마음에 감사의 정서가 품위 있게 표현될 때 하나님께서 받으신다. 이를테면, 먹는 것과 마시는 것, 단정하게 옷을 입는 것들이 그러하다.

하지만 우리의 행위로 찬양하고 하나님이 받으실 찬양에 반드시 있어야만 하는 것은 기쁨의 순종이다. 하나님의 선하심에 주목하는 척하는 사람이 있을 수도 있다. 그러나 하나님을 기쁘시게 하고 존경하는 것을 배우지 않는다면, 그것은 소용없는 겉치레다. 무신경한 행위와 모순된 행동을 한다면 사람들은 그 어떤 친절에도 감사로 받지 않을 것이다. 마음이 찬양으로 충만한 사람들은 이렇게 말할 것이다. "내가 주께 받은 모든 은혜에 주님께 무엇으로 보답할까?" 그들은 하나님을 영화롭게 하는 찬양을 드린다. 그들이 하나님을 찬양할 때 그 찬양이 하나님의 위대하심과 선하심을 의식한 것에서 나왔다면 그 찬송은 참되며 하나님이 받으시는 찬송이다.

(1) 하나님께서는 자신의 위대하심으로 인해 찬양을 받으셔야 한다.
하나님의 위대하심이라는 말은 하나님의 무한함, 영원성, 능력, 지혜, 거룩, 정의 그리고 본질적인 선함 등 모든 면에서 하나님의 무한한 완전과 뛰어남으로 이해된다. 어떤 사람이 이것들에 대해 매우 높고 위대한 생각을 가지고 있을 때, 그가 이런 속성 때문에 내적으로 흥분되어 있을 때 그리고 그가 하나님 앞에서 혼자 또는 다른 사람들과 연합하여 이것을 표현하고 선언할 때, 그는 하나님의 위대하심을 찬양하는 것이다. 그래서 네 생물이 하나님의 거룩, 영원, 불변으로 인해 하나님을 찬양하는 것이다. 요한계시록 4장 8절은 이렇게 선언한다. "…거룩하다 거룩하다 거룩하다 주 하나님 곧 전능하신 이여 전에도 계셨고 이제도 계시고 장차 오실 이시라…." 네 생물과 이십사 장로들은 하나님께서 세상을 창조하신 것으로 인해 하나님을 찬양한다. "이십사 장로들이 보좌에 앉으신 이 앞에 엎드려 세세토록 살아 계시는 이에게 경배하고 자기의 관을 보좌 앞에 드리며 이르되 우리 주 하나님이여 영광과 존귀와 권능을 받으시는 것이 합당하오니 주께서 만물을 지으신지라 만물이 주의 뜻대로 있었고 또 지으심을 받았나이다 하더라"(계 4:10,11).

(2) 하나님은 자신의 선하심으로 인해 찬양을 받으셔야 한다. 하나님의 본질적인 선하심은 하나님의 위대하심의 일부일 뿐만 아니라 신적인 완벽함이기 때문이다. 하지만 하나님께서 우리에게 행하신 선하심으로 인해 찬양받으실 때, 하나님이 완전하심과 위대하심 때문에 찬양을 받으시는 것은 아니다. 우리에게 행하신 선하심과 우리가 하나님의 선하심의 대상이기 때문에 찬양을 받으시는 것이다. 그래서 우리가 하나님의 선하심으로 인해 그분을 찬양한다는 것은 다른 차원의 찬양이다. 그것은 감사라고 일컬을 수 있다.

실제로 우리가 하나님의 자비를 경험하고 그분을 찬양하는 동시에 하나님의 다른 완전하심을 찬양하는 것은 매우 합당하다. 하나님의 선하심과 모든 속성에 주목하고, 우리에게 은혜 베푸시는 분의 모든 탁월하심에 영향을 받아야 한다.

피조물들이 하나님을 찬양하는 것은 여러 가지 이유로 매우 아름답고 좋은 일이다.

1. 하나님을 찬양하는 것이 가장 의롭고 이치에 맞기 때문이다. 의롭고 이치에 맞는 것은 아름답고 멋지다. 그 안에는 행동과 행위의 탁월함의 공식적인 특성이 있다. 모든 사물이나 속성은 각각의 특성이 가장 잘 드러날 때 품위 있고 아름답다.

가장 탁월하고 영광스러운 분이 누구인지를 아는 것, 그분과 아주 가까운 관계에 있고 그분이 계시하시는 것을 보며 사랑하고 존경하는 것,

그분을 의존하고 우리의 삶의 여정에서 많은 관계를 갖는 것은 참으로 의롭고 이치에 맞는 일이다. 우리는 그분에 대한 우리의 사랑을 표현해야 한다. 이 외에도 만일 우리가 하나님과 이러한 관계에서 그분께 예의를 갖추고 관심을 기울인다면 그분은 우리의 하나님이 되신다. 우리는 그분으로 인해 즐거워해야 하며 그분을 사랑하고 존경해야 한다. 우리는 이러한 기쁨을 그분께 표현하고 알려드려야 한다. 이렇게 하는 것은 확실히 아름다운 일이다. 그리고 만일 우리가 그분으로부터 호의와 풍성함, 받을 자격이 없는 우리에게 말로 표현할 수 없는 큰 것들을 자주 받는다면 더더욱 특별히 그분을 찬양해야 한다.

우리가 하나님을 찬양하고 축복하며 감사드리는 것은 가장 합당한 일이다. 이처럼 영광스러운 신적 존재에게 은혜를 받은 사람들이 고귀한 마음으로 그분을 찬양하는 것은 가장 바람직하다. 우리가 하나님을 사랑하고 축복하는 것은 진정으로 합당하다. 하나님께서는 이렇게 많은 것을 주셨는데도 아무것도 요구하지 않으시고 감사만을 원하신다. 호의에 감사하는 사람들을 보는 것은 사랑스럽고 아름다운 일이다. 사람들이 감사하는 영혼으로 은혜를 베풀어주신 분을 주목하는 것을 보는 것은 아름답다. 모든 사람이 이것을 사랑스럽게 여긴다.

실제로 모든 의무는 의롭고 이치에 맞으며 아름답지만, 이 점은 특별히 중요하다. 배은망덕은 특히 역겹기 때문이다. 우리를 사랑하고 선을 행하며 의지하고 있는 사람들을 미워하는 것은 특별히 진저리가 나는 일이다. 이런 것을 가리키는 이방인의 격언이 있다. "나를 배은망덕하다고 부르고, 나를 온갖 나쁜 말로 불러라." 세상에서 배은망덕한 사람보다 더 역겨운 사람을 생각하는 것이 불가능하다는 뜻이다. 우리가 감사라고 부르는바, 은혜를 받는 사람과 베푸는 사람 사이에 존재하는 이런 종류의 일치와 조화는 특히 사랑스럽고 아름답다.

2. 하나님을 찬양하는 것이 사랑스럽고 아름다운 이유는 하나님의 탁월함, 단정함, 아름다움을 나타내고 보여주는 것이기 때문이다. 하나님을 찬양하는 것은 사랑스럽다. 찬양은 하나님 안에 있는 사랑스러운 것을 우리가 가지고 있다는 느낌을 표현하는 것이며 다른 모든 아름다움을 초월하는 하나님의 아름다움과 영광을 반사하는 거울이다. 찬양하는 것은 하나님의 위엄과 은혜를 선포하는 것이며 그것을 보는 사람에게도 아름다운 것이다. 찬양은 관중들 속에서 행하는 것이기 때문이다. 하나님을 찬양한다는 사상은 하나님에게 아름다우며, 그래서 하나님 안에서 찬양하는 것처럼 그들 안에서도 동일한 기쁨을 낳는다.

3. 찬양이 아름다운 것은 기쁘고 영광스러운 특성이 있기 때문이다. 찬양에는 영혼의 모든 기능, 탁월함, 감정, 성품의 가장 높고 고상한 행위가 있다. 우리가 드리는 찬양의 대상은 왕의 왕이시며, 영광스럽고 전능하신 하나님이시다. 우리가 하나님을 찬양하는 축복은 영광스럽다. 그것은 축복이지만 하나님의 선물과 은혜만큼 초월적인 선물과 아름다움은 존재하지 않는다. 진정한 감사를 이루는 사랑은 영광스럽다. 하나님에 대한 진정한 사랑만큼 가장 탁월하고 순수한 천상의 사랑은 없다. 하나님의 사랑의 기쁨은 영광스러운 기쁨이다. 이것은 모든 것 중에서 최고의 기쁨이다. 감사의 기쁨이야말로 마음을 높이는 기쁨이다. 그 기쁨은 하나님의 위엄과 높으심에 대한 위대한 생각을 동반한다. 감사의 기쁨에는 존경과 마음의 선한 열정이 있다. 그리고 그것은 특히 수많은 하나님의 백성이 함께 그분을 마음으로 즐겁게 찬양할 때 영광스럽다. 우리는 세상의 기쁜 일에 함께 모인 거대한 무리의 찬란함에 영향과 감동을 받는다. 그런데 하물며 하나님과 성도들 간에 기쁜 대화를 위해 함께 모이는 것을 보는 것은 얼마나 더 아름답고 영광스럽겠는가.

(1) 찬양이 그 자체로 아름답듯이 하나님이 보실 때에도 아름답다. 사람이 말하는 방식대로 말하자면, 하나님께서 찬양하는 모습을 보는 것을 좋아하시기 때문에 찬양이 아름답다는 것이다. 하나님의 눈은 감사하는 마음을 보고 기뻐하신다. 이러한 제사(예배)는 하나님께 향기롭다. 하나님께서는 진심으로 드리는 감사를 들으신다. 하나님께서는 그러한 찬양을 기뻐하시며 번제를 드리기 위한 들판의 모든 짐승보다 찬양을 더 좋아하신다.

(2) 찬양하라. 이는 천사들과 경건한 사람들이 보기에 아름답다. 천사들은 의심의 여지없이 사람들이 자기들과 거의 동일하게 찬양하는 모습을 보는 것을 좋아한다. 이러한 이유로 그리스도인들이 모여 있는 곳에 천사들이 자주 임재하여 있을 개연성이 높다. 찬양은 모든 성도가 보기에 아름답고 즐거운 일이다. 오늘 본문에서 다윗은 자신의 경험을 가지고 이런 말을 한다. 다윗은 본문에 있는 그의 경험이 찬양하는 것을 바라보는 헌신 된 성도들에게도 해당한다고 말한다.

| 적 용 |

1. 우리는 영적인 아름다움과 탁월함에 대한 모든 안목이 하나님을 찬양하는 즐거움이라는 것을 배운다. 하나님을 찬양하는 아름다움은 영적인 아름다움이며, 마음의 눈으로 하나님의 영에 속한 것들을 분별해야 한다는 사실을 알아야 한다. 그리고 하나님을 찬양하는 것이 즐거운 일이라는 생각에 이르러야 한다. 성도들은 하나님을 찬양하며 그들의 왕이신 하나님께 즐거운 음성으로 찬송하고 그리스도인들 가운데서 즐거워

할 것이다.

2. 모든 사람은 하나님을 찬양하라는 권면을 받는다. 주님을 찬양하라. 우리 하나님께 찬양의 노래를 부르는 것은 선하다. 찬양은 즐거운 일이며 아름답다. 모든 사람은 그의 마음과 혀를 움직여 하나님을 찬양하자. 우리의 마음을 높여 하나님의 선하심으로 인하여 즐거워하기를 원한다. 그리고 우리 주님께 그분의 이름에 합당한 영광을 드리자. 거룩한 아름다움과 찬양의 아름다움으로 주님을 예배하자. 의인들아, 주님을 기뻐하라. 찬양은 의로운 사람들의 마땅히 할 바이다. 항상 주님을 축복하자. 우리 입으로 계속해서 주님을 찬양하자. 주님의 선하심으로 인하여 주님을 사랑하자. 하나님께서 우리에게 베푸신 사랑에 대하여 우리가 하나님께 사랑을 돌려드려야 하지 않는가?

하나님께서 우리에게 복을 주실 때 즐거워하자. 주 안에서 기뻐하며, 우리 구원의 하나님으로 인해 즐거워하자. 우리의 영혼을 기름진 것과 골수로 만족시키신 하나님께 감사하자. 하나님께서는 우리를 하나님의 선하신 것으로 먹이셨으며 풍성한 손을 우리에게 펴셨다. 그리고 한 해를 그의 선하심으로 관 씌우시고 그의 길에는 기름이 떨어졌다. 하나님의 자비는 하늘보다 크며 하나님의 진리는 구름까지 닿았다. 또한 하나님은 사모하는 영혼을 만족하게 하셨으며 주린 영혼에게 좋은 것을 채우셨다.

여기서 특히 이렇게 하시는 동기에 대해 생각해보라.

(1) 우리에게 찬양하도록 권하시는 하나님은 우리 하나님이시다. 본문에 이렇게 기록되었다. "우리 하나님을 찬양하는 일이 선함이여…"(시 147:1). 그분은 우리를 사로잡아 적이나 노예처럼 취급하시는 하나님이

아니시다. 그분은 하늘에 계신 우리 아버지이시다. 우리는 그분의 이름을 고백한다. 주님은 우리의 목자이시며 우리는 그분의 목장에 있는 백성이다. 그분은 우리를 택하셔서 특별한 백성이 되게 하셨다. 그분은 모든 사람의 하나님이 아니라 우리의 하나님이시다.

(2) 어떤 이유에서 우리에게 하나님의 선하심으로 그분을 찬양하라고 하셨는지 생각해보자. 이것은 참된 감사의 원리를 가지고 있는 사람들의 마음에 충분한 동기가 될 것이다. 우리에게 계속되는 자비, 끊이지 않는 삶의 즐거움은 모든 사람이 자신에게 꼭 필요하며 위대한 것이라고 고백한다. 하지만 우리는 살면서 끊임없이 받는 이 자비와 즐거움의 주인이신 절대자에 대해서 거의 생각하지 않는다. 사람들은 이런 것들이 마치 저절로 온 것처럼 생각한다.

자비와 삶의 즐거움이 누구에게나 주어진다는 사실이 실제보다 그 가치를 덜 생각하게 한다. 사람들은 이것들을 빼앗기고 더 이상 누구나 가질 수 없다는 것을 알았을 때 비로소 이것이 얼마나 위대한 복인지를 깨닫는다. 우리가 기이하고 특별한 자비를 받을 때, 그들은 사려 깊지 못하고 근시안적인 눈으로 앞에 보이는 도구들 이외에 더 먼 것을 보지 못한다. 아니면 그 자비가 마치 만물을 다스리시는 절대적인 통치자의 명령 없이 우연히 발생한 것처럼 우연과 행운으로 치부한다. 영적인 자비와 같은 위대한 자비들이 모든 사람의 최소한의 관심도 받지 못하고 있다. 하지만 그렇지 않을 때가 우리에게 임할 것이다. 자비는 우리에게 측량할 수 없는 가치에 속하는 것으로 여겨지게 될 것이며, 우리는 그러한 자비를 주신 하나님을 찬양하는 가장 큰 이유를 볼 것이다. 그렇지 않으면, 하나님께서 주신 자비를 멸시한 죄로 저주를 받을 것이다.

우리는 다른 면에서도 결함이 있다. 그것은 우리가 공공의 자비에 관심을 기울이지 않는다는 것이다. 사람들은 사회나 국가보다 자신이 개인적으로 더 나은 복을 받지 못했다고 생각한다. 사람들은 자신이 평범하고 낮은 지위에 속해 있다고 말한다. 그들은 대중적인 문제에 거의 영향을 받지 않고 대중적인 복의 영향도 많이 받지 않았다. 그래서 이런 자비에 감사할 의무가 없다고 생각한다. 감사는 공익재단에 속한 사람들이 하는 일처럼 미룬다. 하지만 이것은 우리의 근시안적인 관점과 사물을 보는 통찰의 부족에서 기인한 것이다.

만일 공공의 자비에 비해 우리가 개인적으로 더 낫지 않다고 생각하고, 좁은 마음과 개인적인 생각으로 공공의 자비를 즐거워하지 않고 그것에 감사하는 마음이 없다면, 우리가 공공의 복에 참여하지 못하는 것이다. 심지어 개인적으로 즐기지 못하게 되는 것 자체가 인색함과 배은망덕에 대한 징벌이 될 것이다. 공공의 복과 개인적으로 받은 복을 생각해보았는가? 영적인 복만이 아니라 세상적인 복에 관해서도 얼마나 감사해야 하는지 인식하자. 우리는 사람들에게 한 배은망덕한 짓이 절대 용납될 수 없다는 것을 인정한다. 그렇다면 하나님께 한 배은망덕한 짓이 어떻게 역겹지 않겠는가? 계속해서 하나님의 선하심으로 살아왔는데도 우리는 모든 것에 대한 그분의 자애로움에 전혀 마음이 움직이지 않는다. 그리고 하나님의 은혜에 감동을 받지 않으며 감사하지도 않는다. 먹고 마시면서 왜 사람들에게 고기와 마실 것을 주시는 분을 사랑하지 않는가? 소와 나귀도 그들에게 잘해주는 우리에게 감사하는데, 왜 우리는 하나님이 주시는 풍요로움을 즐거워하면서도 하나님의 선하심에 관심을 두지 않는가?

(3) 하나님께 찬양을 드릴 때 우리는 영광 중에 있는 천사들과 성도들이 하는 일을 하고 있다는 사실을 생각하자. 우리는 찬양을 하면서 하늘의 천군을 모방한다. 그리스도인들이 모여서 하나님을 찬양하는 것

이야말로 하늘의 살아 있는 이미지다. 우리는 장차 승리한 교회가 어떻게 하나님을 찬양하는지 볼 수 있다. 요한계시록 19장은 이렇게 말한다. "이 일 후에 내가 들으니 하늘에 허다한 무리의 큰 음성 같은 것이 있어 이르되 할렐루야 구원과 영광과 능력이 우리 하나님께 있도다"(계 19:1). 그리고 3-7절에서도 이렇게 말한다. "두 번째로 할렐루야 하니 그 연기가 세세토록 올라가더라 또 이십사 장로와 네 생물이 엎드려 보좌에 앉으신 하나님께 경배하여 이르되 아멘 할렐루야 하니 보좌에서 음성이 나서 이르시되 하나님의 종들 곧 그를 경외하는 너희들아 작은 자나 큰 자나 다 우리 하나님께 찬송하라 하더라 또 내가 들으니 허다한 무리의 음성과도 같고 많은 물 소리와도 같고 큰 우렛소리와도 같은 소리로 이르되 할렐루야 주 우리 하나님 곧 전능하신 이가 통치하시도다 우리가 즐거워하고 크게 기뻐하며 그에게 영광을 돌리세 어린 양의 혼인 기약이 이르렀고 그의 아내가 자신을 준비하였으므로."

요한은 허다한 무리들이 이 땅에서는 멀리 떨어져 있는 그곳에서 연합하여 소리를 외치며 큰 소리로 찬양하는 소리를 들었다. 그 소리는 마치 바다가 요동치며 멀리서 우레가 우는 것과 같았다. 이것이 영광스러운 갈망이 아닌가? 영광스러운 아름다움이 아닌가? 축하하는 감사의 날이 이렇게 그려져 있다.

(4) 이것이 앞으로 올 복을 받는 길이라 생각하자. 과거에 받은 복에 감사하는 것이 바로 복을 받는 길이다. 만일 우리가 과거의 친절함에 감사하지 않는다면, 어떻게 더 많은 것을 받기를 기대할 수 있겠는가? 사람들은 감사할 줄 모르는 사람에게는 주고 싶어 하지 않는다. 사람들은 "내가 그에게 준다면, 그 사람은 그것을 주었다고 나를 욕할 것이고, 내가 받게 될 감사란 욕밖에 없다는 것을 알아"라고 말한다. 우리 스스로

감사하지 않으면서 하나님의 자비를 기대한다는 것은 앞뒤가 맞지 않는다. 만일 우리가 지난해에 받은 자비에 감사하지 않는다면, 어떻게 다가오는 해에 우리가 하는 일들에 복 받기를 기대할 수 있겠는가? 하나님께서는 생각지도 않은 악한 사람들을 실제로 다정하게 대하시고 그들에게도 친절한 분이시다. 그토록 선하고 자비로우신 하나님께 감사해야 할 많은 낯선 의무가 우리에게 있다.

이러한 이유로 우리는 골방에서 하나님을 찬양하자고 독려해야 한다. 겸손한 그리스도인이 거룩한 기쁨과 즐거움으로 충만한 마음을 가지고, 그의 골방에 들어가 무릎을 꿇고, 그의 마음을 사랑으로 불태우는 번제를 드렸다. 참으로 멋지고 아름다운 일이다. 하나님은 이런 장면을 보시고 이와 같은 제사 받기를 좋아하신다. 사람들을 피해 혼자만의 장소, 골방에서 진실한 마음으로 드리는 찬양을 드리자. 이와 같은 예배를 드리자. 그러면 하나님께서 우리에게 공공연히 상을 주실 것이다.

가족에게 하나님을 진실하게 찬양하자고 권하자. 하나님께 찬양을 올려드리기 위해 연합하고 하나님의 풍성하심을 경험한 사람들은 참으로 멋지고 아름답다. 하나님은 참으로 선하시며 우리에게 아버지가 되신다. 개인적인 복뿐만 아니라 모든 가족이 바로 하나님 아버지에게서 왔다.

그러므로 모든 가족은 오늘 그들에게 내려온 하늘의 복을 기억하자. 가족들이 모두 하나님의 덧없는 선하심에 참여하고 있다고 느낄 때 만물의 근원을 기억하자. 같은 기쁨으로 그들의 마음을 합쳐 은혜를 베푸신 분께 나아가자. 고대 족장 시대에는 모든 가족에 아벨, 아브라함, 이삭, 야곱처럼 제사와 감사를 드리는 제사장이 있었다. 그러나 지금은 그리스도인들이 다 제사장들이다. 베드로전서 2장은 이렇게 말한다. "너희도 산 돌같이 신령한 집으로 세워지고 예수 그리스도로 말미암아 하나님이 기쁘게 받으실 신령한 제사를 드릴 거룩한 제사장이 될지니라"(벧전 2:5). 그리고 "너희는 택하신 족속이요 왕 같은 제사장들이요"(벧전 2:9)라고 말한다. 그러므로 이제 모든 사람은 자신의 역할을 다하여 자신만의 제사를 드리자. 하지만 그리스도의 손으로부터 드려진 향으로 향기를 내고 있다는 사실을 확신하자(계 8:3,4).

진실되게 우리의 공적인 찬양을 드리자. 하나님의 백성이 공공의 자비를 받아 그들의 손에 기쁨을 가지고, 마음에 하나님의 선하심을 가득 채워 하나님의 집에 올라가는 것은 참으로 멋지고 아름답다. 그들은 하나님의 집에서 함께 하나님을 찬양할 것이다. 모든 사람이 영적인 가락을 내기 위해 저마다 자신의 성부(聲部)를 따라 노래하는 것을 볼 것이다. 하나님은 여기 계시며 모든 것을 아신다. 그분의 눈으로 모든 사람의 마음을 보시며 마음으로 찬양하는지 아니면 입술로만 찬양하는지 구별하신다는 것을 기억하라. 모든 사람 안에 진실함의 공기가 있다면, 그리고 그것이 그들의 행위로 나타나서 감사가 우리 마음에 새겨진다고 생각해보자. 실제로 우리가 우리 주님께서 우리에게 베푸신 모든 은혜를 따라 주님께 마땅히 드릴 것을 진지하게 구한다면, 이와 같은 시간에 하나님께서 하신 일에 감사하는 것이야말로 최고의 아름다움이 될 것이다.

○

역시 날짜가 기록되지 않은 이 설교는 에드워즈의 보통 사이즈보다 큰 설교 노트에 작성되었다. 이 설교의 주제는 하나님께 드리는 찬양의 성격과 목적이다. 에드워즈는 이렇게 말했다. "찬양은 지적인 능력을 가진 피조물의 행위이며, 단순한 기계나 무생물의 행위가 아니다." 그리고 그는 찬양을 어떻게 세 가지 주요 유형으로 구별할 수 있는지를 정의한다. 찬양은 마음과 입과 행위로 하는 것이다. 하지만 그는 다음과 같은 이유에서 '마음으로 하는 것'만 받으실 수 있다고 말한다. "이것이 찬양의 본질이기 때문이다. 마음으로 하는 찬양이 없다면 다른 것들은 허무하며, 하나님이 보시기에 받으실 수 없다."

하나님께서 찬양을 받으셔야 하는 이유는 무엇인가? 에드워즈에 따르면, 하나님은 하나님 자신의 위대함 때문에 찬양을 받으셔야 한다. 하나님의 위대함에는 완전함, 탁월함, 선함 등이 전부 포함된다. 그리고 하나님의 피조물이 하나님을 찬양하는 것은 "마땅하고 아름다운 일"이다. 찬양이야말로 가장 의롭고 이치에 맞는 것이기 때문이다. 에드워즈는 우리가 하나님을 찬양해야 하는 것은 하나님의 탁월함, 단정함, 아름다움을 나타내는 것이기 때문이라고 말한다. 찬양은 기쁘고 영광스러운 본성에 속한다.

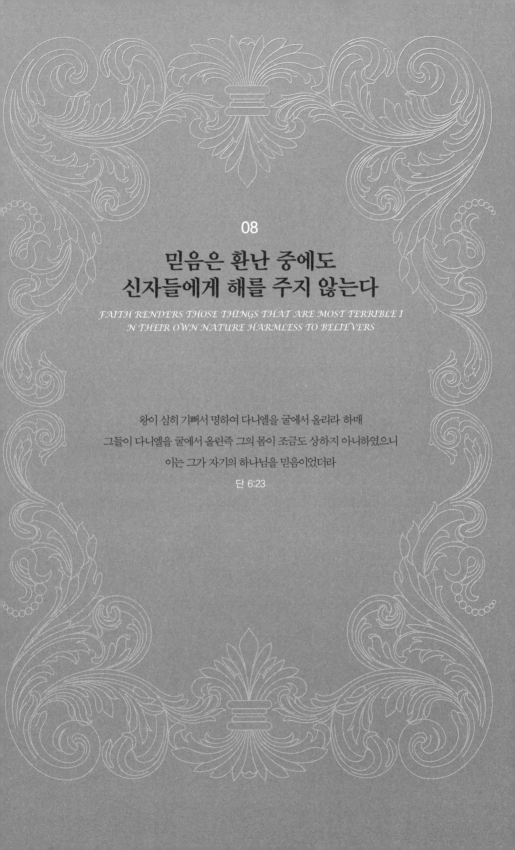

08

믿음은 환난 중에도
신자들에게 해를 주지 않는다

FAITH RENDERS THOSE THINGS THAT ARE MOST TERRIBLE I
N THEIR OWN NATURE HARMLESS TO BELIEVERS

왕이 심히 기뻐서 명하여 다니엘을 굴에서 올리라 하매

그들이 다니엘을 굴에서 올린즉 그의 몸이 조금도 상하지 아니하였으니

이는 그가 자기의 하나님을 믿음이었더라

단 6:23

본문은 하나님께서 다니엘을 사자 굴에서 건지시고 그에게서 아무런 해도 발견되지 않게 하신 매우 기적적인 사건이다. 하나님께서 그의 종 다니엘에게 보이신 은총의 표시다.

사자 굴은 이러한 목적과 다니엘을 공격하는 사람들에게 공포를 주기 위해 있게 했을 것이다. 바벨론의 여러 왕이 사람들에게 왕권에 복종케 하고 공포심을 조장하기 위해 맹렬히 타는 풀무불을 늘 준비해놓았듯이, 메대와 바사 왕들은 사자 굴을 준비해두었다. 사자는 맹수들 중에서도 가장 사나운 포식 동물로 매우 성가신 대상을 향해 내닫는 경향이 있다.

바벨론 왕국의 고위 관료들은 다니엘이 자신들보다 높은 위치에 있다는 이유로 그를 시기하여 고소했다. 다니엘이 하나님께 기도한 죄로 다니엘을 사자 굴에 던져 넣어야 한다는 것이다. 다니엘은 사자 굴에 던져졌고 사람들은 돌을 굴려다가 굴 어귀를 막았다. 다니엘은 밤새 사자들 사이에 홀로 남겨졌다. 하지만 하나님은 천사를 보내 사자들의 입을 막으셨다. 사자들은 다니엘에게 해를 가하지 못했다. 사자들이 굴에 던져진 사람들을 잡아먹게 하려고 사자들을 한동안 굶게 했을 것이다. 그래서 사자들은 먹잇감을 향해 더욱 맹렬히 달려들려고 할 것이다. 사자가 많이 있었다면 그들은 더욱 극렬해졌을 것이다. 다른 사자들보다 먼저 먹잇감을 차지하기 위해 더 탐욕스럽고 필사적으로 먹잇감을 향해 돌진했을 것이다. 그래서 나중에 다니엘을 참소한 자들이 사자 굴에 던져졌을 때, 사자들은 그들이 바닥에 닿기도 전에 그들의 뼈까지 부서뜨렸다. 하지만 다니엘이 사자 굴에서 나왔을 때 그의 몸은 조금도 상하지 않았다.

다니엘은 그의 하나님을 믿었다. 왕의 조서가 발효되고 인장이 찍혔을 때 그 조서는 메대와 바사의 규례대로 변경할 수 없었다. 삼십 일 동안에는 누구든지 왕 이외에 어느 신이나 사람에게 구원해달라고 구하면 그는 사자 굴에 던지도록 했다. 다니엘은 그 조서에 왕의 인장이 찍힌 것을 알았지만 하루에 세 번 예루살렘을 향하여 창문을 열고 기도하던 이전 습관을 바꾸지 않았다(단 6:10).

이렇게 기도하는 것은 그의 가족 모두가 행하던 습관이었고, 그만 홀로 하는 기도가 아니었을 것이다. 하루 세 번 하나님 앞에서 기도하며 감사하던 것은 다니엘의 몸에 밴 일이었던 것 같다. 그러므로 이러한 다니엘의 습관은 대통령과 장관들, 고위 관료들과 그 밖에 다른 위대한 사람들에게 알려졌다. 총리였던 다니엘의 가족 안에서 벌어진 이러한 습관은 수많은 하인과 호위병에게 알려지지 않을 수가 없었다. 다니엘의 기도는 그것이 그의 습관이 되기 전에 이미 알려졌다. 그리고 그의 원수들은 이것으로 왕의 마음을 움직여 규례를 만들도록 했다. 원수들은 그 규례가 반포된 이후에도 다니엘이 계속해서 기도할 것을 알았다. 그간 다니엘의 기도가 은밀히 행한 기도였다면 그는 사람들이 볼 수 있도록 공공연하게 기도할 필요가 없었을 것이다.

규례가 알려졌지만 그 끔찍한 규례에도 아랑곳하지 않고 그는 기도하는 습관을 바꾸지 않았다. 다니엘은 이 규례 때문에 두려워하지 않았다. 오히려 하던 기도를 계속했고 당당히 기도했다. 그가 하나님을 믿었기 때문이다. 그는 모든 것으로 충분하신 하나님을 의지했고 자신을 변호하시며 상 줄 능력이 있으신 하나님을 믿었다. 왕의 조서는 끔찍한 규례였지만, 다니엘은 믿음의 눈으로 이것을 바라보았다. 그는 사람에게 순종하기보다 하나님께 순종하는 것이 가장 안전한 길이자 최상의 길이라고 결정했다. 다니엘은 하나님께서 자신을 위해 어떤 특별한 방법으로 일하실지 알지 못한 것 같다. 하지만 그는 하나님의 약속을 믿었다. 하나님을 철저히 의뢰함으로써 실패자가 되지 않고, 왕의 규례와 사람들의 위협보다 하나님의 권세를 더 존중해야 한다는 것을 의지했다.

다니엘은 하나님이 능력이 있으시고 그를 위해 역사하실 수 있으며 하나님 자신의 약속을 이루실 것이라고 믿었다. 비록 그는 어떤 방법으로 일하실지 알지 못했지만 그분의 방법대로 그 일을 이루실 것을 믿었다. 다니엘은 오직 믿음의 눈으로 하나님께서 하실 일을 보았다. 다니엘이 이처럼 하나님을 믿었기 때문에 하나님께서 놀라운 방법으로 다니엘에게 나타나신 것을 우리는 안다.

| 교 리 |

믿음은 그 자체로 가장 끔찍하더라도 신자들에게 해가 되지 않는다. 굶주린 사자들의 입을 막으시는 하나님을 믿는 다니엘의 믿음은 매우 강했다. 사자들은 양보다 더 순하게 다니엘을 대했다. 다니엘은 밤새 갇혀 있던 사자 굴에서 상처 하나 없이 나왔다. 하지만 그를 참소하던 사람들은 굴 바닥에 닿기도 전에 갈기갈기 찢겼다.

1. 믿음은 매우 끔찍한 상황조차 신자들에게 해를 입히지 못하게 한다. 하나님의 섭리로 신자들에게 닥친 끔찍한 고통이 그들의 믿음으로 그

들에게 전혀 해를 끼치지 못하는 것이다. 신자들은 이 세상에 있는 동안 그 자체로 매우 끔찍하고 고통스러운 일들을 겪곤 한다. 그러나 하나님 께서는 이런 곤란한 일들이 하나님 자신의 섭리 가운데 신자들에게 임하 는 것을 기뻐하신다. 그 고통은 사람의 본성과 매우 상반된다. 하나님 앞에서 두렵고 사람을 위축되게 만드는 것들이다. 이런 고통은 마치 사자 들처럼 두렵고 끔찍한 것들이다.

하나님께서는 때때로 신자들의 마음에서 아주 가깝고 소중한 외적인 것들을 앗아가기도 하신다. 그것은 신자들의 마음속 깊숙이 간직된 것이 고, 그것이 없어진다면 그들의 마음이 갈기갈기 찢길 것 같은 것들이다. 그리고 하나님께서는 때때로 신자들을 계속되는 육체적 고통 아래 두기 도 하신다. 또 몹시 괴로운 환경에 빠뜨리기도 하신다. 고통이 신자들에 게 배가되기도 한다. 설상가상으로 하나님께서는 그들을 더욱 힘들게 하 신다. 하나님께서는 신자들에게 마치 그렇게 정하신 것처럼 고통에 이어 또 다른 고통을 보내기도 하신다. 욥에게 일어났던 일처럼 하나님께서 고 통에 고통을 더하신다. "내가 평안하더니 그가 나를 꺾으시며 내 목을 잡 아 나를 부숴뜨리시며 나를 세워 과녁을 삼으시고 그의 화살들이 사방에 서 날아와 사정없이 나를 쏨으로 그는 내 콩팥들을 꿰뚫고 그는 내 쓸개 가 땅에 흘러나오게 하시는구나 그가 나를 치고 다시 치며 용사같이 내 게 달려드시니"(욥 16:12-14).

그러나 믿음은 가장 끔찍한 고통조차 신자들에게 해를 끼치지 못하도 록 한다. 욥은 마치 사자의 굴에 던져진 것과 같은 처지에 있었다. 그는 사자와 같은 고통에 둘러싸여 있었다. 하지만 그 고통은 욥을 전혀 상하 게 하지 못했다. 실제로 그 많던 고통도 욥에게 무해한 것이었다.

사람들이 주 예수 그리스도로 인해 하나님을 진실로 믿는다면, 그들이 만나는 어떠한 고통도 그들을 해하지 못할 것이다. 시편 112편에는 경건한 사람에 대하여 이렇게 기록되어 있다. "그는 흉한 소문을 두려워하지 아니함이여 여호와를 의뢰하고 그의 마음을 굳게 정하였도다"(시 112:7). 경건한 사람은 다가오는 고통의 소문을 두려워할 필요가 없다. 그 소문들은 그를 해하지 못할 것이기 때문이다. 그 소문은 경건한 사람의 주된 관심사를 해하지 못한다. 반대로 그것은 그 사람에게 유익하고 그를 이롭게 할 것이다. 그래서 나중에는 시편 119편 71절이 선언하는 고백을 하게 될 것이다. "고난당한 것이 내게 유익이라 이로 말미암아 내가 주의 율례들을 배우게 되었나이다."

믿음이 있는 사람은 비록 눈물로 씨를 뿌리지만 기쁨으로 추수할 것이다. 믿음으로 보이는 것들을 보지 않고, 보이지 않는 것들을 보는 사람들은 환난의 가벼운 고통이 우리에게 훨씬 더 크고 영원한 영광의 무게로 작용한다는 것을 안다. "우리가 잠시 받는 환난의 경한 것이 지극히 크고 영원한 영광의 중한 것을 우리에게 이루게 함이니 우리가 주목하는 것은 보이는 것이 아니요 보이지 않는 것이니 보이는 것은 잠깐이요 보이지 않는 것은 영원함이라"(고후 4:17,18). 고통은 신자들을 시험할 것이다. 그러나 결코 그들을 이기지 못할 것이다. 환난은 금이 불로 연단되듯이 신자들을 정결하게 하고 깨끗하게 할 것이다.

성도들은 믿음으로 고통을 자신의 유익을 위해 개선한다. 그들은 믿음으로 그 고통 안에 있는 하나님의 손길을 보고 주목한다. 그 고통에 담겨 있는 그분의 의미를 해석하기 때문이다. 성도들은 믿음으로 고통을 당할 때 이 세상 너머 보이지 않는 것들을 바라본다. 그래서 고통을 향상시켜 그들의 미래의 영원한 기업으로 나아가게 한다. 사람들은 믿음으로 하나님에게서 오는 힘과 은혜를 받아 그들의 고통으로 유익을 얻을 수 있기를 갈망한다. 사람들이 고통 중에 하나님의 충족성, 자비, 신실함을 믿는 믿음을 생생하게 발휘한다면, 그들은 가장 심각한 고통 아래에서도 기쁨과 위로를 얻을 것이다. 고통이 가장 격렬하게 엄습해와도 결코 마음의 평화와 기쁨을 뒤엎거나 방해할 수 없을 것이다. 살아 있는 믿음은 사람을 고통에서 건질 수 있다. 믿음은 그 사람을 이 세상의 폭풍이 닿지 못하는 높은 곳으로 올려준다.

2. 믿음은 신자들에게 악한 자들의 가장 격렬한 박해조차 해가 되지 않게 한다. 신자들은 살아가는 동안 종종 잔인한 박해를 겪는다. 수천만의 사람들이 잔인하기 그지없는 악한 자들의 손에 넘겨졌다. 그들은 마치 이리나 사자들 또는 몹시 굶주린 야수들보다도 더 사납고 잔인한 사람들 사이에서 사자 굴에 던져졌다. 그리스도께서 마태복음 10장에서 제자들에게 말씀하셨다. "보라 내가 너희를 보냄이 양을 이리 가운데로 보냄과 같도다 그러므로 너희는 뱀같이 지혜롭고 비둘기같이 순결하라 사람들을 삼가라 그들이 너희를 공회에 넘겨주겠고 그들의 회당에서 채찍질하리라"(마 10:16,17). "내 영혼이 사자들 가운데에서 살며 내가 불사르는 자들 중에 누웠으니 곧 사람의 아들들 중에라 그들의 이는 창과 화살이요 그들의 혀는 날카로운 칼 같도다"(시 57:4). 하지만 그리스도께서는 제자들에게 사람들을 두려워하지 말라고 명령하신다(마 10:28). 그리스도의 이 말씀은 박해자들이 제자들을 해하지 못할 것을 암시한다.

박해자들은 신자들에게 악한 자들이 할 수 있는 강렬한 고문을 했다. 하지만 그들은 신자들을 해할 수 없었다. 신자들의 믿음은 악한 자들의 손이 닿지 않는 높은 곳에 그들을 올려놓아 보존했고 강렬한 고문을 이겨냈다. "무릇 하나님께로부터 난 자마다 세상을 이기느니라 세상을 이기는 승리는 이것이니 우리의 믿음이니라"(요일 5:4). 성도들은 믿음으로 세상의 유혹과 세상에 속한 사람들을 이긴다.

박해자들은 신자들을 비참하게 할 수 없다. 그들이 가하는 박해가 아무리 잔인해도 신자들을 비참하게 만들 수 없다. 이와 반대로 오히려 그들을 행복하게 한다. 그리스도께서는 제자들에게, 박해를 받을 때 즐거워하고 자신을 행복한 사람으로 생각하라고 가르치신다.

믿음은 악한 박해자들의 생각에 가장 큰 불행을 가장 큰 유익으로 바꾼다. 성도들은 믿음으로 박해 아래에서 보호를 받는다. 이로써 성도들은 예수 그리스도를 바라보며 그분으로부터 뒷받침과 힘을 얻으며 불 가운데서나 박해하는 고통 아래에서도 믿음으로 기뻐하며 즐거워할 수 있다. 박해자들이 아무리 잔악하더라도 현재 누리고 있는 성도들의 위로를 앗아가기에 충분하지 않다.

3. 믿음은 죄에 대한 하나님의 진노에서 사람들을 구한다. 사람들의 죄는 특성상 그들의 영혼에 치명적인 상처를 준다. 그러나 믿음은 이런 것들에서 사람을 구원한다.

하나님께서는 사람의 양심을 일깨우기를 기뻐하시며 그들에게 죄가 얼마나 심각한지 보게 하신다. 그럴 때 사람들은 죄의 무시무시한 특성을 느낄 수 있다. 죄는 사람들 주위를 둘러싸고 있으며 그들에게 두렵게 보인다. 마치 많은 사자가 입을 벌리고 사람들 주변에서 그들을 삼킬 태세로 으르렁거리는 것처럼 말이다. 그러나 믿음은 사람들을 죄에서 구원한다. 죄가 사람들을 영원한 파멸로 몰고 갈 수 있지만 그들을 해하지 못할 것이다.

어떤 사람이 그리스도를 믿을 때, 믿음은 죄책에 대한 의식에서 나오는 두려움과 공포에서 그 사람을 구원하며 구세주 안에 있는 평화와 위로를 준다. 믿음은 범죄에 대한 하나님의 진노에서 사람들을 해방시킨다. 그래서 그들의 죄가 여전히 진노의 대상이 된다 하더라도, 그들 자신은 진노의 대상이 아니다. 믿음으로 그리스도 안에 있기 때문이다. 그래서 사람들이 지은 죄에 내리는 하나님의 진노는 그들의 안전을 위해서 내리는 것이다.

믿음은 죄를 고발하는 두렵고 끔찍한 위협들과 율법의 저주로부터 신자들을 구원한다. 그들의 죄는 반드시 집행되어야 하지만, 믿음은 그들을 자유롭고 안전하게 한다. 그리스도께서 그들을 위해 저주를 받으셨고 율법의 위협은 이미 그들에게 집행되었기 때문이다.

4. 믿음은 신자들에게 죽음도 해가 되지 않도록 한다. 죽음은 우리의 본성에 매우 심각한 일이다. 죽음은 사람들에게 큰 두려움을 주는 엄숙한 표정을 짓고 있다. 우리의 본성은 죽음을 생각만 해도 위축된다. 죽음은 사자 굴과 같다. 사람들은 죽음을 마치 먹잇감을 찾는 사자처럼 두려워한다.

히스기야 왕은 그의 모든 뼈를 부수려는 사자로 간주한 것이 바로 죽음에 대한 불안이었다고 말한다. 이사야서 38장 13절은 이렇게 말한다. "내가 아침까지 견디었사오나 주께서 사자같이 나의 모든 뼈를 꺾으시오니 조석간에 나를 끝내시리라." 그러나 믿음은 이러한 사자라 해도 신자들에게 해를 끼치지 못하게 한다. 그리스도께서는 죽음의 이를 뽑으신다. 죽음이 설령 엄숙한 표정을 짓고 있다 해도 죽음은 아무것도 할 수 없다. 죽음은 성도들에게 어떠한 해도 끼칠 수 없다.

그리스도는 뱀의 독침을 제거하셨다. 뱀이 제아무리 흉악하고 무서운 얼굴을 지녔다고 해도 신자들에게 마치 비둘기처럼 해가 없게 되었다. 죽음은 신자들에게 종이 되었다. 죽음은 신자들에게 유익이다. 죽음의 열매는 달다. 삼손이 자신이 죽인 사자의 사체에서 꿀을 얻었듯이 말이다. 그리고 믿음은 종종 죽음에 대한 두려움에서 사람을 건진다. 이 사자는 사람들에게 해를 입히지도 못하고 겁을 주지도 못한다. 하지만 많은 사람들이 믿음으로 죽음의 공포를 이기고 사자 굴에서 즐거워하고 기뻐할 수 있게 되었다.

5. 믿음은 마귀들이 신자들에게 해를 끼치지 못한다는 것을 뜻한다.

마귀들은 우는 사자같이 신자들의 영혼을 삼키려고 한다. 마귀들이 신자들에게 가까이 갈 수 있다면 신자들은 마치 사자 굴의 사자들에게 던져진 달콤한 음식 조각처럼 될 것이다. 마귀들은 의도적으로 굶고 있었다. 다니엘이 사자 굴에 던져졌을 때, 굶주린 사자들은 당장 그 먹이를 집어 삼키고 싶었지만 하나님은 그 입을 막으셨다. 다니엘이 하나님을 믿었으므로 사자들은 그를 만지지도 못했다. 신자들이 죽을 때에 마귀는 떠나는 그들의 영혼을 쥐려고 한다. 그러나 마귀들은 신자들을 만지지도 못하고 가까이 가지도 못할 것이다.

하나님께서는 믿는 사람들을 보호하시며 아무도 그들을 해하지 못하게 하신다. 이는 믿는 사람들이 스스로 자신을 보호한다고 되는 것이 아니며 하나님께서 그들을 반드시 보호하셔야 할 믿음의 은혜의 공로에서 나오는 것도 아니다. 그러나 이 믿음의 은혜에 하나님의 자비와 은총을 약속하는 것은 주권적이고 무한하신 은혜 가운데서 행하신 하나님의 기쁘신 뜻이다.

은혜 언약의 측면에서 하나님은 친히 믿는 자들의 하나님이 되기로 하셨다. 하나님은 신자들 편에서 그들을 옹호하고 보호하기로 하셨다. 따라서 하나님께서 그들 편에 계신다면, 그 어떤 것도 신자들을 해하지 못한다. 그것은 놀라운 사실이 아니다. 하나님은 전능하신 분이시다. 만물은 하나님의 손안에 있다. 이런 하나님이시기에 본능적으로 사람들에게 공포심을 조장하는 가장 끔찍한 것들도 신자들에게 얼마든지 해롭지 않게 만드실 수 있다. "그런즉 이 일에 대하여 우리가 무슨 말 하리요 만일 하나님이 우리를 위하시면 누가 우리를 대적하리요"(롬 8:31). 하나님은 자신을 의지하는 사람들의 하나님이 되시며 보호자가 되실 것이라고 약속하기를 기뻐하셨다. 그리고 하나님은 자신의 백성에게 자신의 말씀을 확증하실 것이다.

왜 하나님께서 믿는 자들의 보호자가 되시는지, 두 가지 이유를 제시할 수 있다.

1. 믿음은 하나님께 충분하고 충실한 영광을 드리는 은혜다. 하나님께서는 만물을 자신의 영광을 위하여 창조하셨으며 스스로 영광을 얻으실 것이다. 믿음은 특별히 하나님께 영광을 돌리는 은혜다(롬 4:20).

믿음은 우리의 보호와 구원의 모든 영광을 포기하고 모든 것을 하나님께 드리는 은혜다. 믿음은 보호하고 구원하시는 하나님의 충분함을 인정한다. 다니엘은 하나님께서 그를 사자들의 입에서 충분히 구원하시리라 믿었다. 다니엘의 세 친구 역시 하나님께서 그들을 맹렬히 타는 풀무불에서 충분히 구원하실 것을 믿었다. "사드락과 메삭과 아벳느고가 왕에게 대답하여 이르되 느부갓네살이여 우리가 이 일에 대하여 왕에게 대답할 필요가 없나이다 왕이여 우리가 섬기는 하나님이 계시다면 우리를 맹렬히 타는 풀무불 가운데에서 능히 건져내시겠고 왕의 손에서도 건져내시리이다"(단 3:16,17).

믿음은 모든 악에서 구하고 보호하며, 신자들에게 해를 끼치지 못하게 하며, 가장 악한 것에서 선한 것을 이끌어내시는 하나님의 충분함을 인정하는 것이다. 믿음은 하나님의 충분함만을 인정한다. 다른 것들은 반드시 떨어지기 마련이다. 믿음은 신자가 어떠한 환경에서든지 구할 수 있는 하나님의 충분함을 인정하는 것이다. 그래서 요나는 커다란 물고기 배

속에 있었을 때 그를 구출해주실 하나님의 충분함을 믿었고, 다시 하나님의 거룩한 성전을 바라보겠다고 말했다(욘 2:4).

믿음은 하나님의 능력의 충분함과 구원하시고 보호하시는 그분의 자비의 충분함을 인정하는 것이다. 보호와 구원의 영광은 우리의 힘이나 자격과는 전혀 관계없이 항상 하나님의 충분함에 달렸다. 믿음은 하나님께 신실한 영광을 드리는 것이기도 하다. 그리고 믿음은 하나님이 참되시다는 것을 믿는 것이며, 하나님께서 약속하신 것들을 이루실 것을 믿는 것이다.

2. 믿음은 신자가 중보자와 연합하는 은혜다. 참된 믿음은 오직 중보자를 통해서 하나님을 의지한다. 하나님은 믿음의 궁극적인 대상이시며, 그리스도는 중보자이자 종속된 대상이시다. 믿음은 영혼을 중보자이신 그리스도와 연합시킨다. 믿음은 중보자와 함께 영혼을 받으시고 가까이하는 것이기 때문이다. 하나님께서는 타락한 피조물에게 어떤 자비도 베풀지 않으시며 중보자를 통해서 은혜를 주신다. 그 자체 끔찍한 일들로부터 사람들을 변호하지 않으시더라도 중보자 때문에 변호하신다. 죄인들이 중보자 안에 있다면, 그리스도의 권세가 너무 크고 그분에게 베푸시는 성부 하나님의 사랑과 그 안에 있는 기쁨이 너무 커서 하나님께서는 그리스도 안에 있는 모든 사람의 하나님이 되실 것이다. 믿는 사람들은 그리스도와 연합되었다. 그들은 그리스도 안에 있는 사람으로 여김을 받는다. 믿음은 중보자이신 그리스도와 함께 우리의 영혼을 능동적으로 연합하거나 가깝게 하기 때문이다.

| 적 용 |

믿지 않는 사람들에게 권면을 사용하라. 그들이 이 믿음의 은혜로 감동을 받아 다음 두 가지 내용을 생각하도록 진지하게 구하라.

1. 당신이 자연스럽게 드러내는 것들이 얼마나 끔찍한 것인지를 알라. 사람들은 본성상 끔찍한 상황에 살면서 재난과 고통에 처하기 쉽다. 그리고 어떤 초자연적인 도움이 없다면 이런 것들이 그들을 지배하게 될 것이다. 모든 사람이 어떠한 피난처나 특별한 영적 보살핌이 없이 이런 것들을 마주하거나 이런 환경에 노출되는 것은 끔찍한 일이다. 당신은 마귀들에게 사방으로 둘러싸여 있다. 그들은 엄청난 힘을 가진 영들이며, 늘 그러하듯이 당신의 피에 목말라 있다. 그들은 잔인한 속성을 지녔다.

마귀들은 귀중한 생명을 사냥한다. 그들은 사자들과 굶주린 짐승들로 몸의 생명뿐 아니라 영혼의 생명도 사냥한다. 마귀들은 당신을 비참하게 만들고 비참해진 모습을 보기를 진정으로 갈망한다. 당신이 그들의 먹잇감이 될 경우 그들은 지속적으로 당신을 괴롭힐 것이며 비참하게 만드는 정도로 절대 만족하지 않을 것이다. 마귀들은 당신을 괴롭히는 정도로 그들의 잔악함을 충분히 해소했다고 생각하지 않을 것이다. 그들은 밤낮으로 당신 주변을 서성일 것이다. 이들은 당신을 기다리고 있다. 이들은 사람들이 죽어가는 침상에 서서 그 영혼을 기다린다.

죽음은 그 자체만으로도 끔찍하다. 사람들은 죽음을 무서워한다. 죽음의 공포를 막을 초자연적인 보호가 없는 사람들이 죽음을 무서워하는 것은 어쩌면 자연스럽다. 죽음은 그 자체로 매우 두렵고 그 환경 역시 두렵다. 우리가 죽음을 단지 우리 몸과 영혼의 분리로 간주하고 이 세상에서 우리의 삶의 마침이라고 생각한다면 두렵다. 그러나 죽음은 영원한 상태로 가는 통로이기 때문에 그 무엇보다 중요하다.

우리는 죽음을 생각하는 것만으로도 본능적으로 위축된다. 알아차리기 힘든 많은 일들이 있다. 마치 사자들이 가득 찬 굴과 같다. 사자들 사이에 던져졌다고 생각하는 것만으로도 두렵다. 뱀의 독침을 제거되지 않았다면 이러한 뱀을 마주하는 것도 두려운 일이다. 당신의 죄에 내리시는 하나님의 진노는 얼마나 두렵겠는가. 당신의 손이 강할 수 있겠는가? 당신의 마음은 강할 수 있겠는가? 하나님이 일어나시면 진노의 날에 거할 수 있겠는가? 하나님께서 복수하시려고 일어나실 때 전능자의 불같은 분노와 진노 아래 누가 자신을 보호할 수 있겠는가? 영원한 죽음과 끝없는 불행에 얽매이는 율법의 저주와 위협은 얼마나 두려운가?

2. 당신에게 믿음이 없다면 이런 것들로부터 보호를 받을 수 없다.
반드시 가장 두려운 상황에 놓여 고난받게 된다는 것을 생각하라. 당신이 외적인 고난과 모든 곤경을 겪을지라도 당신은 피난처이신 하나님을 찾을 수 없다. 설상가상으로 당신은 죽음의 두려움 앞에 놓이게 될 것이다. 당신에게 믿음이 없다면 그것은 실제로 죽음이자 그 이름에 걸맞은 것이 될 것이다. 죽음은 암울하고 두려운 모습을 하고 올 것이다. 단지 겉모습만이 아니라 죽음의 본래 모습을 드러낼 때 당신은 그것이 두려운 존재라는 것을 알게 될 것이다. 죽음은 당신의 몸에 일시적인 죽음이 될 것이며, 당신의 영혼에 영원한 죽음이 시작될 것이다. 죽음으로 인해 당신의 본성의 틀이 부서지고 목숨이 깨어지며 영혼은 지옥으로 떨어질 것이다.

당신이 이 사자에게 던져질 때, 그 사자가 단지 사자처럼 보이기만 하는 것이 강하고 날카로운 이빨과 발톱을 가진 진짜 사자라는 것을 알게 될 것이다. 당신이 이 굴에 던져질 때, 다니엘을 참소한 자들이 당했던 것처럼 사자들은 당신이 굴 바닥에 닿기도 전에 당신의 모든 뼈를 부술 것이다. 마귀들은 당신의 영혼에 맹렬히 날아와 사자들이 다니엘을 참소하던 사람들의 뼈를 삼킨 것처럼 당신을 삼키려 할 것이다. 마귀들이 당신에게 할 일들로 인해 당신은 두려워 떨 것이다.

바로 여기에 당신과 믿음이 없는 사람들의 상황의 차이가 있다. 사자들은 다니엘을 참소한 사람들의 목숨을 금세 끊고 그들을 빠르게 먹어 치웠다. 그래서 그들은 한번 죽은 후에 더 이상의 공포나 고통을 느낄 수 없었다. 그러나 무저갱은 바닥이 없는 굴이다. 이 굴에서 으르렁거리는 사자들은 훨씬 더 강력하고 더 잔인하다. 무저갱에 있는 사자들은 결코 당신을 끝장내지 않을 것이다. 당신은 그곳에서 공포를 경험하며 고통스러워하는 생명과 감각을 그대로 영원히 가질 것이다. 당신이 죽기 전에 하나님의 진노가 작용하지 않았다면, 죽는 순간 곧바로 하나님의 진노가 당신을 장악할 것이다. 악한 자들에게는 때때로 많은 근심과 질병과 분노가 있다(전 5:17). 하지만 당신의 육체와 영혼이 분리되자마자 하나님의 진노가 당신 위에 완전히 임할 것이며, 당신은 무방비 상태가 될 것이다.

당신이 불신앙으로 살아간다면 평생 두려움의 종이 된다는 것은 놀랄일이 아니다. 그렇다. 당신이 그렇게 하지 않는 것이 매우 놀라운 일이다. 당신은 영에 상처를 입은 사람들을 격려할 수 있다. 하나님을 의지하라고, 구속자를 통해 그분을 믿고 이 끔찍한 것들을 두려워하라고 말할 수 있다.

당신은 죽음에 대한 두려움과 죽음의 끔찍한 결과에 대한 공포가 있는가? 당신이 죽을 때 하나님의 진노를 겪고 마귀들의 수중에 떨어질 것을 두려워하라. 율법의 위협이 당신을 두렵게 하는가? 이런 것들은 실제로 매우 두려운 것들이다. 당신이 그들에게 노출되어 있는 한, 당신은 참으로 두려워할 것이다.

그러나 이런 것들이 끔찍하기는 해도 당신이 예수님을 믿는다면 그런 것들은 결코 당신을 해하지 못할 것이다. 그러므로 그리스도를 통해 자유롭게 다가갈 수 있는 하나님께 나아가라는 충고를 받아들여라. 하나님께 나아가라. 하나님을 바라보라. 그리스도 안에 있는 하나님의 자비와 충분함을 앙망하라. 하나님께서는 자신을 위하여 당신에게 긍휼을 베푸실 것이며 기꺼이 당신의 보호자가 되실 것이다.

아래의 세 가지 내용을 깊이 생각하라.

1. 확실한 것은 당신이 그리스도를 통해 하나님께 나아가고 그분을 믿으라는 초청을 받고 있다는 점이다. 미래의 모습이 지금 드러나도록 하라. 미래의 악한 모습을 지금 드러내라. 미래에 어떤 상황에 처하든지 지금 드러나게 하라. 하지만 하나님께서는 당신에게 자신의 아들을 통하여 하나님께로 나와 하나님을 의지하라고 초청하신다. 무척 대담하지 않아도 그렇게 할 수 있다. 그리스도께서는 당신에게 중보자이신 그분을 의지하라고 초대하신다. 그리스도께서 당신에게 안전함을 얻기 위해 그분을 의지하라고 초대하시는데 왜 현재 처한 비참한 상태와 고통 속에 계속 머무르려고 하는가? 왜 하나님께서 자신의 아들을 통하여 당신을 초대하고 격려하고 안전을 약속하시는데도 계속 비참한 상태에 머물려고 하는가?

성부 하나님과 성자 예수님 모두 당신을 초대하시며 당신을 용납하겠다고 약속하신다. 성자는 당신의 중보자가 되시고, 성부는 자신을 위하여 당신을 받아주겠다고 약속하신다. 당신이 이 두 보장을 다 받을 수 있는가? 가서 당신의 짐을 그분 앞에 내려놓아라. 하나님께 나아가라.

그러면 안전하게 될 것이다. 죄가 당신을 둘러싸고 있고 그 죄들이 당신에게 사자처럼 무섭게 달려들고 당신을 삼키려 하고 있지만, 당신이 하나님을 믿는다면, 당신은 강한 성에 있는 것처럼 사자 굴에서도 안전함을 얻을 것이다.

그리스도께서는 당신에게 사자 굴에서 자신을 바라보라고 초청하신다. "내 신부야 너는 레바논에서부터 나와 함께하고 레바논에서부터 나와 함께 가자 아마나와 스닐과 헤르몬 꼭대기에서 사자 굴과 표범 산에서 내려오너라"(아 4:8). 당신이 자연적인 상황에 있는 것이 가장 위험한 상태다. 당신은 사자들과 표범들이 우글거리는 광야에 있는 가련하고 무방비 상태의 생명체와 같다. 그리스도께서 그런 당신을 부르신다. 이 광야에서, 사자 굴과 표범 산에서 그분을 바라보라고 말이다.

2. 하나님은 충분하신 분이심을 생각하라. 하나님은 당신을 보호하기에 충분하시다. 그리스도의 만족과 권세로 당신을 하나님께로 이끌기에 충분하시다. 하나님께서는 당신을 보호하시고 가장 끔찍한 것들이 당신에게 해를 끼치지 못하도록 하기에 충분하시다. 그분은 무엇이든지 당신이 두려워하는 것으로부터, 무엇이든지 당신을 불안하게 하는 고통으로부터, 당신의 마음을 짓누르는 사자로부터 당신을 구원하기에 모든 면에서 충분하시다.

3. 하나님은 신실하시다. 당신 자신을 하나님께 맡긴다면, 하나님은 당신을 실망시키지 않으실 것이다. 하나님은 절대로 당신을 버리지 않으실 것이다. 당신을 구하실 것이다. 하나님의 신실하심은 구름에 닿는다. 하나님의 말씀은 하늘에 확실한 증거로 세워졌다.

그러므로 이 모든 것으로부터 용기를 얻어, 가서 시편 기자가 말한 대로 담대하게 그리고 확신 있게 말하라. "내가 두려워하는 날에는 내가 주를 의지하리이다"(시 56:3)라고 말이다.

○

에드워즈가 1733년 9월에 한 초기의 설교다. 주제는 가장 두려운 상황에서도 신자들이 어떻게 믿음으로 해를 받지 않게 되는지에 대한 것이다. 그는 이 메시지를 통해 신자들에게 찾아오는 박해와 곤란하게 만드는 외적인 환경에 마음을 두지 말라고 권한다. 에드워즈는 "믿음은 가장 해롭고 사악한 박해자들의 계획을 거대한 유익으로 바꾼다"라고 말했다. 그러나 그는 하나님께서 신자들에게 특정한 목적을 위해 보내는 어려움에 대해서도 말한다. "그 어려움은 하나님의 주요 관심사에 영향을 주지 않을 것이다. 오히려 정반대로 신자들에게 유익하고 이익이 될 것이다."

에드워즈는 이러한 쟁점들을 생각하면서 믿음으로 성취되는 것이 무엇인지를 정의한다. 어려움과 가장 폭력적인 박해도 믿음으로 무해하게 된다. 믿음은 사람들의 죄를 벌하시는 하나님의 진노로부터 그들을 구원하기도 한다. 믿음으로 성취되는 일이나 다른 일들이 그로 인해 죽음도 무해하게 만든다는 것이다. 마지막으로 믿음은 마귀들조차 신자들을 해롭게 할 수 없다.

에드워즈는 믿음이 왜 이렇게 하여 반드시 상을 받게 하는지를 분명히 설명한다. 그리고 사람들이 생각해야 할 세 가지 명제를 제시한다. 첫째, 하나님의 아들을 통하여 하나님을 믿으라는 초청이다. 둘째, 하나님은 모든 것을 충분하신 분이시라는 점을 깊이 생각하라는 것이다. 셋째, 하나님은 신실하신 분이심을 아는 것이다.

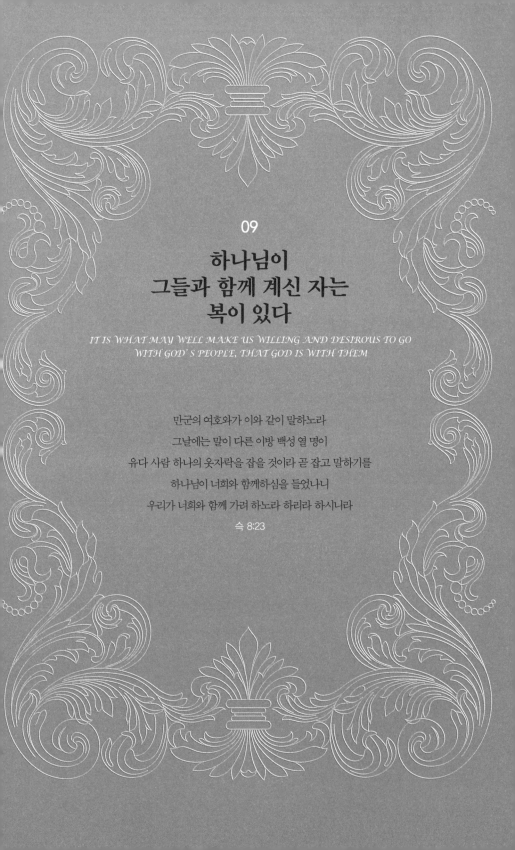

09

하나님이
그들과 함께 계신 자는
복이 있다

*IT IS WHAT MAY WELL MAKE US WILLING AND DESIROUS TO GO
WITH GOD'S PEOPLE, THAT GOD IS WITH THEM*

만군의 여호와가 이와 같이 말하노라

그날에는 말이 다른 이방 백성 열 명이

유다 사람 하나의 옷자락을 잡을 것이라 곧 잡고 말하기를

하나님이 너희와 함께하심을 들었나니

우리가 너희와 함께 가려 하노라 하리라 하시니라

슥 8:23

스가랴서 8장과 9장은 유대인 출신 메신저들인 사레셀과 레겜멜렉이 행한 것을 두고 스가랴 선지자에게 임한 여호와의 말씀이다. 사레셀과 레겜멜렉은 양심의 가책 때문에 바벨론에서 예루살렘으로 왔다. 그들이 유다와 예루살렘의 멸망을 기념하며 지켜왔던 금식을 계속 시행했는지는 확실하지 않다. 두 사람은 바벨론 포로 기간에 바벨론에 있었고, 그들에게 닥친 국가의 멸망을 생각했고, 기억할 만한 재앙들을 떠올리며 해마다 몇 차례씩 금식했다. 예루살렘 성읍이 사로잡힌 때인 넷째 달의 금식 바벨론 왕이 성전과 예루살렘 성읍을 불태운 다섯째 달의 금식 그리고 느다니야의 아들 이스마엘이 그달랴와 미스바의 유대인을 살해한 일곱째 달의 금식과 느브갓네살이 와서 예루살렘을 포위한 열째 달의 금식이 그것이다.

스가랴 선지자는 사레셀과 레겜멜렉이 외식과 형식에만 치중했다고 비난하는 말로 7장에 묘사된 사례에 답했다. 그들은 이런 것은 지키면서도 더 중요하고 무거운 도덕법에 속한 명령들은 등한히 하고 있었다. 그러고 나서 선지자는 이 두 사람에게 종교의 더 필수적이고 본질적인 의무들을 행하라고 권한다.

8장에서 선지자는 예루살렘이 입은 재난을 기억하면서 지켜왔던 일련의 금식을 지속하는 것이 중요하지 않다는 것을 사레셀과 레겜멜렉에게 보여준다. 그리고 두 사람에게 하나님의 은혜로운 자비의 계획을 보여주며, 예루살렘의 번영을 예언한다. 그는 특히 장차 이방인들이 교회에 편입될 복음의 때에 임하게 될 교회의 영광스러운 번영을 예언한다.

1. 구체적으로 본문 말씀에는 교회에서 일어날 거대한 일이 두 가지로 제시되었다. 첫째, 이방인 열 사람이 유대인 한 사람의 옷자락을 잡을 것이다. 이것은 그날에 유대인이 그리스도의 교회에 적은 부분밖에는 차지하지 못할 것이라는 뜻이다. 둘째, 이는 여러 민족의 모든 언어에서 일어날 것이다. 땅의 모든 민족에서 나온 개종자들이 하나님께로 돌아올 것이다.

2. 당신은 이방인 개종자들이 유대인에게로 가는 이 여정에서 그들의 진지함과 열정을 목격할 수 있을 것이다. 그들은 어느 유대인의 옷을 잡는다. 이것은 이방인들이 모두 합심하여 이 일에 참여할 것이라는 의미다. 이방인들은 유대인을 부르고 유대인과 함께 가자고 그들에게 제안할 뿐만 아니라 유대인의 옷을 잡기도 할 것이다.

3. 이방인들이 유대인 한 사람과 함께 예루살렘으로 가기를 원하는 것은 유대인이 하나님과 함께하신다는 소식을 들었기 때문이다. 이방인들은 이 소식을 듣고 믿었고 좋은 증거의 영향을 받았다.

| 교 리 |

우리가 하나님의 백성과 함께 가기를 열망하는 것은 하나님께서 그들과 함께하시기 때문이다. 하나님께서는 자신의 백성과 함께 계신다. 하나님의 백성은 하나님의 은혜로운 임재를 경험한다. 그래서 하나님께서는 아브라함에게 나타나셔서 이렇게 말씀하셨다. "두려워 말라. 내가 너와 함께함이니라." 이와 마찬가지로 하나님께서는 교회에 말씀하신다. "두려워하지 말라 내가 너와 함께 함이라"(사 41:10). 하나님께서는 다음몇 가지 측면에서 하나님의 백성과 함께하신다.

1. 하나님께서는 은혜로운 섭리로 자신의 백성과 함께하신다. 그 백성을 위하며 그들 편에 서서 그들을 상하게 하려는 모든 사람을 대적하신다. "하나님이 우리를 위하시면 누가 우리를 대적하리요"(롬 8:31). 하나님께서는 그 백성의 선을 위하여 자신의 무한한 은혜로 함께하신다. 그들을 위하여 만물을 지속시키고 명령하시는 하나님의 무한한 지혜로 그들과 함께하신다. 하나님의 전능하심으로 함께하셔서 그 백성을 위해 만물에 영향을 주시고 장애물을 제거하시며 원수들을 이기신다.

하나님의 백성들 자신은 가난하며 연약한 피조물들이며, 온갖 악에 노출된 어린아이들처럼 무력하다. 하지만 하나님께서 그들과 함께 계셔서 그들을 지키고 보호하신다. "산들이 예루살렘을 두름과 같이 여호와께서 그의 백성을 지금부터 영원까지 두르시리로다"(시 125:2). 사람에게 자신의 눈이 가장 소중하듯이, 하나님의 백성을 건드리는 자는 하나님의 눈동자를 건드리는 것과 같다.

하나님께서는 이스라엘 백성에게 거듭해서 그들을 독수리의 날개로 인도했다고 말씀하셨다. 이렇게 해서 이스라엘은 그들을 해할지도 모르는 어떤 것들의 손이 미치지 못하는 저 높은 곳에 있다. 독수리는 온종일 가장 높이 있고 가장 높이 나는 새다. 이러한 이유로 하나님은 성경에서 매우 자주 바위로 불리시는 것 같다. 하나님께서는 자신의 백성을 보호하는 바위이시다. 하나님의 백성은 높고 가파른 바위 위에 아무도 가까이하지 못하는 요새를 짓는다. 하나님께서는 바위이며 요새이시다. 의인은 높은 곳에 거하고 견고한 바위가 그의 요새가 될 것이라고 한다. 그에게 양식이 공급되며 그의 물은 끊어지지 않을 것이다(사 33:16). 하나님께서는 백성들의 피난처이시다. "영원하신 하나님이 네 처소가 되시니"(신 33:27).

그리고 하나님께서는 자신의 백성에게 하신 이 은혜로운 선언과 약속과 섭리가 진실하다고 확인까지 하셨다. 하나님은 창세기 15장 1절에서 아브라함에게 "두려워 말라 나는 너의 방패요"라고 말씀하셨다. 그래서 하나님께서는 아브라함의 아내 사라의 일로 바로와 그의 백성에게 재앙을 내리셨다. 마찬가지로 하나님께서는 블레셋 왕 아비멜렉에게 그가 리브가 때문에 죽은 목숨이라고 말씀하셨다. 라반이 야곱의 뒤를 쫓아왔을 때, 하나님께서 라반에게 나타나셔서 "너는 삼가 야곱에게 선악 간에 말하지 말라"라고 단단히 이르셨다. 또한 야곱과 그의 가족이 여행 중이었을 때, 하나님께서 사방에 있는 모든 성읍 사람들을 두려워 떨게 하셨다(창 35:5). 출애굽기 11장 6,7절에 따르면 하나님께서 모세에게 애굽의 모든 장자를 죽이려 하신다고 말씀하셨을 때, 하나님은 모세에게 이렇게 말씀하셨다. "애굽 온 땅에 전무후무한 큰 부르짖음이 있으리라 그러나 이스라엘 자손에게는 사람에게나 짐승에게나 개 한 마리도 그 혀를 움직이지 아니하리니 여호와께서 애굽 사람과 이스라엘 사이를 구별하는 줄을 너희가 알리라 하셨나니."

하나님께서 자신의 백성을 보호하기 위해 은혜로운 섭리로 그들과 함께하실 때 그들에게 복을 주실 것이다. 잠언 10장 6절은 "의인의 머리에는 복이 임하나"라고 말한다. 하나님의 눈은 선한 목적을 위해 계속해서 자신의 백성을 향하신다. 그들을 향한 하나님의 길은 자비와 진리이다. 하나님께서는 자신의 백성의 선을 이루기 위해 모든 것을 함께 작용하신다. 하나님의 백성은 어디를 가든지 그들과 함께 복을 가지고 간다. 그래서 라반이 야곱에게 "여호와께서 너로 말미암아 내게 복 주신 줄을 내가 깨달았노니"(창 30:27)라고 말했다. 이와 마찬가지로 요셉에 관한 기사에서 그의 주인이 여호와께서 요셉과 함께하신다는 것과 "여호와께서 그의 범사에 형통하게 하심을 보았더라"(창 39:3)라는 내용을 읽는다. 하나님은 5절에서 이렇게 선언하신다. "그가 요셉에게 자기의 집과 그의 모든 소유물을 주관하게 한 때부터 여호와께서 요셉을 위하여 그 애굽 사람의 집에 복을 내리시므로 여호와의 복이 그의 집과 밭에 있는 모든 소유에 미친지라."

2. 하나님께서는 모든 피조물이 하나님의 백성의 선함에 놀라게 하시려고 그 백성과 함께하신다. 하나님께서 해와 달을 멈추게 하신 것과 해 그림자를 뒤로 물러가게 하신 것이 그 구체적인 실례다. 하나님께서는 자신의 백성에게 무엇인가 공급하시기 위해 그들과 함께하신다. 하나님은 그 백성의 목자로서 함께하시며, 그들을 인도하고 먹이시며 돌보아주신다. 하나님께서는 그들을 자신의 섭리로 인도하고 지시하기 위해 함께하신다. "내가 네 갈 길을 가르쳐 보이고 너를 주목하여 훈계하리로다"(시 32:8).

3. 하나님께서는 자신의 영으로 그들 안에 거하며 함께하신다. 하나님의 영으로 자신의 백성과 친근하게 연합하신다. 성부와 성자의 영이신

삼위의 한 위격으로서 성령은 성도들과 함께하시고 그들 안에 거하기 위해 보냄을 받아 하늘에서 내려오셨다. 하나님께서는 자신의 영으로 자신의 백성의 마음에 거하신다. 따라서 그들은 하나님의 작은 성전들이다. "너희는 너희가 하나님의 성전인 것과 하나님의 성령이 너희 안에 계시는 것을 알지 못하느냐"(고전 3:16). "하나님의 성전과 우상이 어찌 일치가 되리요 우리는 살아 계신 하나님의 성전이라 이와 같이 하나님께서 이르시되 내가 그들 가운데 거하며 두루 행하여 나는 그들의 하나님이 되고 그들은 나의 백성이 되리라"(고후 6:16). 그래서 성부와 성자는 그 백성에게 오셔서 자신의 거처를 그들과 함께하겠다고 말씀하신다(요 14:23).

4. 하나님께서는 자신의 백성이 자신과 교제하고 교통할 때 함께하신다. 그리고 그들이 하나님의 선하심에 참여하고 무한한 선함을 소유하며 하나님의 뛰어남과 행복에 참여하는 자가 될 때 함께하신다. 하나님께서는 그들과 소통하시며 자신의 아름다움을 나눠주신다. 하나님의 백성은 신성한 성품에 참여하는 자들이다(벧후 1:4). 그들은 하나님의 거룩하심에 참여하는 자들이다(히 12:10).

그래서 하나님께서는 자신의 행복을 자신의 백성에게 전해주신다. 그들은 하나님의 행복과 무한한 기쁨과 축복의 샘에 참여하는 자들이다. 하나님 안에는 무한한 행복이 있다. 하나님께서는 그들을 하나님 안에서 행복하게 하신다. "우리가 보고 들은 바를 너희에게도 전함은 너희로 우리와 사귐이 있게 하려 함이니 우리의 사귐은 아버지와 그의 아들 예수 그리스도와 더불어 누림이라"(요일 1:3).

은혜와 거룩함, 하나님의 빛과 사랑 그리고 성도들의 마음에 있는 평화와 기쁨은 하나님에게서 나온다. 이런 것들은 하나님의 거룩함과 복의 무한한 원천으로부터 나오는 폭포들이다. 이것은 빛의 근원에서 나오는 햇살이다. 성도들은 이런 것들을 소유하고 하나님과 함께 참여하는 자들이 된다.

하지만 특히 하나님의 백성은 그리스도와 연합하거나 그리스도의 지체가 되어 그분과 교제를 나눈다. 그래서 그들은 그리스도와 함께 그분의 여러 복에 참여하는 자들이 된다. "너희를 불러 그의 아들 예수 그리스도 우리 주와 더불어 교제하게 하시는 하나님은 미쁘시도다"(고전 1:9). 예수 그리스도께서는 믿음으로 그분을 영접할 때 그에게로 들어가 그와 더불어 먹고 그와 함께하신다(계 3:20). 그들은 같은 영적인 복에 참여하고 그리스도의 의의 상을 함께 받는다. 같은 성령과 기쁨, 같은 면류관과 유업의 영광에 함께 참여한다.

5. 하나님의 백성은 그리스도와의 신비로운 연합으로 하나님이면서 동시에 인간인 그리스도와 영적으로 하나가 된다. "내게 주신 영광을 내가 그들에게 주었사오니 이는 우리가 하나가 된 것같이 그들도 하나가 되게 하려 함이니이다 곧 내가 그들 안에 있고 아버지께서 내 안에 계시어 그들로 온전함을 이루어 하나가 되게 하려 함은 아버지께서 나를 보내신 것과 또 나를 사랑하심 같이 그들도 사랑하신 것을 세상으로 알게 하려 함이로소이다"(요 17:22,23). 삼위일체의 한 위격이신 그리스도는 하나님의 백성의 대표자이시며, 그들을 위해 성부와 하나가 되셨다. 그리스도는 하나님의 백성의 머리이시며, 그들은 그리스도의 지체들이다. 그리스도는 포도나무요 그들은 가지들이다. 교회는 그리스도의 몸이며, 그리스도와 교회는 그리스도의 몸으로 불린다. "몸은 하나인데 많은 지체가 있고 몸의 지체가 많으나 한 몸임과 같이 그리스도도 그러하니라"(고전 12:12). 하나님의 백성은 성부와도 새로운 관계를 갖게 된다. 그들은 성부의 자녀이며 하늘의 가족으로 입양된다.

6. 하나님과 자신의 백성 사이에 영적인 대화를 유지할 때 그들과 함께하신다. 하나님께서는 대화하는 친구로서 함께하신다. 성도들과 대화하기 위해 낮아지신 하나님의 겸손한 태도는 위대하다. 거룩한 삶은 하나님과 교제하는 삶이며 하나님과 동행하는 것이다. 하나님께서 이를 위해 정하신 의무들은 기도와 찬양과 성만찬이다. 성도들은 그 안에서 하나님과 예수 그리스도와 영적으로 대화할 수 있다.

하나님께서는 성도들이 자신의 임재를 느낄 수 있도록 하나님께 가까이 오게 하신다. 하나님은 성도들에게 오셔서 그들에게 자신을 나타내신다. "나의 계명을 지키는 자라야 나를 사랑하는 자니 나를 사랑하는 자는 내 아버지께 사랑을 받을 것이요 나도 그를 사랑하여 그에게 나를 나타내리라"(요 14:21). 하나님께서는 가끔 하나님 자신의 영광과 아름다움을 보여주신다. 성도들 앞에 하나님의 선함을 보이시며 그들의 영혼에 하나님의 사랑을 계시하신다.

하나님께서는 성도들이 믿음으로 하나님께 올 수 있도록 도우시며, 자신을 향해 마음을 열게 하셔서 하나님의 영광과 선함을 감지하게 하신다. 그리고 그들이 힘든 것과 부족함을 토로하게 하셔서 하나님을 향한 사랑과 확신과 의존을 표현하게 하신다. 반면에, 하나님께서는 그들에게 오셔서 가르치고 인도하신다. 하나님께서는 자신의 백성을 위로하시며, 사랑을 표현하시고, 약속으로 말씀하신다. 그리고 그들의 상황에 적합한 말씀을 마음에 새기고 마음으로 말씀하신다.

하나님께서는 자신의 백성에게 자신의 길과 행위와 은혜로운 계획을 알게 하시며, 세상의 다른 사람들에게는 숨기신 것들을 계시하신다. 하나님께서는 아브라함에게 "내가 하려는 것을 아브라함에게 숨기겠느냐"(창 18:17)라고 말씀하셨다. 이처럼 그리스도께서도 제자들에게 이렇게 말씀하신다. "(내가) 너희를 친구라 하였노니 내가 내 아버지께 들은 것을 다 너희에게 알게 하였음이라"(요 15:15).

우리는 하나님께서 자신의 백성과 함께 있다고 하신 것을 여러 측면에서 보았다. 이러한 사실을 고찰함으로써 우리는 하나님의 백성과 동행하고, 그들과 친구가 되려는 의지와 갈망을 갖게 된다. 다음과 같은 이유 때문이다.

1. 하나님께서 자신의 백성과 함께하신다고 주장하는 것은 그들을 향한 하나님의 사랑 때문이다. 앞서 언급한 것처럼 하나님께서 자신의 백성과 함께하신다는 것은 그들에게 보이신 하나님의 놀라운 사랑을 나타낸다. 하나님의 놀라운 사랑으로 지극히 높은 곳에 거하시는 하나님께서 이 땅으로 내려오셔서 비천하고 죄를 뉘우치는 영혼에 속한 사람과 함께 거하시는 것이다.

우리는 사람들이 함께 있는 것을 보면, 그들 안에 우정과 서로를 향한 기쁨이 있다고 말한다. 마찬가지로 하나님께서 자신의 백성과 함께 계신 것은 하나님께서 그들을 기뻐하시기 때문이다. 하나님께서 그들을 예수 그리스도와 연합하시려는 것은 하나님의 아들의 크신 사랑 때문이라고 말할 수 있다. 그러므로 교회가 종종 그리스도의 신부요, 그분의 아내라 칭함을 받는 것이다. 이와 같은 연합은 그리스도께서 자신의 성도들에게 가지고 계신 크신 사랑과 기쁨이라고 말할 수 있다. 하나님께서는 하나님의 은혜로운 섭리로 자신의 백성과 함께하신다. 그들을 보호하고 지키시며 공급하고 인도하신다. 이것은 아버지의 사랑과 자애로움을 보여준다. 그 안에는 하나님이 행하신 자신의 백성을 향한 아버지의 사랑이 있기 때문이다. 이것은 하나님께서 그들 안에 거하시리라는 하나님의 큰 사랑을 보여준다. 하나님께서는 자신의 영으로 그들의 마음에 거하시고, 성부와 성자가 오셔서 그들과 함께 거할 성전으로 그들을 만드신다. "사람이 나를 사랑하면 내 말을 지키리니 내 아버지께서 그를 사랑하실 것이요 우리가 그에게 가서 거처를 그와 함께하리라"(요 14:23). 하나님께서는 그들과 교제하시고, 자신의 무한한 충만함에 참여하게 하시며, 자신의 아름다움과 기쁨을 전해주신다. 하나님의 백성은 하나님께 아름답고 소중하다.

하나님께서는 그들과 대화하시고 그들에게 자신을 계시하시기도 한다. "나의 계명을 지키는 자라야 나를 사랑하는 자니 나를 사랑하는 자는 내 아버지께 사랑을 받을 것이요 나도 그를 사랑하여 그에게 나를 나타내리라"(요 14:21). 이제 하나님의 사랑을 받는 사람이 된다는 것, 하나님의 친구가 된다는 것이 얼마나 큰 특권이며, 이러한 특권인 권세를 갈망하고 추구하는 것이 우리에게 얼마나 가치 있는 것인지 알 것이다.

2. 하나님께서 자신의 백성을 위해 행하신 일은 그들에게 큰 영예이기 때문이다. 영원하고 지극히 높으신 하나님이 그와 함께 있어 그가 하나님의 성전이 될 수 있는 것이야말로 가장 큰 영예다. 하나님께서는 각 사람에게 은혜롭게 임하시고 친구가 되시며 그와 연합하신다. 그리고 그와 함께 걸으시며 사랑해주신다. 이와 같은 분과 연합하고 함께 지내는 것이 참으로 큰 영예다. 모든 사람 속에는 영예를 추구하려는 갈망이 있다. 이처럼 크신 하나님의 영예처럼 크고 훌륭한 영예를 어떻게 사람에게 바라고 찾을 수 있을까?

3. 하나님의 백성에게 말할 수 없는 혜택이 있기 때문이다. 하나님을 믿는 사람들은 무한한 힘과 지혜가 있다. 하나님과 함께하는 사람들은 원수들로부터 확실한 보호를 받는다. 그들에게는 가장 강력하고 난공불락인 요새가 있다. 그들은 독수리의 날개로 높이 날아 옮겨졌고 위험이

닿지 못하는 곳에 있다. 그들의 보호 장소는 바위가 가득한 산이다.

하나님께서 함께하는 사람들은 확실한 양식을 공급받는다. 하나님께서 의인의 영혼을 주리지 않게 하실 것이다(잠 10:3). 그분과 함께하는 사람들에게는 어떤 환경에 있든지 이런 특권이 있다. 그들은 확실히 모든 것이 합력하고 형통하게 될 것이다.

하나님과 함께하는 사람들은 부족하거나 어려운 모든 때에도 하나님께서 함께하신다. 그들에게는 세상 최고의 인도자가 있다. 그분은 모든 상황에서 그들을 어떻게 인도해야 할지를 아시는 분이다.

하나님과 함께하는 사람들은 세상에서 확실하고 지속적인 친구가 있으며 가장 부유하고 능력 있는 친구가 있다. 그들의 친구이신 하나님께서는 그들의 바람을 얼마든지 만족시킬 수 있고, 또 그럴 만한 능력도 있다. 그들은 세상에서 가장 편안하고 즐거운 동반자가 있는 사람들이다. 하나님의 부요함과 복에 참여하는 그들은 참으로 행복한 사람이다. 성도들이 하나님과 영적인 대화를 나누는 것이야말로 가장 즐겁고 유익한 대화다. 하나님을 아는 교훈과 발견은 하나님의 백성을 즐겁게 할 수 있는 가장 확실한 것이다. 하나님께서 자신과 함께하는 사람들에게 영광스러운 아름다움을 계시하시는 것은 그들에게 말로 다 할 수 없는 기쁨이며 하나님의 사랑을 발견하는 것은 참으로 달콤한 일이다.

성도들이 하나님과 대화하는 것만큼 유익한 대화는 없다. 하나님과의 대화는 그들을 더 성장하게 하며 하나님에 대해 더 알아가게 한다. 그들은 영적인 지혜를 얻고 하나님의 방법을 배우며 그들의 영혼의 기질과 성향 면에서 하나님을 본받는다. 하나님의 영이 마음에 거하시며 그 속에서 거룩하고 편안한 몸짓으로 자신을 표현할 수 있는 것은 가장 큰 복이다.

하나님의 임재가 우리와 함께하는 것은 세상에서 가장 큰 위로다. 환난과 고통의 때에 다른 모든 것은 실패할 수밖에 없다고 해도 하나님께서 우리와 함께 계신다는 것은 그 자체로 충분하다. 거룩한 천들은 하나님과 함께하는 사람들과 함께한다(히 1:14; 시 91:11).

4. 미래에 얻게 될 유익 때문이다. 하나님은 자신과 함께하는 사람들과 미래에도 늘 함께하실 것이다. 하나님께서는 그들을 결코 떠나거나 버리지 않으실 것이다. 하나님께서 그들과 함께하신다는 것은 이후에도 영원히 함께하심을 의미한다. 에녹은 이 세상에 있는 동안 하나님과 동행했다. 그리고 나서 하나님께서 에녹을 데려가셔서 하늘에서 그와 함께 거하게 하셨다.

하나님께서는 이 세상에서 자신의 백성과 함께하심으로 이 세상 이후에 더 나은 어떤 것을 목표로 하신다. 그것은 그들을 미래의 복으로 인도하는 것이다. 하나님이 이곳에 은혜롭게 임하시는 것은 그분 자신의 영광스러운 임재를 미리 맛보고 경험하는 것에 지나지 않는다. 그곳에서 그들은 영원한 영광 중에 하나님과 더 친근한 연합과 자유롭고 직접적이고 방해를 받지 않는 대화를 누릴 것이다. 하나님의 영광 속에서 그분과 영원히 함께 살려면 이루 말할 수 없는 복이 필요하다.

누구든지 하나님의 백성에 속하기 위해서는 다음과 같은 생각을 권하면 좋을 것이다.

1. 누구든지 자기 자신을 기꺼이 주님께 복종하게 할 수 있어야 한다. 하나님의 백성은 다른 왕국이며, 그리스도께서 그들의 왕이시다. 그들은 자신을 아주 다른 법과 규율에 복종시키며 다른 세상이 그들의 행동을 통제하는 규율에 반대한다.

하나님의 백성이 복종하는 왕은 일반적으로 그들을 다스리는 분이 아니다. 그들이 지배를 받는 정부의 형태는 그들이 좋아하지 않는 정부다. 그들이 반드시 지켜야 하는 법은 일반적으로 세상 사람들이 원수로 삼는 것이다. 하나님의 백성은 무거운 멍에를 지고 있는 것처럼 보인다. 그들이 사람들의 육욕과 육체적인 성향을 억제하고 있기 때문이다. 하지만 하나님이 자신의 백성과 함께하신다는 것을 고려하면, 누구라도 이러한 왕과 그분의 법에 복종하고 싶은 마음이 생길 것이다. 앞서 언급한 혜택들은 이러한 법들의 힘겨움과 억제 그리고 자기부인보다 훨씬 크다.

참으로 하나님께서 우리와 함께 계시고, 하나님과의 관계에서 흘러나오는 영적이고 본질적인 즐거움과 혜택을 얻기 위해 세상의 불법적이고 순간적인 쾌락과 결별한다는 것은 얼마나 작은 문제인가?

2. 그리스도와 그분의 통치에 복종하는 것이 아무리 힘들고 어렵더라도, 이로 인해 누구든지 하나님의 백성에 기꺼이 합류할 수 있다. 그리고 우리는 하나님의 백성과 함께 하나님의 영광과 사람들의 선을 구하는 일에 힘을 쓰고 부지런할 수 있다. 하나님의 백성이 광야를 다니더라도 그들과 동행하기를 갈망할 수 있다. 그래서 모세는 이드로에게 하나님께서 이스라엘 백성에 대하여 말씀하신 선한 것을 위하여 그들과 함께 광야를 다니며 만나게 되는 피로와 어려움을 견딜 것을 권했다. "모세가 모세의 장인 미디안 사람 르우엘의 아들 호밥에게 이르되 여호와께서 주마 하신 곳으로 우리가 행진하나니 우리와 동행하자 그리하면 선대하리라 여호와께서 이스라엘에게 복을 내리리라 하셨느니라 호밥이 그에게 이르되 나는 가지 아니하고 내 고향 내 친족에게로 가리라 모세가 이르되 청하건대 우리를 떠나지 마소서 당신은 우리가 광야에서 어떻게 진 칠지를 아나니 우리의 눈이 되리이다 우리와 동행하면 여호와께서 우리에게 복을 내리시는 대로 우리도 당신에게 행하리이다"(민 10:29-32).

3. 이로 인해 우리는 하나님의 백성이 처한 악한 상황에 함께하는 사람들이 되는 것으로 만족을 얻을 수 있다. 하나님의 백성은 때때로 이 세상에서 큰 환난을 만난다. 그들은 종종 악인들에게 비난을 받고 멸시를 받으며 하찮은 대접을 받는다. 그들은 자신의 의무를 다함으로써 큰 패배자가 되기도 하며 때로는 박해를 받기도 한다. 누군가 그들과 어울리려 한다면 자신의 부모나 아내나 자식을 떠나야 하는 경우도 있다. 그들은 틀림없이 이 세상에서 가지고 있던 모든 것을 팔아야 할 것이다. 그러나 그들이 하나님과 함께함으로 유익을 얻는 데 참여할 것이기 때문에 그들은 무한히 은혜롭게 될 것이다.

4. 따라서 누구든지 친구들에게 하나님의 백성과 더불어 하나님과 예수 그리스도를 예배하고, 같은 의식 안에서 그들과 교감을 나누고 대화하라고 설득할 수 있다. 만일 하나님이 그들과 함께 계신다면 우리는 그들과 함께 있기를 바랄 것이다. 이것이 또한 하나님을 만날 수 있는 방법이 될 것이다. 하나님의 것을 보고 배우고 기뻐하며 하나님을 섬길 것이다. 우리가 이렇게 자주 한다면, 분명히 가장 뛰어나고 유쾌하며 유익할 것이다.

| 적 용 |

먼저 불경건한 자들에게 주는 권고다. 그들을 권하여 하나님의 백성과 어울리도록 하자. 그리고 덧붙여 당신에게 몇 가지를 권한다.

1. 하나님과 당신 사이에는 큰 단절이 있다. 당신은 하나님에 대해

전혀 관심이 없고 하나님을 알지도 못하며 그분과 교제도 하지 않는다. 앞서 언급한 것처럼, 하나님께서 하나님의 백성과 함께하시는 것이 가장 큰 행복이라면 이 세상에서 하나님 없이 산다는 것은 가장 큰 슬픔이라고 말할 수 있다. 에베소서 2장 12절에 언급된 대로 당신은 그리스도 밖에 있었고 이스라엘 나라 밖의 사람이며, 약속의 언약들에 대하여는 외인이요 세상에서 소망이 없고 하나님도 없는 자다. 당신은 하나님의 보호와 인도를 전혀 받지 못하는 상태에 있다. 하나님과 당신의 영혼 사이에는 다정한 관계라고는 전혀 없다. 하나 됨이 없다. 오히려 그 반대다. 당신은 죄와 적개심으로 인해 하나님에게서 분리되었다. 당신의 죄가 당신 위에 있으며 하나님의 진노가 머물러 있다. 당신은 마음속으로 지극히 높은 존재이시며 영광스러운 분이신 하나님의 원수다.

당신은 살아가는 동안 하나님을 대적하는 것 말고는 하나님과 관련된 것이 아무것도 없음을 생각하라. 하나님께서는 경건한 사람들이 하나님 앞에 나와 예배할 때 그들과 함께하신다. 이뿐 아니라 하나님은 그들이 골방에서 하나님을 예배할 때에도 영으로 함께하신다.

2. 당신이 지금 얼마나 바람직하지 못한 친구들과 어울리고 있는지 생각해보라. 당신은 하나님에게서 멀리 떨어져 있다. 사탄이 당신 곁에 서 있다. 사탄의 모든 관심은 당신의 마음에 있으며 함께 다니며 당신에게 큰 영향을 준다. 사탄이 당신을 지배하고 당신의 끝을 지켜보며 멸망으로 이끌고 있다. 당신이 따르고 있는 자는 사탄이다. 사탄은 당신 안에 거하며 당신의 마음의 자리와 왕좌에 앉아 있다.

당신은 사탄과 함께하면서 악한 성품에 참여하고 정죄 받는 자리에 참여하고 있다. 당신은 사탄의 일에 가담하고 있다. 직장에 있든지, 소일거리를 하고 있든지, 집에 있든지, 해외에 나가 있든지, 자신의 집에 있든지,

하나님의 집에 있든지 간에 당신은 사탄과 많은 대화를 나눈다. 당신은 그를 친구로 받아들이고 그의 유혹에 귀를 기울인다. 이것이 바람직하다고 할 수 있는가?

그리고 당신이 이교도와 불신자들과 한패가 되어 있다면, 당신이 경건한 사람들과 연합하고 그들과 어울리기 전에는 결코 하나님의 돌보심을 받지 못할 것이다. 당신은 불신자들과 어울리며 참 하나님을 등한히 하고 창조주보다 피조물을 더 사랑하고 있다. 불신자들과 같은 어둠의 나라에 속한 사람이다. 그들과 같은 것들을 추구하고 있으며, 그들의 원리와 궁극적인 목적의 지배를 받고 있다. 이방인들처럼 자신만의 행복을 선택한다. 당신이 만일 경건한 사람들과 어울리지 않는다면, 당신은 마침내 이방인들과 함께 예정된 당신의 몫을 받을 것이다(눅 12:46).

3. 당신이 계속해서 환난과 어둠 속에 있다면 이 세상에서 분명히 경험하게 될 고통과 어둠의 날에, 당신에게 하나님이 꼭 필요한 상황은 어떤 것들인지를 생각해보라. 하나님은 자신의 백성과 함께하며 그들이 어려움 가운데 있을 때 그들을 동정하고 위로하고 도와주신다. 그들은 안식을 찾을 수 없는 모든 때에도 하나님과 함께 평안과 안식을 얻는다. 그러나 만일 당신이 그들과 함께 가지 않는다면 어려울 때 함께하시는 하나님을 경험하지 못할 것이다. 모든 것을 빼앗겨 알몸이 된다면 당신은 위로를 받지 못한 채 있을 것이다.

일시적인 고통과 고난을 해결하려 하고, 하나님에 대한 불쾌감과 적개심에 대한 염려를 동시에 갖는 것은 한 사람의 상황을 참으로 의심하게 할 것이다.

4. 당신이 죽음에 이르게 될 때, 하나님께서 당신과 함께할 필요가

있는지 생각해보라. 하나님의 백성은 죽음에 이를 때 하나님께서 그들과 함께하신다. 하나님은 그들을 죽음의 어둠에서 보호하실 것이다. 하지만 악한 자들이 죽음에 이를 때에는 그들 옆에 서 계실, 그들을 불쌍히 여기실, 그들을 위하여 잠자리를 정돈하실, 악한 영들로부터 지키기 위해 영원한 팔로 받쳐주실 또는 죽음의 끔찍한 걱정 아래에서 보호해주실 하나님이 없다.

악한 자들은 죽음의 사자와 싸우는 중에도 혼자다. 그들에게는 구원해줄 하나님이 없다. 그들이 암울한 죽음을 볼 때, 위로를 구하며 바라볼 그의 얼굴에는 하나님의 모습과 미소의 빛이 없다. 그들이 육에서 떠날 때 그들의 영혼을 받아주실 하나님이 없다.

5. 당신이 하나님의 백성과 어울리고 그들과 함께 하나님의 축복을 누리는 동안 부족한 것이 전혀 없다는 것을 생각하라. 부족한 것이 있다면 당신의 동의뿐이다. 당신이 하나님의 백성이 되기를 선택한다면 어떤 방해도 없을 것이다. 당신은 얼마든지 그들 가운데 자유롭게 들어갈 수 있다. 당신은 자신이 걸어갈 길과 살아갈 삶의 방식과 계속 유지할 친구들과 자신이 누릴 행복을 선택할 수 있다. 이 무리의 머리 되신 그리스도께서 당신에게 와서 그들과 하나가 되라고 초대하신다. 그들 모두 당신이 친구가 되는 것을 기뻐할 것이다. 실제로 당신이 선택한다면, 하나님께서는 당신을 받아주실 채비를 하실 것이다.

하나님의 백성은 어느 한 사람도 이러한 특권을 제한하는 특정한 가족이나 민족이 없다. 당신은 큰 비용을 지불하여 이 특권을 살 필요가 없다. 그것이 가장 지혜롭고 최상의 길이라고 생각하는 사람이라면 누구든지 와서 함께할 수 있다.

나의 두 번째 설명은 하나님의 백성에게 주는 권면이다. 그들에게 권하는 것은 하나님이 그들과 함께하시는 것이 드러나는 삶을 살라는 것이다. 당신 안에 하나님의 존재와 임재가 느껴지도록 행하라는 것이다. 당신의 모든 걸음마다 당신이 하나님을 보고 그분을 알고 있다는 것이 분명히 드러나게 하라. 이 땅에서는 순례자와 나그네처럼 걸으라. 보이는 것들에서 눈을 떼고 보이지 않는 분을 보는 것처럼 행하라(히 11:27).

당신 안에 세상에 대한 두려움을 이기고 승리한 것이 나타나게 하라. 그래서 초자연적인 것이 당신을 뒷받침하고 있다는 것이 드러나도록 하라. 유혹을 이긴 승리가 나타나도록 힘쓰라. 초자연적인 것이 당신에게 힘을 주고 지원하고 있음이 드러나게 하라.

초자연적인 원리에 마음이 사로잡혀 있다는 것이 보이도록 하늘의 은혜를 실천하며 살라. 당신 안에 하나님을 닮아가고 본받는 것이 드러나게 하라. 하나님을 떠나지 말고 그분 곁에서 걸어라. 당신이 하나님께 배우고 있다는 것을 모든 사람이 볼 수 있게 하라. 사람들이 당신을 보고 하나님께서 진실로 함께 계시고 당신으로부터 들은 것이 참이라는 것을 확신할 수 있게 하라. 성경에 "내가 당신과 함께 가겠노라. 나는 하나님이 당신과 함께 계심을 보았노라"라고 언급된 대로 말이다.

○

구약성경 본문을 근거로 행한 날짜가 기록되지 않은 마지막 설교다. 이 설교는 하나님께서 자신의 백성과 함께하신다는 진리와 그것이 그들에게 어떤 결과를 가져왔는지를 탐구한다. 에드워즈는 하나님께서 자신의 백성과 함께하시는 다양한 방법을 묘사하려 한다. 그러고 나서 그 방법들에 비추어 제시되는 반응을 살폈다. 하나님께서는 하나님의 은혜로운 섭리로 자신의 백성과 함께하신다. 하나님의 성령으로 함께하시고 그들 안에 계시며 그들과 교제하고 교통할 때 함께하신다. 그리고 하나님께서는 그들과의 영적인 대화에서 그들과 함께하신다.

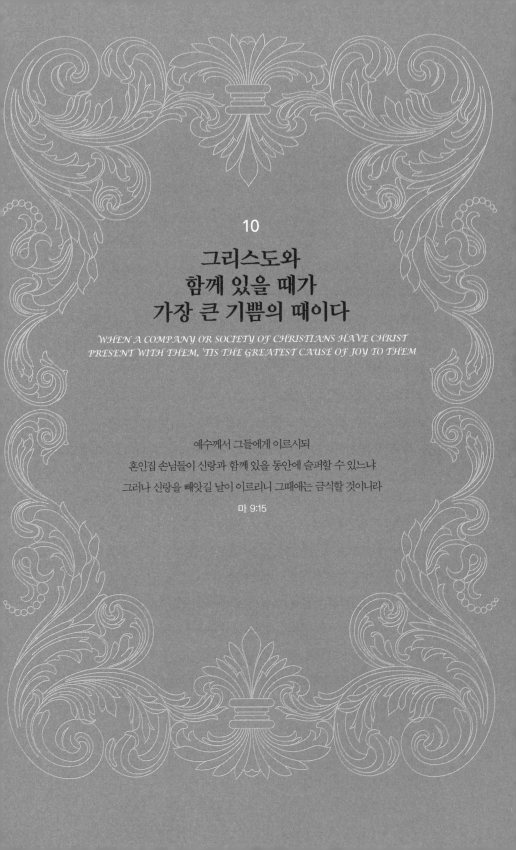

10

그리스도와
함께 있을 때가
가장 큰 기쁨의 때이다

WHEN A COMPANY OR SOCIETY OF CHRISTIANS HAVE CHRIST
PRESENT WITH THEM, 'TIS THE GREATEST CAUSE OF JOY TO THEM

예수께서 그들에게 이르시되

혼인집 손님들이 신랑과 함께 있을 동안에 슬퍼할 수 있느냐

그러나 신랑을 빼앗길 날이 이르리니 그때에는 금식할 것이니라

마 9:15

본문 말씀은 요한의 제자들이 예수님께 와서 "우리와 바리새인들은 금식하는데 어찌하여 당신의 제자들은 금식하지 아니하나이까?"라는 질문에 답하신 말씀이다. 그리스도께서는 그들의 질문에 두 가지로 답하신다.

1. "혼인집 손님들이 신랑과 함께 있을 동안에 슬퍼할 수 있느냐?"(마 9:15)라고 말씀하시며 현재 예수님의 제자들이 슬퍼하거나 금식하지 않는 것을 변명하고 정당화하여 대답하신다.

2. "신랑을 빼앗길 날이 이르리니 그때에는 금식할 것이니라"(마 9:15). 그들이 금식하게 될 때를 말씀하시며 질문에 답하신다. 신랑을 빼앗길 날이 있다는 것은 그리스도께서 원수들의 수중에 들어가 고난을 받으실 때와 무덤에 안치되셨을 때를 언급하는 것 같다. 그때는 제자들과 함께 애통하고 울어야 할 때였으며 그들이 금식하기에 적절할 때였다. 그런데 그리스도의 부활 이후 그들과 함께 슬퍼할 때는 끝났다. 그때는 그들이 살아 있는 소망으로 다시 태어났기 때문이다. 그리스도께서 무덤의 낮은 자리에 누이셨을 때, 그들도 애통해 하며 그분과 함께 무덤에 누었다. 그

들의 영들은 죽음의 그림자로 덮었다. 그러나 그리스도께서 다시 살아나시자 제자들도 그분과 함께 다시 살아났다. 그들의 영혼은 죽음의 그늘에서 몸을 일으킨 것처럼 새 생명과 기쁨으로 빨라진다.

우리는 복음서에서 그리스도의 부활에 관해 설명하는 기사들 덕분에 제자들에게 큰 기쁨이 충만했다는 것을 본다. 그리스도께서는 비록 육체로는 제자들과 함께 있지 못하게 되셨지만, 평안과 기쁨을 주는 더욱 풍성한 영적 임재를 위하여 승천하신 것이다. "조금 있으면 너희가 나를 보지 못하겠고 또 조금 있으면 나를 보리라 하시니"(요 16:16). 그리스도께서 언급했듯이 그들에게서 신랑을 빼앗아 슬퍼할 때는 잠깐이다. 그리고 계속해서 말씀하신다. "내가 진실로 진실로 너희에게 이르노니 너희는 곡하고 애통하겠으나 세상은 기뻐하리라 너희는 근심하겠으나 너희 근심이 도리어 기쁨이 되리라 여자가 해산하게 되면 그 때가 이르렀으므로 근심하나 아기를 낳으면 세상에 사람 난 기쁨으로 말미암아 그 고통을 다시 기억하지 아니하느니라"(요 16:20,21).

하지만 본문 마태복음 9장 15절 상반절을 보면 다음과 같은 내용을 발견할 수 있다.

1. 그리스도께서 요한의 제자들과 바리새인들이 금식하는 것과 다르게 자신의 제자들이 지금 금식하지 않는 것을 변명하거나 정당화시키시는 방법에 대한 것이다. "신랑의 친구들이 신랑과 함께 있을 때 슬퍼할 수 있겠느냐?" 이 표현법은 매우 강하다. 이런 의문문은 그럴 수 없다는 매우 강한 부정을 암시한다. 그러나 그들에게는 매우 상반되는 이유가 있다. 그것은 기쁨과 즐거움이다.

2. 그들이 슬퍼할 이유가 전혀 없는 것은 그리스도께서 지금 그들과 함께 계시기 때문이다. 제자들은 지금 그리스도의 직접적인 임재를 누리고 있다.

3. 이것은 본문에서 그리스도와 그분의 제자들에게 부여된 명칭에서 그들이 왜 슬퍼하지 말아야 하는지 정당한 이유를 설명한다. 그리스도는 신랑으로 불리고 제자들은 신랑의 친구들(에드워즈는 '신방의 자녀들'이라고 명명함)로 불린다. 결혼은 모든 나라에서 축하할 만한 일이다. 슬퍼할 것이 아니라 즐거워하는 것이 마땅하다. 신랑의 친구들이 신랑과 함께 있는 때는 금식이나 슬픔을 표시하는 때가 아니라 기쁨을 표시하기에 알맞다.

| 교 리 |

그리스도인들이 모인 단체나 사회에 그리스도가 함께 계신다면 이것은 기뻐할 가장 큰 이유가 된다. 그리스도인들이 그리스도와 함께 있을 때를 어떻게 말할 수 있는지에 대해 몇 가지 사실을 주목하려고 한다.

1. 참 그리스도인들에게 있는 그리스도의 은혜로운 임재에는 정도가 있다. 한 영혼이 회심한 이후 그리스도는 그 영혼을 전적으로 떠나지는 않으신다. 그리스도께서는 우리를 결코 떠나거나 버리지 않는다고 약속하셨다. 우리를 은혜롭게 보살피고 보호하며 공급하신다. 우리에게 하신 그리스도의 약속들을 이루어 모든 것이 합력하여 선을 이루도록 하려고 우리와 영원히 함께하신다. 그리스도는 우리 마음에 하나님의 영으로 내주하셔서 항상 함께하시며 우리에게서 영을 전적으로 거두어가지 않으

신다. 로마서 8장에서는 이렇게 말한다. "만일 너희 속에 하나님의 영이 거하시면 너희가 육신에 있지 아니하고 영에 있나니 누구든지 그리스도의 영이 없으면 그리스도의 사람이 아니라"(롬 8:9). 그래서 그리스도인들을 하나님의 성령의 성전이라고 말하는 것이다. 성령은 결코 이 성전을 전적으로 떠나지 않으신다.

그리스도의 영은 성도나 죄인들의 마음에 일시적으로 영향을 미칠 뿐만 아니라 그들 안에 영원히 거하신다. 그리스도의 영이 완전히 떠난다면 은혜의 원리는 그치지만 은혜의 원리가 그치는 일은 절대로 일어나지 않는다(요일 3:9). 그래서 참 그리스도인들이 그리스도를 잃어버리고 큰 어둠 속에 있는 것처럼 보일 때라도, 그분을 완전히 잃어버렸다고 생각할 수 있는 상황에서도, 그들은 실제로 그리스도를 완전히 잃은 것이 아니며 그분은 여전히 그들과 함께 계신다. 그러므로 이것은 단지 본문에서 의도한 것이 아니라 그리스도께서 얼마간 그들과 은혜롭게 함께 있을 수 있었다는 것을 의도하고 있다. 그러나 신랑을 빼앗길 것이다.

2. 그리스도께서 이 땅에 계실 때, 그리스도는 제자들과 인간적, 육체적으로 함께하셨다. 하지만 그리스도께서는 승천하신 이후 어떤 그리스도인들과도 이런 방식으로 함께 계시지 않는다. 그리고 본문에 이 내용이 배제되지 않았다. 본문은 신랑이 친구들과 함께 있다가 언젠가 그들과 함께 있지 않게 될 때가 있다는 의미다. 그리스도의 은혜로운 임재가 포함되었다. 그리스도께서 제자들의 신랑으로 그들과 함께 있고, 그들은 신랑의 친구들로 그리스도와 함께 있다고 말씀하셨기 때문이다. 이것은 제자들과 함께하는 그리스도의 은혜로운 영적 임재를 암시한다. 그리스도께서는 가끔 자신의 제자들 이외에 다른 사람들과 자신의 원수들인 서기관과 바리새인들과 육체적인 존재로 함께하셨다.

3. 그리스도 자신에 대한 특별한 나타내심으로 함께하는 그리스도의 임재가 있다. 그리스도는 때때로 그리스도인들과 함께 계시고, 다른 사람들이 있는 곳에서는 임재하지 않는다고 말할 수 있다. 가끔 이 특별한 표지와 관련하여 그리스도께서는 자신의 백성으로부터 떠나 있고 그들에게 자신을 숨기셨다고 말할 수 있다. 그리스도의 마지막 고난의 때. 그때는 영적으로 무디고 어두운 시간이었다.

이것은 그리스도께서 제자들에게 "내가 떠나가는 것이 너희에게 유익이라"(요 16:7)라고 말씀하셨듯이, 그리스도께서 육체적으로 임재하는 것보다 훨씬 낫고, 그래서 한 분을 다른 분과 교대하는 것이 그들에게 유익이라고 말씀하신 것이다. 이것은 원리적으로 신랑이 그들과 함께 있는 것이며, 이것이 곧 기쁨의 이유다.

| 적 용 |

1. 그러므로 교회의 성도들이 지금 그리스도를 볼 수 없는 상황에서 슬퍼하는 원인과 이유가 무엇인지 배울 수 있다. 얼마 전 우리 중에 신랑이 있었다. 그날 신랑은 매우 놀랍고 멋진 방식으로 그의 아름다움과 영광을 나타냈으며 사랑과 다정함을 보여주었다. 그때 우리는 교리에서 말하는 것처럼 안전하고 확고한 무리였다. 그 당시 신랑이 함께 있을 때 우리 가운데 큰 기쁨과 즐거움이 있었고, 이보다 더 즐거워할 수 없다고 할 만한 큰 자비의 때였다. 그러나 그리스도께서 우리와 얼마나 멀리 떨어져 계시는가? 우리가 그리스도의 임재의 자비로운 증표를 갖지 않은 채 살지 않기를 소망한다. 그러나 지금까지와 달리, 우리는 쇠퇴하고 무디고 죽은 것 같이 되었다. 그리스도께서 "신랑을 빼앗길 날이 이르리니 그

때에는 금식할 것이니라"(마 9:15)라고 말씀하신다. 그날이 우리에게 지금 이르렀는가? 우리는 어떤 이유로 슬퍼해야 하는가? 모두가 반성하고 곰 곰이 생각할 만한 이유가 있다. 우리가 어떤 잘못을 저질러서 이 영광스러 운 신랑을 슬프게 했는지, 어떤 불쾌감을 주었기에 그분이 우리를 떠나가 셨는지 말이다. 그 일로 인해 우리 자신을 비난하고 정죄할 만한 충분한 이유를 찾을 수 없는가? 이를 슬퍼하고 스스로 겸손해지자.

2. 이 마을에 권면하자. 우리 안에 있는 것을 행하자. 축복받은 신랑 은 결코 우리를 완전히 떠나지 않았다. 타락의 시기에 올 것이다. 이 마 을에 그리스도께서 다시 오셔서 우리 가운데 임재하시기를 진심으로 구 하라.

우리는 그리스도를 떠나게 했다. 그간 우리가 지었던 죄들로부터 자신 을 깨끗하게 하자. 이 세상의 악한 즐거움보다 그리스도의 임재를 구하 고 소중히 여기자. 사랑 안에서 살자. 그리스도의 재림을 위해 진지하게 기도하자. 그리스도의 성령이 임하기를 위해 기도하자. 우리가 받아들여 야 할 권면이 많다.

우리 가운데 있는 특정한 교수들에게 두 가지를 권면하겠다. (교수 집단 이) 참된 그리스도인의 집단이며 그리스도의 제자의 사회가 되도록 하라. 모든 가정은 작은 교회가 되어야 하며, 그리스도의 가정이 되어야 한다. 이러한 목적을 이루기 위하여 세례와 가정예배라는 수단이 주어졌다. 부 모는 이것을 사용하라. 가장은 이것이 이루어지게 하라. 성장하는 집단 이 되기 위해서 남편과 아내, 아내와 남편이 서로 노력하라.

그리고 이러한 모임 또는 사회에서 당신이 그들과 함께 그리스도를 나 타내기를 간절히 권하고 싶다. 이 교회에 속한 우리가 성만찬을 할 때 그 리스도께서 우리와 함께 계시기를 구하자. 이러한 시간에 우리는 특히 신랑의 친구로 또는 신방의 자녀들로 등장한다. 우리는 그리스도께서 우리를 위해 마련하신 잔치의 신방에 있게 된다. 그리스도께서 우리와 함께하시는 것이 기쁨의 가장 큰 원인이 될 것이다. 이로 인해 성만찬은 세상에서 어떤 것보다도 우리에게 기쁨이 될 것이며 즐거운 잔치가 될 것이다. 그렇다. 이 세상에서 다른 어느 것도 이처럼 할 수 있는 것이 없다. 그러나 만일 우리가 주의 만찬에 와서 그리스도와 관련된 어떤 것도 발견하지 못하고 그리스도를 만나지 못한다면, 우리는 슬퍼하며 무거운 마음으로 떠나갈 수밖에 없을 것이다. 하지만 만약 그리스도께서 우리 중에 계시면, 우리는 함께 앉아 기쁜 마음으로 그분의 식탁에서 음식을 먹으며 그분의 찬송을 즐겁게 부를 것이다. 그리고 식탁을 떠날 때 우리가 가진 기회와 큰 복을 기억하고 성만찬을 되돌아보며 그 식사의 달콤함을 생각할 것이다. 마지막으로 그리스도가 신랑으로 임재하시면, 우리의 영혼은 모든 슬픔에서 벗어나는 기쁨을 얻을 것이다.

○

에드워즈의 성만찬 설교 중에 하나다. 예일대학교 편집부는 날짜가 기록되지 않은 이 설교가 1737년 4월에서 12월 사이에 행해진 것이라고 적시했다. 1734년부터 1735년에 일어난 미국의 부흥운동(1차 대각성운동)이 분명히 언급된 내용이 있다는 점에서 매우 흥미롭다. 에드워즈는 마태복음에서 그리스도가 제기한 질문을 기초로 그리스도가 함께 있을 때 사람들이 참으로 행복하다는 것을 가르친다. 그리스도께서 그들과 함께 있을 때 즐거워할 참된 이유가 있으며, 그때를 보화처럼 여기고 그때가 유지될 수 있도록 기도해야 한다.

에드워즈는 메시지를 작성하면서 노샘프턴(Northampton)에서 벌어진 사건들을 분명하게 언급한다. "얼마 전 우리 중에 신랑이 있었습니다. 그날 신랑은 매우 놀랍고 멋진 방식으로 그의 아름다움과 영광을 나타냈으며 사랑과 다정함을 보여주었습니다." 하지만 그것은 과거의 사건이었다. 그리고 그리스도께서 그들과 놀라울 정도로 함께하신다는 은혜의 증표들이 다 떠나가 버리고 말았다. 이제는 슬퍼하며 울어야 할 때다. 그런데 왜 신랑이 떠났을까? 에드워즈에 따르면 어떤 사람이 죄를 짓고 그분을 슬프게 했거나 불쾌하게 했기 때문이라고 말한다. 이것이 모든 사람이 자신을 살펴야 할 이유다. 그래서 성만찬이 다가올 때 이 말이 매우 적절하다. 성만찬은 마음을 살필 진정한 기회다.

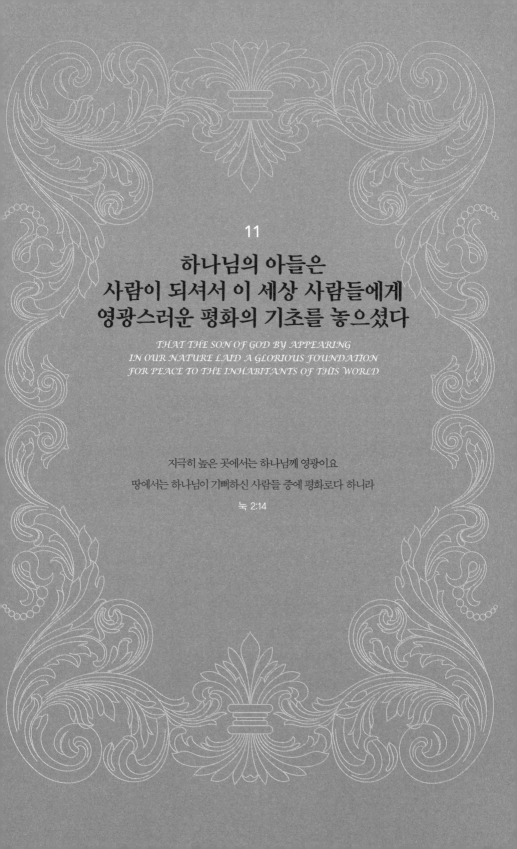

11

하나님의 아들은
사람이 되셔서 이 세상 사람들에게
영광스러운 평화의 기초를 놓으셨다

THAT THE SON OF GOD BY APPEARING
IN OUR NATURE LAID A GLORIOUS FOUNDATION
FOR PEACE TO THE INHABITANTS OF THIS WORLD

지극히 높은 곳에서는 하나님께 영광이요

땅에서는 하나님이 기뻐하신 사람들 중에 평화로다 하니라

눅 2:14

천사들은 그리스도께서 지닌 인성이 하늘과 땅에 미치는 영광스러운 영향들을 노래한다. 하늘에서는 하나님께 영광을 더하여 영광을 돌리는 일이 태초부터 있어 왔다. 하나님의 영광은 이 땅에 사는 우리가 상상할 수 없는 정도와 방법으로 끊임없이 나타난다. 그러나 이것은 천사들에게도 새로운 영광의 표현이었으며 찬양의 새로운 주제를 주었다.

천사들이 드린 찬양이 이 땅에 미치는 영향은 평화다. 평화는 타락 이후 세상에서 완전히 사라졌고, 이 낮은 세상은 적대감과 혼란이 다스렸다. 천사들은 평화의 회복을 내다보며 노래한다. 성경에서 평화는 종종 총체적인 선함이나 행복을 의미한다. 그래서 "너희에게 평화가 있기를 바란다"라는 표현은 어떤 사람의 행복을 기원하는 바람을 뜻하는 일반적인 인사였다. 여기에서는 본문의 마지막에 의도한 것보다 더 적절하고 제한적인 의미와 행복을 뜻하는 것 같다.

메시아의 나라는 거대한 평화의 나라가 될 것으로 예언되었다. 그분이 오셔서 세상의 전쟁과 분쟁을 그치게 할 것처럼 말이다. 이리가 어린 양과 함께 살며 표범이 어린 염소와 함께 눕고, 송아지와 어린 사자가 함께 있고, 이 나라가 저 나라가 서로 칼을 들지 않고, 다시는 전쟁을 연습하지 않는 평화 말이다. 복음의 특성과 메시아의 나라는 평화로워야 하며 침묵과 고요함이 그 특징이다. 그래서 복음과 메시아의 나라는 이렇게 포용하고 실천한다. 악을 철저히 멸하고 대적하며 이 낮은 세상을 하늘처럼 만들 것이다. 아무에게도 방해를 받지 않는 평화의 나라를 이룰 것이다.

그리스도의 오심으로 이 세상은 동일한 평화의 나라에 속한 하나의 주(州)로 편입되어, 타락으로 말미암은 하늘과 땅의 전쟁과 이 땅에 사는 사람들 사이에 벌어진 전쟁과 분쟁이 그치게 되었다.

| 교 리 |

하나님의 아들이 우리와 같은 성품을 가지고 이 땅에 오심으로 세상에 사는 사람들에게는 평화를 위한 영광스러운 기초가 놓였다.

1. 하나님과의 평화, 사람과 창조주 사이를 껄끄럽게 만든 타락과 죄의 결과는 너무 끔찍하다. 전능하신 여호와와 먼지와 재는 그 근본부터 다르다. 사람의 원래 모습은 하나님의 친구였다. 하나님께서는 태초에 이 세상에서 사람과 함께 거하시며, 사람과 대화를 나누셨고, 사람에게 자신을 아버지로 계시하셨다. 하늘과 땅 사이에 서로 우호적인 관계를 유지했다.

그러나 사람은 이 관계와 하나님과 사람 사이에 맺은 언약을 깨뜨렸다. 하나님의 명령을 파기했으며 하늘에 대한 충성을 저버렸다. 사람은 그의 주권자이신 하나님을 떠나 하나님과 원수가 되었다. 사람의 마음은 하나님에 대한 적대감으로 가득 찼다. 사람의 성품은 하나님의 성품과 전적으로 반대가 되었고, 그가 가진 모든 능력은 하나님을 대적하는 데 맞춰졌다. 육적인 마음은 하나님에 대한 증오다. 그런 마음은 하나님의 법에 복종하지 않을뿐더러 순종할 수도 없다. 이 때문에 사람은 더 이상 하나님의 은총의 대상이 되지 못한다. 그는 사형 선고를 받고 불쾌감에 찡그린 얼굴로 서 있다.

(1) 그러나 그리스도께서 우리를 위하여 이 세상에 나타나시면서 평화가 회복되고, 하나님과 우리 사이에 영원하고 친밀한 관계를 위한 기초가 놓였다. 그것은 이전처럼 파기될 수 없다. 하나님과 사람 사이에 더 낫고 확실한 기초가 세워졌다. 우리가 이전에 하늘과 맺은 기초는 인류의 무죄와 의였는데 이것은 얼마든지 변할 수 있었다. 하지만 그리스도 예수의 의와 중보는 변할 수 없는 것이다. 이러한 하나님과의 평화는 하나님이 우리와 화목하게 되신 것과 우리가 하나님과 화목하게 되는 것이다. 이로써 하나님은 우리와 화목하게 되셨다. 그리스도께서 죄를 충족시켜 하나님과 우리를 화목하게 하신다.

하나님께서 우리에게 분노하시는 것은 오직 죄 때문이다. 죄가 있는 곳에 하나님의 불쾌함과 증오가 있을 것이다. 하나님께서는 죄인과 화목하실지 몰라도, 죄와 화목하실 수는 없다. 죄가 깨끗이 정리되기 전까지는 반드시 죄에 대해 분노를 내리셔야만 한다. 하나님께서는 죄를 범하는 사람들과 절대 화목하지 않으실 것이다. 죄인들의 머리 위에 쏟아졌던 하나님의 분노가 방향을 바꾸어 하나님의 사랑하는 아들 예수 그리스도의 머리 위에 쏟아졌다. 예수님은 하나님과 죄인들 사이에 친히 개입하셔서 중간에 서서 자신의 몸과 영혼에 모든 것을 짊어지셨다. 모든 폭풍우가 그분에게 미쳤고 우리는 보호를 받고 안전함을 얻는다.

하나님의 분노는 더 이상 남아 있지 않다. 모든 분노는 우리의 중보자에게 부어졌다. 그리스도는 우리를 위해 죄가 되셨다. "누가 능히 하나님께서 택하신 자들을 고발하리요 의롭다 하신 이는 하나님이시니 누가 정죄하리요 죽으실 뿐 아니라 다시 살아나신 이는 그리스도 예수시니 그는 하나님 우편에 계신 자요 우리를 위하여 간구하시는 자시니라"(롬 8:33,34).

그리스도의 자기희생은 무한한 가치를 지녔으며 그분의 피는 무한히 소중하다. 우리가 드릴 수 있는 모든 제물을 드린다 해도 우리가 저지른 죄에 걸맞지 않겠지만, 그리스도께서 드린 것은 우리의 죄와 완전히 같았고 그 문제를 해결하기에 충분했다.

그리스도의 희생 제물은 하나님께 무한히 향기롭고 하나님의 분노를 진정시키기에 충분한 힘이 있다. 하나님은 하나님의 아들을 아주 기뻐하셨다. 하나님은 자신의 완전한 형상인 그리스도에 대해 무한한 사랑을 가지셨다. 그리스도는 택함을 받은 사람들을 위해 죽으셨으며 그들에 대한 사랑을 가지고 계신다. 하나님의 분노는 그 들을 위하여 죽으신 이 사랑의 대상을 더 이상 대적하지 않는다. 그분이 무한히 사랑하시는 사람들을 말이다.

(2) 그리스도는 중보하심으로 하나님께서 요구하신 모든 것을 이 땅에 이루셨다. 구원의 언약 조건을 완전히 이루시고 그 모든 것을 무덤에서 죽음과 영원으로 완성하셨다. 그리스도는 하늘에 올라가 하나님의 보좌 앞에서 그가 행한 것과 고난받은 것을 나타내셨으며 자신의 피로써 하늘에 들어가셨다. 그리스도는 자신의 상처를 보여주셨으며 그를 믿는 사람들을 위해 하나님이 요구하신 것을 다 이루었다고 간청하셨다. "아버지께서 내게 하라고 주신 일을 내가 이루어 아버지를 이 세상에서 영화롭게 하였사오니"(요 17:4).

자신을 위해 계속 기도할 분의 필요를 걱정하는 신자들을 위하여, 그리스도께서는 그들을 대신해서 은혜의 보좌 앞에서 항상 기도하신다. 하나님께서는 언제나 그리스도의 기도를 들으시기 때문이다. "항상 내 말을 들으시는 줄을 내가 알았나이다…"(요 11:42). 그렇다. 그리스도는 도전하고 요구하며 용서하고 화해하신다. "아버지여… 원하옵나이다"(요 17:24). 그리고 그리스도께서는 하나님께서 세상이 창조되기 전에 그리스도에게 그렇게 약속하셨다고 하는 도전하기에 좋은 근거도 가지고 있다.

신자들에게는 하나님께서 그들의 원수가 되게 하고, 화를 내게 할 만한 죄악의 잔재와 부패의 행위가 남아 있다. 하지만 그들에게 능력 많으신 대언자가 있는 한 하나님께서 그들에게 진노를 쏟아부으실 위험은 없다. 요한일서 2장은 이렇게 말한다. "나의 자녀들아 내가 이것을 너희에게 씀은 너희로 죄를 범하지 않게 하려 함이라 만일 누가 죄를 범하여도 아버지 앞에서 우리에게 대언자가 있으니 곧 의로우신 예수 그리스도시라"(요일 2:1)

그래서 죄인이 그리스도를 영접하였다는 것에 근거하여 예수 그리스도께서 중보자인 사람의 영혼과 하나님 사이에는 흔들리지 않는 영원한 평화가 있다. 그러므로 그 평화는 절대 깨질 수 없다. 신자는 때때로 죄를 범하고 하나님을 대적하지만, 그의 후원자이자 모든 문제의 해결자이신 그리스도는 결코 죄를 범하지 않으시고 대적하지 않으실뿐더러 스스로 또한 중보자로서 언제나 하나님을 기쁘시게 한다.

(3) 그리스도께서 세상에 오심으로 신자들은 하나님과 화목함을 얻었다. 그리스도는 우리와 하나님을 화목하게 하시려고 가장 능력이 있는 근거를 마련하셨다. 그리고 하나님의 영광을 더 밝은 빛으로 비추셨고, 우리에게 하나님의 탁월하심과 아름다우심을 훨씬 더 많이 보여주셨다. 이는 우리가 더 이상 하나님의 원수가 아니라는 것을 말해준다.

그리스도께서는 우리에게 하나님의 자비로우심, 선하심, 아름다우심을 더 많이 알려주셨다. 특별히 우리를 향한 하나님의 은혜에 대한 가장 놀라운 증거를 제시해주셨다. 그리스도께서는 하나님께서 먼저 우리와 화목하기를 구하셨으며, 비록 우리가 구원을 받았지만 감사와 독창성에 따라 일하는 것이 얼마나 행복한지를 보여주셨다.

하늘과의 전쟁에서 불리한 점은, 한쪽에서 이전보다 아주 분명히 나타난다. 우리가 만일 계속해서 죄의 길로 갔더라면 우리는 틀림없이 영원한 지옥에 떨어져서 전능하신 대적자 한 분의 진노를 견딜 각오를 해야 했을 것이다. 그러나 우리에게는 하나님과 화목을 이루는 장점도 있다. 그것은 영원한 기쁨, 그분의 은혜와 사랑 그리고 경험할 수 있는 모든 행복을 누릴 수 있다는 것이다.

화목의 조건은 매우 쉽고 은혜롭다. 우리가 오랫동안 고통을 견디거나 매우 힘든 어려움을 겪거나 어떤 좋은 봉사를 해야 하는 것이 아니다. 단지 예수 그리스도의 이름을 믿고 그분을 영접하고 그분께 복종하기만 하면 된다. 그리스도는 우리에게 평화를 선언하시며, 우리에게 자신의 사역자들을 보내시고, 우리에게 하나님과 화목할 것을 요청하신다(고후 5:20).

(4) 그리스도께서는 우리 안에 하나님을 거스르는 적대감을 사시고, 우리에게 새로운 마음을 주셨다. 인간은 모두 하나님을 대적하는 원칙을 가지고 태어났다. 그러므로 당신은 사람들에게 자신이 어떤 주장을 좋아하는지, 왜 화목해야 하는지 제시할 수 있다. 사람들은 자신의 성품이 변화되고 새로운 피조물이 될 때까지 늘 하나님을 대적한다. 하지만 그리스도께서는 우리를 위하여 이러한 것까지 사셨다. 하나님은 그리스도를 통하여 우리를 새롭게 변화시키셨다. "또 새 영을 너희 속에 두고 새

마음을 너희에게 주되 너희 육신에서 굳은 마음을 제거하고 부드러운 마음을 줄 것이며"(겔 36:26). 예레미야서 31장은 이렇게 말한다. "여호와의 말씀이니라 보라 날이 이르리니 내가 이스라엘 집과 유다 집에 새 언약을 맺으리라 이 언약은 내가 그들의 조상들의 손을 잡고 애굽 땅에서 인도하여 내던 날에 맺은 것과 같지 아니할 것은 내가 그들의 남편이 되었어도 그들이 내 언약을 깨뜨렸음이라 여호와의 말씀이니라 그러나 그날 후에 내가 이스라엘 집과 맺을 언약은 이러하니 곧 내가 나의 법을 그들의 속에 두며 그들의 마음에 기록하여 나는 그들의 하나님이 되고 그들은 내 백성이 될 것이라 여호와의 말씀이니라"(렘 31:31-33)

2. 그리스도께서는 우리 안에 평화를 위한 기초를 놓으셨다. 죄는 모든 것을 혼란에 빠뜨리고 혼동을 일으킨다. 사람들은 죄로 인해 스스로 모순된 삶을 살며 자신에게 최악의 원수가 되었다. 죄인은 어떤 상황에 놓이든지 간에 평화가 없다. 그의 가슴에는 끊이지 않는 전쟁이 있다. 자기 영혼에 있는 격동과 폭풍으로 인해 불안을 느낀다. 그리스도는 이러한 분열들을 고치신다. 그분만이 죄인들을 고치실 수 있다. 평화에는 두 가지 내용이 들어 있다.

(1) 영혼의 기능과 행위는 서로 마땅히 복종해야 한다. 죄는 마음의 힘, 애정, 훈련 면에서 모든 질서와 규칙을 파괴했다. 하나님께서 지배하도록 창조하신 이성과 양심은 그 보좌에서 끌려 내려와 바닥에 던져졌다. 정욕이 그의 마음을 지배하고 다스리며 사람을 통치한다. 사람은 이성을 거스르고 자신이 깨달은 자연적인 성향과 어긋나게 행동한다. 그리고 그의 이성이 그에게 잘못된 것이라고, 그의 관심에 상반되는 것이라고 이야기한다. 그러나 결국 그 속에서 비참하게 파멸될 것을 경고하는 것들

을 서둘러 행하며 살고 있다.

가장 탁월한 기능들이 가장 저급한 애정과 욕망의 포로가 되었다. 이제 모든 것이 혼란 속에 있거나 고상하고 영예로운 사람들이 멸시와 비방을 받으며 잃은 자와 악한 자들이 다스리는 나라에 있다. 그 나라가 평화의 상태에 있을 가능성은 없다. 그래서 사람들의 마음에는 고집과 자부심, 욕정과 분노 그리고 그 밖에 다른 열정들이 이성과 이해의 고상한 힘을 지배하는 것이다. 모든 사람이 혼동 가운데 언쟁하게 될 것이다.

그리스도의 영이신 성령은 이런 것들을 통제하신다. 그분은 질서를 회복하시고 평화와 평온함을 따르신다. 그리스도는 자신의 피를 뿌리셔서 마음에 일어나는 모든 혼란과 무질서한 감정들을 누그러뜨리신다. 모든 것을 바르게 하며 고요하고 조용하게 하신다.

(2) 내적인 평화의 두 번째 부분은 양심의 평화다. 앞서 말한 것은 영혼의 직접적인 행위에서의 평화다. 양심의 가책은 영혼이 행한 악한 행위를 깨닫고, 그것에 대한 정죄와 그 후에 받을 벌을 예상하면서 영혼이 불편해하는 고통스러운 의식이다.

사람은 타락했지만 마음에 선과 악에 대한 자연스러운 의식을 갖는다. 그래서 의도적으로 죄를 행했을 때, 선한 것은 대부분 다정한 모습으로 나타나지만 악한 것은 변형되어 악을 좋아하는 모습으로 나타난다. 그가 죄지은 것을 반성할 때, 그것이 배은망덕하고 고통스럽고 해로운 느낌을 불러일으킬 것이다. 악을 행한 마음은 심판에 대한 두려움으로 채워질 것이며, 자신이 심판을 받아 마땅하다는 것과 반드시 심판을 받게 되리라는 내면의 암시를 가질 것이다. 모든 사람이 알듯이 그들은 먼저 그것을 곰곰이 생각한다. 즉, 악을 행하는 사람은 악을 거두며, 악을 행했을 때 당연히 악이 떨어질 것을 예상한다. 그리고 사람들이 하나님과 하나님의 뜻과 법과 제재를 누리는 빛과 지식이 더 분명할수록 죄책감에서 오는 불안은 훨씬 더 클 것이다.

이러한 비참함은 죄로 인해 우리에게 왔다. 우리는 하나님과 각자의 이성 앞에서 자신을 죄인으로 만들었다. 우리 안에 있는 자연의 빛은 우리를 정죄하고, 세상을 통치하시는 지극히 높으신 존재의 진노를 예상하게 한다. 우리는 우리의 이해와 판단으로 하나님의 복수하심에 허리를 굽히고 있다.

그런 양심을 비난하고 정죄하는 것, 하나님을 불쾌하게 여기는 죄의식과 하나님과 화목하지 않고 심판을 받아야 한다는 생각을 가지고 사는 것은 아주 큰 재앙이다. 특히 이 비참함이 매우 심각할 때가 있다. 그것은 지속적인 공포와 두려운 소리다. 사람들의 귀에 들리는 소리는 마치 그들을 향하여 진노를 발하시는 하나님의 두려운 음성과 같다. 이런 사람에게는 평화나 안식이 없다. 그의 가슴에는 평온함이 없고 늘 자신의 목숨과 영혼에 대한 두려움을 안고 산다.

그러나 그리스도는 그리스도를 믿는 사람들을 이 내적인 비참함에서 자유롭게 하셨다. 그리스도는 고난으로써 의를 충분히 만족시키셨다. 모든 면에서 만족할 만한 제사를 드렸고 자신에게 오는 모든 사람을 책임져주시리라는 확신을 주셨다. 이러한 생각은 평화를 주며, 율법에 정한 모든 제사가 양심과 관련해서 완전하게 할 수 없었던 무거운 마음의 짐을 가볍게 해주며 그 짐으로부터 자유를 준다.

우리는 그리스도 안에서 하나님이 우리와 화목하시며 우리를 기쁘게 여기셔서 모든 죄를 사하셨다는 것을 편안하게 생각할 수 있다. 그리고 분노에 찬 하나님의 얼굴이 흐뭇하고 만족해하는 표정으로 바뀐 것을 볼 수 있다. 우리는 어떤 존재이든지, 어떤 상황에 있든지, 우리와 화평하신 하나님의 손안에 있다는 생각을 편안하게 할 수 있다. 우리의 호흡과 영혼은 하나님의 손안에 있다. 우리의 모든 일과 모든 피조물이 하나님의 손안에 있다. 이로 인해 하나님께서는 우리를 불쾌하게 여기지 않으시며 우리에게 분노하지 않으신다. 하나님은 우리를 매우 기뻐하는 존재로 받아주신다.

3. 예수 그리스도의 복음의 본질과 성향은 사람들 간에 서로 평화를 얻는 것이다. 다툼, 불화, 악, 시기, 논쟁, 상호 간의 악의는 이 변절된 세상에 속한 가장 큰 불행들이다. 사람들의 마음을 지배하는 부패로 인해 세상에는 이런 것들이 가득 채워져 있다. 같은 피로 지음을 받고 같은 첫 아버지와 어머니로부터 출생한 인류가 얼마나 서로를 삼키고 박해하는가? 그들은 마음으로, 손으로 서로에게 고통을 주고 있다. 하나님이 사람들 사이에서 평화를 이루고 각 사람을 회개시키기 위해 하늘에서 땅으로 놀라운 메신저를 보내신다면 이것은 분명히 영광스러운 일이다. 하나님께서 이 일을 행하셨다. 하나님은 하나님의 아들을 이 땅에 보내셨으며 다음과 같은 방법으로 사람들에게 평화를 회복시키신다.

(1) 하나님의 아들은 사랑과 평화의 영의 훌륭한 모범을 보이셨다. 그리스도는 사랑을 베푸시려고 영광스러운 높은 곳에서 이 세상에 내려오셨다. 그렇다. 사람들을 위해 자기 목숨을 주신 그리스도의 사랑은 위대했다. 우리가 사람들과 다툰 것과 상처를 주고 학대한 것을 용서해달라고 간청하기 위해 그리스도께서는 죄인인 우리를 구원하셨다. 우리가 하나님께 죄를 범한 것만큼 우리에게 죄를 범했다고 할 수 있는 사람은 아무도 없다. 그러나 그리스도는 우리를 사랑하셨고 우리를 위해 죽으셨다. 우리가 어떻게 되든지 간에 만일 그리스도께서 우리와 함께 자신의 의견을 내시고, 우리의 상처 때문에 우리를 사랑하고 돕기를 거절하셨다면,

우리는 처음 고집했던 것을 그리스도께 했을 것이다.

그러므로 만일 우리가 그리스도의 돌보심과 겸손을 높여 드린다면 그것은 우리가 그리스도와 같은 성품을 갖는 데 확실히 영향을 줄 것이다. 그리스도께 감사하면 우리의 마음은 분명히 감동되어 그리스도를 본받게 될 것이다. 그리스도께서는 다른 사람들에게 그런 사랑의 정신을 발휘하셨지만, 만일 우리가 그분을 받아들이고 그분이 우리를 받아주지 않으셨다면 우리는 영원히 비참했을 것이기 때문이다. 그리스도께서 우리에게 일만 달란트를 사해주셨는데 우리가 동료를 몇 푼어치도 용서할 수 없다면 우리는 참으로 배은망덕한 사람이 될 것이다.

(2) 그리스도께서는 사랑과 평화를 실천하도록 자신의 교리와 명령을 아주 분명히 주장하셨다. "화평하게 하는 자는 복이 있나니 그들이 하나님의 아들이라 일컬음을 받을 것임이요"(마 5:9). "내 계명은 곧 내가 너희를 사랑한 것 같이 너희도 서로 사랑하라 하는 이것이니라 사람이 친구를 위하여 자기 목숨을 버리면 이보다 더 큰 사랑이 없나니"(요 15:12,13). 요한복음 13장은 이렇게 말한다. "새 계명을 너희에게 주노니 서로 사랑하라 내가 너희를 사랑한 것 같이 너희도 서로 사랑하라 너희가 서로 사랑하면 이로써 모든 사람이 너희가 내 제자인 줄 알리라"(요 13:34,35). 로마서 12장은 이렇게 말한다. "내 사랑하는 자들아 너희가 친히 원수를 갚지 말고 하나님의 진노하심에 맡기라 기록되었으되 원수 갚는 것이 내게 있으니 내가 갚으리라고 주께서 말씀하시니라"(롬 12:18). 마지막으로 히브리서 12장은 이렇게 말한다. "모든 사람과 더불어 화평함과 거룩함을 따르라 이것이 없이는 아무도 주를 보지 못하리라"(히 12:14).

(3) 그리스도께서는 사랑과 평화의 영이신 성령을 사람들에게 주셔서 서로 평화를 회복하게 하신다. 예수 그리스도께 오는 모든 사람은 그리스도의 몸의 구성원이며, 그리스도가 실천하고 행동하는 것과 같은 성령의 영향을 받는다. 그리고 그리스도의 삶에 풍성히 나타난 사랑과 평화가 온유, 오래 참음, 자비, 긍휼로 계속 나타나는 삶을 산다. 그리스도의 몸에 속한 지체이며 같은 포도나무의 가지인 사람들이 그리스도의 영과 전혀 다른 영에 속하여 서로 다투고 논쟁을 일삼는다는 것은 불가능하다.

그리스도의 영은 여러 가지 방법으로 평화로움을 얻을 수 있으며, 세상에 속한 것을 억제한다. 불의, 이기심, 세상에 속한 것을 모욕하는 것들이 사라지면 분쟁과 전쟁은 끝난다. 그리스도의 영은 마음에 그리스도를 사랑하는 마음을 일으킨다. 주 예수 그리스도를 진정으로 사랑하는 사람들은 반드시 그분이 사랑했고 그분이 위하여 죽은 사람들을 똑같이 사랑하게 될 것이다. 또한 성령은 우리의 동료 그리스도인들에게 평화롭게 선을 행하도록 직접적인 영향을 준다. 그러므로 그리스도의 영은 온유한 영이라고 불리는 것이다(갈 6:1). 이러한 이유에서 하나님의 영은 사랑의 상징인 비둘기로 대표된다. 그러므로 제자들이 그들을 모욕한 박해자들을 사르기 위해 하늘에서 불이 내리기를 구했을 때, 그리스도께서는 그들에게 그들이 속한 영이 어떤 영인지를 알지 못했다고 말씀하셨다(눅 9:54,55).

이로써 하나님께서 하나님의 아들을 세상에 보내셔서 인류의 평화를 얼마나 찾으셨는지를 살펴보았다. 이는 하나님과 사람 사이의 평화, 각 사람의 가슴 속에 있는 평화와 상호간의 평화이다. 이러한 진리에 근거하여 천사들은 "땅에서는 평화"라고 찬송했다(눅 2:14).

| 적 용 |

1. 그러므로 우리는 다음의 사실을 추론할 수 있다. 성도들은 하늘에서 참으로 복된 평화를 누릴 것이다. 거기서 성도들은 그리스도의 성육신과 죽음에 속한 모든 복을 충분하고 온전하게 얻을 것이다. 성도들은 이 세상에서 예수 그리스도의 영이신 사랑과 온유의 영을 받기는 하지만 부분적으로 받는다. 옛 뱀의 영에 있는 쓴 뿌리에 속한 부패의 잔재인 적대감과 다툼의 영이 있기 때문에, 그리스도의 제자들조차 이 땅에서는 완전한 평화를 누릴 수 없었다.

이런 것들은 하나님을 대적하는 옛 원수에 속한 것들이다. 영혼에 남아 있는 내적 전쟁의 일부분이며, 이 사람 저 사람을 향해 원한과 악의를 일으키는 것이다. 하지만 하늘에서 마음은 하나님께 완전히 일치되고 화목하게 될 것이다. 하나님의 성품과 성도들의 성품 사이에, 하나님의 뜻과 성도들의 뜻 사이에 가장 완전한 조화가 있을 것이다. 영혼의 기능과 성향에는 완전한 질서와 규칙이 있고 탁월한 복종이 있을 것이다. 양심은 비난이나 정죄를 멈추고 만족과 칭찬만 하게 될 것이다.

다른 사람들을 원통하게 만드는 마음의 감옥에는 친구가 남아 있지 않을 것이다. 마음은 세상 모든 주민을 향한 순전한 사랑으로 꽉 찰 것이다. 온유하신 하나님의 어린 양의 영이 절대적으로 모든 영혼을 소유하실 것이다.

이 세상에는 평화의 복음에 굴복하지 않는 사람, 복종하는 그리스도의 영에 대해 아무것도 모르는 사람들이 많다. 그들은 복음 안에 있는 평화의 영이 없는 사람들이다. 복음의 영을 가진 사람들은 살인하는 자인 마귀의 영의 영향과 지배를 받는 사람들 사이에 섞여 있다. 그리스도의 제자인 사람들이 그런 사람들과 대화하거나 어울린다고 말한다. 그렇지 않으면 그들은 세상 밖으로 나가야만 한다. 그래서 땅 위에서 완전한 평화를 얻는 것이 불가능하다.

하지만 하늘에서 성도들은 모두 의롭게 될 것이며 다툼의 씨앗들로부터 완전히 자유함을 얻을 것이다. 그래서 악의, 분노, 혈기 왕성함, 비난, 악담 등은 더 이상 없을 것이다. 하늘의 도성 안에서 영원히 그런 것들을 찾을 수 없겠지만, 그들은 그 평화의 나라에서 완전하게 될 것이며 영원한 평화가 지속될 것이다.

2. 이 교리를 모든 사람이 사용함으로 하나님과 평화를 이루고 화목하기를 구하도록 권하자. 이 교리에는 큰 격려의 내용이 있다. 그리스도께서 우리가 하나님과 평화를 누리도록 충분한 기초를 놓으셨다. 그리스도는 이러한 목적으로 세상에 오셔서 하나님과 세상 사이의 커다란 간격을 메우셨다. 고린도후서 5장은 이렇게 말한다. "곧 하나님께서 그리스도 안에 계시사 세상을 자기와 화목하게 하시며 그들의 죄를 그들에게 돌리지 아니하시고 화목하게 하는 말씀을 우리에게 부탁하셨느니라"(고후 5:19). 그리스도는 양측에 손을 얹어 화목하게 하시는 중재자로 오셨다. 그리스도는 하나님이시며 동시에 사람이시다. 그래서 하나님과 사람 사이에 적합한 중보자이시다.

하나님은 부족한 것이 없으시지만 우리와 기꺼이 화목하기를 원하신다. 하나님의 공의는 충족되었고, 하나님의 분노는 그리스도 안에서 누그러졌다. 우리는 우리 편에서 적대감을 그치고 하나님과 화목해야 한다. 하나님의 자비와 화목이 모든 사람에게 선포되었다. 모든 사람은 예외 없이 하나님과 평화를 누리도록 초대를 받는다. 그렇다. 그리스도께서는 우리에게 화목하라고 간청하셨다. "그러므로 우리가 그리스도를 대신하여 사신이 되어 하나님이 우리를 통하여 너희를 권면하시는 것 같이 그리스도를 대신하여 간청하노니 너희는 하나님과 화목하라"(고후 5:20).

다음의 내용을 깊이 생각해보자.

(1) 하나님께서 우리의 원수라면 얼마나 두려울까? 하나님은 하늘과 땅의 통치자이시며 늘 우리를 자신의 손에 두고 계신다. 우리는 그분을 피하여 도망치거나 숨을 수 없다. "내가 주의 영을 떠나 어디로 가며 주의 앞에서 어디로 피하리이까 내가 하늘에 올라갈지라도 거기 계시며 스올에 내 자리를 펼지라도 거기 계시니이다 내가 새벽 날개를 치며 바다 끝에 가서 거주할지라도 거기서도 주의 손이 나를 인도하시며 주의 오른손이 나를 붙드시리이다 내가 혹시 말하기를 흑암이 반드시 나를 덮고 나를 두른 빛은 밤이 되리라 할지라도 주에게서는 흑암이 숨기지 못하며 밤이 낮과 같이 비추이나니 주에게는 흑암과 빛이 같음이니이다"(시 139:7-12).

바위가 우리 위에 떨어지고 산 전체가 덮친다고 해도 우리는 하나님에게서 숨지 못하며 여전히 하나님의 능력 안에 있을 것이다. 하나님은 자신의 뜻대로 우리에게 얼마든지 고통을 안겨주실 수 있으며 온갖 방법으로 비참하게 만드실 수 있다. 하나님은 우리 영혼의 특성을 완전히 알고 계신다. 비참함과 고통의 모든 입구를 알고 계시며, 천 가지 방법으로 우리를 괴롭게 하실 수 있다. 한다면 한 번에 많은 방법으로 또는 하나님이 하고 싶은 정도로 한꺼번에 모든 것을 동원하여 우리에게 고통을 주실 수 있다.

하나님은 온 세상을 자신의 손에 쥐고 계시며, 우리는 우리를 도와주거나 하나님을 대적할 수 있는 어떤 곳으로도 피할 수 없다. 하나님은 우리 없이도 모든 것을 명령하실 수 있다. 모든 방면에서 돌아올 수 있도록 우리에게 고통을 안겨 주려는 것이다. 하나님은 우리의 모든 계획과 추구하는 것들을 좌절시키실 수 있다. 그래서 모든 것이 우리의 속을 태우는 수단이 될 것이다. 하나님은 우리가 어느 쪽으로 돌아서든 혼란, 분통, 질책 등을 가지고 우리 뒤를 쫓으실 수 있다.

그리고 우리가 죽어 세상을 떠난다면 하나님께서는 우리가 얼마나 비참하게 될지를 아신다. 하나님이 우리의 원수가 되면 영혼이 떠날 때 우리는 바로 하나님의 수중에 있게 될 것이다. 하나님은 우리의 영혼을 어떻게 하면 가장 고통스럽고 비참하게 만드실지, 또 얼마나 극한 고통으로 채울지를 아신다. 지옥은 하나님의 지혜로, 하나님의 원수들을 징벌할 목적으로 만든 곳이다. 하나님을 우리의 친구로 삼는 것이 최상의 방법이다. 우리가 그렇게 할 기회가 있는데도 그것을 등한시한다면 우리는 정말 어리석은 사람이 될 것이다.

(2) 사람이 하나님을 향해 적개심을 갖는 것이 가장 불합리하다는 것을 생각하라. 하나님은 한없이 탁월하며 사랑이 많으신 분이다. 그리고 우리의 증오의 대상이 아니라 가장 큰 사랑의 대상이시다. 하나님은 우리에게 상처를 주신 적이 없으며, 하나님께서 그렇게 하신다는 것은 불가능하다. 하나님은 전적으로 선하고 은혜로우시며 우리 모두를 아주 넉넉히 대하셨다. 우리는 매일 하나님으로 인해 보존되고 유지된다. 하나님은 우리의 즐거움과 소망의 근원이시다.

3. 그리스도께서는 하나님의 화목의 조건을 이미 수행하셨다. 하나님께서 요구하신 조건은 하나님의 공의를 만족시키는 것과 빚에 대한 값을 지불하는 것이었다. 그리스도는 세상에 오셔서 우리 대신에 그것을 충족시키셨다. 그리고 하나님과 화목하게 되는 것 이외에 우리가 할 것을 아무것도 남기지 않으셨다. 하나님은 그리스도를 통하여 우리와 화목할

준비가 되셨다.

이 교리에 따르면 우리가 양심의 평화를 위하여 어디로 가야 하는지 방향이 정해져 있다. 땅에 평화를 선포하신 그리스도 예수께로 향해야 한다. 고통을 받고 괴로워하는 양심은 큰 짐이다. 사람의 생명은 지쳐 사라진다. 우리가 어디서 안식을 발견할 것인가? 어떻게 이 짐을 가볍게 할 것인가? "수고하고 무거운 짐 진 자들아 다 내게로 오라 내가 너희를 쉬게 하리라"(마 11:28).

우리의 모든 짐을 덜어줄 수 있는 다른 곳이 있을 수 있지만, 우리가 가진 짐으로부터 자유를 얻게 되는 쉼은 오직 예수 그리스도 안에서만 얻을 수 있다. 우리는 어디를 가든지 죄책을 진 채 우리의 양심을 비난할 것이다. 사람들은 여전히 스스로 정죄하고, 죄를 굳게 하며, 정죄하는 양심의 외침을 잠잠하게 할 수 있을지 모른다. 그러나 그것은 그 사람을 죽여서 병을 치료하는 것과 같다. 그러나 그리스도 안에서는 질병의 원인이 제거된다. 죄책은 영원히 사라지며, 영혼은 합리적이고 기초가 튼튼한 평화로 회복된다.

교리의 권함을 받자. 우리는 우리 주 예수 그리스도께서 계시하신 평화의 복음을 알게 되었다. 그리스도의 모든 교리, 계율, 소망은 평화와 관련이 있다. 복음의 전체 틀과 구성이 자연스럽고 뛰어나다. 그것이 평화의 복음을 전하기 때문이다.

우리는 그리스도의 순전한 평화의 교리보다 하나님의 어린 양의 종교보다 더 뛰어난 지혜의 교수들이 될 것인가? 사탄의 회당에 속한 이교도들처럼 서로 물고 삼키며 마귀들의 교리를 품는 사람이 될 것인가?

우리는 분명히 하나님의 자녀들이다. 지극히 높으신 이의 자녀이며, 하나님의 가족의 형제자매들이 나그네와 이방인들처럼 논쟁과 싸움에 익숙해질 것인가? 서로 미워하고 싸워서는 위대한 왕의 자녀가 되지 못한다.

이런 것들은 지옥에 있는 마귀들과 그들의 동료들에게 남겨두자. 그들은 악하고 싸우는 성품을 소유하고 있다. 이와 같은 혼란과 소란으로는 살아 계신 하나님의 도성과 집에 거하면서, 특히 하나님의 식탁에서 자양분을 공급받지 못하게 된다.

이와 관련하여 우리의 가장과 주인이 어떤 분이신지를 생각하라.

온유함의 모델인 그리스도는 노하고 다투기를 좋아하는 영과는 아주 거리가 멀다. 그리스도는 악한 사람들이 가하는 온갖 모욕을 받으면서 어떻게 행동하셨는가? 분명히 그리스도는 우리 중 어느 누구와 비교해도 위대하셨다. 그리스도는 자신이 하나님의 아들이라는 것과 사람들에게서 당한 모욕이 세상에서 가장 치욕스럽다는 것을 잘 아셨다. 하지만 매도당하고 뒤흔들리며 침 뱉음을 당하셨을 때, 어떤 정신을 보여주셨는가? 그리스도께서는 자기를 때리는 자들에게 등을 맡기셨고, 수염을 뽑는 자들에게 뺨을 맡기셨다. 이런 일을 당하면서도 어린 양처럼 잠잠하고 온유하셨다. 그리스도는 입을 열지 않으셨다. 그래서 영원히 어린 양이라고 불리시며 그 이름으로 하늘의 천군 천사들에게 칭송과 찬양을 받으신다.

그리스도 안에서 한 몸이 되어 서로 지체가 되었다는 사실을 생각하자. "이와 같이 우리 많은 사람이 그리스도 안에서 한 몸이 되어 서로 지체가 되었느니라"(롬 12:5). 누구라도 인정하듯이 그리스도의 몸에 불화와 다툼이 있다는 것은 편하지 않다(고전 12:25). 그리스도의 몸에 분열이 있어서는 안 된다. 지체들은 서로 같은 마음으로 돌봐야 한다. 다투기를 좋아하는 사람들은 그리스도의 몸의 지체에게 상처를 주고 서로 찢는 죄를 범한 것이다. 서로 연합하고 붙들어주는 것이 사랑이고 평화이다. 골로새서 3장은 이렇게 말한다. "이 모든 것 위에 사랑을 더하라 이는 온전하게 매는 띠니라 그리스도의 평강이 너희 마음을 주장하게 하라 너희는 평강을 위하여 한 몸으로 부르심을 받았나니 너희는 또한 감사하는 자가 되라"(골 3:14,15).

모든 성도와 완전하고 영원한 평화로 영광을 누리는 방법을 생각해보자. 그러한 삶에 우리의 마음을 집중한다면, 우리는 그곳에서 살기 바라는 대로 이곳에 살면서 할 수 있는 한 많이 기대할 것이다. 우리가 그 나라에 속해 있다면 그 나라의 삶의 방식과 습관을 따라야 한다는 것은 확실하다.

평화로운 정신과 기질이 없이는 그리스도인이 될 수 없다. 이것이야말로 그러한 성향을 가지고 있는 모든 사람 속에서 맺는 하나님의 성령의 열매이기 때문이다. 성령의 열매는 사랑과 희락과 화평과 오래 참음과 자비와 양선과 충성이라고 말한다(갈 5:22). 우리의 영이 고요하고 평화롭고 잠잠하다면 그리스도께서 우리의 영 안에 살기 위해 오실 것이다. 그러나 다툼이 시작된다면 떠나가실 것이다. 다툼은 그리스도의 성품과 정반대이기 때문이다. 소란함과 다툼이 있을 때 그리스도는 그 집에 거하지 않으실 것이다. 그러므로 모든 노력을 다하여 평화롭기를 추구하고, 용서와 순종과 선을 행하는 영과 성품을 실천하자. 그리고 할 수 있다면 모든 사람과 더불어 화목하게 살자.

○

이 설교는 에드워즈의 보통 사이즈보다 큰 설교 노트에 기록되었다. 에드워즈가 설교 날짜를 정하지 않은 시기의 것이며, 총 16쪽 중 6쪽이 적용에 해당한다. 그는 하나님과의 평화, 우리 자신과의 평화, 서로 간의 평화 등 평화의 주제를 다루었다.

하나님과의 평화는 사람이 타락할 때 잃어버렸다. 지금 사람들은 그들을 만드신 창조주를 저버린 상태로 살고 있다. 사람의 마음은 적대감으로 가득 차 있다. 그러나 그리스도의 희생으로 사람들은 하나님과 화목해졌으며 하나님께서는 진노를 거두셨다. 그리스도는 우리 안에 화평을 위한 기초를 놓으셨다. 죄는 마음의 혼란과 혼동에 모든 것을 더했다. "죄는 인간과 차이를 보이게 해 그를 자신의 최악의 적으로 만들었다. 어떤 상황에서도 죄인에게는 평화가 없다. 그의 마음에 끊임없는 전쟁이 있기 때문이다. 죄인은 그의 영혼에 내재한 격동과 폭풍으로 인해 큰 문제와 불안을 느낀다." 그리스도는 분열을 치유하기 위해 오셨다. 그리고 에드워즈에 따르면, "그리스도만이 죄인들을 치유하실 수 있다."

에드워즈가 그리스도께서 가지고 오셨다고 설교하는 평화의 마지막 측면은 서로 간의 평화이다. "전쟁과 투쟁, 악, 시기, 논쟁 그리고 서로 간의 병폐는 배교하는 세상에 속한 가장 비참한 것들에 속한다. 이런 것들로 세상은 천상의 세계와 완전히 다르게 되고 지옥 세계처럼 되어버렸다. 사람들의 마음을 통치하는 부패는 세상을 이런 것들로 채운다." 에드워즈의 요점은 사람들로 인해 고통이 온다는 것이다. 우리는 "서로를 삼키고 박해하며 서로에게 고통을 준다." 그는 우리가 얼마나 일을 나쁘게 만들었는지에 대해 "당연히 영광스러운 일은 아닐 것"이라고 말한다. "만일 하나님께서 하늘에서 땅으로 어떤 특별한 사신을 보내어 사람들 사이에 평화를 이루게 하고 서로 간에 화목하게 하신다면 말이다." 에드워즈는 하나님께서 이런 일을 행하셨다고 말한다. 그러고 나서 그리스도께서 사람들에게 평화를 회복시키시는 방법들을 서술한다.

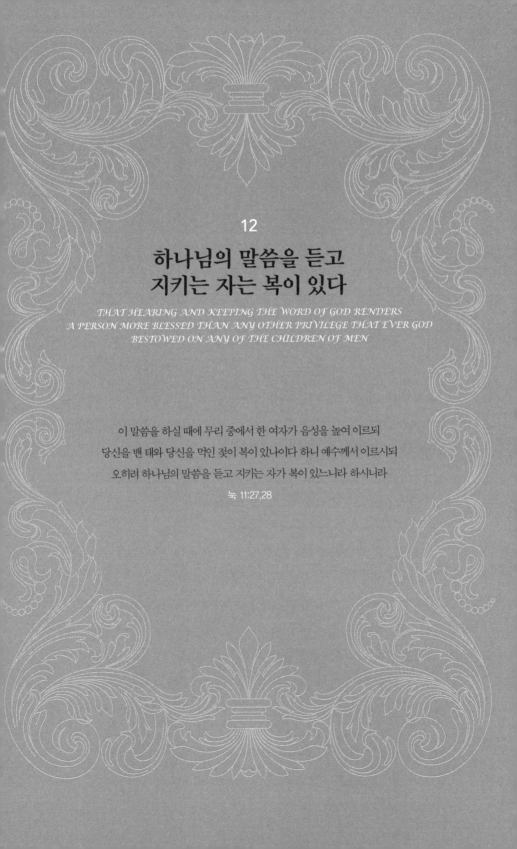

12

하나님의 말씀을 듣고
지키는 자는 복이 있다

THAT HEARING AND KEEPING THE WORD OF GOD RENDERS
A PERSON MORE BLESSED THAN ANY OTHER PRIVILEGE THAT EVER GOD
BESTOWED ON ANY OF THE CHILDREN OF MEN

이 말씀을 하실 때에 무리 중에서 한 여자가 음성을 높여 이르되

당신을 밴 태와 당신을 먹인 젖이 복이 있나이다 하니 예수께서 이르시되

오히려 하나님의 말씀을 듣고 지키는 자가 복이 있느니라 하시니라

눅 11:27,28

　　　　　　　모든 연령대에 걸친 전 세계적 대질문은 행복을 추구한다는 것이다. 행복은 세상의 지혜 있는 사람들 사이에서 가장 큰 질문이었다. 행복은 인류의 아주 보편적이면서 주된 관심사다. 그들은 행복을 얻지 못하면 몹시 당황한다. 그러나 세상이 가장 쉽게 속는 것이 바로 행복에 대한 것이다. 인류의 위대한 스승이신 예수 그리스도는 세상에 오셔서 사람들에게 참된 행복이 무엇인지, 복 있는 사람이 누구인지 말씀하시는 것으로 산상설교를 시작하셨다.

　유대인은 구약성경을 통해 하나님의 말씀의 빛을 누렸으면서도 세상의 다른 사람들과 마찬가지로 행복에 대해 속고 있었다. 유대인은 자신이 아브라함과 야곱의 후손이라는 것, 모세의 율법을 가지고 있고 할례를 행했다는 것, 하나님의 택하신 백성의 외적인 특권이 있다는 것, 하나님이 약속하신 메시아를 보내주실 민족이라는 것 때문에 세상의 다른 사람들보다 더 행복하다고 생각했다.

　이 본문에서 우리는 어떤 여자가 그리스도의 천국에 관한 설교를 듣고 감동을 받아 그리스도께서 놀라운 분이며 어쩌면 그분이 메시아일지 모른다고 확신했다는 것을 보았다. 이스라엘 여인들이 아이를 낳지 못하는 것을 큰 재앙으로 여기게 된 것은, 모든 어머니라면 당연히 품었을 메시아에 대한 소망 때문이다. 메시아가 그 여자에게서 나올 것이라거나, 메시아가 그 여자의 후손이 될 것이라는 소망 말이다. 메시아의 어머니가 된다는 것이 그만큼 거대한 특권으로 여겨졌다면, 그들이 메시아를 밴 태와 메시아를 먹인 젖이 복이 있다고 한 것은 그리 놀랄 만한 것이 아니다.

그러나 그리스도께서는 오히려 그 여자에게 하나님의 말씀을 듣는 사람이 더 복되다고 말씀하신다. 그 여자는 그분의 말씀에 감탄했을 것이다. 비록 그 여자의 태가 메시아를 낳지 못하고 메시아에게 젖을 물리지 못했다고 하더라도, 하나님의 말씀을 듣고 지킴으로써 더 큰 축복이 이를 수 있다고 여인을 가르치신다. 그 여자는 그리스도의 교훈을 들을 기회가 있고, 지금 그 말씀을 듣고 있었다. 당신이 그 여자가 들은 것을 동일하게 들을뿐더러 지키려고 한다면 이는 더 큰 복이 될 것이다.

| 교 리 |

하나님의 말씀을 듣고 지키는 것은 하나님께서 사람의 자녀들에게 부여하신 어떤 특권보다 더 복 있는 사람이 되게 한다.

명제 1 : 하나님은 사람의 자녀들에게 매우 큰 특권을 부여하셨다.
하나님은 자연의 선물로, 타고난 재능으로 특권을 주셨다. 일반적인 섭리에 속한 특권, 즉 사람들 사이에 부와 명예와 영향력을 얻는 습득된 지식 또한 큰 특권으로 주셨다. 그러나 지금 우리는 본문에서 하나님의 말씀을 갖고 지키는 복이라는 신적이고 종교적인 특성에 속한 특권을 비교해보고 있다. 하나님께서 사람의 일부 자녀들에게 주신 이런 종류의 특권은 위대하다. 하나님은 일반적이고 평범한 섭리 가운데 일부 사람들에게 큰 특권을 부여하셨다.

사람들의 영혼에 대한 그리스도의 대사로서 사역하는 일과 영원한 복음을 전하는 일로 하나님께 부름을 받는 것은 큰 특권이다. 하나님께서 그들에게 값진 보화를 맡기시고, 그리스도를 대신해 하나님의 메시지를 전하게 하시는 것은 큰 특권이다. 그 일에 부름을 받고 세움을 받아 일하는 것은 매우 영광스러운 일이다. 이들 중 일부는 종교 문제와 거룩한 문제에서 매우 크고 광범위한 지식을 가진 복을 받은 사람들이다. 하나님께서 그들을 많은 선한 일에 도구로 삼으신다. 그들은 많은 영혼을 회심케 하는 도구들이다. 그들은 그들의 특별한 무리 안에서만 선을 행하는 수단일 뿐만 아니라 많은 교회에서 큰 빛이 되었다. 그들은 설교와 저술을 통해 많은 나라에 진리와 경건을 진작시키는 데 큰일을 했다.

어떤 이들은 이단들과 진리를 부인하는 사람들에게 진리를 잘 변호했다. 어떤 이들은 종교를 전파하고 이교도들을 깨우쳐서 그들을 기독교로 개종시키는 데 쓰임 받았다. 그중에 위대한 개혁자들이 있었고, 긴 어둠의 밤과 부패의 시기 이후 교회를 부흥시킨 사람들도 있다. 일부 그리스도인 왕과 황제들이 교회에 커다란 선을 행했다. 콘스탄티누스 대제는 이교도의 제국을 전복하고 그 자리에 기독교를 세우는 도구였다.

이러한 특권은 하나님의 일반적인 섭리의 과정에서 사람들에게 주신 특권이다. 이외에도 하나님은 독특한 방식으로 특권을 부여하셨다. 하나님께서 아브라함을 부르셔서 그에게 그의 후손을 땅 위에 있는 모든 사람보다 특별한 백성으로 삼겠다고 하신 것은 큰 특권이었다. 하나님께서는 아브라함에게 수시로 그와 대화하시고, 그에게 하나님 자신을 특별히 계시하시며, 그의 씨로 땅의 모든 족속이 복을 받게 하겠다고 약속하셨다.

하나님께서는 모세에게도 큰 특권을 주셨다. 하나님께서는 모세를 애굽의 노예생활로부터 이스라엘 백성을 구원하는 도구로 삼으셨으며, 홍해와 광야에서도 큰 이적을 행하시며 하나님 자신을 놀랍게 계시하셨다. 하나님께서는 모세와 얼굴을 맞대어 마치 사람이 자기의 친구에게 말하듯이 말씀하셨다(출 33:11). 하나님께서는 모세에 대해 이렇게 말씀하셨다. "이르시되 내 말을 들으라 너희 중에 선지자가 있으면 나 여호와가 환상으로 나를 그에게 알리기도 하고 꿈으로 그와 말하기도 하거니와 내 종 모세와는 그렇지 아니하니 그는 내 온 집에 충성함이라 그와는 내가 대면하여 명백히 말하고 은밀한 말로 하지 아니하며 그는 또 여호와의 형상을 보거늘 너희가 어찌하여 내 종 모세 비방하기를 두려워하지 아니하느냐"(민 12:6-8).

다윗에게도 큰 특권을 맡기셨다. 하나님께서는 양을 치는 다윗을 일으켜 이스라엘 백성을 다스리는 왕이 되게 하셨고 그의 집과 나라를 영원히 견고하게 하실 것이라고 약속하셨다.

하나님께서 몇몇 선지자에게 부여하신 큰 특권도 있었다. 특히 다니엘에 관해서는 사자 굴에서 그를 보호함으로 그를 존귀하게 하신 것을 드러내셨다. 사도들에게 부여하신 특권도 컸다. 사도들을 택하셔서 복음을 세상에 널리 전하게 했고 교회를 세우는 큰 도구가 되게 하셨다. 사도들을 그리스도 이후에 세워진 교회의 토대로 삼으셨다. 그중 사도 바울은 이방인과 로마제국을 복음으로 채우는 주된 도구였다.

그리스도는 성령의 비범한 은사들로 당시 사도들과 많은 사람들에게 큰 특권을 부여하셨다. 그리스도는 제자들에게 뱀을 집으며 독을 마시더라도 해를 입지 않을 것이고, 병든 사람에게 손을 얹으면 치유될 것이라고 말씀하셨다(막 16:18). 또 그리스도께서 사도 요한에게 베푸신 은총이 얼마나 놀라운지 생각해보라. 그리스도는 교회에 일어날 미래의 큰 사건들을 요한에게 계시하셨다.

하나님께서 동정녀 마리아에게 복을 주신 것은 참으로 놀라운 특권이었다. 하나님께서는 하나님의 아들이며 세상의 창조자요, 죄인의 구주이며 천사와 사람들의 심판자이신 예수 그리스도의 어머니로 마리아를 선택하셨다. 성령의 능력으로 예수 그리스도를 태에 잉태한 것은 참으로 놀라운 특권이었다. 누가복음 1장에 언급된 천사의 말처럼 말이다. "천사가 대답하여 이르되 성령이 네게 임하시고 지극히 높으신 이의 능력이 너를 덮으시리니 이러므로 나실 바 거룩한 이는 하나님의 아들이라 일컬어지리라"(눅 1:35). 실제로 마리아는 천사가 말한 것처럼 여인들 중에 가장 은총을 입고 복을 받은 사람이었다. "그에게 들어가 이르되 은혜를 받은 자여 평안할지어다 주께서 너와 함께 하시도다 하니"(눅 1:28).

마리아는 얼마든지 복을 받은 동정녀라고 불릴 만했다. 마리아가 직접 노래한 것처럼 말이다. "그의 여종의 비천함을 돌보셨음이라 보라 이제 후로는 만세에 나를 복이 있다 일컬으리로다 능하신 이가 큰일을 내게 행하셨으니 그 이름이 거룩하시며"(눅 1:48,49). 그러므로 우리가 읽은 본문에서 그 여자가 "당신을 밴 태와 당신을 먹인 젖이 복이 있나이다"라고 목소리를 높여 말할 때 그리스도께서는 그 말을 부인하지 않으시고, 다만 "하나님의 말씀을 듣고 지키는 자가 복이 있느니라"라고 축복하신 것이다.

마리아가 태에 아이를 잉태하고 그 아이를 품에 안아 젖을 먹인 것은 참으로 큰 특권이었다. 그 아이는 하늘과 땅의 창조주이자 권세 있는 통치자, 인류의 위대한 구세주, 지극히 높고 영원하며 무한히 사랑받는 하나님의 아들이셨다. 그래서 마리아는 "내 영혼이 주를 찬양하며 내 마음이 하나님 내 구주를 기뻐하였음은"(눅 1:46,47)이라고 말할 수 있었을 것이다.

명제 2 : 하나님의 말씀을 듣고 지키는 것이 그 어떤 특권들보다 더

복되다. 하나님의 말씀을 듣고 지키는 것은 성도가 예언의 능력을 받은 것보다, 사도가 되거나 성령의 이적을 행하는 은사를 받는 것보다, 병을 고칠 수 있는 것보다, 방언을 말하거나 산을 옮기는 것보다도 더 큰 복이다. 사도 바울은 고린도전서 12장에서 이 사실을 우리에게 가르친다. "하나님이 교회 중에 몇을 세우셨으니 첫째는 사도요 둘째는 선지자요 셋째는 교사요 그 다음은 능력을 행하는 자요 그 다음은 병 고치는 은사와 서로 돕는 것과 다스리는 것과 각종 방언을 말하는 것이라 다 사도이겠느냐 다 선지자이겠느냐 다 교사이겠느냐 다 능력을 행하는 자이겠느냐 다 병 고치는 은사를 가진 자이겠느냐 다 방언을 말하는 자이겠느냐 다 통역하는 자이겠느냐 너희는 더욱 큰 은사를 사모하라 내가 또한 가장 좋은 길을 너희에게 보이리라"(고전 12: 28-31). 그리고 나서 바울은 고린도전서 13장에서 더욱 큰 은사가 무엇인지 말하기를, 하나님과 우리의 이웃에게 자비심을 갖고 참된 거룩과 사랑의 정신을 갖는 것이라고 말한다.

성도들에게는 하나님의 말씀을 듣고 지키는 것이 더 큰 복이다. 그 복은 모세가 이스라엘 백성들을 애굽의 노예의 삶에서 인도해 내는 도구로 놀라운 이적을 행하고 하나님의 계시를 받아 영예를 누린 것보다, 다니엘이 은총을 받은 것보다 더 크다. 사도 바울이나 요한이 받은 특권보다 더 크다. 동정녀 마리아가 예수 그리스도를 잉태하고 젖을 먹인 영예를 누리고 은총을 받은 것보다 더 큰 복이다.

실제로 지금까지 언급한 특권들은 평범한 성도들보다 더 복을 받은 사람들이 받는 것이라는 점을 암시한다. 왜냐하면 하나님께서 그들에게 그런 특별한 영예를 주시기 때문이다. 하지만 그들이 더 복이 있다고 하는 것은 이러한 특권 때문이 아니다. 그것은 하나님께서 그들에게 더 많은 복을 주려고 하신다는 것이 아니라 탁월한 성도에게 주시는 특별한 은총의 증거로 여겨야 한다. 그러므로 하나님은 모세에게 큰 은총을 베푸셔서 그가 아주 탁월한 성도임을 입증해주셨다. 하나님은 다니엘에게 큰 은총을 주셔서 그에게 계시함을 주셨다. 다니엘은 천사가 그에게 말한 것처럼 크게 은총을 입은 사람이었다. 사도 요한 역시 사랑받은 제자였다. 그리스도께서 그에게 계시를 베푸신 것은 요한이 그러한 사람임을 입증하신 것이다. 요한이 이처럼 특별한 사랑을 받은 사람이라는 복은 그가 위대한 성도로서 받은 복이었다.

그들은 앞서 언급한 것과 같은 특권을 가지고 있었다기보다는 성도였기 때문에 더 많은 축복을 받았다. 모세가 더 복을 받은 것은 그가 애굽과 홍해와 광야에서 여러 기사들을 행한 위대한 선지자여서가 아니라 성도였기 때문이다. 그래서 모세는 광야에서 하나님의 말씀대로 기적을 행하고, 마치 그의 손으로 양 떼를 인도하듯이 이스라엘 백성을 인도했다. 하나님께서 모세와 얼굴을 마주하고 말씀하셨으며, 하나님과 함께 40일 밤낮을 산에 있기를 두 번이나 하였다. 그리스도의 인격에 대한 가시적인 묘사를 보았기 때문에 복이 있는 것이 아니라 그가 성도라는 사실 때문에 복이 있었다. 마치 모세가 하나님의 은혜를 가슴속에 품고 거룩한 삶을 살았기 때문에 그 모든 것이 그를 복 있는 사람으로 만들었다는 것이 아니다.

다니엘이 느부갓네살의 꿈을 해석하고, 벽에 나타난 글자를 읽고, 메시아의 오실 때와 큰일들을 예고할 수 있었기 때문에 그가 복 있는 사람인 것이 아니다. 그가 진정한 성도였기 때문에 복 있는 사람인 것이다. 그래서 동정녀 마리아가 그리스도의 어머니가 되신 것은 비록 그것이 매우 큰 은총이고 영예였다고 해도 그것 때문에 마리아가 복을 받은 것이 아니라 그가 참으로 거룩한 사람(성도)이었기 때문에 복 받은 사람이 된 것이다.

여기서 하나님의 말씀을 듣고 지키는 것이 의미하는 바가 무엇인지를 간략히 설명할 것이다. 그러고 나서 이것이 왜 다른 어떤 특권보다 더 복받은 사람인지 몇 가지 이유를 제시하려고 한다.

본문에 언급된 하나님의 말씀을 듣는다는 것은 외적, 내적, 영적인 듣기를 의미한다. 이것이 하나님의 말씀을 외적으로 듣는 것을 의미한다면, 그 의미는 하나님의 말씀을 듣고 지키는 사람이 복이 있다는 것이다. 따라서 듣는 것은 여기서 말하는 복의 어느 한 부분으로 언급되고 있지 않다. 다시 말해, 하나님의 말씀을 듣는 것은 그 말씀을 지키는 복을 얻을 때 주는 큰 유익과 그 말씀을 지키는 것에 반드시 선행되어야 할 필수 요소로만 이해되는 것이 아니다. 하나님의 말씀을 듣지 않는데 지키는 사람들과 하나님의 말씀을 들은 사람들은 그것을 지킬 때 오는 큰 복을 얻을 기회를 갖게 된다.

본문에서 그리스도는 더 직접적으로 말씀하셨고, 그 여자는 외적으로 듣고 있었다. 그리스도께서는 그 여자에게 말씀을 들었을 뿐 아니라 말씀을 지키면 그녀가 말한 특권보다 더 큰 복을 받게 될 것이라고 말씀하신다. 그리스도께서는 말씀을 듣고 지키는 사람을 가리켜 반석 위에 집을 지은 지혜로운 사람에 비유하신다. 그러나 말씀을 듣고 지키지 않는 사람은 그의 집을 모래 위에 지은 어리석은 사람과 같다.

또 이것은 하나님의 말씀을 내적, 영적으로 듣는 것으로 이해할 수도 있다. 그리스도께서 말씀을 듣는다는 의미가 무엇인지에 대해 종종 말씀하신 내용이다. "아브라함이 이르되 그들에게 모세와 선지자들이 있으니 그들에게 들을지니라"(눅 16:29). "바리새인들이 이르되 네가 너를 위하여 증언하니 네 증언은 참되지 아니하도다"(요 8:13). "또 이 우리에 들지 아니한 다른 양들이 내게 있어 내가 인도하여야 할 터이니 그들도 내 음성을 듣고 한 무리가 되어 한 목자에게 있으리라"(요 10:16). "이 백성들의 마음이 완악하여져서 그 귀는 듣기에 둔하고 눈은 감았으니 이는 눈으로 보고 귀로 듣고 마음으로 깨달아 돌이켜 내게 고침을 받을까 두려워함이라 하였느니라"(마 13:15). 이런 의미에서 하나님의 말씀을 듣는다는 것은 복의 한 부분이다. 우리가 이런 의미로 듣는 것을 이해한다면, 하나님의 말씀을 듣고 지키는 것에는 마음과 목숨의 모든 은혜와 거룩함이 포함된다는 것이다.

하나님의 말씀에 대한 내적인 듣기와 영적인 듣기에는 다음 세 가지가 포함된다.

1. 하나님의 말씀에 대한 영적 이해가 포함된다. 하나님의 말씀에 대한 내적인 듣기와 영적인 듣기는 그 말씀 안에 포함된 크고 놀라운 것들과 하나님의 영이 우리의 영혼에 계시하시는 말씀의 탁월함을 듣는 것이다. 마태복음 13장에서 이렇게 말한다. "좋은 땅에 뿌려졌다는 것은 말씀을 듣고 깨닫는 자니 결실하여 어떤 것은 백 배, 어떤 것은 육십 배, 어떤 것은 삼십 배가 되느니라 하시더라"(마 13:23). 어떤 사람은 하나님의 말씀을 귀로만 듣고 영적으로는 이해하지 못할 수 있다. 어떤 사람은 하나님의 말씀에서 교리에 대해 추론하고 논쟁을 할 수 있지만 하나님을 보지 못할 수 있다. 그 말씀에서 하나님의 지혜나 하나님의 거룩함과 은혜를 보지 못한다. 그러나 하나님의 말씀을 영적으로 듣는 사람들은 그 안에 있는 영적인 것들을 본다.

2. 이에 하나님의 말씀에 대한 영적인 듣기는 말씀을 듣고 따르며 진리로 받아들이고, 말씀이 계시하는 것이 실재하고 확실한 것이라고 받아들이는 것까지 포함된다. 진리를 진리로 듣지 않는 사람은 성경에서 하나님의 말씀을 듣지 않는다. 그래서 듣는 것은 반드시 이해가 필요하

다. 사도행전 28장은 이렇게 말한다. "그 말을 믿는 사람도 있고 믿지 아니하는 사람도 있어 서로 맞지 아니하여 흩어질 때에 바울이 한 말로 이르되 성령이 선지자 이사야를 통하여 너희 조상들에게 말씀하신 것이 옳도다 일렀으되 이 백성에게 가서 말하기를 너희가 듣기는 들어도 도무지 깨닫지 못하며 보기는 보아도 도무지 알지 못하는도다 이 백성들의 마음이 우둔하여져서 그 귀로는 둔하게 듣고 그 눈은 감았으니 이는 눈으로 보고 귀로 듣고 마음으로 깨달아 돌아오면 내가 고쳐 줄까 함이라 하였으니"(행 28:24-27). 그러고 나서 이렇게 결론을 짓는다. "그런즉 하나님의 이 구원이 이방인에게로 보내어진 줄 알라 그들은 그것을 들으리라 하더라"(행 28:28).

3. 여기서 암시된 내용은 마음의 열매와 성향이다. 영적인 듣기에는 깨달음에 대한 동의뿐 아니라 의지에 대한 동의도 포함된다. 하나님의 말씀은 추측하는 것이 아니라 우리의 행위를 지시하고 다스리는 것이다. 하나님의 말씀은 영혼의 성질과 기질이 말씀에 속할 때까지, 거기에 굴복되고 마음의 순응이 일어날 때에야 비로소 내적으로 들을 수 있다.

하나님의 말씀을 지킨다는 의미는 다음과 같다.

1. 하나님의 말씀을 엄격하고 주의 깊게 지키고 실천하는 것이다. 하나님의 말씀대로 살아가는 것이며, 사람에게 지시하시는 하나님의 말씀의 교리를 지키는 것이다. 이러한 이유에서 우리가 하나님의 계명을 지킨다는 표현을 자주 듣는다.

하나님의 말씀을 지킨다는 표현은 하나님의 말씀에 대한 엄청난 경의와 존경을 갖는다는 의미다. 하나님의 말씀을 부주의하게 듣는 사람들은 그 말씀을 지키지 않는다. 그들에게 심겨진 하나님의 말씀은 마귀가 와서 낚아챈다. 그들은 말씀의 가치와 중요성을 인지하지 못하기 때문에 하나님의 말씀을 지키지 않는 것이다. 반대로 하나님의 말씀을 지키는 사람들은 말씀이 주어진 목적을 위해 그것을 개선하고 사용하려 하여 그 말씀을 지킨다. 그들은 하나님의 계명을 지킨다. 그리고 그리스도가 규정하고 보편적으로 조언하신 것을 지킨다.

2. 하나님의 계명을 잠시 실천할 뿐 그 후에 실천하지 않는 사람은 인내하지 않는 것을 의미한다. 그는 하나님의 말씀을 잃지만, 하나님의 명령을 진정으로 준수하는 사람들은 하나님의 말씀을 잃지도 않고 버리지도 않으며 저버리지도 않는다. 그 사람은 하나님의 명령을 알 뿐만 아니라 끝까지 지키는 사람이다.

하나님의 말씀을 듣고 지키는 사람이 왜 다른 어떤 특권을 가지고 있는 사람들보다도 복 있는 사람이라고 하는지 몇 가지 이유가 있다.

(1) 하나님께서는 사람들에게 구원의 은혜를 베푸시고, 그들의 귀를 열어 자신의 말씀을 듣게 하신다. 영적으로 그의 마음을 열어 말씀을 깨닫고 믿고 동의하고 받아들이게 하시며, 보편적이고 인내하는 순종의 영을 주신다. 이는 하나님의 사랑에 대한 더욱 큰 증거이다. 하나님의 말씀을 듣고 지키는 것이야말로 세상에서 가장 확실한 하나님의 사랑의 증거다.

그 밖에 다른 자비들과 앞서 언급한 특권들 역시 하나님의 사랑의 증거였다. 하나님께서 모세를 불러 일하게 하신 것은 모세에 대한 하나님의 사랑의 증거였다. 하나님께서 다니엘과 요한에게 계시하신 것들, 동정녀 마리아의 태에 그리스도를 잉태한 것도 하나님의 사랑의 증거였다. 그러나 하나님의 말씀을 듣고 지키기 위해 마음을 주시는 하나님의 사랑의 증거만큼 확실한 것은 없다. 우리는 하나님의 단순한 말씀과 그분의 풍성한 선언으로부터 하나님의 말씀을 듣고 지키는 사람들이 하나님의 사랑의 대상이라고 확신한다.

그래서 어떤 사람이 참으로 은혜를 받은 사람이라고 확신한다면, 그는 하나님께서 하나님의 영원한 사랑을 그에게 주셨으며 그를 영원부터 사랑하셨다고 확신할 수 있다. 그 사람에게는 하나님의 진리와 신실하심을 세울 근거가 있다. 그러나 사람들은 하나님께서 이 세상 사람들에게 부여하신 다른 특권이나 그 밖의 특권 위에 세울 근거가 없다.

선지자들은 그들이 선지자가 되고 계시받은 것으로부터 하나님의 은총과 사랑에 대한 소망을 쌓으려 하지 않았다. 그들은 그들이 진실한 성도들이라는 사실 위에 이런 것을 세웠다. 모세는 하나님께서 자신을 사랑하셨다고 주장하는 확실한 근거로 그가 행한 기적들이나 하나님과 얼굴을 마주하고 말씀하신 것에 두지 않았다. 그가 하나님을 사랑하고 하나님을 믿으며 거룩한 삶을 사는 것에 근거를 두었다. 우리는 시편에서 다윗이 하나님께서 그를 왕으로 만드신 것과 그가 하나님의 계명을 지키고 그 안에서 성실했다는 것을 근거로 하나님의 은총을 소망하는 것을 찾을 수 없다. 시편 17편의 도입 부분에서 볼 수 있듯이 말이다. "여호와여 의의 호소를 들으소서 나의 울부짖음에 주의하소서 거짓 되지 아니한 입술에서 나오는 나의 기도에 귀를 기울이소서 주께서 나를 판단하시며 주의 눈으로 공평함을 살피소서 주께서 내 마음을 시험하시고 밤에 내게 오시어서 나를 감찰하셨으나 흠을 찾지 못하셨사오니 내가 결심하고 입으로 범죄하지 아니하리이다 사람의 행사로 논하면 나는 주의 입술의 말씀을 따라 스스로 삼가서 포악한 자의 길을 가지 아니하였사오며 나의 걸음이 주의 길을 굳게 지키고 실족하지 아니하였나이다 하나님이여 내게 응답하시겠으므로 내가 불렀사오니 내게 귀를 기울여 내 말을 들으소서 주께 피하는 자들을 그 일어나 치는 자들에게서 오른손으로 구원하시는 주여 주의 기이한 사랑을 나타내소서"(시 17:1-7).

이와 마찬가지로 바울도 하나님의 사랑에 대한 소망을 그리스도께서 그를 사도로 만드시고, 복음을 전파할 위대한 도구로 삼으신 것 위에 세우지 않았다. 하나님께서 자신의 아들을 그 안에 계시하셨고, 또한 그에게 맡기신 것을 능히 지킬 수 있게 하실 것을 확신하는 데(딤후 1:12), 또는 그가 믿음의 선한 싸움을 싸운 것에(딤후 4:7) 세우지 않았다. 바울은 허공을 치는 사람처럼 싸우지 않았다. 고린도전서 9장은 이렇게 말한다. "운동장에서 달음질하는 자들이 다 달릴지라도 오직 상을 받는 사람은 한 사람인 줄을 너희가 알지 못하느냐 너희도 상을 받도록 이와 같이 달음질하라 이기기를 다투는 자마다 모든 일에 절제하나니 그들은 썩을 승리자의 관을 얻고자 하되 우리는 썩지 아니할 것을 얻고자 하노라 그러므로 나는 달음질하기를 향방 없는 것 같이 아니하고 싸우기를 허공을 치는 것 같이 아니하며 내가 내 몸을 쳐 복종하게 함은 내가 남에게 전파한 후에 자신이 도리어 버림을 당할까 두려워함이로다"(고전 9:24-27). 빌립보서 3장에서 말하고 있듯이, 바울은 사도로서 자신의 특권을 신뢰하기보다 그리스도만을 보며 나아갔다. 동정녀 마리아 역시 특권을 받았지만 자신이 하나님의 사랑을 받은 자라고 주장했던 것은 성도가 되었다는 사실에 더 많은 확신을 얻었던 것이다.

(2) 여기서 우리는 하나님과 그리스도와의 더 가까운 관계와 연합의 필요성을 추론할 수 있다. 하나님의 말씀을 듣고 지키는 것은 하나님과의 영적인 연합과 교제의 행복을 가져온다. 하나님과 외적으로 대화하는

것보다, 하나님의 임재와 영광의 가시적인 표징과 계시들을 보는 것보다, 모세처럼 육신의 귀로 하나님의 음성을 듣는 것보다, 하나님과 영적인 교제를 갖고 하나님의 영과 참된 헌신의 행위로 하나님과 구원의 관계를 맺는 것이 더 큰 복이다. 우리의 영혼은 어떠한 외적인 관계보다도 이 영적인 관계에서 하나님께 더 가까이 가고 더 많은 분깃을 얻기 때문이다.

이러한 사실에 근거하여 선지자처럼 하나님으로부터 영감을 받는 것보다 마음에 생명력이 넘치는 원리로서 하나님의 영이 거하시는 것이 더 복이 있다. 선지자처럼 미래에 일어날 것들에 대한 계시를 받는 것보다 하나님의 영으로 하나님과 예수 그리스도의 영광을 발견하는 영적이고 은혜로운 계시를 받는 것이 더 복이 있다. 시내 산으로 올라가는 것보다 믿음으로 하나님께 가까이 나아가는 것이 더 복이 있다. 일 년에 한 번 대제사장에게만 허락된 특권인 성전의 지성소로 들어가는 것보다 예수의 피를 힘입어 성소에 들어갈 담력을 얻는 것이 더 복이 있다.

예수 그리스도의 형제나 어머니가 되는 것보다, 지극히 가깝고 일시적인 관계에 서 있기보다 영적인 관계로 그리스도의 제자, 형제와 그리스도의 지체가 되는 것이 더 복이 있다. "한 사람이 예수께 여짜오되 보소서 당신의 어머니와 동생들이 당신께 말하려고 밖에 서 있나이다 하니 말하던 사람에게 대답하여 이르시되 누가 내 어머니이며 내 동생들이냐 하시고 손을 내밀어 제자들을 가리켜 이르시되 나의 어머니와 나의 동생들을 보라 누구든지 하늘에 계신 내 아버지의 뜻대로 하는 자가 내 형제요 자매요 어머니이니라 하시더라"(마 12:47-50). 더 뛰어나고 복된 의미에서 그들은 예수 그리스도의 어머니이며 형제자매다. 하나님의 말씀을 듣고 지키는 사람들은 마음으로 그리스도를 잉태하고 낳는 사람들이다. 그리스도께서 그들 안에 있다. "나의 자녀들아 너희 속에 그리스도의 형상을 이루기까지 다시 너희를 위하여 해산하는 수고를 하노니"(갈 4:19). 그리스도를 태에 품는 것보다 마음에 품는 것이 더 복이 있다. 동정녀 마리아처럼 그리스도를 팔이나 가슴에 품는 것보다 믿음과 사랑 안에 품는 것이 더 복이 있다.

3. 하나님의 말씀을 듣고 지키는 복은 더 본질적이며 복의 특성에 더 많은 영향을 준다. 그 밖에 다른 특권들은 더 외적이며 우발적이다. 하나님의 말씀을 듣고 지키는 것은 사람의 본성에 탁월한 영향을 미친다. 그것에 의해 사람의 본성에는 정직성과 참된 탁월함이 있으며 이것은 사람을 거룩하게 한다. 이제 영감을 받고 하나님의 임재의 가시적인 표징들을 보거나, 그리스도를 태에 잉태하는 것은, 그것 자체로는 특성상 본질적이지 않으며, 그 본성에 직접적인 영향을 미치지 않는다. 하나님은 거룩하지 않은 사람들에게 그런 특권을 부여하지 않으시기 때문에 본성의 우수함과 거룩함을 내세운다고 하더라도 그 자체로 영혼을 거룩하거나 탁월하게 하지도 않는다. 이런 것 자체는 탁월하지도 않고 영혼에 영향을 미치지도 않는다. 시내 산에서 하나님의 가시적인 모습을 보거나, 동정녀처럼 그리스도를 잉태하여 출산하고 젖을 먹이는 것에는 본질적인 거룩함이 없기 때문이다.

4. 행복은 다른 어떤 특권보다 더욱 직접적이고 본질적인 것으로 이루어진다. 사람들은 하나님의 말씀을 듣고 지킴으로써 진정으로 거룩하게 된다. 사람의 가장 큰 행복은 거룩함에 있다. 사고할 줄 아는 피조물의 바른 행복은 하나님을 알고 사랑하고 섬기는 것이다. 그 행복은 영적인 위로와 행복을 일으킨다.

행복은 본질적으로 다른 어떤 특권과 상관없이 행복하게 만들 수 있고, 어떤 특권도 이것 없이는 사람을 행복하게 만들 수 없다. 하나님께 속한 것들에 대한 가장 크고 자연적인 지식을 갖거나 예언의 영을 갖거나 이적을 행할 수 있는 능력을 가진 사람도 은혜 없이는 행복하지 못할 것이다. 고린도전서 13장은 이렇게 말한다. "내가 사람의 방언과 천사의 말을 할지라도 사랑이 없으면 소리 나는 구리와 울리는 꽹과리가 되고 내가 예언하는 능력이 있어 모든 비밀과 모든 지식을 알고 또 산을 옮길 만한 모든 믿음이 있을지라도 사랑이 없으면 내가 아무것도 아니요"(고전 13:1,2).

하나님의 명령을 듣고 지키는 이 복은 하나님께서 사람의 자녀들에게 부여하신 다른 큰 특권들의 목적이다. 선지자들에게 하셨던 것처럼 하나님이 자신을 드러내시는 것은 하나님이 의도하신 계시의 목적이다. 이것이 이적을 행한 목적이다. 이것이 사도들을 보낸 목적이었다. 이것이 동정녀 마리아의 태에 그리스도가 잉태된 목적이었다. 그리스도께서는 사람들을 이러한 복에 들어가게 하시려고 성육신하셨기 때문이다.

5. 이것만으로도 미래와 영원한 축복의 약속이라고 칭할 수 있다. 이 약속들은 다 하나님의 말씀을 듣고 지키도록 하기 위해 주셨다. 하나님의 말씀에는 영감을 받는 사람이나 이적을 행하는 사람이 하늘에 올라간다거나 다른 어떤 것으로 은총을 받으리라는 약속이 없다. 이 약속은 하나님의 말씀을 듣고 지키며 복음을 믿고 즐거워하며 하나님을 섬기고 순종하는 자에게 주어졌다. 그들은 의심의 여지없이 다른 모든 사람들보다 복을 받은 사람들이다. 하나님을 기뻐하며 영원한 축복과 영광과 하늘에 이름을 가진 사람들이다. 그리스도께서는 누가복음 10장에서 제자들에게 이렇게 말씀하셨다. "내가 너희에게 뱀과 전갈을 밟으며 원수의 모든 능력을 제어할 권능을 주었으니 너희를 해칠 자가 결코 없으리라 그러나 귀신들이 너희에게 항복하는 것으로 기뻐하지 말고 너희 이름이 하늘

에 기록된 것으로 기뻐하라 하시니라"(눅 10:19,20).

| 개 선 점 |

1. 우리는 무엇이 되었든지 간에 행복을 얻기 위해 다른 어떤 특권을 신뢰하지 말라는 경고를 받는다. 앞서 언급한 것처럼 우수한 특권들 자체가 행복을 주지 않는다면 말이다. 이제는 더더욱 다른 어떤 특권을 향유할 수 없는 것이다. 당신이 경건한 부모의 자녀라면, 훌륭한 교육을 받았다면, 하나님께서 선하고 천부적인 재능을 주셨다면 그리고 당신이 엄청난 지식을 획득했고, 하나님께서 좋은 은사들로 당신을 축복하셨거나 만일 행운 아래 산다면, 이와 같은 것들은 그 자체로 어떤 사람을 복 있게 하는 것과 거리가 멀다는 것을 기억하라.

사람들은 자신의 특권을 신뢰하고 하나님의 말씀을 듣고 지키는 것을 등한히 한다. 유대인들은 그들이 아브라함의 자손이라는 것을 신뢰하며, 오랜 세월 그래왔듯이 세상의 다른 사람들과 자신들이 구별되었다는 것을 신뢰하며 하나님의 말씀을 듣고 지키는 것을 등한히 했다. 그러나 이런 특권 의식은 그 자체로 그들을 복 받은 사람으로 만드는 것과는 거리가 멀다. 만일 그들이 하나님의 말씀을 듣고 지키지 않는다면 그들 자신의 고통을 가중시킬 뿐이다. "가버나움아 네가 하늘에까지 높아지겠느냐 음부에까지 낮아지리라…"(마 11:23).

2. 그래서 우리가 하나님의 말씀을 얼마나 소중하게 여겨야 하는지 보라. 하나님께서 사람의 자녀들에게 부여하신 다른 어떤 특권보다도, 어떤 사람을 복 있는 사람으로 만드는 것이 참으로 귀중하다. 이것은 틀

림없이 헤아릴 수 없는 보물이다.

그러므로 우리는 기록된 말씀이 참으로 위대하다는 것과 우리가 성경을 진정 소중히 여겨야 한다는 것을 알게 된다. 그리고 설교 말씀을 얼마나 값진 것으로 여겨야 하는지 이해한다. 그러므로 우리는 우리 손에 있는 것, 그리스도께서 우리에게 맡긴 값비싼 말씀의 유익과 가치를 진정으로 귀중히 여겨야 한다. 우리는 하나님의 기록된 말씀과 선포된 말씀을 누려야 한다.

3. 우리는 하나님의 은혜의 가치를 배운다.

4. 하나님께서 지금까지 사람들에게 베푸신 다른 큰 특권들을 갖는 것보다도 하나님의 말씀을 듣고 지키는 것으로 더 큰 복을 받게 될 것이다.

하나님께서 많은 선지자들을 얼마나 사랑하셨는지, 그리스도께서 얼마나 사도들을 구별하셨는지, 동정녀 마리아를 어떻게 이끄셨는지를 읽는다면 우리는 하나님께서 사람의 자녀들에게 이렇게 많은 은총을 베푸신 것에 놀라움을 표현할 수 있을 것이다. 그러나 우리가 하나님의 말씀을 듣고 지킨다면 우리는 그들이 받은 특권을 뛰어넘는 복을 받을 것이다.

하나님의 말씀을 듣고 지키는지 아닌지에 상관없이, 이러한 복이 우리에게 있는지 곰곰이 생각해보자. 우리에게는 하나님의 말씀이 있으며, 모국어로 읽고 들을 수 있는 성경이 있다. 우리에게는 수시로 선포되는 말씀이 있다. 우리가 그것을 듣지도 않고 지키지도 않는다면 그것은 우리가 그 말씀을 듣고 지키기를 거절하기 때문이다. 우리가 의도적으로 말씀을 배척하기 때문에 그런 것이다. 그러나 우리가 하나님의 말씀을 보고 듣는다면 우리는 이러한 복을 얻는 확실한 기회가 있다.

그러므로 우리는 하나님의 말씀을 듣고 지키기 위해 수고하는 것을 아까워해서는 안 된다. 다음과 같은 이점을 놓친다면 애석할 것이다.

1. 당신은 그것을 할 수 있다.
2. 그것을 얻게 될 경우 갖게 되는 큰 이점들.
3. 얼마나 많은 사람이 그것을 얻었을까.
4. 당신은 지금 얼마나 비참한가.

그러므로 이러한 삶을 어떻게 살 것인가. 감사할 내용이 무엇인지 찾으라. 겸손하고 감사하라. 믿어라.

○

1751년에 행한 이 설교는 보통 사이즈보다 큰 설교 노트에 기록되었다. 이 시기는 에드워즈가 노샘프턴을 떠나 스톡브리지의 후서토닉 인디언들에게 선교사의 지위를 얻은 때다. 16쪽 분량에 적용이라는 분명한 제목은 없지만 에드워즈는 네 가지 개선점을 상세히 설명한다.

이 설교의 주제는 스스로 그리스도께 속한 사람들이 받는 복과 행복이다. "세상의 모든 연령대에서 일반적으로 큰 관심사이자 그들이 추구하는 것은 행복이다." 에드워즈는 이 기초를 놓은 후에 계속해서 진정한 행복과 복이 어떤 것인지를 보여준다. 그는 하나님께서 사람들에게 주신 모든 특권을 가지고 이 문제를 설명하기 시작한다. 심지어 마리아가 그리스도에게 젖을 먹인 큰 특권조차 그리스도를 구세주로 알고 하나님의 말씀을 듣고 지키는 특권에 비교한다면 작은 것이었다. 그러고 나서 그리스도는 하나님의 말씀을

듣고 지키는 이 마지막 특권이 진정으로 의미하는 바가 무엇인지를 설명하
는 데 많이 할애한다.

13

내가 내 아버지의 계명을
지킨 것같이 너희도 내 계명을 지키라

EVEN AS I HAVE KEPT MY FATHER'S COMMANDMENTS

내가 아버지의 계명을 지켜 그의 사랑 안에 거하는 것같이

너희도 내 계명을 지키면 내 사랑 안에 거하리라

요 15:10

요한복음 15장에서 그리스도는 육체적 존재로서 제자들을 떠나려 하고 있다. 그리고 그들에게 제자라고 고백만 하지 말고 선한 일에 열매를 맺고 그리스도의 교훈 안에서 인내해야 한다고 권하신다. 제자들은 그리스도 안에 있어야 하며, 믿음과 복음에 대한 고백 안에 끝까지 있어야 한다. 그리고 그리스도의 계명에 지속적으로 순종해야 한다.

그리스도께서는 제자들에게 자신은 포도나무이며 제자들은 가지라고 말씀하신다. 그 가지가 열매를 맺지 못하면 잘려 던져지고 모아져 불에 타게 될 것이다. 그리스도께서는 제자들에게 가지가 포도나무에 붙어 있어야 열매를 맺을 수 있듯이 그들도 그리스도 안에 거해야 열매를 맺는다고 말씀하신다.

그리스도께서는 제자들이 그리스도 안에 거하며 믿음과 순종의 길을 걸어가게 될 때 얻을 큰 유익을 알려주신다. 그것은 하나님께서 그들의 기도를 들으시고 그 응답을 받는 길이다. 그리고 그리스도는 열매를 많이 맺는 것이 하나님의 영광이 된다는 것을 다시금 강조하신다. "너희가 열매를 많이 맺으면 내 아버지께서 영광을 받으실 것이요." 그리고 이것은 제자들이 그리스도의 참 제자라는 증거가 될 것이다. "너희는 내 제자가 되리라."

그리고 9절과 10절에서 그리스도께서는 제자들에게 이것이 그리스도의 사랑 안에 계속 거하는 길이라고 말씀하신다. 이렇게 하는 것이 그들에게는 상당히 가치 있는 일이다. 그리스도께서 이 큰 사랑으로 그들을 사랑하셨기 때문이다. "아버지께서 나를 사랑하신 것같이 나도 너희를 사랑하였으니 나의 사랑 안에 거하라 내가 아버지의 계명을 지켜 그의 사랑 안에 거하는 것같이 너희도 내 계명을 지키면 내 사랑 안에 거하리라"(요 15:9,10).

이는 제자들이 그리스도의 계명을 지키며 그리스도의 사랑 안에 계속 거할 수 있다는 뜻으로 하신 말씀이다. 그리스도께서 그들을 끝까지 사랑하시기 때문이다. 그리스도께서 "너희도 내 계명을 지키면 내 사랑 안에 거하리라"라고 하신 말씀은 신자들이 그리스도의 계명을 끝까지 지키지 못할 가능성이나 그리스도의 사랑에서 떨어지는 가능성을 입증하는 말씀이 아니다. "내가 아버지의 계명을 지켜 그의 사랑 안에 거하는 것같이"라는 말씀이 그리스도께서 아버지의 계명을 지키지 못했거나 계속해서 하나님의 사랑 안에 거하지 않았을 가능성이 있었다고 말하려는 것이 아니듯이 말이다.

그리스도인들은 하나님의 말씀 안에서 인내하라는 권함을 받는다. 이것은 신자들이 다 인내하지는 않을 것이 확실하다는 것을 입증하는 것은 아니다. 인내는 비록 그것이 하나님의 약속이지만 인간의 의무이며, 인간은 그들의 의무에 속하는 것이라고 권함을 받기 때문이다. 그리스도는 이 말씀으로 자신의 권면을 강조하신다. 만일 그들이 순종하는 일에 인내한다면 그들이 그리스도의 사랑 안에 계속 거할 것이다. 하지만 그것이 모든 신자가 확실히 그리스도의 사랑 안에 계속 있을 것이라는 점을 입증하지는 않는다. 본문은 다만 계속 순종하는 것과 그리스도의 사랑에 머물러 있는 것이 서로 연결되었다는 사실을 보여줄 뿐이다. 만약 제자들이 실패하여 순종하지 않는다면, 그것은 그들이 그리스도의 사랑의 대상이 아니었다는 것을 입증할 것이다. 그래서 이렇게 말할 수 있다. 어떤 점에서 그들은 그리스도의 사랑 안에 계속 있지 않다고 말이다.

눈으로 보기에만 그리스도인이고 신앙을 고백하는 사람들이 많다. 그들은 겉으로는 계속 순종하는 것 같지만 눈으로 보기에만 그렇게 할 뿐이며, 하나님께서 그들을 대하는 동안에만 그렇게 보일 뿐이다. 그리스도의 사랑 안에서 하나님은 그들에게 그분이 사랑하는 사람으로서 일시적인 특권을 주신다. 그러나 예수 그리스도께서 그들에게 시험을 보내시고 그들이 순종하지 않을 때, 그들은 심판에 들어가고 정죄를 받게 될 것이다. 비록 그들이 이전에 그리스도의 사랑의 대상인 것처럼 보였어도, 지금 그리스도의 사랑을 굳게 붙들지 않는 것은 그들이 계속 순종하지 않아서 그 후 심판에 이르게 되었기 때문이다. 이런 것들은 틀림없이 그들에게 불리하게 작용할 것이다.

그리스도는 아버지의 계명을 지키셨고 하나님의 사랑 안에 거하셨다. 그리스도가 아버지의 사랑 안에 거하지 않았을 가능성이 있다는 뜻이 아니다. 그리스도는 하나님의 영원한 독생자이시며 삼위의 위격 중에 한 분이시기 때문이다. 그러나 아버지에 대한 그리스도의 인내와 순종과 아버지의 계속되는 사랑 사이에는 연관성이 있다. 만약 그것이 가능하여, 그리스도께서 하나님 아버지께 인내하며 순종하지 않으셨다면, 그리스도가 아버지의 사랑의 대상이 아닐 가능성과 실제로 아버지의 사랑 안에 계속 거하지 않으셨다고 주장할 수 있을 것이다.

| 교 리 |

명제 1 : 우리 주 예수 그리스도는 하나님 아버지의 권세와 명령에 복종하셨다. 그리스도는 아버지를 자기보다 권위 있는 분으로 말씀하신다. 요한복음 14장은 이렇게 말한다. "…아버지는 나보다 크심이라"(요 14:28). 예수 그리스도는 아버지의 종이셨다. 그래서 종종 이렇게 불린다. 이사야서 42, 52장에서 이렇게 말한다. "내가 붙드는 나의 종, 내 마음에 기뻐하는 자 곧 내가 택한 사람을 보라…"(사 42:1). "보라 내 종이 형통하리니…"(사 52:13).

여기서 그리스도가 어떻게 아버지께 복종하셨는지를 검토할 수 있다. 하나님의 영원한 아들이신 예수 그리스도는 하나님이시다. 아버지와 동일한 하나님이시고, 아버지와 완전히 동등하시며, 모든 면에서 완전한 신적 성품을 지니셨다. 예수 그리스도는 아버지와 같은 영광으로 높여진 분이시다. 빌립보서 2장은 이렇게 말한다. "그는 근본 하나님의 본체시나 하나님과 동등됨을 취할 것으로 여기지 아니하시고"(빌 2:6). 우리가 교리문답에서 배운 대로 삼위일체의 모든 위격은 정확히 동등하시다. 이 삼위는 본질에 있어 동일하며 능력과 영광에 있어서도 동등하시다.

실제적으로 삼위일체 안에는 경륜적인 복종이 있다. 영광이나 뛰어남의 정도의 차이는 없지만 삼위에는 질서가 있다. 삼위일체의 세 인격은 하나의 사회로, 일종의 가족으로 볼 수 있다. 그래서 경륜적인 질서가 있는 것이다. 따라서 성부는 성자나 성령보다 더 위대하지 않다고 하더라도 질서 면에서 성부가 첫째이며 성자가 그다음이고 성령이 마지막이다.

그러나 이로 인해 성자가 성부의 권세에 복종하게 되었다고 하는 것은 적절하지 않다. 이러한 복종(subordination)은 굴복(subjection)과 매우 다른 것이다. 하지만 하나님의 아들은 이런 두 가지 점에서 아버지께 굴복하신다.

하나님의 영원하신 아들은 중보자라는 직책을 맡음으로써 자신이 자원하는 행위로 아버지께 참된 복종을 하시는 것이다. 하나님의 아들은 아버지의 권세에 스스로 복종하신다. 그리스도는 중보자의 직책을 맡음으로써 하나님과 사람 사이의 중보사역을 수행하신다. 누가 되었든지 간에 중보자는 틀림없이 아버지의 종인 것이 분명하다. 중보사역을 수행할 때 그는 아버지에게 복종해야 한다. 그 사역은 아버지의 사역이기 때문이다. 아버지는 신성의 위엄을 유지하시며, 당사자는 공격을 받는다. 만약 어떤 사람이 하나님과 사람 사이의 중보자라면, 그는 반드시 아버지에 의해 임명을 받아야 하고 전체적인 일은 반드시 하나님의 명령을 따라야 한다.

중보자의 개념은 그 인물을 아버지보다 열등한 존재로 상정한다. 중보자는 하나님과 사람 사이, 중간에 있는 사람이다. 그래서 중보자라는 직책은 사람보다는 높지만 하나님보다는 낮다. 하나님과 사람 사이에 중보자의 사역을 수행하는 사람은 자신을 사람의 자리에 놓으며, 사람의 대표자가 되는 것이다. 그래서 그는 자신이 아무리 아버지와 동등하다고 해도 일단 그가 사람의 자리에 놓여 있는 한, 그는 아버지께 복종하는 자인 것이다. 그는 하나님이지만 자신이 피조물을 대신함으로써 아버지께 복종하게 된다. 그러므로 그리스도는 성육신하시기 전에 아버지께 복종하셨으며 아버지를 섬기셨다. 그가 구약성경에서 하나님의 천사라고 불린 것에서 이 사실을 분명히 볼 수 있다.

우리는 그리스도께서 종종 주의 천사라는 이름으로 모습을 드러내셨다는 성경을 읽는다. 출애굽기 23장에 천사에 대해 언급한 것이 바로 그 본문이다. "내가 사자를 네 앞서 보내어 길에서 너를 보호하여 너를 내가 예비한 곳에 이르게 하리니 너희는 삼가 그의 목소리를 청종하고 그를 노엽게 하지 말라 그가 너희의 허물을 용서하지 아니할 것은 내 이름이 그에게 있음이니라"(출 23:20,21). 여기서 말하는 사자는 창조함을 받은 천사가 아니었다는 것이 분명하다. 그리스도는 메신저를 상징하는 천사로 칭함을 받았다. 이것은 그분이 성육신하시고 우리의 중보자가 되시기 전에 아버지께 복종하셨다는 증거다.

그리스도는 성육신 이전에 아버지께 복종하셨다. 피조물을 대표해서서 성육신 이전에 사람이 되셨다. 그리스도는 피조물이 아니셨지만 실제로 피조물이 되셨으며 반드시 아버지의 권위에 따라야만 한다. 모든 생명체, 모든 피조물, 의존적인 존재는 하나님의 통치를 받아야 한다. 하나님의 형상과 생각에 계셨던 그분은 하나님께 복종함으로써 하나님과 동등됨을 취하지 않으셨고, 친히 인간의 성품을 취함으로써 종의 형상을 취하셨다(빌 2:6).

그리스도는 종이 주인의 말에 귀를 기울이듯이 귀를 기울이셨다. 그리스도는 주인이 자신을 위해 한 몸을 예비하신다는 것에 귀를 기울였다. 시편 40편은 이렇게 말한다. "주께서 내 귀를 통하여 내게 들려주시기를 제사와 예물을 기뻐하지 아니하시며 번제와 속죄제를 요구하지 아니하신다 하신지라"(시 40:6). 이는 히브리서 10장에서 이런 의미로 인용되었다. "그러므로 주께서 세상에 임하실 때에 이르시되 하나님이 제사와 예물을 원하지 아니하시고 오직 나를 위하여 한 몸을 예비하셨도다"(히 10:5).

마지막에 언급된 내용으로 그리스도는 사람이 되셔서 사람의 법에 복종하셨다. 그리스도는 사람이 복종하는 같은 도덕법에 복종하셨다. 그리스도는 유대인의 나라에 태어나셨고 그 나라에만 구체적으로 적용되는 확실한 규율들에 복종하셨다.

명제 2 : 그리스도는 성부의 모든 계명에 순종함으로 아버지의 권세

에 복종하셨다.

그리스도가 순종한 아버지의 명령들은 여러 가지다.

1. 그리스도는 세상에 오셔서 인간의 본성을 취하시고 우리와 함께 거하라는 아버지의 명령에 순종하셨다. 이것은 우리가 성부 하나님께서 성자 예수 그리스도를 세상에 보내셨다는 말을 자주 들었기 때문에 그리스도가 명백히 아버지로부터 받은 하나의 계명이었다. 그리스도는 중보자였으며 세상에 오시기 전에 아버지께 복종하셨다. 그리스도는 구원의 언약으로 인해 또는 성부와 성자 간의 영원한 동의로 중보자가 되셨다. 그러므로 성자는 하나님과 사람 사이에 중보자가 되기로 동의하셨다. 하나님은 그리스도를 이전에도 여러 번 언약의 사자(천사)로 세상에 보내셨지만, 하나님은 그리스도를 아주 다른 방식으로 보내셨다. 인성에 연합하고 이 땅에 거하는 자들 중에 한 사람으로 거하게 하시려고 보내셨다.

하나님께서 그리스도께 가라고 명령하시자 그리스도는 지체하지 않고 말씀하셨다. "…내가 왔나이다 … 나의 하나님이여 내가 주의 뜻 행하기를 즐기오니…"(시 40:7,8). 아버지의 명령에 그리스도는 곧바로 자신의 거룩하고 영원한 영광의 높은 곳에서 쉽게 몸을 굽히셨다. 그리스도는 자신을 비우셨고, 자신을 낮추셨다. 그리스도는 동정녀의 태에 잉태되셨으며 그 여자에게서 태어나셨다. 그리스도는 어린아이가 되셨고, 그의 보잘것없는 어머니에게서 양육을 받으셨다. 우리가 그러하듯이 부모와 다른 사람들에게 생존에 필요한 돌봄, 의복, 도움을 의지하셨다. 그리스도는 우리와 동일한 피조물이 되셨으며, 우리의 본성과 같은 동일한 변화를 겪으셨고, 동일한 질병과 고통을 당하셨다.

2. 그리스도는 아버지가 명령한 모든 교훈을 지킴으로써 아버지의 명령에 순종하셨다. 하나님은 세상을 가르치고 사람들을 어둠에서 빛으로 옮기기 위해 그리스도를 보내셨다. 그리스도는 하나님의 메시지를 세상에 전달하기 위해 선지자로 보냄을 받으셨으며 사람들을 가르치려고 하나님의 사역자가 되셨다. 그리스도의 공생애 사역 기간은 가르침으로 가득 채워졌다. 그리스도는 하나님의 마음과 뜻을 사람들에게 전하기 위해 노력하셨으며 성전에서, 회당에서, 개인의 집에서, 광야에서, 식사 자리에서, 길을 걸으시면서 그리고 배를 타고 가실 때 가르치셨다. 그리스도는 이 모든 것을 행하심으로써 아버지의 명령을 성취하셨다.

그리스도는 모세가 시내 산에서 그 메시지를 백성들에게 전했듯이, 사람들에게 전해야 하는 하늘의 메시지를 받으셨다. 요한복음 3장은 이렇게 말한다. "그가 친히 보고 들은 것을 증언하되 그의 증언을 받는 자가 없도다"(요 3:32). 그리고 요한복음 8장에서 이렇게 말한다. "내가 너희에게 대하여 말하고 판단할 것이 많으나 나를 보내신 이가 참되시매 내가 그에게 들은 그것을 세상에 말하노라 하시되"(요 8:26). 계속해서 이렇게 말한다. "이에 예수께서 이르시되 너희가 인자를 든 후에 내가 그인 줄을 알고 또 내가 스스로 아무것도 하지 아니하고 오직 아버지께서 가르치신 대로 이런 것을 말하는 줄도 알리라"(요 8:28). 여기서 그리스도는 아버지를 기쁘시게 하는 것을 행하셨다. "나를 보내신 이가 나와 함께 하시도다 나는 항상 그가 기뻐하시는 일을 행하므로 나를 혼자 두지 아니하셨느니라"(요 8:29).

3. 그리스도는 하나님의 교훈을 확증하기 위하여 이적을 행하시며 아버지의 계명을 지키셨다. 그리스도는 많은 이적을 행하지만 오직 자신을 보내신 분의 일을 하셨다. 요한복음 9장에서 날 때부터 맹인 된 사

람의 눈을 뜨게 하시는 상황에서 말씀하셨듯이 말이다. 제자들이 맹인에 대하여, 그가 맹인으로 태어난 것은 누구의 죄 때문인지 그리스도께 물었다. 그 사람이 죄를 범한 것인지 아니면 그의 부모가 죄를 범했는지를 말이다. 그리스도께서는 이렇게 대답하셨다. "이 사람이나 그 부모의 죄로 인한 것이 아니라 그에게서 하나님이 하시는 일을 나타내고자 하심이라"(요 9:3). 그리고 나서 이렇게 말씀하셨다. "때가 아직 낮이매 나를 보내신 이의 일을 우리가 하여야 하리라 밤이 오리니 그때는 아무도 일할 수 없느니라"(요 9:4).

그리스도는 베데스다 연못에서 38년 된 병자를 고치는 상황에서 유대인에게 자신은 아버지께 순종하는 일만을 할 뿐이라고 전하셨다. "그러므로 예수께서 그들에게 이르시되 내가 진실로 진실로 너희에게 이르노니 아들이 아버지께서 하시는 일을 보지 않고는 아무것도 스스로 할 수 없나니 아버지께서 행하시는 그것을 아들도 그와 같이 행하느니라"(요 5:19). "내가 아무것도 스스로 할 수 없노라 듣는 대로 심판하노니 나는 나의 뜻대로 하려 하지 않고 나를 보내신 이의 뜻대로 하려 하므로 내 심판은 의로우니라"(요 5:30).

4. 사람으로서 복종하신 그리스도는 하나님의 모든 도덕법에 순종하셨으며 부도덕과는 거리가 먼 분이셨다. 그는 모든 율법을 완벽하게 끝까지 지키셨다. 비록 그리스도의 생애 전 과정에는 많은 시험이 있었으나 그 과정에서 한순간도 아무런 일탈도 없었다(요일 3:5). 그리스도는 죄를 알지도 못하셨다(고후 5:21). "그는 죄를 범하지 아니하시고 그 입에 거짓도 없으시며 욕을 당하시되 맞대어 욕하지 아니하시고 고난을 당하시되 위협하지 아니하시고 오직 공의로 심판하시는 이에게 부탁하시며"(벧전 2:22,23).

그리스도는 모든 의무를 아주 기쁘게 수행하셨다. 이는 거룩함에 대한 그리스도의 사랑과 하나님을 향한 사랑과 존경이었다. 그리스도는 하나님의 뜻과 거룩함에 반하는 모든 것을 미워하셨다. 시편 40편은 이렇게 말한다. "나의 하나님이여 내가 주의 뜻 행하기를 즐기오니 주의 법이 나의 심중에 있나이다 하였나이다"(시 40:8). 요한복음 4장은 이렇게 말한다. "예수께서 이르시되 나의 양식은 나를 보내신 이의 뜻을 행하며 그의 일을 온전히 이루는 이것이니라"(요 4:34).

5. 그리스도는 의식법에 순종하셨다. 그리스도는 사람으로 출생하셨을 때 도덕법에 복종하셨다. 그리스도가 유대인으로, 모세의 율법 시대가 끝나기 전에 태어나셨을 때, 그리스도는 사도가 종의 멍에라 칭한 의식법에 복종하셨다(갈 5:1). 이에 대해 사도 베드로도 그들이나 그들의 조상들조차 능히 메지 못한 멍에라고 말했다(행 15:10). 그리스도께서 이 멍에를 메셨다. 그래서 우리는 그리스도가 할례를 받고 유월절을 지키셨다는 사실을 읽을 때, 이것은 의심의 여지없이 그리스도께서 모세의 율법에 요구된 다른 모든 의식을 준수하셨다는 것을 알 수 있다.

6. 그리스도는 아버지의 명령에 순종하여 자신의 목숨을 내놓으셨다. 그리스도가 마지막 수난에 겪으신 모든 고난은 모욕과 멸시, 맞으시고 침 뱉음을 당하신 것이며, 끝으로 십자가에 못 박히신 것이다. 그리스도는 아버지의 명령에 순종하여 이러한 고난과 몸의 죽음과 영혼의 극도의 괴로움들을 당하셨다. 아버지는 특히 이러한 사명으로 그를 세상에 보내셨다. "내가 내 목숨을 버리는 것은 그것을 내가 다시 얻기 위함이니 이로 말미암아 아버지께서 나를 사랑하시느니라 이를 내게서 빼앗는 자가 있는 것이 아니라 내가 스스로 버리노라 나는 버릴 권세도 있고 다

시 얻을 권세도 있으니 이 계명은 내 아버지에게서 받았노라 하시니라"(요 10:17,18).

이것은 그리스도께서 아버지께 받은 모든 명령 중에 가장 위대하고 어려운 명령이었다. 그러므로 그리스도께서 자신의 목숨을 버리고 죽기까지 겪은 고통에 복종하신 것은 그리스도의 순종의 중요한 부분이었다. 그리스도의 죽음은 유일한 고난이 아니라 그가 당한 여러 고난 가운데 중요한 부분이었다. 그래서 이것은 또한 그리스도의 순종의 중요한 부분이었다.

| **적 용** |

내가 이 교훈을 제시하는 목적은 두 가지다. 우리가 그리스도를 본받도록 하려는 것과 우리의 믿음을 격려하려는 것이다.

1. 예수 그리스도께서 아버지의 모든 명령을 지키셨는가? 그렇다면 우리도 그것을 지키도록 하자. 그리스도께서도 이것을 본문에서 유용하게 사용하신다. 그리스도는 자신이 아버지의 명령을 지키신 것을 근거로 제자들에게 그리스도의 명령을 지키라고 주장하신다. 그리스도의 명령은 아버지의 명령이다. 그리스도는 자신에 대해서는 하나도 말씀하지 않으셨지만, 그가 전에 아버지께 들은 명령을 우리에게 주셨다.

그러므로 그리스도께서 하나님의 모든 명령에 순종하신 것처럼 우리도 하나님의 명령에 순종하자. 하나님의 명령을 의무로 생각하지 말자. 그리고 우리가 그것을 가볍게 여기는 것을 죄가 아니라고 여기지 말자. 우리는 그리스도께서 순종하신 것과 같이 순종하자. 그리스도께서는 아버지의 아들로 순종하셨다. 우리의 순종 역시 하나님의 자녀의 순종이 되게 하자. 하나님을 아들의 영, 자녀의 영으로 섬기자. 에베소서 5장은 이렇게 말한다. "그러므로 사랑을 받는 자녀같이 너희는 하나님을 본받는 자가 되고"(엡 5:1).

그리스도는 아들의 사랑으로 아버지께 순종하셨다. 우리의 순종이 사랑의 순종이 되게 하자. 그리스도께서 기쁘고 즐겁게 하나님을 섬기신 것처럼, 아버지께 순종하는 것을 기쁘고 아주 선한 것으로 여기신 것처럼 우리도 그렇게 순종하자. 그리스도는 경외함으로 아버지께 순종하셨으며, 깊은 존경심으로 아버지를 예배하셨다. 그리스도는 외적인 존경의 증표를 가지고 아버지께 기도하셨다. 아버지 앞에 무릎을 꿇으셨고 얼굴을 숙이셨다. 하나님의 거룩한 위엄을 경외하고 그의 권위를 존중하는 마음으로 하나님의 명령을 지키자.

그리스도께서는 확신을 가지고 아버지를 섬기셨다. 요한복음 17장에서 그분이 드린 기도에 나타나듯이, 그리스도는 아주 힘든 부분에서 아버지를 온전히 신뢰하셨다. 이 부분도 그리스도를 따르고 본받자.

그리스도께서 아버지의 모든 명령에 순종하여, 우리도 그리스도를 본받고 싶은 마음이 일어날 수 있다. 다음의 사실들을 깊이 생각하자.

(1) 그리스도께서 우리보다 얼마나 더 위대하고 영광스러운 분이신지를 생각하자. 그리스도는 세상의 모든 왕보다 더 높으시다. 솔로몬보다도 더 위대한 분이시다(마 12:42). 천사들보다 훨씬 뛰어난 분이시다(히 1:4). 그러나 그리스도는 하나님의 권세에 굴복하셨으며 하나님의 모든 계명에 기쁘게 순종하셨다. 그런데 그리스도보다 훨씬 낮은 존재인 우리가 하나님께 순종하지 않을 것인가? 만약 그리스도께서 영원하신 말씀으

로 하나님과 동등한 분으로서 순종하셨는데, 하나님에게서 무한히 멀리 있고 단지 흙에서 만들어진 인간과 벌레에 불과한 우리가 순종하지 않을 것인가?

하나님의 권세가 순종으로 인해 지극히 높임을 받으셨듯이 위대한 그리스도의 순종이 우리에게 순종할 마음을 일으켜야 한다. 순종은 하나님의 권세의 신성함과 훌륭함을 보여준다. 지상의 모든 군왕이나 하늘의 대천사들보다도 훨씬 높으신 분은 순종을 위해 기쁘게 종이 되셨으며, 하나님의 음성을 듣기 위해 그의 귀를 열어두셨다.

(2) 우리가 그리스도의 순종을 본받으려면 깊이 생각해야 할 또 다른 것이 있다. 이것은 그리스도께서 우리를 대신하신 관계다. 그리스도는 우리의 머리이시며, 우리의 주님과 주인이시고, 우리의 영광스러운 왕이시다. 우리의 왕은 하나님의 권세에 복종하셨다. 그런데 그리스도에 대해 신앙을 고백하는 제자와 종인 우리가 순종하지 않으려 하는가?

(3) 그리스도께서 우리를 대신하여 하나님의 권세에 복종하셨다는 것을 다시 한번 생각하자. 그리스도는 본성적으로 하나님과 동등하시며 하나님의 권세 아래 계신 분이 아니시다. 그리스도는 중보자의 직책과 특성을 가졌으며, 그가 복종하신 것은 순전히 우리를 위해서였다. 그리스도는 우리의 성품을 친히 취하며 종의 형상으로 우리에게 적용되는 하나님의 법에 복종하셨다. 이는 우리를 대신하여 자신을 우리의 자리에 놓으시고 우리를 위하여 그렇게 하신 것이다. 이로 인하여 우리는 그리스도의 순종을 본받고 싶은 생각이 들어야 한다. 그리스도의 순종이 우리를 대신한 것이었다면, 우리는 그분의 순종을 더욱 사랑스럽게 여겨야 한다.

(4) 그리스도의 순종의 중요한 목적은 우리에게 하나의 모범을 제시하는 데 있다. 우리는 교훈만 아니라 완전한 모범에 따라 권고한 순종을 드릴 필요가 있다. 그리스도는 우리의 성품을 취하셨으며, 우리에게 자신의 발자취를 따를 완전한 모범을 제시하셨다. 그리스도는 죄가 없으시며 그의 입에서 어떠한 간교한 속임수도 찾을 수 없는 분이시다.

(5) 그리스도의 순종에 어떤 큰 어려움과 체험이 동반되었는지 생각해보자. 그리스도는 아버지의 모든 명령이 매우 힘들고 값비싼 대가를 치러야 하는 것이었지만 그것에 순종하셨다. 그리스도는 일평생 온갖 종류의 고난에 노출되셨고, 그리스도는 책망받고 비난을 당하셨다. 총체적으로 말해 사람들로부터 미움을 받으셨다. 그러나 그리스도는 아버지의 명령을 포기하지 않으셨다.

그리스도는 아버지로부터 그 어느 때보다 더 큰 일을 하라는 명령을 받으셨다. 그것은 하나님의 아들이 하늘에서 내려와 인성을 취하시고 낮은 상태로 출생하는 일이었다. 그러나 아버지께서 그를 보내시자 그리스도는 기꺼이 내려오셨다. 그리스도는 우리가 메지 않은 율법의 멍에 아래 계셨다. 그것은 의식법이었다. 의식법은 우리가 복종해야 하는 것보다 더 무거운 율법이다. 그러나 그리스도는 도덕법뿐만 아니라 이 의식법에도 완전히 순종하셨다.

아버지의 계명에는 그리스도가 자신의 목숨을 버리는 것과 죽음에 동반되는 모든 큰 고난에 복종하는 것이 포함되어 있다. 그리스도는 생명의 대가를 치러야 하고 견딜 수 없는 고통을 통과해야 하지만 모든 것에 복종하셨다. 동일한 하나님께 순종하면서 우리가 그리스도보다 더 어려운 상황을 겪게 되겠는가? 우리의 쾌락을 희생하고, 우리의 재산 중 일부를 대가로 지불하고, 우리의 이웃이나 그와 비슷한 사람들의 선한 뜻을 위하여 기꺼이 순종하지 않겠는가?

(6) 우리가 그리스도와 함께 순종하면, 우리는 그리스도가 받는 상급에 참여하는 자가 될 것이다. 그리스도는 자기 앞에 놓인 기쁨을 존중하셨다. 그리스도가 순종하시자 하나님은 그리스도를 지극히 높여 영광에 이르게 하셨으며, 하나님의 우편에 앉는 복을 주셨다. 그리스도께서 그러셨듯이 우리도 순종하면 우리는 그리스도와 함께 참여하는 자들이 될 것이다. 그리스도께서 우리가 장차 그와 같이 되기를 기도하신 대로, 우리는 장차 그렇게 될 것이다. 그리스도께서 계신 곳에서 우리는 그분의 영광을 보고 그 영광에 참여하는 자들이 되며, 그분의 보좌에 앉게 될 것이다. 그리스도의 아버지께서 그에게 나라를 맡기셨듯이, 그리스도는 우리에게 나라를 맡기실 것이다(눅 22:29).

이 교리는 우리의 믿음을 격려한다. 만약 그리스도께서 진정으로 하나님의 모든 명령에 순종하셨다면, 여기서 우리는 우리가 아무리 죄인으로 살아왔더라도 그리스도의 의를 신뢰할 만하다. 그러나 하나님의 모든 명령에 순종하신 그리스도께서 우리를 위하여 의를 드리셨다. 만약에 우리가 믿음으로 예수 그리스도를 받아들인다면, 그리스도께서 우리를 위해 의를 드리셨다는 이 사실에 근거하여 하나님은 우리를 기꺼이 의로운 사람으로 여기실 것이다. "한 사람이 순종하지 아니함으로 많은 사람이 죄인 된 것같이 한 사람이 순종하심으로 많은 사람이 의인이 되리라"(롬 5:19). 우리가 얼마나 많은 경우를 죄인으로 살아왔고, 하나님의 명령에 순종하지 않았으며, 그 명령을 파기했든지 간에, 그리스도께서 순종하셨으므로 우리는 안전하게 그리스도의 순종을 신뢰할 수 있다.

여기서 우리가 생각해야 할 사실이 있다.

⑴ 그리스도는 율법이 요구한 수준까지 순종하셨다. 그리스도의 순종은 완전한 순종이었다. 그리스도의 의는 율법의 의다. 그래서 만약 우리가 이 의를 신뢰하면, 율법은 우리의 의와 하나님께서 우리를 받으신 것을 대적하지 못할 것이다.

⑵ 그리스도의 이 순종이 하나님께 얼마나 인정받을 만한 순종이었는지 생각하라. 첫째, 그리스도의 순종은 그분의 인격에 근거한, 하나님께서 받으실 만한 최고의 순종이었다. 하나님의 모든 명령에 순종하는 것은 하위의 사람의 순종보다 그리스도처럼 훌륭하고 위대하고 영광스러운 분께 더 큰 일이었다. 그리스도의 위엄은 그리스도의 행위와 순종에 가치를 부여한다. 그리스도는 인격 면에서 하나님이 보시기에 무한히 영광스러우시며, 그리스도의 순종하심 이전부터 그 뛰어나심 때문에 하나님께 무한히 사랑스러운 것이다. 그러므로 그리스도께서 순종하실 때, 하나님은 그리스도의 순종을 매우 기뻐하신다. 아버지는 노예의 순종보다는 사랑하는 아들의 어린아이 같은 순종을 더 즐거워하신다.

둘째, 그리스도의 순종은 그리스도가 하나님께 보이신 위대한 존경 때문에 성부 하나님께서 받으실 만한 최고의 순종이었다. 그것은 순종의 정확성과 정밀성으로 하나님께 인정을 받았을 뿐만 아니라 순종하시는 분의 사랑과 존경의 정도에 따라 인정받기도 했다. 그리스도는 순종하셨고 아버지께 무한한 사랑을, 아버지의 권세에 존경을 표하셨으며, 이처럼 거대한 일을 순종으로 나타내셨다. 그리스도는 아버지께 순종하셨고, 성육신하셔서 무한히 낮아지셨으며, 자신의 피로 값없이 희생하면서까지 기꺼이 아버지께 순종하셨다. 그것은 무한한 희생이다. 그 피가 바로 하나님의 아들의 피였기 때문이다. 그리스도는 아버지께 이처럼 순종하셔서 참으로 큰 사랑을 보여주셨다.

셋째, 그리스도의 순종이 인정받은 것은 이 순종이 참으로 위대하신 분과 존경스러운 하나님의 법과 권세에 행하신 영예로움에 근거한 것이기 때문이다.

(3) 그리스도께서 우리의 불순종으로 손상된 하나님의 권세와 율법의 영예를 완전히 바로잡으셨으며 바로잡는 그 이상의 것을 행하셨다는 사실을 생각하라. 그리스도께서 훌륭하고 영광스러우신 분께 이처럼 큰 존경을 표하신 것은 사람들이 멸시보다 더 큰 영예였다.

(4) 영생은 이러한 순종에 적합하고 거기에 상응하는 상이라는 사실을 생각하라. 순종은 훌륭하고 탁월하다. 그것은 사람의 완전한 순종에 비할 바 없는 것이다. 이러한 순종에는 상이 따른다.

(5) 죄인들을 위하여 이 순종을 하셨다는 것을 생각하라. 사람들이 이 순종을 받아들이고 신뢰할 때 그 순종에서 나오는 혜택을 얻을 수 있다. 그 순종을 손에 넣는다면, 그것은 우리에게 아주 영광스러운 유익이 될 것이다. 이 의로움을 단지 받아들이기 원하는 데 그치지 말고 그 의로움을 우리의 것으로 만들기 위해 노력하자.

○

이 설교에는 1730년과 1731년, 1755년에 다시 설교했다는 기록이 있지만 정확한 날짜는 없다. 내용은 그리스도의 제자라고 고백하는 사람들에게 필요한 인내를 다루었다. 에드워즈가 신자들이 인내하지 않을 가능성이 있다고 주장하는 것은 아니다. 그가 말했듯이 인내는 하나님의 약속이기 때문이다. 그는 성도들에게 인내를 권한다. 인내는 여전히 "인간의 의무이며, 인간은 그들의 의무에 속하는 것이라고 권함을 받기 때문이다." 신자들은 인내해야 한다. 성부 하나님께 순종함으로 인내하신 주님의 모범을 따르기 때문이다.

에드워즈는 이런 기초를 놓은 다음 신격에서 성부에 대한 성자의 복종이라는 문제와 삼위일체와 관련해서 그것이 무엇을 의미하는지를 검토했다. 이 풍부한 설교의 적용은 우리가 그리스도를 본받는 데 자극을 받아 우리 믿음에 격려를 받을 수 있다는 것이다.

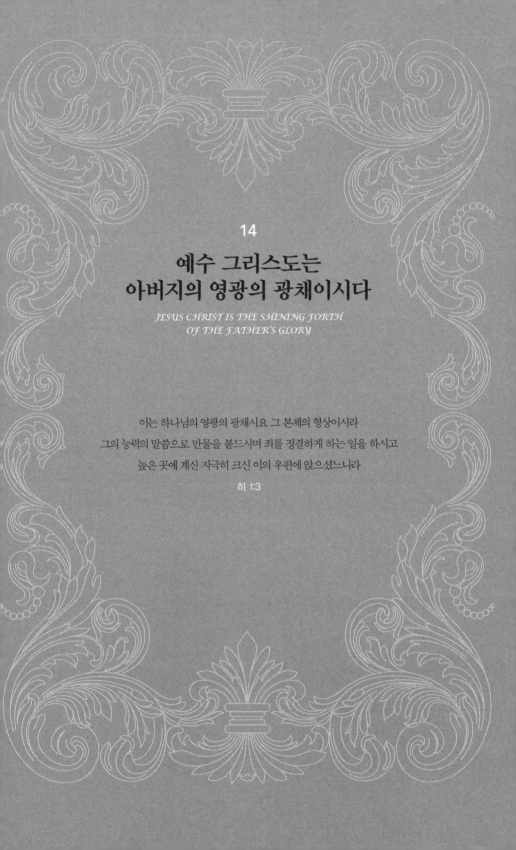

14

예수 그리스도는
아버지의 영광의 광채이시다

JESUS CHRIST IS THE SHINING FORTH
OF THE FATHER'S GLORY

이는 하나님의 영광의 광채시요 그 본체의 형상이시라

그의 능력의 말씀으로 만물을 붙드시며 죄를 정결하게 하는 일을 하시고

높은 곳에 계신 지극히 크신 이의 우편에 앉으셨느니라

히 1:3

사도 바울은 유대인에게 히브리서를 썼다. 그러면서 바울은 그들의 상황에 맞추어 그들의 선입견을 없애려는 경향성으로 그렇게 편지를 쓰는 데 온 힘을 다했다. 저자가 히브리서를 쓰는 대상은 유대인이었지만 히브리서의 많은 본문에서 증언하듯이 그들은 그리스도인이었다. 그들은 그리스도를 믿는 유대인이었다. 이 편지의 제목을 유대인에게 보낸 편지가 아니라 히브리인에게 보낸 편지라고 붙인 것도 그 당시 유대인이라는 용어는 지금도 그렇듯이 국가나 민족보다는 유대인의 한 분파나 유대교에 속한 사람들을 가리키는 명칭이었기 때문일 것이다. 이러한 이유로 유대인 중에 누가 신앙을 갖게 되면, 믿음이 있는 유대인에게 편지를 쓰는 사도는 그들을 유대인이라고 부르기보다는 히브리인들이라고 불렀을 것이다.

그리스도인이 된 유대인은 기독교를 포용했다. 그러나 사도는 그들이 기독교 교리를 반대하며 보인 선입견들이 유대인이 성장한 분파의 원리들에서 나왔다는 것을 익히 알고 있었다. 유대인은 복음의 교리에 반대되는 원리와 견해 속에서 양육을 받았다. 유대인 중에는 그리스도를 믿고 그리스도인이 된 이후에도 그 선입견에서 완전히 벗어나지 못한 사람들이 많았다. 이 사실은 사도행전에 기록된 초대교회의 역사에 잘 나타나 있다.

특히 사도행전에 기록된 이야기는 많은 유대인이 여전히 할례와 모세 시대의 의식법에 속해 있었고, 그것이 바울이 이방인들에게 복음을 전파할 때 참으로 많은 장애가 되었음을 보여준다.

그러므로 히브리서를 쓴 주요 목적 중에 하나는 유대인이 그들의 유대인 교육에서 받았을 법한 선입견들로부터 교회를 보호하려는 것이라고 생각한다. 어린 시절부터 우리에게 스며든 이런 편견들에서 완전히 자유롭게 되는 것은 어려운 일이다.

유대인이 갖기 쉬운 편견 중에 하나는 그들이 양육을 받은 모세와 선지자들에 대한 특별한 예배와 경배였다. 그들은 선지자 직분을 가지고 계신 그리스도께만 돌려야 할 존경을 모세와 선지자들에게 드리려 했다. 히브리서 1장의 목적은 히브리 출신의 그리스도인들에게 그리스도께서 모세와 선지자들보다 얼마나 더 뛰어나고 자격이 있는 분이신지 보이려는 데 있는 것 같다.

그러므로 사도는 편지를 이렇게 시작한다. "옛적에 선지자들을 통하여 여러 부분과 여러 모양으로 우리 조상들에게 말씀하신 하나님이 이 모든 날 마지막에는 아들을 통하여 우리에게 말씀하셨으니"(히 1:1,2). 이 말로써 기자는 하나님께서 마지막에 선지자들보다 훨씬 더 위대한 인물로 우리에게 말씀하셨음을 암시한다. 그리고 나서 계속해서 그리스도가 얼마나 위대한 분이신지를 보여준다. 그분은 선지자들보다, 천사들보다도 위대하시다. 그러므로 히브리 그리스도인들은 자신들이 양육 받아온 극단적인 경배의 대상인 선지자들보다 그리스도께서 훨씬 더 큰 방법으로 경배를 받으셔야 하는 이유가 있다는 확신을 얻게 된다.

그러므로 사도는 하나님께서 이 모든 날 마지막에 그의 아들을 통해 우리에게 말씀하셨다는 것을 말하고 나서 다음 내용을 첨가한다. "이 아들을 만유의 상속자로 세우시고 또 그로 말미암아 모든 세계를 지으셨느니라 이는 하나님의 영광의 광채시요 그 본체의 형상이시라 그의 능력의 말씀으로 만물을 붙드시며 죄를 정결하게 하는 일을 하시고 높은 곳에 계신 지극히 크신 이의 우편에 앉으셨느니라 그가 천사보다 훨씬 뛰어남은 그들보다 더욱 아름다운 이름을 기업으로 얻으심이니"(히 1:2-4).

내가 본문에서 택한 그리스도에 대한 이러한 묘사에는 그리스께서 갖는 영광과 뛰어남을 우리에게 아주 탁월하게 보여주는 내용이 들어 있다. 그리스도는 성부 하나님의 영광의 광채이시다. 그리스도에 대한 이 묘사에는 우리가 충분히 이해할 수 없고 그 아들이 성부로부터 어떻게 나왔는지도 알 수 없는 성육신의 비밀이 들어 있다.

그러나 우리가 예수 그리스도의 위대하고 초월적인 위엄과 탁월함에 대해 배운 것을 다 이해하기는 쉽지 않다. 그리스도가 성부 하나님의 영광의 광채라고 말할 때, 이것은 그리스도가 성부의 영광의 주요 부분이거나, 가장 탁월한 부분이거나, 그리스도가 성부의 본성인 하나님의 영광이라는 의미가 아니다. 그리스도는 성부의 어느 본성도 아니다. 그리스도는 성부의 영광의 한 부분이 아니라 성부의 모든 영광을 소유하고 계신분이시다. 성부 하나님과 동일한 신적인 본질을 가지고 계신다. 그러나 본문이 의미하는 바는 그리스도가 성부의 영광의 광채이시며, 그 단어가 본래 의미하는 대로 "그리스도가 광채"라는 것이다. 아들은 아버지의 모든 영광을 가지고 계신다. 그리스도는 신적인 완전함을 소유하고 계시며 성부의 영광은 아들 안에서 빛난다.

| 교 리 |

예수 그리스도는 성부 하나님의 영광의 광채이시며 두 가지 방법으로

그 일을 하신다.

1. 그리스도는 성부에게서 영원히 나와 성부의 영광을 비추시는 빛이시다. 이 말은 그리스도가 하나님의 영광을 비추는 빛으로 성부에게서 영원히 나오신다는 것과 같은 말이다. 성부의 영광이 그리스도로 인해 사람들에게 가장 환하게 나타날 뿐만 아니라 그리스도 자신의 속성 때문에 영광의 광채이시기도 하다. 그리스도는 지금 성부의 영광의 광채일 뿐만 아니라 세상이 창조되기 이전에도 성부의 영광의 광채이셨다. 그리스도는 늘 영광의 광채이셨다. 이것은 단지 하나님의 기뻐하시는 것으로 그리스도께 부여된 영광인 것만이 아니며 그 자신에게 필수적인 것이다.

나는 어떻게 해서 이렇게 되는지 우리로서는 구체적으로 설명할 수 없다고 이미 넌지시 암시했다. 그리스도가 성부의 영광을 비추는 분으로서 성부에게서 어떻게 영원히 나오시는지는 우리의 이성을 초월하는 신비다. 그러나 성경은 이에 대해 우리를 이해시키기 위해 몇 가지 내용들을 제시한다.

(1) 주 예수 그리스도는 성부의 모든 영광을 소유하고 계신다. 삼위의 각 위격은 삼위가 동일한 하나님으로서, 동일한 신적 본질을 가지고 계시듯이 모두 동일한 영광을 가지고 계신다. 삼위 하나님은 동일한 신적 속성을 소유하셨으며, 동일한 영예와 존경을 받기에 합당하시다. 주 예수 그리스도는 늘 하나님과 함께 계셨다. 이렇게 말할 수 있다. 그리스도는 영원 전부터 태초에 하나님과 함께 계셨으며, 종이 아니라 하나님과 동일한 분으로 하나님과 함께 계셨다고 말이다. 빌립보서 2장은 이렇게 말한다. "그는 근본 하나님의 본체시나 하나님과 동등됨을 취할 것으로 여기

지 아니하시고"(빌 2:6). 그리스도는 동반자로서 하나님과 함께 참여하는 자로 함께 계셨다. 그러므로 그리스도는 하나님의 동료(짝 된 자)라고 불리셨다. 스가랴서 13장은 이렇게 말한다. "만군의 여호와가 말하노라 칼아 깨어서 내 목자, 내 짝 된 자를 치라 목자를 치면 양이 흩어지려니와 작은 자들 위에는 내가 내 손을 드리우리라"(슥 13:7). 그리스도는 자신에 대해 이렇게 말씀하셨다. "내가 그 곁에 있어서 창조자가 되어 날마다 그의 기뻐하신 바가 되었으며 항상 그 앞에서 즐거워하였으며"(잠 8:30). 이는 그리스도가 동일한 선함, 즉 동일한 탁월함과 동일한 행복으로 하나님에게 참여한 자로 하나님과 함께 계셨음을 보여준다. 한마디로 말해 그리스도는 동일한 영광에 참여한 분이시다. 그러므로 그리스도는 세상을 떠나려고 하실 때 아버지께 그가 세상이 창조되기 이전에 아버지와 함께 가졌던, 하나님 자신의 영광으로 자신을 영화롭게 해주시기를 기도한다(요 17:5).

그리스도는 동일한 신적 본질에 참여하는 자로서 하나님과 함께 계셨다. "태초에 말씀이 계시니라 이 말씀이 하나님과 함께 계셨으니 이 말씀은 곧 하나님이시니라"(요 1:1). 그리스도는 아버지와 동일한 위엄, 능력, 지혜, 거룩, 무한한 사랑을 가지고 계신다. 이것은 동등하고 동일한 영광이다. 그리스도는 성부 하나님과 유사한 본성을 가지고 계신 것이 아니라 아버지와 동일한 본성을 가지고 계신다.

성부 하나님은 아들로부터 자신을 구별하고, 아들보다 자신을 더 높일 자신만의 영광을 갖지 않으신다. 물론 질서의 우선순위는 존재한다. 성부는 본질에 있어서 아들 이전에 존재하신다. 그러나 본성의 탁월함에 있어서 아들보다 우위에 있는 것은 아니다. 아들은 아버지와 동일하거나 동일한 종류의 명확한 영광을 가지고 계실 뿐만 아니라 수적으로도 동일한 개별적 영광을 가지고 계신다. 두 분은 하나의 공통된 영광을 가지고 있다.

(2) 주 예수 그리스도는 아버지와 동일한 하나님이시지만, 성부에게서 나오는 성부의 영광을 가지고 계신다. 그리스도는 아버지에게서 나온 동일한 영광을 소유하셨다. 성부와 성자 간에는 이러한 차이가 존재한다. 즉, 성부 자신의 위격은 다른 어떤 존재로부터 기인하거나 나오지 않으셨다. 그러나 성자의 위격은 성부로부터 기인한다. 아들은 아버지에게서 나온다. 그래서 미가서 5장은 이렇게 말한 것이다. "베들레헴 에브라다야 너는 유다 족속 중에 작을지라도 이스라엘을 다스릴 자가 네게서 내게로 나올 것이라 그의 근본은 상고에, 영원에 있느니라"(미 5:2).

성자는 성부에게서 나온다. 만들어진 존재로서(as made)가 아니라 출생하는 자로서(as begotten) 말이다. 피조물들이 하나님에게서 나오는 방법과 그리스도가 하나님에게서 나오는 방법 사이에는 매우 크고 무한한 거리가 있다. 창조와 성자가 성부에게서 나오는 연결 사이에는 큰 차이가 있다. 우리는 하나님의 아들의 영원한 출생을 이해할 수 없지만, 우리가 그것에 대해 알 수 있는 창조와는 다른 두 가지가 있다.

그것은 임의적인 생산이 아니라 필요한 유출(流出)이다. 창조는 임의적인 생산이다. 피조물들은 하나님의 막연한 의지와 기쁘신 뜻의 산물들이다. 하나님께서는 무엇을 창조하실 때 자연의 필요에 의해 창조하는 것이 아니라 자발적으로 창조하신다. 그러나 하나님의 아들은 아버지로부터 자연적으로 그리고 필연적으로 나오신다. 마치 태양으로부터 광채가 나오는 것이 자연스럽듯이 말이다. 태양은 필연적으로 빛을 발한다. 이렇게 빛을 비추는 것은 태양의 본질에 속한다. 이와 마찬가지로 그리스도는 하나님의 영광의 광채이시다. 의는 아들의 영광에서 나오는 광채이다. 그리스도는 하나님의 능력과 뜻의 재생산이 아니라 성부 하나님으로부터 필연적으로 유출되는 것이다. 하나님의 편재하심과 불변성처럼, 지혜롭게 되는 것과 거룩하게 되는 것처럼 하나님께서 세 위격으로 존재하시는 것은 하나님께 자연스러운 것이다.

하나님의 아들의 발생이 창조와 다른 점은 창조된 것은 시작이 있는 반면에, 하나님의 아들의 발생은 영원하다는 것이다. 창조된 것은 그것이 창조된 어떤 시간이 반드시 있기 마련이다. 그것은 반드시 시작이 있다. 그러나 하나님의 아들의 발생은 피조물과는 다르다. 성자가 성부에게서 태어나셨지만, 어떠한 시작이 없으셨다. 그리스도는 영원 전에 태어나셨다. 하나님의 아들이 먼저 나셨다고 말할 수 있는 어떤 특정한 시간이 존재하지 않았다. 그리스도는 지속적으로 태어나셨고 늘 태어나신다. 그리스도는 항상 성부에게서 나오셨고, 항상 성부에게서 나오신다.

태양이 있을 때 언제나 태양이 빛을 비추든지, 아니면 빛이 태양에서 나오는 것처럼, 하나님이 존재하실 때는 언제나 하나님의 아들이 하나님에게서 나오든지 하나님으로부터 태어나신다. 이것은 하나님의 존재의 자연스럽고 필수적인 유출의 결과다. 그리스도는 성부에게서 나온 자연스러운 유출이기 때문이다. 그리스도는 영원한 유출이시다. 하나님께 당연한 것은 의심의 여지없이 하나님의 속성만큼 오래된 것이 틀림없기 때문이다. 만들어진 것들 안에는 반드시 먼저 만든 자가 있고, 그 후에 만들어진 것이 있기 마련이다. 그러나 자연적인 유출은 그렇지 않다. 성부와 성자는 그들이 나온 존재에 공존하신다. 하나님의 아들도 마찬가지다. 그러나 하나님의 아들이 성부로부터 영원히 공존하신다고 하더라도, 그리스도는 성부에게서 나오며, 성부에게서 기인한다. 그러므로 하나님의 아들은 성부의 모든 영광을 소유하고 있다 하더라도 그것은 아버지에게서 나오는 것이다. "아버지께서 자기 속에 생명이 있음 같이 아들에게도 생명을 주어 그 속에 있게 하셨고"(요 5:26).

(3) **그리스도는 성부의 완전한 형상이시다.** 그리스도는 분명한 형상이신 성부에게서 나오신다. 본문에는 그가 성부 하나님 그 본체의 형상이라고 언급되었다. 이와 동일한 교훈을 성경에서 찾아보면 고린도후서 4장에서 이렇게 말한다. "그중에 이 세상의 신이 믿지 아니하는 자들의 마음을 혼미하게 하여 그리스도의 영광의 복음의 광채가 비치지 못하게 함이니 그리스도는 하나님의 형상이니라"(고후 4:4). 골로새서 1장은 이렇게 말한다. "그는 보이지 아니하는 하나님의 형상이시요 모든 피조물보다 먼저 나신 이시니"(골 1:15). 빌립보서에서도 그리스도가 하나님의 본체이시라고 말한다(빌 2:6). 예수 그리스도는 삼위일체의 두 번째 위격이시며 성부의 형상이시다. 우리는 이런 주장이 성자에 대해 언급하는 것과 동일한 방식으로 성령에 대해 언급되는 것을 찾지 못한다. 아담은 하나님의 형상대로 창조되었다. 그러나 아담은 그리스도가 하나님의 형상이라는 것과 같은 방식으로 태어나지는 않았다. 그리스도만이 하나님의 완전한 형상이시기 때문이다.

(4) **성부 하나님은 이 완전한 형상에서 자신의 영광을 보며 그 안에서 즐거워하신다.** 성부 하나님의 무한한 행복은 자신의 완전한 형상을 바라보시는 것이다. "내가 그 곁에 있어서 창조자가 되어 날마다 그의 기뻐하신 바가 되었으며 항상 그 앞에서 즐거워하였으며"(잠 8:30). 이처럼 그리스도는 영원 전부터 성부의 영광을 비추신다. 그리스도 안에 성부의 모든 영광이 있기 때문이다. 그 영광은 성부에게서 나와 그리스도 안에 있다. 그리스도 안에 하나님의 완전한 형상이 있기 때문이다. 성부 하나님은 자신의 영광의 이 완전한 형상과 무한한 기쁨과 즐거움을 보고 계신다. 하나님이 보시기에 하나님의 영광은 그리스도 안에서 빛나고 있다.

2. 그리스도는 성부 하나님의 영광의 광채이시다. 성부의 영광은 우리에게 빛난다. 그리스도는 하나님의 영광을 비추시며 하나님의 영광은 세상에서 피조물에 의해서도 볼 수 있다. 우리가 태양의 빛에 의해 또는 그 영광에서 빛나는 태양을 보듯이, 우리는 그리스도로 인해 하나님의 영광을 본다. 그리스도는 세 가지 방법으로 이렇게 하신다.

(1) 하나님께서 그리스도에게 자신의 영광을 모두 계시하셨기 때문에 오직 그리스도를 통해서만 하나님을 볼 수 있다. 그러므로 골로새서 1장은 그리스도에 대해 이렇게 말한다. "그는 보이지 아니하는 하나님의 형상이시요 모든 피조물보다 먼저 나신 이시니"(골 1:15). 이것은 우리에게 성부 하나님은 그 자체로 볼 수 없는 분이시며, 우리가 직접 볼 수 없는 분이심을 암시한다. 하나님을 보게 되는 경우가 있다면, 그것은 하나님의 형상이신 그리스도로만 가능하다는 것이 분명하다. 이것은 요한복음 1장에 언급된 내용과도 일치한다. "본래 하나님을 본 사람이 없으되 아버지 품속에 있는 독생하신 하나님이 나타내셨느니라"(요 1:18).

하나님은 창조 사역과 일반적인 섭리에서 하나님 자신의 모습을 그리스도에 의해 나타내신다. 하나님은 그리스도 안에서 세상 만물을 창조하셨기 때문이다. 골로새서 1장에서 이렇게 말한다. "만물이 그에게서 창조되되… 만물이 그 안에 함께 섰느니라"(골 1:16,17). 삼위의 두 번째 위격은 무죄한 상태에서는 사람에게, 하늘에서는 천사에게 하나님께서 나타내신 중보자였을 개연성이 있다. 그러나 이것이 확실하기는 해도, 하나님께서 타락한 사람들에게 하나님 자신을 계시하신 것은 오직 그리스도 한 분뿐이다. 하나님께서 타락한 피조물들과 전혀 관계가 없으시겠지만, 자비의 측면에서 하나님은 그리스도로 말미암아 타락한 피조물과 관계를 가지신다.

따라서 성경 여러 곳에서 하나님께서 족장들에게, 모세에게, 광야의 이스라엘 자녀들에게 그리고 사람들에게 종종 나타나셨다고 하는 것은 바로 그리스도였다. 성막과 성전의 영광의 구름 가운데 나타나신 분이 바로 그리스도였다. 이사야서 6장에서 이사야 선지자에게 영광 중에 나타나신 분 또한 그리스도였다. 요한복음 12장에서 말하고 있는 분도 바로 그리스도였다. "이사야가 이렇게 말한 것은 주의 영광을 보고 주를 가리켜 말한 것이라"(요 12:41). 때때로 선지자들 가운데서 말씀하신 분은 그리스도였다. "이 구원에 대하여는 너희에게 임할 은혜를 예언하던 선지자들이 연구하고 부지런히 살펴서 자기 속에 계신 그리스도의 영이 그 받으실 고난과 후에 받으실 영광을 미리 증언하여 누구를 또는 어떠한 때를 지시하시는지 상고하니라"(벧전 1:10,11). 구약의 선지자들 안에 계셨던 그리스도의 영은 어느 때 이런 일이 일어날 것인지를 연구하고 살폈다. 성령은 먼저 그리스도에게 고난이 있고 그 뒤에 반드시 영광이 따라온다고 증언하셨다.

그리스도는 왕 중의 왕이신 것처럼 위대한 선지자이시다. 그래서 그리스도는 선지자들 중에 선지자이시며, 선지자들의 위대한 선생이시다. 그리스도는 하나님의 영광을 계시하는 모든 신적인 빛을 세상에 비추시는 의의 아들이시다. 하나님의 뜻만 아니라 하나님의 영광을 세상에 계시하시는 것은 위대한 선지자이신 그리스도만의 직책과 사명이다. 그리스도는 세상의 빛이시다. 우리는 그리스도가 "참 빛 곧 세상에 와서 각 사람에게 비추는 빛"(요 1:9)이라는 말씀을 듣는다. 모든 사람은 지금까지 빛을 받았다. 그러나 아무도 하나님의 영광을 보는 빛을 받지 못했다. 그 빛은 그리스도로 인하여 받는 것이기 때문이다. 이 사실에 근거하여 성경에서 그리스도는 하나님의 말씀이라 칭함을 받으시는 것이다. 사람의 말이나 글은 사람이 자신을 계시하고 자신을 알리는 수단이다. 그러므로 하나님께서 그리스도로 말미암아 자신을 세상에 알리시기 때문에 그리스도는 하나님의 말씀이라고 불린다. 하나님의 영광은 그리스도로 인하여 세상에 두 가지 방법으로 계시된다.

(2) 하나님의 영광은 오직 그리스도의 말씀으로만 계시된다. 하나님의 자신의 지혜로 이 세상 사람들에 자신의 영광을 드러내신다. 특별히 하나님은 하나님의 아들을 통해 그리스도의 말씀이라는 영광스러운 복음을 우리에게 주신다.

(3) 하나님은 그리스도의 영으로 말미암아 사람을 회심하게 하시고, 그 안에서 자신을 나타내시며 내적인 발견을 하게 하신다. 이러한 영적인 발견에 성령은 그리스도의 영적인 전달자로 행하신다.

로마서 8장은 이렇게 말한다. "만일 너희 속에 하나님의 영이 거하시면 너희가 육신에 있지 아니하고 영에 있나니 누구든지 그리스도의 영이 없으면 그리스도의 사람이 아니라"(롬 8:9). 갈라디아서 6장은 이렇게 말한다. "자기의 육체를 위하여 심는 자는 육체로부터 썩어질 것을 거두고 성령을 위하여 심는 자는 성령으로부터 영생을 거두리라"(갈 6:8). 그리스도는 보혜사 성령을 보내셔서 우리 안에 있게 하시고, 우리와 함께 영원히 거하게 하시며, 우리를 모든 진리 가운데로 인도하신다. 이 보혜사는 그리스도로부터 그것을 받아서 보여주신다. 성령은 그리스도의 메신저로서 우리에게 성부와 성자를 나타내신다. 따라서 성부의 영광은 하나님께서 마련한 계시로 우리에게 비추시며, 이 영광의 계시는 그리스도로 인해 이루어진다.

3. 하나님의 사랑은 그리스도의 인격에서 특별한 이점으로 나타난

다. 하나님의 영광과 사랑은 예수 그리스도 앞에서와 같이 우리에게도 아주 큰 이점으로 나타난다. 그러한 이유 두 가지를 언급하려 한다.

(1) 그리스도는 우리의 성품을 가지고 우리에게 오셔서 우리 가운데 거하신 분이시다. 이 사실에 근거하여 우리에게는 그리스도의 인격에 나타나는 하나님의 영광을 보는 특별한 유익이 있다. 하나님은 그리스도로 인하여 우리에게 오셨고, 이전과 같지 않은 방법으로 우리와 함께 거하셨기 때문이다. 하나님은 그리스도 안에서 우리에게 가까이 오셨다. 그분은 우리에게 오셔서 마치 우리가 서로 함께 거하듯이 우리 안에 거하셨다. 그러므로 우리는 다른 어떤 방법이 아닌 그리스도 안에서 하나님의 영광을 보는 큰 유익을 받았다. 요한복음 1장은 이렇게 말한다. "말씀이 육신이 되어 우리 가운데 거하시매 우리가 그의 영광을 보니"(요 1:14).

그리스도의 인격에 하나님의 영광이 나타난 것은 우리의 이해를 위한 것이었다. 하나님의 영광의 광채는 우리의 눈에 적합하게 맞춰졌다. 우리는 하나님의 영광을 직접 볼 수가 없다. 눈이 부셔 안 보이게 될 것이다. 그러나 우리의 성품을 가지고 우리에게 오신 그리스도는 하나님의 영광의 빛을 부드럽게 하셔서 우리가 보기에 알맞게 나타내셨다.

우리 중에 하나가 되시고 이곳에 오셔서 우리 가운데 거하셨다. 그런 하나님을 모시는 것이야말로 육체로 이 땅에 살고 있는 우리가 하나님의 영광 보기를 바랄 수 있는 가장 큰 유익이다. 우리는 삶의 여정을 통해 우리 가운데 거하시는 하나님과 대화할 수 있다. 하나님을 보고 하나님의 말씀을 들을 수 있으며 우리가 서로 친해지듯이 하나님과 친해질 수 있다.

그리스도 안에는 하나님의 사랑이 크게 나타난다. 그분 안에는 무한한 위엄과 가장 놀라운 온유함이 서로 연결되어 나타나기 때문이다. 그리스도 안에서 우리는 가장 높으신 위엄과 가장 낮은 겸손이 연합되는 것을 본다.

(2) **하나님의 영광이 그리스도 안에 나타날 때 우리는 그분의 영광을 보도록 초대를 받는다.** 그리스도께서 우리의 구속자이시기 때문이다. 이 때문에 우리는 그분 안에 있는 하나님의 탁월하심을 사모하게 된다. 우리는 그리스도 안에서 존경과 사랑에 대해 깊이 생각한다. 하나님은 무한히 거룩하고 지혜롭고 은혜로우신 분이시며 사랑과 배려심이 많은 분이시다. 그러나 그리스도는 우리에게 무한히 지혜롭고 거룩하시며 은혜로운 구속자로 더 사랑스럽게 여김을 받으신다. 우리의 구속자 안에 신적인 완전함이 있을 때, 그 신적인 완전함은 우리와 가까운 관계에 있으며, 우리의 구속자 안에서 우리의 유익을 위하여 행사된다. 우리는 다른 사람들보다도 우리가 관심을 가지고 있는 사람들의 특징에 더 주의를 집중하는 경향이 있다. 우리는 우리의 구속자이신 그리스도에 대해 더 가깝고 더 지속적인 관심을 기울이며, 모든 것보다 더 우리의 관심과 사랑을 끌어낸다.

4. 그리스도는 구속 사역을 통해 하나님의 영광의 광채를 가장 빛나게 하셨다. 이것은 인류가 이 세상에서 지금까지 주목해 온 모든 사역 가운데 단연 최고로 하나님의 완전함과 크고 영광스러움을 나타낸 사역이다. 이 사역은 다른 어떤 사역보다도 성경에서 훨씬 많이 언급되었으며, 실제로 성경의 총체이며 본질이다. 창세기 처음부터 요한계시록 끝까지 성경은 이 사역을 세상에 선언하는 것이다. 이것은 우리가 알지 못하는 하나님의 다른 많은 사역들을 알고 있는 하늘의 천사들도 더욱 숙고하고 열망하던 사역이다.

나는 지금까지 세상에 알려진 하나님의 지혜와 거룩함과 은혜에 대한 가장 영광스러운 발견이 어떻게 여기에 있게 되었는지를 보여주려 한다.

(1) 구속 사역은 하나님의 능력에 대한 가장 영광스러운 발견이다. 성경에서(죄인인 우리가 새로운 피조물이 되는) 이 구속 사역은 새 창조에 대해 말한다. 어떤 점에서 새 창조(구속 사역)는 처음 창조보다 더 영광스러운 하나님의 능력의 발견이다. 능력의 위대함은 그 변화가 얼마나 눈부신지로 평가된다. 새 창조의 변화는 더 영광스럽고 더 탁월하기 때문에 이전 것이 기억되거나 마음에 생각나지 않을 것이다(사 65:17). 이 새로운 피조물의 변화뿐 아니라 죄와 사탄이라는 엄청난 반대 세력, 그 강력한 적수로 인해 하나님의 능력은 더욱 두드러지게 나타난다.

(2) 천사들도 흠모하는 지혜(엡 3:10). 이제는 통치자들과 권세들까지 모든 부분에서 이 지혜를 알게 하신다. 그것은 그런 사람을 선택하되, 모든 면에서 적합한 사람이어야 한다는 선결 조건이 있었다. 그리스도는 유일하게 적합한 분이시다. 그분이 대속하실 수 있는 유일하신 분이라는 것을 아는 하나님의 지혜를 가져야 한다.

지혜는 그분이 이 사역을 수행하시는 방법을 지정하는 데서도 나타난다. 그것은 죄를 위한 속죄가 되어야 한다. 하나님의 지혜는 영광스러운 목표를 획득하는 것으로 나타난다. 하나님의 영광은 확고하며 발전한다. 삼위일체의 각 위격은 이와 같이 영광을 받으신다. 하나님과 화평, 의의 만족, 율법의 요구를 이루는 것 등 모든 선한 방법이 인간을 위하여 존재한다. 우리 영혼의 능력과 갈망에 응답할 수 있는 행복을 얻기 위해 하나님의 은총이 필요했다. 영을 가진 사람의 본성을 위한 좋은 음식으로 행복의 영이 필요하다. 모든 기능과 이해에 유익한 음식이 필요하다. 하나님은 인간 본성이 갈망하는 모든 명예와 부와 즐거움을 제공하셨다. 영혼육에 필요한 모든 선을 주셨다. 이런 것들을 소유하고 향유하기 위해 필요한 모든 자질을 주셨다. 우리에게는 객관적인 선뿐만 아니라 본질적인 선이 필요하다.

하나님의 지혜는 그리스도의 가장 큰 불명예를 가장 큰 영광으로 바꾸기 위해 이런 방식으로 나타난다. 그것은 사람을 죽이는 것들이 영광스럽게 되는 방식이다. 죄 있는 피조물이 무죄하게 되고, 자신의 의가 없는 사람이 부요하게 된다. 우리의 죄와 비참은 우리가 더 큰 복을 받는 계기가 되었다. 이것이 사탄을 당황스럽게 만들었다. 겉보기에 약하고 비천해 보이는 수단이 그들 무리를 어리둥절하게 만들었다.

(3) 하나님의 거룩함과 공의의 가장 밝은 빛이 발견되었다. 모든 교묘한 수완과 계략이 거룩해졌다. 이 사역의 모든 부분, 거룩한 구세주, 거룩한 선함, 거룩한 수단이 영감의 수단으로 바뀌었다. 그리스도의 죽음에서 가장 거대한 거룩함이 나타났다.

(4) 하나님의 은혜에 대하여. 천사들에게 그리고 우리에게 큰 선함이 무흠하게 임했다. 하나님께서 죄인들에게 자비를 품으신 것은 놀라운 은혜다. 사람은 범죄자요 원수였다. 하나님께서는 상처를 받고 멸시를 받은 분이셨다. 하나님께서 그리스도와의 언약 안으로 들어가셨다. 그리스도를 가장 큰 선물로 주셨고 그리스도는 성육신하셨다. 이 땅 위에서 사시고 또 죽으셨다. 하나님께서 베푸신 혜택은 타락 이전보다 더 컸다. 하나님은 우리를 그리스도와 연합시키셨다. 그 교제는 영원할 것이다.

| 적 용 |

그리스도가 성부 하나님의 영광의 광채라는 것이 사실이라면, 여기서 우리는 그분이 얼마나 충분한 구세주이신지 배울 수 있다. 이것은 그리스도의 인격의 초월적인 위엄과 탁월함을 보여준다. 그리스도는 하늘에 있는 가장 높은 천사보다도 무한한 자격이 있고 더 탁월하신 분이시다. 천사들은 새벽 별이라고 불리는 밝고 영광스러운 영들이다. 하지만 그들은 하나님께서 빛의 원천에 속한 작은 불꽃을 전해주심으로써 불을 붙이신 빛으로 하나님의 광채의 빛 한 줄기에 불과하다. 그러나 그리스도는 빛의 원천 그 자체이시다. 그분은 성부의 영광의 광채 또는 성부의 영광을 비추는 빛 그 자체이시다. 그러므로 그리스도는 천사들보다 더 뛰어난 이름을 기업으로 얻으셨으며, 가장 높은 천사에서부터 가장 낮은 천사들에 이르기까지 모든 천사가 그분을 섬기는 영이 될 자격이 있으시다. 그래서 하나님께서는 천사들에게 "하나님의 모든 천사들은 그에게 경배할지어다"라고 말씀하셨다. 하나님의 영광의 광채보다 더 영광스러울 수 있는 것이 어디에 있겠는가? 하나님의 존귀하심을 비추는 것보다 더 존귀한 것이 어디에 있겠는가?

확실한 것은 그리스도는 구세주의 사역을 수행하기에 충분하다는 사실이다. 그분은 하나님과 죄인들 사이에 중보자가 되셔야 한다. 그분에게 부족한 것은 하나도 있을 수 없다.

하나님과 사람들 사이에 중보자가 되기에 부족한 모든 피조물의 커다란 결점은 그들에게 충분한 권세가 없다는 것이다. 사람은 이런 일을 수행하기에 충분하지 못하다. 그들에게는 전적으로 어울리지 않고 자격이 없다. 천사들도 중보자가 되기에 충분하지 않다. 그들도 자격이 없기 때문이다. 그렇다. 하늘의 모든 천사도 만일 그들이 죄인 한 사람을 중재하라는 임무를 맡더라도 충분하지 못한 것은, 그들이 하나님 앞에서 그런 일을 수행하기에 충분한 자격을 갖추지 못했기 때문이다. 이것은 천사들 중 어느 누구라도 믿을 만하지 않은 이유다. 천사들에게서는 하나님의 무한하신 위엄을 손상시키지 않을 만한 충분한 탁월함을 발견할 수 없기 때문이다. 그분의 가치와 합당함에 어떠한 흠결도 찾을 수 없다는 것이 우리의 믿음이다. 하나님의 영광의 광채이시며, 하나님의 뛰어나심을 발휘하는 빛만이 우리가 믿을 충분한 근거가 된다.

1. 이것은 그리스도의 희생이 우리의 죄를 대속하기에 얼마나 충분한지를 보여준다. 하나님이 보시기에 모든 피조물의 죄보다 더 큰 가치가 있는 그리스도의 보혈의 권세를 보여준다. 죽어 마땅한 사람을 위해 죽임을 당하고, 그 죽음으로 이처럼 많은 고통을 당하셨다는 것은 참으로 위대한 일이다. 하나님의 계획에 따라 하나님의 형상의 광채이신 분이 이처럼 비난과 욕을 당하고 침 뱉음을 당하신 것은 참으로 위대한 일이다. 하나님이 보시기에 무한히 아름다운 분을 이처럼 세상의 오물과 같은 존재로 취급을 받게 하신 것은 참으로 위대한 일이다. 그 속에 하나님의 무한한 사랑을 품고 계신 분을 이처럼 하나님의 진노를 받게 하신 것은 참으로 위대한 일이다. 하나님께서 영원 전부터 무한히 즐거워하고 기뻐하시는 분을 말할 수 없는 고통과 슬픔으로 채우신 것은 참으로 위대한 일이다. 하나님의 눈부신 광채이신 분이 이처럼 사망의 어둠과 그림자 속으로 넘겨져야 했다.

이와 같은 방법으로 드려진 희생제사는 분명히 가장 큰 죄를 대속하기에 충분하다. 이처럼 뛰어나신 분이 불쌍한 죄인들을 위해 그런 고통을 겪으신다면, 그들이 어떠한 죄인이든지 간에 다른 어떤 공의를 더 요구할 수 있겠는가? 하나님은 이보다 더 큰 희생제사를 바라지 않으신다. 그리스도께서 드린 희생제사는 하나님을 완전히 충족시키셨으며 온 세상의 죄로 인한 부채를 다 갚기에 충분했다. 무한히 악하고 무한한 심판을 받을 만한 가장 큰 죄는 하나님의 무한하신 위엄과 영광을 거슬러 범한 죄다. 그러나 만일 하나님의 영광의 광채이신 분이 자신을 낮추어 죄의 심판을 친히 짊어지신다면, 그 행위는 틀림없이 빚을 청산하기에 충분할 것이다.

하나님의 영광을 대적하는 것이 죄인 것만큼, 하나님의 영광의 광채이신 분이 죽으신 것은 위대한 일이다. 그리스도의 희생은 성부 하나님과의 무한한 관계에서 비롯된 것이다. 그리스도의 피는 하나님이 보시기에 값진 것이다. 그것이 하나님 자신의 영광의 광채이신 분의 피이기 때문이다. 하나님의 영광은 의심의 여지없이 무한히 사랑스럽고 소중하며, 그 영광의 빛을 발하는 분에게도 그러하다.

2. 우리가 의로 옷 입는다면, 성부 하나님이 보시기에 그것이 우리에게 얼마나 소중한지 유추할 수 있다. 그리스도의 인격의 위엄이 그의 의에 가치를 부여하는 것이다. 이것은 그리스도의 의에 가치를 부여하는 그리스도의 인격의 위엄이다. 로마서 13장은 이렇게 말한다. "오직 주 예수 그리스도로 옷 입으라"(롬 13:14). 그리고 갈라디아서 3장은 이렇게 말한다. "누구든지 그리스도와 합하기 위하여 세례를 받은 자는 그리스도로 옷 입었느니라"(갈 3:27). 그리스도가 그들의 옷이다. 그들의 벌거벗음을 덮어 주시며 그들을 꾸미고 아름답게 하신다. 만일 우리가 들은 바대로 그리스도가 하나님의 영광의 광채이시며 그분의 영광을 비추는 빛이라는 교리가 사실이라면, 그리스도로 옷을 입은 사람들은 의심의 여지없이 그로 말미암아 하나님이 보시기에 가장 받으실 만한 사람들이 될 것이다. 그들의 모습은 그들의 주된 가치로 나타나지 않기 때문이다.

그들의 모습은 그들 자신의 아름다움이 아니다. 그들의 옷은 더러운 의의 옷이 아니다. 그들의 모습은 성부의 영광의 광채이신 분으로 옷을 입은 주 예수 그리스도의 아름다움이다. 그리스도로 옷 입은 사람들은 하나님의 아름다움을 발하시는 분의 사랑스러움을 가지고 있다. 그들은 천사들의 의가 나타날 때보다 훨씬 뛰어난 아름다움을 가지고 있다.

이러한 모습은 성부 하나님의 눈에 얼마나 사랑스럽게 보이겠는가? 의심의 여지가 없다. 하나님은 자신의 아름다움과 영광을 기뻐하신다. 이것은 언제나 하나님이 받으시는 것이다. 그분이 이것을 거부하거나 멸시하실 위험은 있을 수 없다. 하나님께서 무한히 기뻐하시는 것이기 때문이다. 그러므로 그리스도로 옷 입은 사람은 참으로 이렇게 권하는 하나님께 담대하게 나아갈 수 있다. 하나님의 마음은 그리스도로 옷 입은 사람이 늘 자신에게 나아오는 것에 온통 관심을 가지고 계신다. 피조물이 이러한 특권으로 인정받는다는 것은 놀라운 일이다. 신자들은 그리스도에 대해 관심을 기울임으로써 이런 특권을 갖는다. 그들은 그들에게 전가된 그리스도의 자격을 가지고 있다.

신자들은 빛나는 하나님의 영광을 바라보기만 하는 것이 아니라 그 영광을 받기도 한다. 그 광채는 그들에게 주어진 옷과 의복으로 들어온다. 교회는 "해를 옷 입은 한 여자"로 묘사되었다(계 12:1). 그 여자가 옷 입은 태양은 의의 태양이다. 모든 신자의 영혼은 하나님의 아들로 옷을 입는다. 그들은 하늘에 있는 태양보다 더 무한히 밝은 옷으로 하나님의 아들을 가지고 있다. 그분은 하나님의 영광의 광채이시다.

그들이 이러한 옷을 입고 있다면 하나님께서 그들을 받으셨다는 것을 어떻게 의심할 수 있겠는가? 이러한 광채와 이러한 사랑이 그들의 벌거벗은 모든 것을 덮기에 충분하고, 그들의 모든 더러움을 영원히 가린다는 것을 어떻게 의심할 수 있겠는가? 성부 하나님이 보시기에 이런 옷은 그들을 사랑스럽고 존귀하게 한다. 그리스도의 의는 신자들이 행함으로 얻은 의가 아니기 때문이다. 그러나 그 옷은 마치 그들이 행하여 얻은 것인 양 그들의 옷이기도 하다. 그들은 그 옷을 얻을 권리가 있다. 신자들에게 자신을 내어 주신 그리스도의 행위를 받으신 성부 하나님께서 신자들에게 주신 것이기 때문이다.

그러므로 죄인들은 그리스도의 의를 신뢰하며 그리스도께 나아간다. 그리고 그분을 받아들이고, 이 희고 영광스러운 옷을 입으라는 큰 격려를 받는다. 그들에게는 더 이상 의심할 이유가 없다. 하나님께서 그 아들을 받아들이시고, 하나님께서 자신의 아름다움과 영광을 받아들이실 것을 의심하지 않는 것처럼, 그들에게는 다만 그리스도 안에서 그들을 받아 주시고 멸시하지 않으실 것을 의심하지 않는 것밖에 다른 길이 없다.

사람은 큰 죄인이었다. 그 안에 매우 추하고 역겨운 가공할 죄가 있다. 사람은 죄를 더욱 악화시키며 반복적으로 죄를 짓는다. 그렇다고 그 죄인이 무한히 소중한 분의 피로 씻음을 받은 이후에, 하나님의 영광을 비추시는 분으로 옷 입었는데도 하나님께서 그를 저버리실까? 아니다. 의의 검은 이러한 옷을 입은 사람들에게 절대로 가까이하지 못할 것이다. 이 아름다운 옷으로 하나님은 모든 특권, 가장 큰 은총, 상속받을 자녀의 관계, 복음의 모든 약속 그리고 하나님의 영원한 기쁨을 누리는 자리로 그들을 들어오게 하셨다.

사람들에게 어서 들어와서 그 옷을 입도록 하늘의 문은 얼마든지 열려 있다. 낙원의 문은 결코 닫히지 않을 것이다. 무한한 은혜의 팔이 그들을 향해 뻗어 있을 것이다. 생명 나무에 가지들이 늘어져 생명의 열매를 맺을 것이다. 그들에게 영광의 보좌로 나아가는 길이 얼마든지 허락될 것이며, 보좌에 앉으신 분과 온전한 즐거움을 누릴 것이다. 혼인 예복을 입은 사람들에게는 신랑과 함께 혼인 잔치 자리에 앉는 것이 허락될 것이다.

하나님, 그리스도, 천사들 그리고 온 하늘은 이런 사람들이 그리스도로 옷 입은 것을 보고 기뻐할 것이다. 그들은 영원히 환영받으며 즐거워할 것이다. 그들의 죄는 다시 기억되지 않을 것이다.

3. 우리는 그리스도의 중보가 얼마나 충분하고 하나님이 받으실 만한 것인지 배운다. 그리스도는 성부 하나님의 영광의 광채이시기 때문이다. 그리스도는 성부와 함께 그를 믿는 사람들을 위하여 간구하신다. 그분은 하늘로 가셨다. 그곳에서 그분은 모든 신자를 위하여 하나님 앞에 지속적으로 서신다. 그리스도는 신자들과 그들이 받을 해(害) 사이에 서신다. 그리스도는 신자들이 하나님의 진노로부터 구출될 수 있도록 그들을 위해 중보하신다. 그리스도는 하나님께서 신자들을 받아 주시고, 그들에게 모든 복을 내려 주셔서 이 세상에서 사는 동안 악한 자에게서 지켜 주시며, 이후 그들에게 주실 영생을 얻을 수 있도록 간구하신다.

요한복음 17장에서 볼 수 있듯이, 그리스도께서는 땅에 계시는 동안 그를 믿는 모든 사람을 위해 이런 내용으로 기도하셨다. 그분은 하나님 우편에서 자기 백성을 위해 계속 간구하신다.

1. 첫 번째 추론 : 이 교리는 우리에게 그리스도가 충분한 중보자이시며, 성부에게 간구하시고, 언제나 듣고 계신다는 가장 큰 확신을 줄 수 있다. 그리스도는 성부 하나님의 영광의 광채이시기 때문이다. 하나님께서 그분의 존재를 받아들이지 않으실 위험 요소가 있을까? 성부 하나님께서 이처럼 영광스러우며, 이처럼 가까이 계신 분의 간구를 거절하실까? 그리스도는 하나님의 무한하신 사랑을 목격하셨고, 그분의 영원한 행복을 가지셨는데 말이다.

이것은 우리가 하나님께서 그리스도가 세례를 받으실 때 그리고 다시 산 위에서 세 제자 앞에서 변형되셨을 때 하늘로부터 선언하신 진리를 의심할 이유가 없다는 것을 보여준다. "이는 내 사랑하는 아들이요 내 기뻐하는 자라"(마 3:17). 그리고 그리스도는 아버지께 이렇게 말씀하셨다. "항상 내 말을 들으시는 줄을 내가 알았나이다…"(요 11:42).

은혜의 보좌 앞에서 자신들을 위해 간구하시는 그리스도를 믿는 사람들은 복되고 행복하다. 실제로 그들에게는 능력 있는 중보자가 계신다. 그들은 모세나 사무엘, 다니엘이나 욥, 이 땅에 있는 모든 성도와 하늘에 있는 거룩한 모든 자와 그 어떤 이의 가장 진지한 기도를 받은 것보다 더 대단한 특권을 받은 것이다.

2. 두 번째 추론 : 여기서 불신앙의 죄가 얼마나 큰지를 배운다. 그리스도의 인격의 영광스러움과 뛰어남을 믿지 않거나 부정하는 그 죄 말이다. 불신자는 그리스도께서 영광스러운 분임을 용납하지 않는다. 그것은 그분이 하나님의 아들이신 것과 그분이 하나님으로부터 보냄을 받은 분임을 인정하기를 거절하는 것이다. 불신자는 그리스도께서 하나님과 존귀한 관계를 갖는다는 그분의 존귀함을 용납하지 않는다. 그리스도는 남의 이름을 사칭하고 다니는 사람이나 비열한 사기꾼과는 거리가 먼 분이다. 불신앙은 그리스도의 말씀의 진리에 동의하기를 거절하고, 그분을 거짓말쟁이로 만든다.

불신앙으로 인해 그리스도는 업신여김을 받으신다. 마치 존귀함이나 존경을 받기에 합당하지 않은 분인 것처럼 무시를 당하신다. 불신자들은 그리스도 안에서 어떤 모양도 어떤 단정함도 보지 못하며, 마땅히 존경해야 할 그분의 아름다움을 보지 못한다. 그분은 최고로 가치 없는 것보다 못한 존재로 무시당하셨다. 불신자들은 세상, 세상 이득, 이웃이나 이웃에 대한 존경과 호의 또는 순간적인 욕정의 만족을 그리스도보다 더 선호한다.

그리스도는 불신앙으로 인해 완전히 거절당하고 버림받으셨다. 불신자들은 그분을 용납하려 하지 않는다. 그들은 그분을 환대하지 않을 것이다. 불신앙으로 인해 그리스도는 반대를 받으셨다. 불신앙으로 그리스도에 대한 적대감이 집중된다. 불신자들에게는 그리스도가 자신을 내어주신 것이 그분을 반대하고 적대감을 드러낼 빌미에 불과하다.

그래서 불신앙은 성부 하나님의 영광의 광채이신 분을, 하나님의 무한한 영광이 성부 하나님이 보시기에 그분의 무한한 만족과 기쁨에 나타나시는 분을 하나님의 영광을 하늘에 있는 천사들과 성도들에게 비추시는 분을 그리고 이곳에 있는 우리에게도 비추시는 분을 적대시한다. 그리스도의 얼굴에는 하나님의 영광이 다른 어떤 방법보다도 더 영광스러운 방법으로, 더 영광스러운 정도로 나타난다.

여기서 이 영광스러운 분을 그들에게 수백 번이고 제물로 드리게 한 죄는 너무나 큰 죄임에 틀림없다. 말하자면 그리스도를 그들의 문 앞에 서 있게 하고, 외치고 기다리고 모든 방법으로 그들을 설득하여 그분을 영접하라고 하는데도, 그들은 그리스도를 거절하고 멸시했다.

우리는 교리를 통해, 그리스도를 그런 식으로 대우하는 것은 하나님의 영광의 광채 또한 그런 식으로 대접하게 된다는 것을 배우게 된다. 여기서 우리는 누가복음 10장에 표현된 진리를 배운다. "너희 말을 듣는 자는 곧 내 말을 듣는 것이요 너희를 저버리는 자는 곧 나를 저버리는 것이요 나를 저버리는 자는 나 보내신 이를 저버리는 것이라 하시니라"(눅 10:16)

3. 세 번째 추론 : 우리는 예수 그리스도를 즐거워하는 사람이 참으로 행복한 사람이라는 것을 배운다. 자연의 빛을 보는 것은 좋고 태양을

바라보는 것은 즐겁다. 그러나 이 빛을 즐기는 것, 하나님이 영광의 광채와 함께, 그리고 그 안에 영원히 거하는 것은 훨씬 더 즐겁다.

하늘에 있는 성도들은 이것을 온전히 즐기고 있다. 그들은 이 빛에 영원히 둘러싸인 영혼을 가지고 있다. 그들은 말로 표현할 수 없는 온전하고 친밀한 방법으로 이 빛을 누린다. 그들은 이 광채를 바라볼뿐더러 그들 안에 그 광채를 가지고 있기도 하다. 그들의 영혼은 이 빛으로 채워져 있다. 그리스도께서 이 세상에 계실 때 성도들의 마음에 거하셨지만, 다른 곳에서는 가장 영광스러운 방법으로 그들 안에 거하신다. 이 빛의 영광이 그들 위에 부어질 뿐만 아니라 그들 안으로 들어가기도 한다.

지금 그리스도는 성도들 안에 영광의 소망으로 계신다. 하지만 이후에 그분은 영광 자체로 그들 속에 계실 것이다. 우리는 요한계시록 21장에서 이런 말씀을 읽는다. "그 성은 해나 달의 비침이 쓸데없으니 이는 하나님의 영광이 비치고 어린 양이 그 등불이 되심이라"(계 21:23). 이 본문에는 두 가지 내용이 언급되지 않은 것 같다. 하나님의 영광이 한 빛이고, 어린 양이 다른 빛인 것처럼, 하나님과 어린 양이 두 빛인 것이 아니다. 오히려 하나님과 어린 양 두 분 모두 동일한 빛으로 언급되었다. 23절 후반부는 전반부를 설명한다. 어린 양이 빛이고 그 등불이 되시는 것처럼 하나님의 영광은 빛을 비춘다. 어린 양이 하나님의 영광이기 때문이다. 우리가 이 본문에서 들은 것처럼, 그분은 성부 하나님의 영광의 광채이시며 그 영광을 비추는 분이시다.

성부 하나님의 영광의 광채이신 분이 새 예루살렘의 빛이라는 사실을 안다면, 성도들에게 태양 빛이 필요하지 않다고 언급된 것이 전혀 놀랍지가 않다. 이와 비슷하게 요한계시록 22장은 이렇게 말한다. "다시 밤이 없겠고 등불과 햇빛이 쓸데없으니 이는 주 하나님이 그들에게 비치심이라 그들이 세세토록 왕 노릇 하리로다"(계 22:5). 주 하나님께서 성도들에게 하나님의 영광의 광채이신 분을 완전히 소유하고 즐기는 복을 주실 때, 그것을 누릴 수 있는 빛을 주신다.

4. 네 번째 추론 : 성도들은 하나님의 영광을 보기 전에 먼저 그것을 구해야 한다는 것을 배운다. 성도들은 그리스도 안에서 그것을 구해야 한다. 그리스도가 성부의 영광의 광채이시기 때문이다. 그러므로 만일 우리가 하나님의 영광을 보려고 한다면, 반드시 그리스도에게 가야 한다. 우리는 그리스도 안에서 이것을 발견하기를 구해야 한다. 하나님의 영광은 그리스도의 얼굴에서 사람들에게 나타나기 때문이다.

우리는 그리스도의 복음에서 구해야 한다. 우리는 그리스도의 구속에서 하나님의 영광을 볼 수 있도록 노력해야 한다. 이 사역을 깊이 생각하고 묵상해야 한다.

○

이 설교는 1734년 4월에 선포됐으며 원고는 소책자 33쪽 분량, 13쪽의 적용으로 구성되어 있다. 주제는 교리와 본문에서 쉽게 추론할 수 있는 그리스도의 인격의 특성이다. 에드워즈는 히브리서 1장 3절을 본문 말씀으로 택하여 그리스도가 얼마나 위대한 인물이시며, 뛰어나시고 훌륭하신 분이신지를 설명한다.

에드워즈는 성경에서 그리스도에게 부여된 여러 속성 중에 몇 가지를 상기시킨다. 그리스도는 위대한 선지자이시고, 왕 중의 왕이시며, 의의 아들이시며, 세상의 빛이시고, 세상에 와서 모든 사람에게 비추는 참 빛이시며, 구세주이시다. 그러나 이 모든 것 위에 그리스도는 아버지의 영광의 광채라는 사실이다. 그리고 이것이 죄인들의 소망의 근거이다. 하나님 아버지께서 "그리스도가 신자들을 위해 자신을 주신 그의 행동을 받으셨기" 때문이다. 그러므로 여기서 가련한 죄인들에게 권한다. "그리스도께 와서 그분을 영접하고 희고 영광스러운 옷을 입으라."

15

그리스도를 사랑하는 사람은
그리스도로부터
생명의 면류관을 얻는다

THOSE WHO LOVE CHRIST SHALL RECEIVE
OF HIM A CROWN OF LIFE

시험을 참는 자는 복이 있나니

이는 시련을 견디어 낸 자가 주께서 자기를 사랑하는 자들에게

약속하신 생명의 면류관을 얻을 것이기 때문이라

약 1:12

그리스도를 사랑하는 사람들은 그분으로부터 생명의 면류관을 얻는다는 것이 본문이 가르치는 교리다. 오전 설교에서 그리스도를 사랑하는 사람들이 받게 될 면류관에 대해 간략히 설명했다. 그것은 다른 세상에서 받게 될 영생, 기쁨, 아름다움, 영광의 면류관이다. 우리는 그리스도를 사랑하는 사람들이 이 면류관을 승리의 왕관으로 받는다는 것을 보여주었다. 신자들은 왕의 자격으로 면류관을 쓸 것이다. 여기서 우리는 그들의 나라가 어디인지, 그들이 왕으로서 입는 의복이 무엇인지, 그들의 왕궁이 어떤 곳인지, 그들의 영광스러운 보좌와 영예와 왕으로서 그들이 가지는 부요함 그리고 그들이 영원히 누릴 왕의 만찬이 무엇인지 보여주었다.

이제 이것들을 우리의 실천과 기독교의 성장에 적용하려 한다.

| 적 용 |

1. 첫 번째 사용은 교훈 또는 추론에 속한다.

(1) 그리스도를 사랑하는 사람들이 그리스도의 손에 있는 생명의 면류관을 받게 되는 것이 사실이라면, 참된 그리스도인이 세상에 속한 영예와 위대함에 많은 마음을 쓴다는 것이 불명예스러운 일이라는 것을 알게 될 것이다. 마치 그리스도의 약속에 만족하지 않는 것처럼, 그리스도의 손에서 받은 천상의 면류관의 영예가 세상의 영예와 비교하여 충분하지 않은 것처럼, 세상적인 것에 관심을 갖는 것은 당신에게 이 영광스러운 면류관을 약속하신 예수 그리스도께 매우 불명예스러운 일이다. 그것 때문에 얼마나 자신의 명예를 더럽히겠는가? 그리스도는 지상의 어떠한 영예보다 더욱 탁월한 것을 당신에게 약속하셨다. 하나님은 당신의 영혼에 은혜를 주신다. 이것은 하늘에 속한 부요함이다. 하늘에서 가장 작은 밀알 하나도 금과 은으로 이루어진 산보다 더 가치가 있다.

하나님은 당신에게 금이나 보석으로 만든 면류관이 아니라 하늘의 영광과 영원한 영광으로 만든 면류관을 쓸 권리를 주심으로 당신에게 영예를 주셨다. 그리고 당신은 하나님께서 당신의 머리에 실제로 이 면류관을 씌워주심으로써 영예롭게 하시는 것 이상으로 영예롭게 하실 것을 소망한다. 하나님께서 당신에게 나라를 주시고, 당신을 하나님 자신의 보좌에 앉게 하시고, 당신을 영광의 옷으로 치장하시고, 당신에게 하늘들의 하늘을 주실 것을 소망한다. 하늘은 당신의 왕궁이 될 것이며, 하나님이 당신의 부요함이 되실 것이며, 하나님의 영원한 사랑이 당신이 왕으로서 누릴 진미가 될 것이다. 그런데 당신은 이제 가서 금과 은을 갈구하거나 세상의 위대함을 추구함으로써 자신을 불명예스럽게 할 것인가?

당신을 위해 놓여 있는 면류관을 이처럼 불명예스럽게 할 것인가? 이런 것들에 마음이 흔들릴 정도로 당신은 그 면류관을 폄하할 것인가? 그 면류관을 당신이 좋아하는 것들과 동등하게 만듦으로써 불명예스럽게 할 것인가? 그리스도께서 하늘에서 베푸시는 영예를 사람의 영예를 추구하는 것으로 작게 여기려고 하는가?

당신의 영혼은 하늘에 불멸의 면류관을 가질 것인가? 영속적인 영광을 추구하라. 당신의 영혼은 그리스도와 함께 태양처럼 빛나는 것을 목표로 삼고 있는가? 아니면 빈곤한 지상의 화려한 쇼를 추구하는가? 당신은 하늘의 부요함으로 충만해 있는가? 아니면 굶주리고 더러운 오물에 둘러싸여 있는가? 왕과 제사장이 될 당신이 당신의 하늘나라를 떠나 아이들의 가난한 나라로 떠나려는가? 그것 때문에 당신은 로마의 황제들이 그랬던 것보다 더 자신을 불명예스럽게 하고 있다. 전 세계에서 가장 큰 제국을 다스리는 군주임에도 불구하고, 매일 7시에 파리를 잡으려고 짧은 시간 황제직에서 물러나곤 했던 로마의 황제들처럼 말이다(로마 황제 중 파리 잡기를 즐겨 했던 인물들이 있었는데, 로마 황제가 파리 잡기에 열중하는 것이 얼마나 명예롭지 못한 행동인지를 예로 든 것으로 보인다. - 편집자 주).

일시적인 영예에 목말라하는 것은 이 세상 사람들이 하는 일이다. 그런 일은 세상 사람들이나 하도록 내버려두라. 그들이나 그런 것들을 취하게 하라. 그런 것에 목말라하는 것은 당신에게 무가치하다. 당신이 쌓아놓은 면류관이 무엇인지 기억하라. 당신이 상속받을 영광스러운 유산이 무엇인지 기억하라. 실제로 당신이 하늘나라를 소유하고 영광으로 관을 쓰게 될 때, 당신은 세상에 있는 것들이 얼마나 경멸할 만한 것인지 알게 될 것이다.

세상 사람들이 보기에 가장 사랑스럽고 퇴색해 가는 영광을 바라보는 것보다 당신의 면류관을 더 소중히 여긴다는 것을 알려라. 당신이 가진 종교를 불명예스럽게 하지 말라. 당신의 면류관에 비하면, 다른 모든 것을 잃고 배설물처럼 생각한다는 것을 세상에 알림으로 기독교를 명예롭게 하라. 만약에 그리스도인들이 이렇게 했다면, 기독교가 세상에서 이토록 멸시를 받지는 않았을 것이다. 만약에 그리스도인들이 자신이 받게 될 영광의 면류관에 비하면, 세상의 영예는 한낱 경멸하고 짓밟힐 뿐이라는 것을 보여주었다면, 기독교가 이처럼 구석으로 도망치지 않았을 것이다.

기독교가 멸시받는 커다란 이유 중에 한 가지는 그리스도인들이 그것을 감추고 세상 앞에 당당히 내놓거나 그 영예를 공개하지 않았다는 데 있다. 그 대신에 그리스도인들은 무분별하고 불명예스럽게 세상의 것을 추구했으며, 그들이 하늘에 있는 면류관으로 만족하지 못했다는 것을 드러냈다. 신자들이 그들의 면류관을 더 이상 가치 있게 여기지 않는 것을 볼 때, 다른 사람들도 기독교를 하찮게 여기게 되었다.

그러므로 당신의 구속자요 머리 되신 예수 그리스도의 모범을 따르라. 그분은 자신이 하나님의 아들이신 것을 아셨지만, 다른 부차적인 영예와 위대함을 취하지 않으셨다. 그분은 이런 것들이 부활 후 하늘의 영광으로 영화롭게 될 자신과 비교하여 무가치하다는 것을 잘 아셨기 때문이다. 예수 그리스도는 세상 왕들의 멋드러진 모습을 경멸하셨다. 그분은 이런 것이 자신을 기다리고 있던 영광과 비교하여 얼마나 비천한 것들인지 익히 아셨기 때문이다. 그리스도는 자신 앞에 놓인 기쁨을 위하여 십자가를 참으셨고 부끄러움도 상관하지 않으셨으며, 지금은 하나님의 보좌 우편에 앉으셨다.

(2) 그리스도를 사랑하는 사람들은 여러 가지 비난을 대수롭지 않게 여기는 법을 배워야 한다. 그리스도를 사랑하는 사람들은 이후에 그리스도로 인해 불멸의 영예와 영광의 면류관을 쓰게 될 것을 안다. 비록 당신이 악한 사람들에게 비난을 받는다고 해도, 이후에 왕으로 영예를 누릴 것이라는 사실을 생각하라. 당신을 위해 준비된 영광스러운 면류관과 비교할 때, 멸시를 받는 성도가 만나게 되는 가장 큰 비난은 과연 무엇일까?

악한 자들의 경멸과 멸시는 무엇인가? 그것은 사람이라는 이름을 가질 만한 가치 없는 자들의 멸시에 불과하다. 하나님은 하나님을 멸시하는 사람을 영원히 멸시하실 것이다. 악한 자들이 가하는 경멸과 멸시는 하나님과 이성을 가진 존재들이 보기에 너무 징그럽고 혐오스럽고 천박한 것으로 여김을 받을 것이다.

그리스도의 천상의 나라에서 왕의 면류관을 받게 될 당신이 악한 자들로부터 받는 것을 굳이 멸시라고 할 필요가 있겠는가? 당신의 거룩함을 멸시할 사람들 중에 진정으로 탁월하고 가치 있는 사람은 아무도 없다. 오히려 그들은 당신을 매우 존경하고 존귀하게 여길 것이다. 하나님께서 당신을 멸시하지 않는 한, 그리스도께서 당신을 사랑하는 한, 당신을 멸시하는 사람들에 대해 괘념치 말아야 한다. 이것은 하나님이 존재하시는 한 계속될 것이다.

만약에 모든 세상이 당신을 미워한다면, 사랑하는 구주의 품으로 돌아가라. 거기서 그분의 영적인 입맞춤과 포옹으로 달콤하고 기쁜 위로를 받을 것이다. 사람들이 당신을 미워하게 하라. 그럴 경우에 당신은 그리스도께서 모든 세상 앞에서 당신을 사랑하시고, 존귀하게 여기시며, 영광으로 관을 씌우실 것을 안다.

모든 세상이 당신을 미워하게 하고 얼마든지 멸시하게 하라. 그것을 당신의 위안으로 삼아라. 세상을 창조하고 통치하시는 분이 당신을 경멸하는 사람들도 지으셨으며, 그분의 손에 그들의 몸과 영혼, 목숨과 호흡을 계속해서 가지고 계시다. 바로 그분이 당신을 사랑하셨고, 당신에게 그분 자신을 주셨다.

언젠가 당신이 영광의 면류관을 쓰고, 그리스도로 인해 그분의 보좌에 앉게 되었을 때, 빛의 옷을 입고 광채를 발할 때, 그분의 영원한 사랑의 왕의 잔치 자리에 앉게 될 때, 당신은 더 이상 비난받지 않을 것이다. 그때에 당신은 사람들이나 마귀들이 공격하지 못할 아주 높은 곳에 영원히 나아가게 될 것이다. 사람들과 마귀들은 이전에 자신들의 비난의 대상이 되었던 당신이 형언할 수 없는 영예와 행복한 상황으로 높이 들림을 받고, 자신들은 비참함과 영원한 불명예에 빠졌다는 것을 알게 될 것이다.

그들의 멸시와 증오의 표현을 두려워하지 말라. 그들이 그 일에 대해 회개하고 슬퍼하지 않는다면, 마지막 심판에 왕의 의복을 입고 그들을 심판하시는 예수 그리스도와 함께 당신이 보좌에 앉아 있는 것을 그들의 눈으로 똑똑히 볼 것이다. 그들은 당신이 그리스도와 함께 영원히 다스리는 것을 볼 것이다.

당신이 받는 비난이 그리스도께서 받으셨던 비난보다 더 크다고 할 수 없다. 그러나 그리스도께서 어떠한 영광에 들어가셨는가? 그리스도는 죽음에서 부활하셨고 모든 하늘보다 높은 곳으로 오르셨다. 그리스도는 자신의 원수들을 이기고 승리하셨고 지옥과 죽음의 열쇠를 가지셨다. 철장으로 그의 원수들을 깨뜨리시며 질그릇같이 부수신다. 이와 마찬가지로 당신도 죽은 자들 가운데서 다시 살아날 것이다. 그리스도는 죽은 자의 첫 열매이시며, 당신은 그분의 뒤를 따를 것이다. 당신도 언젠가 당신의 원수들을 이기고 승리할 것이다. 당신도 하늘에 오를 것이며 그리스도의 영광에 참여하는 자가 될 것이다.

(3) 그리스도를 사랑하는 사람들은 죽음을 두려워할 이유가 없다. 죽음은 그들이 생명의 면류관을 받고 하나님나라의 유산을 얻게 되는 관문이기 때문이다. 이러한 측면에서 당신은 살아 계신 하나님의 도성인 하늘에 있는 시온 산으로 여행할 것이다. 당신은 계곡, 즉 죽음의 계곡을 통과할 것이다. 당신이 그곳을 통과하는 순간, 즉시 이 영광스러운 산에 오르며 그 성의 문에 들어갈 것이다. 그곳에서 당신은 이 음침한 골짜기

를 즐거운 마음으로 내려다볼 것이다.

이 계곡은 악한 자들에게는 무시무시하고 끔찍하며 어두운 골짜기이다. 사람들은 더 어둡고 비참한 곳으로 내려간다. 그러나 그곳은 밝은 시온의 언덕에서 아주 가까워서 신자들에게는 빛을 비춘다. 신자들은 그곳을 기쁨으로 통과할 수 있다. 그들은 그곳을 통과하자마자 그들의 모든 비참함에서 벗어나 면류관을 받고 즉시 그들의 보좌로 나아가기 때문이다.

그러므로 그리스도를 사랑하는 당신의 영혼은 이 골짜기가 어둡다고 해서 그곳을 통과하기를 두려워하지 말라. 그 안에는 겉으로 보기에 두려움을 주는 것들이 많이 있지만, 그런 것들은 그림자에 불과하며 아무것도 아니기 때문이다. 이런 것들은 당신을 결코 해할 수 없을 것이다. 그림자를 통과하여 보라. 저 너머에 있는 천상의 빛에 시선을 고정하라. 그러면 당신은 그 안에 있는 어두움을 두려워하지 않을 것이다.

2. 우리는 이 교리를 권면으로 발전시킬 것이다. 그리스도를 사랑하는 모든 사람들이 머리에 생명의 면류관을 받게 된다면, 모든 사람에게 그리스도를 사랑하라고 권하고 설득하는 것이 좀 더 자연스러워질 것이다.

우리는 영광스러운 면류관에 대한 빈약한 이해를 갖지 않도록 하려고 이 면류관의 영광을 설명하는 데 노력해왔다. 만약에 이와 같은 영광스럽고 영원히 쇠하지 않는 면류관이 그리스도를 사랑하는 사람들에게 주어진다면, 누구에게든지 그리스도를 열심히 사랑하라고 설득할 충분한 동기가 될 것이 확실하다. 모든 사람에게 무엇을 해야 할지 그들의 의무를 설득할 또 다른 동기 또한 제시할 것이다.

(1) 첫 번째이면서 가장 큰 동기는 그리스도의 사랑이다. 하늘과 땅에서 볼 수 있는 모든 사랑은 오직 그리스도의 사랑스러운 영광의 광채의 반영일 뿐이다. 그것은 영광스럽고 달콤하고 아름답고 모든 것에 걸쳐서 오직 한 가지가 그리스도의 아름다움을 위해 사용된다. 하늘과 땅을 밝히는 빛나는 태양보다 우리가 보는 모든 천체 중에서 그리스도의 아름다움이야말로 가장 영광스러운 빛이다. 그리스도는 의의 태양이라고 불리신다. 하늘에 있는 태양도 그분에게는 어두움이 되는 태양이다. 그분은 빛나는 새벽 별로 불리신다. 무죄함과 달콤한 겸손, 사랑과 자비 때문에 유다 지파의 사자이지만 어린 양으로 불리신다.

그리스도는 샤론의 장미와 골짜기의 백합화로 불리신다. 샤론은 가장 향기로운 장미를 꽃 피우는 즐겁고 유쾌한 땅이며, 골짜기의 백합화는 아름다움과 향기가 탁월하고 다른 모든 백합보다 뛰어나다. 꽃들은 보기에도 즐겁고, 눈에는 아름답고, 향기도 좋아 그리스도는 이렇게 꽃으로 표현된다. 그리스도가 장미와 백합화에 비교되는 것은 그것들이 꽃들 중 최고이기 때문이다. 그리고 특히 그리스도가 샤론의 장미와 골짜기의 백합화에 비교되는 것은 그것이 모든 장미와 백합화 중에서 최고이고 가장 뛰어나기 때문이다.

이 세상에는 어떤 장미나 백합화이 있는가? 세상에 있는 꽃들이 얼마나 달콤하고, 아름답고, 향기로운가. 이곳에도 아름다움이 있으며, 이곳에도 어느 피조물에나 있는 신적인 사랑과 천상의 향기가 있는 것은 사실이다. 그러나 확실한 것은 그리스도의 이 사랑스러운 장미와 백합화에는 신적인 완전함이 있다는 점이다.

이 장미에는 우주에 있는 모든 사랑스러움이 결합되어 있다. 그렇다. 이 백합화에는 여호와 자신의 아름다움과 영광이 있다. 이 꽃이 피조물이 아니라는 것은 분명하다. 그 꽃은 창조자이시다. 오, 신자들이여, 오, 그리스도의 사랑을 받는 자들이여, 당신에게 그리스도는 그 향기로 황홀함을 얻을 수 있는 장미이시다. 그리스도는 그분의 무한하신 아름다움으로 당신의 눈을 즐겁게 해줄 수 있고, 당신이 영원히 즐거워하고 누릴 수 있게 하는 장미이시다. 이 장미와 백합화는 하나님의 영광의 광채와 인격의 분명한 형상이며, 너무나도 사랑스럽고 향기롭기 때문에 성부 하나님 자신의 영원하고 무한한 즐거움이다.

이 무한히 아름다운 장미, 이 흠이 없고 향기로운 백합화가 한때 악한 자들의 침 뱉음으로 더럽혀졌으며 그들의 격렬한 분노로 찢기고 뜯어졌다. 오, 신자들이여, 당신을 위하여 당신의 죄 위에 하나님의 분노의 병이 부어졌다. 당신의 품에 영원히 간직할 수 있는 아름다운 몰약이 있다. 그리스도는 숲의 나무들 사이에 있는 사과나무와 같으시다. 당신은 기쁨으로 그리스도의 그늘 아래 누울 수 있으며, 그분의 열매는 당신의 입맛에 달 것이다.

(2) 그리스도에 대한 사랑의 탁월한 효과들을 생각하라. 그러면 영혼은 탁월한 성품을 소유하게 될 것이다. 그것은 변화하는 성품이다. 그 성품은 사랑스러움을 가져다준다. 마음을 부드럽게 하고 향기롭게 하며, 온유하고 겸손하며, 자비롭게 하고 형제 사랑으로 가득하게 한다. 열정적이고 생동감 있게 그리스도를 사랑한다면 그 영혼을 변화시켜 사랑하게 하고, 모든 종류의 질투와 악의를 갚아 주고, 모든 행동을 부드럽게 하고 달콤하게 한다.

그리스도에 대한 사랑은 경건과 거룩함과 향기로운 것과 순종과 금욕을 사랑하는 영혼으로 만든다. 세상적이고 순간적인 사랑은 사람을 위해 수고하고, 자신을 위해 소비하게 만든다. 그들은 자신을 위해 자신을 부인하기를 좋아한다. 사랑은 고통을 없애 주며 그것을 기쁨으로 바꾼다.

이와 마찬가지로 천상의 사랑이나 그리스도에 대한 사랑은 훨씬 더하다. 사람들은 그리스도를 위하여 모든 것을 하며 그분을 위하여 소비하지만, 이런 것을 아주 기뻐하고 손쉽게 행한다. 그 사랑은 회개와 금욕에서 얻어진다.

그리스도에 대한 사랑에는 이와 같은 특성과 이렇게 하려는 성향이 있다. 그 사랑은 구름, 차가운 폭풍, 비, 우박과 눈 외에 아무것도 없는 겨울의 죽은 대지를, 만물이 푸르고 즐거워 보이는 봄 또는 여름처럼 영혼에 엄청난 변화를 일으킨다. 영혼이 구원받기 전에는 정말 모든 것이 추악했다. 지금은 영혼이 변화되었고, 그 자체로 사랑스러우며 진실로 사랑스러운 다른 모든 것과 함께 사랑 안에 있다. 그 사랑은 마땅히 해야 할 것을 손쉽게 하고, 회개와 금욕을 즐겁게 할 뿐만 아니라 곤란한 문제와 위험들까지 부드럽게 만든다. 그리스도인들은 자신이 하나님께서 지극히 사랑하시는 분으로부터 명령을 받았다는 사실을 알고 있기 때문이다.

사랑하는 사람들에게서 비롯되는 것들은 쉽게 짊어질 수 있다. 고통이 비록 그 자체로 모질지라도 예수 그리스도를 통해 신자들에게 임할 때 그분에게서 비롯되는 달콤하고 향기로운 것이 포함되어 있을 수 있다. 그리스도는 무한히 향기로운 분이시고, 아무리 그 자체로 쓴 것도 그리스도 안에 있으면 그 고통의 쓴 것을 잃어버리고 달콤하게 된다. 신자들의 고통은 그 자체로는 모질지만 예수 그리스도의 사랑 안에 담겨 있다. 그렇기 때문에 그 고통이 주는 모든 독은 없어진다. 그 고통은 독 대신에 건강을 주는 것으로 변한다. 약은 그 자체로는 쓰지만 예수님의 사랑 안에 담겨 있다. 이것을 생각하면 고통이 매우 달콤해질 수 있다. 그리고 우리가 그 고통 안에 담겨 있는 그리스도의 사랑을 분별할 수만 있다면, 그것들은 즐거운 것이 되며 모든 슬픔을 이길 수 있는 마음의 기쁨을 주기에 충분하다.

(3) 그리스도에 대한 사랑처럼 유익이 되는 다른 사랑은 존재하지 않는다. 그래서 그리스도에 대한 사랑만이 가장 즐겁다. 서로 사랑하는 사람들이 풍족한 상황에서 서로를 즐거워할 때 그 사랑은 달콤하다. 이제 그리스도는 이미 영광으로 관을 쓰셨으며 자기를 사랑하는 사람들에게도 영광으로 면류관을 씌우실 것이다. 그래서 그들은 최상의 영광에서 영원히 서로 사랑할 것이다. 그래서 이 이유와 그밖에 언급할 수 있는 많은 이유에 근거하여 그리스도의 사랑은 세상에서 가장 기분 좋은 사랑이다.

전체를 한마디로 요약하자면, 그리스도의 사랑은 형언할 수 없는 달콤함으로 영혼을 채우는 성향이 있다. 그리스도의 사랑은 모든 생각을 달콤하게 하고 모든 묵상을 즐겁게 한다. 그리스도의 사랑은 마음에 신성한 색깔을 가져오며 소중한 향수병처럼 하늘의 향기를 퍼뜨린다. 그리스도의 향기는 하늘의 이슬로 영혼을 적시며, 밝은 태양 빛을 낳고, 영광과 행복을 싹트게 한다. 온 세상은 그리스도를 사랑하는 영혼에게 미소를 보낸다. 태양, 달, 별, 들판, 나무들이 그를 위로하는 것 같다. 그 마음이 이 땅 위에 있는 작은 천국 같다.

(4) 그리스도에 대한 사랑의 삶의 기쁨을 깊이 생각하라. 사랑의 삶이 이치에 맞는 원리에서 나온 것이라면, 세상에서 가장 기쁜 삶이다. 증오, 악의 그리고 복수는 마음의 즐거움을 방해하는 최악의 것들이며, 마음을 불안으로 채운다. 그러나 이치에 맞는 사랑이 지배하는 영혼 안에는 늘 기쁨과 즐거움이 있다. 증오가 모든 슬픔의 원리이듯이, 사랑은 모든 것의 원리이자 기쁨이다.

그러나 특별히 그리스도에 대한 사랑의 삶은 모든 삶의 유형보다도 최상의 즐거움이다. 그리스도가 모든 것 중에 가장 탁월하신 것처럼 그분의 사랑은 다른 어떤 것보다도 탁월한 사랑이기 때문이다. 사랑이 더 탁월하고 정제될수록 사랑에 대한 기쁨은 더 크고 더 순결해진다. 그리스도에 대한 사랑이야말로 가장 이치에 맞는 사랑이다. 개중에는 참으로 사랑스럽지 않은 것들을 사랑하고, 거짓 근거로 사랑하는 사람들이 있다. 실제로 그렇다. 사람들 중에 무엇보다도 미워해야 마땅한 것들을 사랑하는 사람들이 있다. 이런 사랑에서도 참된 기쁨이 발생할 수는 있다. 그런데 그것이 이치에 맞지도 않고 근거도 없이 사랑하는 것이라는 사실을 고려한다면, 그 사랑은 마침내 씁쓸하게 끝나고 말 것이다.

그러나 그리스도를 사랑하는 것은 무엇보다도 참으로 뛰어나고 사랑스럽다. 그래서 그리스도에게서 오는 사랑의 기쁨은 틀림없이 견고하고 실제적이며, 본질적이고 결코 쇠하지 않는다. 어떤 경건한 사람의 삶이 그분을 기쁘시게 하는 것이 아니라면, 그 삶은 틀림없이 그리스도에 대한 그의 사랑이 가볍고, 작고, 활력이 없고, 능동적이지 않기 때문이라고 할 수 있다. 그의 사랑은 잠자고 있으며, 사랑을 실행하면서도 순전하지 않기 때문이다. 그리스도에 대한 사랑을 활기 있게 실행하는 사람들은 그들의 삶을 기쁘게 하려고 달콤한 생각들을 하게 된다.

열렬한 사랑을 하는 사람들은 상대의 애정과 행동을 생각하면서 즐겁게 시간을 보낸다. 따라서 그리스도를 열정적으로 사랑하는 사람들은 아주 큰 기쁨으로 그리스도의 영광을 생각할 수 있다. 그들은 진정 기뻐하며 그리스도가 가지고 계신 무한하신 소유를 묵상할 수 있으며, 그로 인해 그들의 눈에 그분이 사랑스럽게 보이는 것이다. 그들은 이전에 보지 못했던 새로운 아름다움과 영광들을 계속해서 발견하며 기뻐할 것이다. 그리스도의 뛰어나심은 무한하고 새로이 발견한 것들을 영원히 지속하실 수 있다. 그러나 그 이후 그들은 그들의 지극히 높은 사랑의 대상이신 그리스도 안에 있는 더 많은 탁월함을 발견하고 그들의 영혼을 일종의 환희로 가득 채우게 될 것이다.

사람들이 자신의 친구들 중 한 사람을 깊이 사랑한다면, 그들은 그 친구의 더 탁월한 점을 보기를 갈망한다. 그들은 새로운 사랑을 얻게 될 때 즐거워한다. 그러나 그리스도를 깊이 사랑하는 사람들은 그리스도의 모든 능력이 이미 탁월하다고 생각하는 기쁨을 갖고 있다. 그분이 더 탁월하기를 바랄 이유가 없다. 그분은 그들이 생각할 수도 없는 탁월함과 아름다움을 지니셨기 때문이다. 그분은 이미 모든 것을 소유하고 계신다. 그래서 사람들에게는 그리스도께 바랄 만한 새로운 아름다움이 없고, 다만 그분에게서 발견할 새로운 아름다움만 있을 뿐이다. 그리스도께서 이처럼 완벽하게 사랑스러운 분이시라는 것을 생각한다면, 그리스도를 사랑하는 사람들 속에서는 틀림없이 참된 기쁨이 일어날 것이다. 오직 그리스도에 대한 사랑으로만 일어나는 특별한 기쁨이다.

그리스도를 사랑하는 사람들은 그리스도의 무궁한 위대함, 영원성, 능력과 지혜가 아니라 그분의 신적 사랑을 아주 기쁘게 생각할 수 있을 것이다. 그는 그리스도를 아주 기쁘게 생각할 수 있다. 자신의 온 마음과 영혼으로 그분을 사랑할 수 있다. 그리스도는 사람이며 하나님이시다. 그분께는 세상 모든 나라가 통 안에 든 한 방울의 물과 같고 저울의 작은 티끌 같다. 그리스도는 그만큼 위대하신 분이시다. 그리스도는 접시저울에 산들을, 막대저울로 언덕을 달아보시며, 섬들도 먼지처럼 가볍게 들어 옮기신다. 그분은 아주 지혜로우셔서 그의 천사들도 미련하다고 하신다. 그분은 너무 거룩하셔서 하늘이라도 그분이 보시기에 부정하다.

그리스도를 사랑하는 사람들은 그리스도께서 자신의 능력과 지혜로 세상을 만드셨다는 것을 아주 기쁘게 생각할 수 있다. 태양, 달, 별들도 그의 손으로 만드신 작품들이며 그분이 만물을 다스리신다. 그리스도께서 가지고 계신 인성의 완전함을 생각하면 참으로 아름답다. 그리스도의 무죄, 낮아짐, 겸손, 온유, 인내, 자애로움을 생각하면 얼마나 좋은지 모른다. 이 모습을 본 여인이 누가복음 11장에서 이렇게 소리를 높였다. "당신을 밴 태와 당신을 먹인 젖이 복이 있나이다"(눅 11:27).

그리스도를 사랑하는 사람들은 그분이 자신을 위하여 행하신 것을 아주 기쁜 마음으로 생각하고 묵상할 수 있다. 사람들이 어떤 사람을 몹시 사랑할 때, 그의 친절한 사랑의 표현을 붙들어서 즐겁게 생각하고 또 생각한다. 그래서 그리스도를 사랑하는 사람들은 그리스도께서 그들을 위하여 하늘을 떠나 종의 형체로 내려오셔서 구유에 누이신 것과 사람들의 비난 속에 비탄과 피로 범벅이 된 땀을 흘리신 것과 십자가 위에서 죽으신 것을 말로 표현할 수 없는 기쁨으로 생각한다. 성경에 기록된 것처럼, 사랑하는 분이 세상에 계실 때 그들을 위하여 행하신 이 모든 놀라운 일들의 역사를 곱씹으면 틀림없이 즐거울 것이다. 그리고 그리스도께서 이 모든 일을 그분이 사랑하는 사람을 위하여 행하셨다는 것을 생각하면 참으로 기쁠 것이다. 그리스도는 사랑하는 사람을 위하여 나셨고 사셨으며, 피 흘리고 죽으셨다. 이것은 보기에 아주 특별하고 사랑스럽다.

그리스도인의 영혼은 그리스도의 높아지심을 아주 즐거운 마음으로 생각할 수 있다. 우리는 우리가 진정으로 사랑하는 사람들이 매우 존경을 받고 높아지는 모습을 보기를 좋아한다. 그래서 그리스도를 열렬히 사랑하는 사람들은 그리스도께서 자신의 원수들을 이기고 승리하신 것, 그분이 영광스럽게 승천하신 것, 교회에서 만물을 통치하시는 머리가 되신 것, 큰 영광의 면류관으로 관 쓰신 것 그리고 세상을 심판하러 다시 오시는 것을 묵상하며 시간 보내는 것을 즐거워한다.

다음과 같은 이유에서 그리스도의 사랑은 다른 어떤 사랑보다도 더 즐겁다.

1. 그리스도는 세상에 있는 다른 어떤 대상보다도 사랑스럽고 존귀하시다.

2. 그리스도의 사랑만이 가장 순수하고 신적이고 천상적인 특성을 가졌다. 그러므로 다른 어떤 사랑도 그분처럼 신적이고 천상적인 기쁨을 일으킬 수 없다.

3. 그리스도를 사랑하는 모든 사람은 그들이 다시 사랑을 받을 것이라고 확신한다. 여기에 사랑의 기쁨이 있으며, 다시 사랑을 받는다는 행복이 있다. 사랑이 상호적인 것이 아니라면, 그것은 고문이지 기쁨이 아니다. 그러나 사랑이 무엇인지 아는 사람은 훨씬 고상하고 소중한 사랑으로 그리스도를 사랑한다.

4. 그리스도를 사랑하는 사람들에게 사랑하는 사람과의 현재의 교제나 미래의 즐거움을 빼앗을 수 있는 것은 아무것도 없다. 그런데 다른 종류의 사랑에서는 그렇지 않다. 오히려 즐거움을 빼앗길지도 모른다는 두려움 때문에 혼란스럽다. 모든 것을 망칠 수 있는 천 가지의 증거들이 있다. 그리고 확실한 것은 죽음이 그들을 갈라놓을 것이라는 점이다. 그러나 우리는 영원히 그리스도를 즐거워할 것이며 온 세상도 이것을 방해할 수 없다. 그리스도는 자기를 사랑하는 사람들을 그의 품에 안으실 것이다. 그들은 그리스도의 팔에서 안식할 것이며 온 세상에도 아랑곳하지 않고 영원히 안전할 것이다.

5. 그리스도와 그분을 사랑하는 사람들 사이의 연합은 더 가까워지며, 다른 어느 연인 사이보다도 더 친밀한 교제를 나눌 것이다. 비록 신

자들이 그분을 생각하고 기뻐한다고 해도, 그들이 사랑하는 분 역시 그들을 이미 사랑했을 뿐 아니라 그 사람을 자신의 뼈와 살이 되게 하실 정도로 아주 가깝게 나타내셨다. 신자는 그리스도와 연합되었으며 그분과 하나가 되었다. 진리 안에서 그리스도를 사랑하는 사람들에게 이것은 참으로 듣기 좋은 소식이다. 사랑은 자연히 긴밀하고 떨어질 수 없는 연합과 달콤한 교제를 바란다. 그러나 다른 어느 연인들 사이에서는 그리스도와 그리스도인 사이만큼 가까운 대화를 기대할 수 없을 것이다.

○

날짜가 기록되지 않은 이 설교는 보통 사이즈보다 큰 원고에 기록되었다. 17쪽 분량이며 대부분 적용에 해당한다. 설교의 서두에서 우리는 에드워즈가 오전에 이미 그리스도를 사랑하는 사람이 누구였는지, 그들이 받을 면류관이 어떤 것인지에 대해 설교했다는 것을 알 수 있다. 그가 말하는 면류관은 영생과 아름다움과 영광이다.

앞서 이러한 측면에 대해 설교한 에드워즈는 이제 진리를 적용한다. 그래서 우리는 참된 그리스도인이 그리스도의 손에서 면류관을 받으려 한다면, 세상적인 것들에 관심을 갖는 것이 얼마나 수치스럽고 불명예스러운 것인지를 알아야 한다. 같은 이유로, 우리는 악한 자들이 우리에게 가하는 모욕에 대해서도 괘념할 이유가 없음을 알아야 한다. 이후에 신자들은 왕으로 존경을 받게 될 것이기 때문이다. 다시 말하지만 그리스도를 사랑하는 사람들은 죽음을 두려워할 이유가 없다. 죽음은 에드워즈가 말하는 "그들의 하나님나라 유산"이 상속되는 수단이기 때문이다.

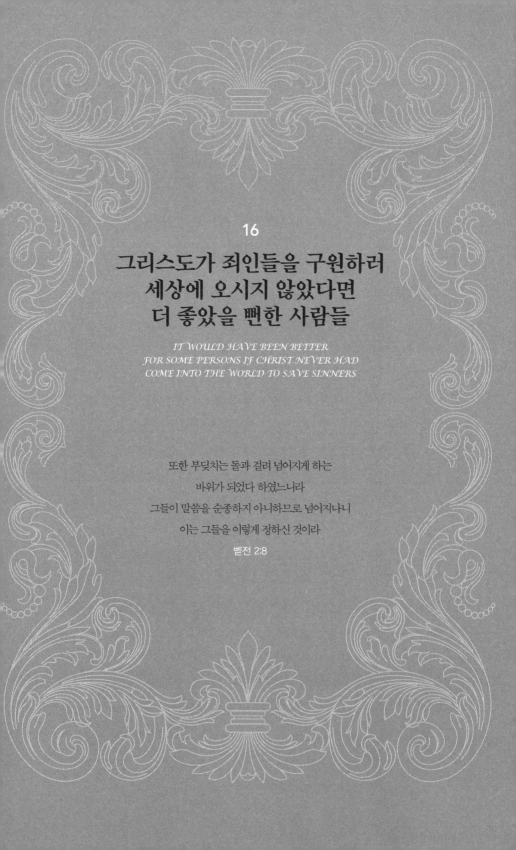

16

그리스도가 죄인들을 구원하러
세상에 오시지 않았다면
더 좋았을 뻔한 사람들

IT WOULD HAVE BEEN BETTER
FOR SOME PERSONS IF CHRIST NEVER HAD
COME INTO THE WORLD TO SAVE SINNERS

또한 부딪치는 돌과 걸려 넘어지게 하는
바위가 되었다 하였느니라
그들이 말씀을 순종하지 아니하므로 넘어지나니
이는 그들을 이렇게 정하신 것이라
벧전 2:8

그리스도께서 죄인들을 구원하기 위해 세상에 오셨다는 것은 이 복음의 선포를 듣는 모든 사람의 상태에 지대한 영향을 주었다. 그리스도께서 세상에 오심으로 모든 사람의 상태는 구체적인 변화가 발생했다. 이 세상에서 그리스도와 그분의 구원에 대한 말씀을 들은 모든 사람의 상황은, 그렇지 않았을 때 나타났을 상황과 아주 다르다. 그리고 모든 사람의 상태는 만일 그리스도께서 세상에 오시지 않았다면 나타났을 상태와 매우 달랐을 것이다. 그리스도께서 세상에 오심으로 복음이 전파된 모든 사람에게 크고 우주적인 결과가 일어났다. 믿는 사람과 믿지 않는 사람들 모두에게 말이다. 둘 사이에는 아주 다르고 정반대의 결과가 있을 것이다.

이것이 바로 사도 베드로가 본문에서 주목하고 선언하는 내용이다. 그리스도께서 신자들과 불신자들에게 끼친 다른 영향이 바로 이것이다. 본문 앞에서 우리는 먼저 신자들에게 그리스도가 어떤 분이신지를 서술하는 내용을 보게 된다. 4절에서 보듯이 그리스도는 보배로운 산 돌이요 견고한 기초가 되신다. 그리스도께서는 이런 분으로 신자들에게 오셨다. 그런 다음 베드로는 불신자들에게 그리스도가 어떤 분이신지를 선언한다. 그리스도는 건축자들이 버린 돌로서 그 돌이 모퉁이의 머릿돌(벧전

2:7)이 되실 것이라고 선언되었다. 건물이 세워져 있는 기초의 머릿돌이 아니라 그와 정반대 모퉁이의 머릿돌 말이다. 그리스도는 사람들로부터 가치가 없고 쓸모없는 돌이라고 버림을 받으셨다. 그러나 하나님은 그들의 그런 행동에도 불구하고 그리스도를 높이셨다. 하나님은 그리스도를 사람들 위에 높이시고, 그들의 반대에 전혀 개의치 않고 그들을 다스리게 하셨다. 하나님은 그리스도에게 "주는 원수들 중에서 다스리소서"(시 110:2)라고 말씀하신다. 그래서 그리스도는 장차 그들을 철장으로 다스리실 것이다.

그리스도는 그들에게 부딪치는 돌과 걸려 넘어지게 하는 바위가 되실 것이라고 하신다(벧전 2:8). 본문에 언급된 내용은 구약성경에서 인용된 본문들이다. 사도 베드로가 말한바, 그리스도께서 보배로운 돌과 견고한 기초가 되신다는 이 본문 역시 구약성경에 들어 있는 내용이다. 이사야서 28장은 이렇게 말한다. "그러므로 주 여호와께서 이같이 이르시되 보라 내가 한 돌을 시온에 두어 기초를 삼았노니 곧 시험한 돌이요 귀하고 견고한 기촛돌이라 그것을 믿는 이는 다급하게 되지 아니하리로다"(사 28:16). "건축자가 버린 돌이 집 모퉁이의 머릿돌이 되었나니"라는 내용은 시편 118편 22절에서 인용한 것이며, "걸림돌과 걸려 넘어지는 반석이 되실 것이며…"라는 본문은 이사야서 8장 14절에서 온 것이다.

이 본문에서 다음과 같은 진리들을 관찰할 것이다.

1. 본문에서 말하고 있는 사람들, 하나님의 말씀에 걸려 넘어지고 순종하지 않는 사람들은 어떤 부류의 사람들인가? 그리스도를 대적하고 복음의 진리와 선함을 거슬러 반대하는 사람들은 걸려 넘어지는 장벽들을 만난다. 그들은 장애물들을 넘어갈 수가 없다. 이러한 것을 불순종으로

보여준다. 다시 말해 그들은 믿음에 순종하지 않는다. 그들은 하나님의 말씀에 대해 열매도 맺지 않고 그 말씀을 듣지도 않는다. 그들은 말씀을 저버린다.

2. 그리스도가 불신자들에게 어떤 분이신지가 묘사되었다. 그리스도는 그들에게 걸려 넘어지게 하는 돌과 바위가 되실 것이다. 이것은 그리스도가 믿는 사람들에게 어떤 분이신지와 정반대된다. 신자들에게 그리스도는 그들이 세운 견고한 기초이다. 그들은 세워졌고 붙드심을 받았으며, 넘어지지 않도록 단단히 안전하고 견고하게 보존되었다. 그러나 불신자들에게 그리스도는 그들이 서서 넘어지지 않도록 하는 기초가 되는 대신에 걸려 넘어지고 부딪치는 상황이 된다. 불순종하는 사람들은 어둠 속을 걸어 다니며, 이 바위에 걸리고 올무에 걸린다. 불신자들에게 그리스도는 그들을 걸려 넘어지게 하는 바위다. 그들은 어둠 속에서 또는 눈가리개를 하고 달리는 사람처럼 이 바위를 향해 돌진한다. 매우 보배로운 이 바위가 그들에게는 해를 입히는 형국이다. 이것은 그들을 고통의 나라으로 떨어지게 하는 상황이다. "그가 성소가 되시리라 그러나 이스라엘의 두 집에는 걸림돌과 걸려 넘어지는 반석이 되실 것이며 예루살렘 주민에게는 함정과 올무가 되시리니"(사 8:14). 불신자들 중에는 부딪치고 걸려 넘어져 깨지는 사람들이 많이 있다.

| 교 리 |

그리스도가 죄인들을 구원하러 세상에 오시지 않았더라면, 어떤 사람들에게는 더 좋았을 것이다. 그들은 만약에 예수 그리스도와 같은 중보

자가 없었더라면 더 좋았을 것이다. 그들은 그리스도의 어떤 혜택도 결코 받지 못한다. 그리스도는 그들에게 부딪치는 돌과 걸려 넘어지게 하는 바위일 뿐이다. 여기서 그분은 그들의 큰 고통일 뿐이다.

1. 그들은 죄인들을 구원하려 세상에 오신 예수 그리스도의 어떤 혜택도 받지 못한다. 그리스도의 오심이 그들에게 전혀 유익이 되지 못한다. 하나님은 죄악 된 세상을 구원하기 위해 큰일을 행하셨다. 그러나 그들은 그것으로 어떤 혜택도 받지 못한다. 하나님은 영원 전부터 사람의 구원을 위해 일하셨고, 세상이 창조되기 전에 무한한 지혜로 그 일을 시작하셨다. 그러나 그들은 이로 인한 어떤 혜택도 받지 못한다. 이를테면 삼위일체의 세 위격은 이 문제를 두고 서로 의존하셨으며, 서로 합의하고, 세상을 창조하기 전에 서로 대화를 나누셨다. 그러나 불신자들은 그 어떤 혜택도 받지 못하고 있다.

그리스도의 구속 사역은 하나님께서 행하신 가장 큰 사역이다. 이 사역은 영원부터 하나님의 마음에 있었다. 이 사역은 타락 이후 인류에게 계시되었으며, 모든 세대에 하나님의 백성에게 전해졌다. 그리고 하나님의 백성의 묵상과 노래의 주제였다. 그러나 불신자들은 이로 인한 어떤 혜택도 받지 못하고 있다.

이 사역만큼 하나님의 은혜와 사랑과 낮아지심이 더 분명하게 나타나는 사역은 없다. 그 안에 나타난 은혜에 놀란 천사들이 밤낮으로 찬송하고 할렐루야를 불렀지만, 불신자들은 그렇다고 더 나아지지 않았다. 그리스도께서 죄인들을 구원하러 세상에 오신 것은 많은 사람에게 유익한 일이었고, 사람들로 존귀와 복됨의 최절정에 다다르게 했다. 그러나 불신자들은 그로 인한 어떤 혜택도 거두지 못했다. 그리스도께서 죄인들을 구원하러 세상에 오신 것은 불신자들과 회개하지 않은 죄인들이 정죄받지 않는 유예를 받을 수 있는 상황이다. 그들에게 허락된 시간은 잠깐이고, 심판이 지체하지 않고 임하며, 그 사이에 그들에게는 구원을 받아들일 기회가 있는 인내의 날이 허락된다.

그러나 이 인내의 날이 그들에게 아무 유익이 되지 않았다는 것이 입증된다. 그것이 단지 그들의 죄의 분량을 채우고, 더 큰 멸망을 위해 무르익을 시간이었음을 입증할 뿐이다. 이 유예는 그들에게 혜택이 아니다. 그들에게는 유예가 없었다. 그들은 태어나자마자 지옥으로 보내지는 것이 더 나았을 것이다.

그리스도께서 세상에 오셔서 죽으신 것이 회개하지 않은 죄인들에게는 그들이 부여받은 많은 선한 것들을 얻게 되는 기회였다. 만약 그리스도께서 죄인들을 구원하러 세상에 오지 않으셨다면, 우리로서는 하나님께서 사람들에게 어떠한 자비를 베푸셨는지 생각하지 못했을 것이다. 그 당시 모든 인류는 영원한 멸망이라는 불변의 선고 아래 있었고, 구원의 대상이 될 수 없었으며, 타락한 천사들처럼 쫓겨났을 것이기 때문이다. 하늘과 땅 사이에 은혜로운 대화를 할 수 있는 모든 방법이 끊어졌을 것이라는 점 또한 의심의 여지가 없다. 하나님께서 우리에게 하나님의 너그러움이라는 많은 외적 열매를 주신 것은 사람과 화목하려는 하나님의 태도와 의지이자 아직까지 인류를 완전히 버리지 않으셨음을 보여주는 증거이다.

그리스도께서 이 세상에 오시고 죽으신 것이 악한 자들과 타락한 자들에게 많은 선한 것을 얻는 좋은 기회라고 해도, 그들은 어떤 혜택도 받지 못한다. 이것이 실제로 그들에게 선한 것이지만, 그들은 이것을 도살당하는 용도로 쓸 뿐이다. 그들이 그것을 가지고 사탄을 섬기고, 그들 자신의 욕망을 섬기는 데 쓴다면 그들은 다 지옥 불의 땔감이 될 수밖에 없다.

그리스도께서 세상에 오신 것은 회개하지 않은 죄인에게 마지막 은혜의 수단을 얻는 기회이다. 성경과 안식일과 계명들을 즐거워하는 사람들 중에 많은 이들이 이교도들을 멀리한다. 그러나 그것도 그들에게 아무 도움이 되지 않는다. 그들은 이것들을 등한히 여기고 남용하여 모두 잃어버리고 만다.

2. 그뿐만 아니라 그리스도께서 세상에 오신 것은 그들이 더욱 끔찍하고 비참한 불행에 빠지는 계기가 된다. 이사야서에 예언한 대로 그리스도는 그들의 영혼이 걸리고 붙잡히는 함정과 올무가 된다는 것을 입증하신다. 그리스도는 그들이 더 끔찍하고 비참한 처지에 걸리게 되는 계기가 되었다. 그분은 부딪쳐서 훨씬 더 깊은 지옥에 떨어지게 하는 걸림돌이다. 마리아가 아이를 성전에 데려갔을 때, 시므온이 마리아에게 말했듯이 그분은 "이스라엘 중 많은 사람을 패하거나 흥하게 하며 비방을 받는 표적이 되기 위하여 세움을 받으셨다"(눅 2:34). 그리스도는 어떤 사람은 넘어지게 하고, 또 어떤 사람은 일으키려고 세움을 받으셨다.

우리는 다 타락하여 낮고 비참한 상태에 놓여 있다. 사람들은 타락했다. 이것은 그리스도가 중보자로 자신을 드리기 이전의 일이다. 그리스도는 아담으로 인한 타락으로부터 우리를 다시 일으키려고 세움을 받으셨다. 그러나 그리스도는 이전에 그들이 처해 있던 타락 이외에 또 다른 넘어짐을 위해 세움을 받으셨다. 그분은 그들이 더 깊고 더 끔찍한 비참함에 빠져가는 계기가 되신다. 모든 인류는 아담 안에서 이미 타락했다. 그러나 두 번째 아담은 모든 인류가 훨씬 더 두렵고 끔찍한 파멸로 깊이 떨어지는 두 번째 타락의 기회가 되신다. 고린도후서 2장은 이렇게 말한다. "우리는 구원 받는 자들에게나 망하는 자들에게나 하나님 앞에서 그리스도의 향기니 이 사람에게는 사망으로부터 사망에 이르는 냄새요 저 사람에게는 생명으로부터 생명에 이르는 냄새라 누가 이 일을 감당하리요"(고후 2:15,16).

복음을 전하는 것은 사람들을 죽은 채 내버려두지 않기만 하는 것이 아니라 그들을 찾아내어 다시 죽인다. 그들을 두 번 죽게 만든다. 그것은 또 다른 죽음이다. 새로운 죽음은 그들에게 복음이 없었을 때보다 훨씬 더 비참한 상태에 빠지게 만든다. 그들에게는 그리스도가 세상에 오시지 않았다면 더 나았을 것이다.

그것은 다음과 같은 몇 가지 이유 때문에 그렇다.

1. 그들은 그리스도를 거부함으로써 하나님이 보시기에 큰 죄를 짓는다. 그 죄는 그리스도가 세상에 오지 않으셨다면 해당되지 않았을 죄다. 그들이 중보자에게 가한 멸시는 하나님을 매우 분노케 했다. 그리스도께서 단지 사람이시기만 했다면 그들의 행동은 죄가 되지 않았을 것이다.

인간의 죄와 하나님의 분노는 그리스도를 거부하는 죄로 인해 크게 가중되었다. 이것만으로도 하나님 앞에서 죄책이 더욱 커지게 될 것이다. 지혜 있는 사람 중에 악한 관습에서 벗어나 살아가는 사람이 있다 하더라도, 그리스도께서는 복음을 영접하지 않고, 그분을 믿지 않고, 온갖 죄를 짓고, 부도덕하고 문란한 삶을 살아가는 사람들에게 이렇게 말씀하셨다. "누구든지 너희를 영접하지도 아니하고 너희 말을 듣지도 아니하거든 그 집이나 성에서 나가 너희 발의 먼지를 떨어 버리라 내가 진실로 너희에게 이르노니 심판 날에 소돔과 고모라 땅이 그 성보다 견디기 쉬우리라"(마 10:14,15).

소돔과 고모라의 주민들은 온갖 부도덕한 방법으로 살았다. 그러나 그리스도가 복음을 선포하신 도시들에 비하면, 소돔과 고모라가 오히려 견디기 쉬웠을 것이다. 그것은 그들이 구원의 제안을 받아들이지 않았기 때문이다. 소돔과 고모라에는 악을 행하여 죄인으로 낙인찍힌 사람들이 많았을 것이다. 그러나 실제로 있든지 없든지 간에, 소돔과 고모라의 상황은 바뀌지 않았다. 만약 사도들이 복음을 전할 때 사람들이 그 말씀을 받아들이지 않는다면, 소돔과 고모라가 더 견디기 쉬울 것이다. "그들이 너희를 영접하지 않고 너희 말을 듣지 않는다면"이라는 단 하나의 조건만 언급되었다. 그들은 다른 악행을 저질렀다. 그러나 사도들을 영접하지 않고 사도들의 말을 듣지 않은 이러한 악을 범하지 않았다면 그들은 용서함을 받았을 것이다.

복음을 듣고 믿지 않는 이 죄가 악인의 주요 정죄로 언급되었다. 요한복음 3장은 이렇게 말한다. "믿지 아니하는 자는 하나님의 독생자의 이름을 믿지 아니하므로 벌써 심판을 받은 것이니라"(요 3:18). 하나님의 독생자를 믿지 않은 이 죄가 가장 큰 죄로 언급되었다. 이어서 빛이 세상에 온 것이 정죄라고 가르치신다(요 3:19). 그리스도가 바로 그 빛이시다. 그분이 우리에게 말씀하시듯이 그 빛이 세상에 왔다. 그리스도는 세상의 빛이다. 모든 사람을 밝히시려고 이 세상에 오신 참 빛이다. 그리스도가 곧 정죄라고 말한다. 이것은 가장 큰 정죄다.

요한복음 16장에서도 그리스도를 믿지 않는 것이 세상의 죄라고 언급되었다. "그가 와서 죄에 대하여, 의에 대하여, 심판에 대하여 세상을 책망하시리라 죄에 대하여라 함은 그들이 나를 믿지 아니함이요"(요 16:8,9). 모든 악한 행동으로 인한 죄는 이에 비하면 미미한 죄에 불과하다. 복음을 듣고 난 후, 그분의 빛을 거스르는 총체적인 죄를 대담하고 뻔뻔하게 계속 짓는 사람이 냉정하고 양심적으로 사는 다른 불신자보다 엄청나게 큰 죄악을 저지르고 있는지도 모른다. 내가 지금 악한 행동으로 인한 죄가 그리스도를 멸시하고 경멸함으로써 범한 죄와 비교하면 작은 것이라고 말할 때, 뻔뻔하고 총체적인 죄를 지으며 사는 사람이 양심이 있는 불신자보다 더 많은 죄를 지었을지 모른다. 복음의 요구 아래서 짓는 뻔뻔한 모든 죄는 구원자를 경멸하는 죄를 최고의 수준에 두기 때문이다.

복음 아래서 술 취하거나 음행을 계속하는 사람이 구원자를 경멸한다면 그 죄가 다른 모든 죄보다 더 많을 수 있다. 복음을 들은 자가 구원자를 경멸하는 것은 불신자인 다른 사람보다 더 크고 많은 죄를 짓는 것이라고 말할 수 있다. 복음을 듣거나 복음이 전해진 상황에서 저질러진 죄는 구원자에 대한 경멸을 드러내는 것이기 때문이다. 사람들은 이러한 죄를 범함으로써 그리스도와 복음을 경멸하고 있다는 것을 보여주고 행동하는 것이다. 사람들의 죄는 주로 구원자와 그분의 영광을 경멸하는 데서 비롯된다. 그리스도는 자신 안에 계시는 하나님과 복음의 빛과 여전히 나타나시는 하나님에 대해 말씀하셨다. 그런데도 그들은 최고의 경멸의 행위를 범하고 있다.

복음을 들은 상황에서 구원자와 복음을 경멸하는 행위는 다른 어떤 죄들보다 더 큰 죄를 가져온다. 이것은 복음 아래 있으면서 가장 냉정하고 정확하며 양심적인 불신자가 구원자에 대해 들어본 적이 없는 이방인보다 하나님 앞에 더 많은 죄를 짓고 산다는 것을 보여준다. 그리스도께서는 그들에게 소돔과 고모라가 받은 정죄보다 이 정죄를 더 두려워하라고 말씀하신다.

구원자를 배척하고 경멸하는 이 사악한 죄는 가장 큰 문제가 된다. 누가복음 19장은 이렇게 말한다. "그리고 내가 왕 됨을 원하지 아니하던 저 원수들을 이리로 끌어다가 내 앞에서 죽이라 하였느니라"(눅 19:27). 만약에 우리가 다음 몇 가지 사실을 곰곰이 생각한다면, 성경에서 이 죄가 가장 가증스러운 죄로 언급된 것이 전혀 놀랍지 않을 것이다.

그리스도의 인격의 영광. 그리스도는 하나님의 독생자이며 하나님이시다. 그분은 하나님, 참 하나님, 능력이 많으신 하나님, 영원한 여호와이시다. 골로새서 1장은 이렇게 말한다. "만물이 그에게서 창조되되 하늘과 땅에서 보이는 것들과 보이지 않는 것들과 혹은 왕권들이나 주권들이나 통치자들이나 권세들이나 만물이 다 그로 말미암고 그를 위하여 창조되었고 또한 그가 만물보다 먼저 계시고 만물이 그 안에 함께 섰느니라"(골 1:16,17). 위대하고 영광스러운 하나님께서 하늘을 떠나 이 땅으로 내려오시고 우리의 성품을 가지고 그 모습을 드러내셨을 때, 우리가 그분을 멸시하고 경멸하며 그분에 대해 우리의 문을 닫는다면, 이러한 행동을 보시고 하나님이 몹시 분노하시는 것은 당연하다. 선지자를 멸시하고 그가 전해주시는 하나님께 받은 말씀을 경홀히 여기는 것은 큰 죄다. 어린아이들이 엘리사를 멸시했을 때, 하나님은 크게 분노하셨다.

하나님께서 우리에게 메시지를 전하라고 하늘로부터 천사를 보내셔야하는데, 만약에 우리가 그 천사를 멸시한다면 그것이 얼마나 가증스러운 일이겠는가. 하물며 하나님께서 자기 아들을 보내실 때는 얼마나 더 그러하겠는가. 하나님께서 친히 우리의 선지자가 되실 때, 그분을 경멸하는 것은 훨씬 더 악랄하고 가증하다. 마태복음 21장은 이렇게 말한다. "후에 자기 아들을 보내며 이르되 그들이 내 아들은 존대하리라 하였더니"(마 21:37).

2. 만약 우리가 그리스도께서 오셔서 사람의 구원을 위해 목숨을 버리셨다는 것을 생각한다면, 그분은 놀랍고도 비할 데 없는 사랑과 자비로 오셨으며 사람을 위해 자신을 낮추신 것이다. 그분은 하나님이셨지만 우리를 위하여 죽으러 오셨고 인성을 취하셨다. 우리를 위하여 죄가 되셨으며, 영원한 비참함에서 우리를 구원하기 위해 저주를 받으셨다. 그래서 우리는 영원히 행복하게 되고 영광스럽게 될 수 있었다. 그리스도는

우리를 매우 큰 비참함에서 구하러 오셨다. 그리스도께서 사신 행복은 아주 크다. 그리스도는 아주 위대하고 존귀하시며 그분의 사랑은 매우 크다. 우리는 그 사랑을 받을 자격이 없고, 어떤 방법으로도 유익을 얻을 수 없는 존재다. 성부 하나님의 사랑은 자신의 아들을 보내실 정도로 크다. 그런데 사람은 그리스도를 멸시하고 배척했다. 사람은 오히려 계속 죄에 거하며 지옥에 노출된 상황에 있으면서 영생을 잃어버렸다. 그리스도를 가까이하는 대신에 그분을 대적하여 문을 닫아버렸다. 이것이 그토록 가증스럽다고 하시는 것이 놀라운 일인가? 감사할 줄 모르는 것은 사람을 가장 화나게 하는 일이다. 하나님의 아들을 저버리는 것보다 더 배은망덕한 것이 무엇이겠는가? "천사들을 통하여 하신 말씀이 견고하게 되어 모든 범죄함과 순종하지 아니함이 공정한 보응을 받았거든 우리가 이같이 큰 구원을 등한히 여기면 어찌 그 보응을 피하리요 이 구원은 처음에 주로 말씀하신 바요 들은 자들이 우리에게 확증한 바니"(히 2:2,3).

3. 만약 구원자를 우리에게 주셨고, 구약시대 하나님의 백성에게 예전에 비추신 것보다 훨씬 더 분명한 빛을 지금 우리에게 비추신다는 것을 깊이 생각한다면, 우리는 "너희 귀는 들음으로 복이 있도다"(마 13:16)라고 말할 수 있을 것이다. 이런 것들을 보고자 하고 듣고자 했던 많은 선지자와 의인들이 있었다(마 13:17). 그리스도께서 자신을 주시는 것은 자신을 낮추시는 것이었다. 이것은 우리를 매우 은혜롭게 초대하시고 격려하시는 방법이다. 그리스도께서는 이렇게 말씀하신다. "수고하고 무거운 짐 진 자들아 다 내게로 오라 내가 너희를 쉬게 하리라"(마 11:28). "볼지어다 내가 문 밖에 서서 두드리노니…"(계 3:20). 그분은 우리 영혼에 구혼(求婚)하기 위하여 은혜롭게 자신을 낮추시며 우리와 많은 대화를 나누신다. 그리스도는 우리의 비참함과 그분이 값을 주고 사신 행복을 우

리 앞에 두셨다. 그리고 이제 모든 것이 준비되었다고 말하려고 그의 종을 보내신다.

이 모든 것을 함께 생각하라. 그리스도를 계속해서 배척하는 사람들에게는, 그리스도께서 그들로부터 배척을 받기 위해 이 세상에 오시지 않는 것이 더 지혜롭다고 하는 것이 놀라운가? 만약에 어떤 사람이 지금 아주 크고 두려운 재앙과 고통 아래 있다. 하나님께서 그 사람을 돕기 위해 그들이 볼 수 있는 형태로 하늘에서 내려오셔서 문을 두드리며 집안으로 들어갈 수 있게 해달라고 요청하는데, 그 사람이 이 요청을 무시한다면, 그가 하나님의 자비를 가볍게 여겨 문을 열지도 않고 그분의 직접적인 도움을 받기를 거절한다면, 그것이야말로 경악할 만한 일이 아니겠는가?

하나님이 오셔서 일시적인 불행에서 도우실 뿐만 아니라 영원한 파멸에서 구원해주신다면 그것은 참으로 놀라운 복과 큰 은총을 베푸신 것이다. 그리스도는 자신의 죽음을 통하여 우리에게 이런 것을 주셨다. 우리를 위하여 우리의 완악하고, 들끓고, 수치스럽고, 저주받은 죽음을 겪으셨으며, 우리를 위하여 말할 수 없이 극단적이고 끔찍한 고난을 당하셨다. 하나님이신 분이 이런 자비와 구원을 베푸셨는데도, 이 은혜로운 제안과 간청을 받아들이기를 거부한다면 그것은 비열하고 도발적인 것이 아니겠는가? 그분을 거절하는 사람들에게는, 그리스도께서 자신을 내어주지 않으셨다면, 차라리 더 좋았을 것이라고 생각할 수 있지 않을까? 그래서 수많은 사람들에게, 그리스도께서 사랑을 베풀기 위해 이 세상에 오지 않으셨다면 더 나았을 것이다. 왜냐하면 그들에게는 그리스도를 거절하는 죄를 짓는 빌미를 제공하기 때문이다.

1. 그리스도께서 세상에 오신 것은 사람들의 모든 죄를 더욱 악화시키는 기회가 되어 그것이 다음과 같은 일로 나타날 것이다.

(1) 그리스도께서 세상에 오지 않으셨다면, 그들은 그런 빛과 경고를 거스르는 죄를 짓지 않았을 것이다. 사람들이 빛을 거스르는 죄를 지을 때, 그들은 경멸하는 태도로 죄를 짓는다. 하나님께 불순종하는 것이 다 죄다. 그러나 사람들이 하나님의 명령이 무엇인지 알고, 때로 그 명령들을 반드시 지켜야 하는 경우에도 하나님께 불순종할 때, 이 불순종은 멸시를 동반한다. 하나님께서 자신과 하나님의 뜻을 분명하고 완전하게 계시하셨을 때, 불순종하는 것은 하나님에 대한 의도적인 모욕이다. 그 경우 불순종하는 것은 직접적이고 의도적이며 경멸어린 반대다. 요한복음 9장은 이렇게 말한다. "예수께서 이르시되 너희가 맹인이 되었더라면 죄가 없으려니와 본다고 하니 너희 죄가 그대로 있느니라"(요 9:41).

만약에 그리스도께서 세상에 오지 않으셨다면, 세상은 그 분명한 빛으로 하나님과 하나님의 성품과 뜻을 사람들에게 계시하는 복을 받았다는 것을 결코 알지 못했을 것이다. 행할 의무가 있음을 밝혀주는 빛을 가진 분은 아무도 없다. 그리스도는 세상의 빛이시다(요 8:12). 그분은 위대한 선지자이시다. 그분은 다른 모든 선지자들보다 더 많은 것을 가르치셨다. 아버지 품 속에 있는 독생하신 분이 이 땅에 오심으로 성부 하나님이 매우 분명한 빛으로 계시되셨다. 그리스도는 구약성경에 기록된 것보다 훨씬 더 밝은 빛을 세상에 계시하셨다. 그러나 그리스도가 세상에 오지 않으셨다면, 우리에게는 선지자들도 없고, 우리를 가르칠 성경도 없었을 것이다. 우리에게는 설교도 조례도 없고, 하나님의 경고도 전해지지 않고, 하나님의 말씀을 가질 수도 없을 것이다. 그렇다면 악한 자들의 죄책감을 극도로 악화시키고, 그로 인한 비참함은 한층 더 커졌을 것이다. 사람들은 끝까지 회개하지 않은 채 있을 것이다.

요한복음 15장은 이렇게 말한다. "그러나 사람들이 내 이름으로 말미암아 이 모든 일을 너희에게 하리니 이는 나를 보내신 이를 알지 못함이라"(요 15:21). "내가 아무도 못한 일을 그들 중에서 하지 아니하였더라면 그들에게 죄가 없었으려니와 지금은 그들이 나와 내 아버지를 보았고 또 미워하였도다"(요 15:24).

(2) 그리스도께서 세상에 오지 않으셨다면, 사람들은 배은망덕이라는 죄를 짓지 않았을 것이다. 인류에게 보이신 하나님의 사랑과 자비는 이처럼 나타나지도 않았을 것이며, 은혜를 거역하는 죄도 없었을 것이다. 영원한 멸망에서 구원하여 영생을 주시고, 구속자의 피와 의를 주시는 것도 없었을 것이다. 사람들에게는 기꺼이 은혜를 베풀어주시는 하나님의 오래 참으심을 남용할 기회도 없었을 것이다.

(3) 사람들은 결코 어리석게 죄를 짓지 않았을 것이다. 지금 그들이 받은 혜택과 같은, 그들이 죄를 피하는 혜택이 그 당시에는 없었을 것이다. 이제 사람들은 죄를 피해 죄짓는 것을 그만둠으로써 영원한 심판에서 구원과 영원한 행복을 받을 수 있다. 지금 계속해서 죄를 짓는 사람들은 자신을 불필요하게 영원한 멸망으로 곤두박질치게 하는 것이다. 영원히 복을 받을 기회를 등한히 하는 어리석음과 헛되고 아무것도 아닌 것을 얻기 위해, 도리에서 벗어나 병적이고 일시적인 만족감만을 위해서 말이다. 그들은 그리스도의 오심으로 인해 얻게 되는 큰 구원의 기회를 놓치는 어리석음을 범한다.

그리스도께서 세상에 오지 않으셨다면, 지옥을 피하거나 생명을 얻을 기회가 없었을 것이다. 죄를 금하여 이와 같은 혜택을 얻을 소망이 없었을 것이다. 이 사실에 근거해보면 그리스도가 세상에 오지 않으셨다면, 많은 사람에게 더 나았을 것이다. 그리스도의 보혈과 의로움이 그들에게 어떤 선한 것도 행하지 않았을 것이고, 그리스도께서 보혈을 흘리지 않으시고 구속 사역을 이루지 않으셨다면 그들에게 더 나았을 것이다. 그리스도께서 비통한 십자가가 다가오는 것을 보았을 때 그분의 심장이 멎었다면 그들에게 더 나았을 것이다.

만약에 그리스도께서 세상에 오지 않으셨다면, 타락한 사람에 대해 동정과 자비의 생각을 갖지 않으셨다면 더 나았을 것이다. 그리스도께서 타락한 천사들에 대해 그랬듯이, 타락한 사람들을 향해 그분의 동정심을 닫으셨다면 더 좋았을 것이다.

| 적 용 |

I. 교훈의 사용

1. 우리는 사람들 속에서 일어나는 죄의 치명적인 본성을 볼 수 있다. 그 죄는 가장 큰 복을 저주로 바꾼다. 하나님께서 사람들을 내버려 두시고 그들의 부패함이 그들을 지배하도록 하신다면, 죄는 모든 것을 부패하게 할 충분한 자양분과 연료가 될 것이다. 모든 것이 죄의식을 강화하고 증가시키고 악화시킬 것이며, 모든 것을 비참한 상황으로 만들 것이다.

만약에 사람들이 그들의 본성 안에 있는 재앙을 만난다면, 그들이 환난과 고통을 만난다면, 하나님께서 그들을 그러한 상황에 그대로 내버려 두신다면, 그들의 죄와 부패함이 이러한 재앙들을 더 많은 재앙의 수단이 되게 할 것이다. 사람들은 재앙에서 영적인 독을 찾고 일시적인 재앙을 영원한 재앙의 상황으로 바꿀 것이다. 만약에 사람들에게 그들의 본성 안에 선한 것들이 있다면, 하나님께서 그들에게 좋은 것들을 베풀어주시고, 그들을 번성하게 하신다면, 그들이 현재 그런 상황에 방임되어 있다면, 그들의 부패함은 여기서 나오는 독을 모을 것이다. 그것은 그들의 비참함을 증가시키고, 그들은 죄에 거하며 더욱 강퍅하게 될 수밖에 없다.

그리고 그것들뿐만 아니라 도덕적으로나 영적으로 선한 것들, 그들의 본성 안에 있는 거룩하고 거룩하게 되려는 성향이 있는 것들마저 인간의 부패함을 가지고 있는 것들은 해악과 비참함의 상황으로 바뀔 것이다. 최상의 것들이 결과적으로 모두 최악의 것이 될 것이다. 가장 거룩한 것이 죄와 죄책으로 인해 최악으로 강퍅한 것이 될 것이다. 만약에 그 자체로 신적인 선함에 속한 열매들을 하나님께서 그대로 내버려두신다면, 그들의 부패함으로 말미암아 인간의 비참함을 경험하게 된다.

거룩하고 의롭고 선한 하나님의 법은 그들의 부패함으로 말미암아 사람들에게 죄와 사망의 상황에 이르게 할 것이다. 로마서 7장에 언급된 대로 말이다. "그러나 죄가 기회를 타서 계명으로 말미암아 내 속에서 온갖 탐심을 이루었나니 이는 율법이 없으면 죄가 죽은 것임이라"(롬 7:8). 이어서 이렇게 말한다. "그런즉 선한 것이 내게 사망이 되었느냐 그럴 수 없느니라 오직 죄가 죄로 드러나기 위하여 선한 그것으로 말미암아 나를 죽게 만들었으니 이는 계명으로 말미암아 죄로 심히 죄 되게 하려 함이라 우리가 율법은 신령한 줄 알거니와 나는 육신에 속하여 죄 아래에 팔렸도다"(롬 7:13,14).

그 자체로 거룩하고 선한 것들이 우리에게 죄와 사망이 된 것은 부패의 힘과 지배력 때문이다. 이 사실은 비단 율법만 아니라 율법보다 훨씬 더 영광스럽고 하나님의 선하심보다 더 크게 드러난 복음도 그러하다. 복음 또한 부패의 영향으로 사람들의 더 많은 죄와 정죄의 상황으로 바뀌고 말았다. 율법보다 더욱 영광스럽고 더 은혜로운 복음마저 죄와 정죄의 상황으로 바뀐 것이다.

이 영광스러운 복음은 사람들이 그들 자신의 모습을 그대로 내버려둔다면 무엇보다도 마음을 강퍅케 하여 사람들을 지옥에 떨어지게 할 것이다. 하나님께서 계속해서 주신 그리스도의 구원의 방법은, 사람들의 부패로 인하여 비틀거리며 넘어지고 끔찍한 비참함에 빠지는 걸림돌이 가득한 길이 되었다. 호세아서 14장은 이렇게 말한다. "누가 지혜가 있어 이런 일을 깨달으며 누가 총명이 있어 이런 일을 알겠느냐 여호와의 도는 정직하니 의인은 그 길로 다니거니와 그러나 죄인은 그 길에 걸려 넘어지리라"(호 14:9).

그들에게는 거룩한 성경이 더 큰 죄밖에 되지 않는다. 그래서 우리는 하나님의 말씀을 선포해야 하며, 성경에서 명령하는 것을 지켜야 한다. 목회자들은 그들의 마음을 죄로 더욱 강퍅하게 할 뿐이다. 이사야서 6장은 이렇게 말한다. "이 백성의 마음을 둔하게 하며 그들의 귀가 막히고 그들의 눈이 감기게 하라"(사 6:10). 하나님의 말씀이 더 분명해지고 설득력이 있을수록 이 효과는 더 커진다.

부패함의 영향으로 그리스도는 친히 부딪치는 돌과 걸려 넘어지게 하는 바위가 되셨다. 그래서 그들에게는 그리스도께서 죄인들을 구원하러 세상에 오지 않는 것이 더 나았을 것이다. 사람이 영광스러울수록 그리스도께서 수행하러 오신 사역도 더 영광스럽다. 그리스도께서 세상에 더 밝은 빛을 가져오실수록 더 영광스러운 혜택을 선포하신다. 더 은혜롭고 더 낮아지신 것은 그리스도께서 사람들의 영혼을 위하여 자신을 드리신 방법이다. 부패함의 영향으로 자신을 원래 모습 그대로 버려둔 사람의 상황은 더욱 악화되었다.

이 영광스러운 복음이 사람들을 사악하고 비참하게 만드는 것은 어떤 적극적이고 직접적인 영향에서 비롯된 것이 아니다. 복음의 특성과 직접적인 성향은 최고 수준과 너무 다르지만, 그것은 사람들의 죄와 부패로 복음을 오용한 탓이다. 사람들의 영혼에 미친 그리스도의 직접적인 영향이나 적극적인 효과로 말미암아 사람들이 더 악해진 것이 아니다. 만물과 그들의 본성 안에 있는 최상의 것들을 해로운 것으로 바꾸고, 죄를 증가시키고, 악화시킨 것은 죄의 영향 때문이다. 그 결과 사람들이 만약 복음을 등한히 여기고 아예 없애버린다면, 그들에게는 복음이 전파되는 것보다, 소돔에 그랬듯이 하늘로부터 불과 유황을 그들 위에 보내는 것이 더 나을 것이다. 그들에게는 목회자들을 보내는 것보다 마귀들을 보내는 것이 나 나을 것이며, 목회자들이 그들을 하늘로 초대하는 것보다 마귀들이 그들을 지옥으로 인도하는 것이 더 나을 것이다. 이와 같은 비통한 본성이 사람들의 마음에 있는 죄와 부패다.

2. 하나님께서 그리스도를 세상에 보내시면서 그 소식을 들은 모든 사람과 관련하여 하나님의 목적을 달성할 것을 배우라. 하나님이 독생자를 세상에 보내신 것은 지금까지 피조물들을 향한 가장 위대한 행위다. 그것은 지금까지 우리가 서술한 하나님이 하신 가장 위대한 일이며, 그 행위는 헛되지 않을 것이다. 하나님은 아무런 목적 없이 이처럼 위대한 일을 행하지는 않으실 것이며, 하나님의 목적은 조금도 좌절되지 않을 것이다. 그것을 들은 사람과 관련하여 결코 방해를 받지 않을 것이다.

악인들이 그리스도를 거절하고 그분을 구원자로 받아들이지 않더라도, 그들의 모든 문제를 해결해주시는 분으로서 이 중보자를 인정하려 하지 않더라도 그들은 이 세상에 그리스도를 보내신 하나님의 계획을 방해하지 못한다. 그들이 할 수만 있다면 방해하고 막으려고 하지만 하나님의 계획은 이루어지기 마련이다. 이 돌을 기초석으로 삼지 않고 소용없는 돌이라고 판단하여 내버렸던 건축가들도 이 돌을 주신 하나님의 목적을 방해할 수 없었다. 사람들이 받아들이지 않은 그 돌은 모든 사람을 위하여 모퉁이의 머릿돌이 될 것이다.

하나님은 자신의 아들을 세상에 보내시고 죄인들을 위해 죽게 하시는 이 행위를 통해 하나님의 영광을 드러내는 계획을 세우셨다. 하나님이 계획하신 것은 하나의 성품의 영광만이 아니었다. 그분의 선하심을 영화롭게 할 뿐만 아니라 자신의 공의를 위해서도 그 일을 하셨다. 그리고 두 속성을 첫 번째 언약이 만들어 낸 것보다 더 발전된 모습으로 영화롭게 하실 계획을 세우셨다. 하나님께서 첫 언약으로 하신 것보다 훨씬 더 진전된 수준으로 하나님의 선하심을 영화롭게 하려는 것이 그분의 계획이었다.

하나님은 사람들에게 첫 언약으로 영생을 주시면서 그분의 선하심을 매우 영화롭게 하신다. 그러나 자신의 아들을 세상에 보내심으로 훨씬 더 영화롭게 하시는 것이 하나님의 계획이었다. 그러한 이유에서 그분의 선하심만이 아니라 그분의 공의를 첫 언약 때보다 훨씬 더 진전된 수준에서 영화롭게 하는 것 역시 하나님의 계획이었던 것이다. 하나님께서는 복음을 듣는 모든 사람에게 이 두 성품 중에 어느 하나로써 그분의 목적을 이루실 것이다.

하나님은 자신의 아들을 세상에 보내실 때, 어떤 사람들에게는 자비를 베푸시고, 다른 사람들에게는 공의를 베푸셔서 영광을 나타낼 계획을 세우셨다. 그래서 마침내 그리스도를 멸시하고 거절한 사람들조차 그리스도에 대한 하나님의 목적에 방해가 되지 않는 것이다. 하나님의 아들을 세상에 보내 그런 사람에게 자비를 베푸는 것이 하나님의 계획이 아니기 때문이다. 그렇다. 그러나 하나님의 계획은 단지 첫 언약으로 할 수 있는 것보다 보복하시는 하나님의 공의가 그들 가운데 훨씬 더 영광스럽게 나타날 수 있었다.

하나님께서 자신의 섭리 안에서 그들에게 복음을 보내실 것이라고 생각한 사람들도 있다. 그들은 영생을 위해 하나님의 택함을 받았고, 그들은 하나님의 진노의 그릇이며, 훨씬 더 큰 정도의 비참함에 처하기 위해 마음을 정하고 그들을 무르익게 하셔서 하나님이 진노를 보이시고 그들에게 하나님의 능력을 더 많이 알게 하셨다.

사도 바울은 하나님께서 진노를 보이시고 그의 능력을 알게 하고자 하사 멸하기로 준비된 진노의 그릇을 오래 참으심으로 관용하셨다고 선언한다(롬 9:22). 하나님은 그들을 오래 참으셨으며 그들에게 하나님의 진노를 더 많이 보일 수 있는 구원의 기회를 주셨다. 이것이 본문의 분명한 의미다. 본문에서 말하는 내용은 그리스도는 부딪치는 돌이라는 것이다. 하나님은 자비를 찬양할 뿐만 아니라 그리스도를 세상에 보낸 공의를 두가지 방법에서 영화롭게 하신다.

(1) 그리스도의 고난에 하나님의 공의가 가장 영광스럽게 나타나는 것으로 영화롭게 하신다. 그리스도의 고난에는 구원자를 주시지 않고 온 인류를 정죄하셨던 것보다 훨씬 더 영광스럽게 하나님의 공의가 나타났다.

(2) 하나님의 공의는 회개하지 않는 죄인들에게 더 영화롭게 된다. 그리스도께서 구원을 위해 세상에 오셨다는 소식을 들은 모든 사람은 확실히 다양한 방법으로 자신들의 상황을 크게 바꿀 것이다. 이 소식이 전해질 때마다 효과가 나타나기 마련이다. 이 소식은 복음을 듣는 모든 영혼에게 큰 영향을 미친다.

어떤 사람이 이 소식을 들었을 때, 그 사람이 크게 달라져서 의로운 죄책감을 느끼게 된다. 그리스도께서 복음을 전하기 위해 사도들을 보내셨을 때, 그들은 다양한 도시로 다니며 하늘의 왕께서 가까이 오셨다는 메시지를 전하였다. 그들이 어느 도시에 들어가든지, 그 도시의 주민들의 영적 상태에 큰 변화가 일어났다. 단지 사도들이 그 소식을 가지고 도시에 들어가기만 한 것뿐인데 말이다.

복음은 위대한 것이어서 반드시 효과가 나타난다. 복음은 사람들의 힘으로 억제할 수 없는 거대한 것이다. 하나님께서 이사야서 55장에서 자신의 말씀에 관하여 말씀하셨다. "이는 비와 눈이 하늘로부터 내려서 그리로 되돌아가지 아니하고 땅을 적셔서 소출이 나게 하며 싹이 나게 하여 파종하는 자에게는 종자를 주며 먹는 자에게는 양식을 줌과 같이 내 입에서 나가는 말도 이와 같이 헛되이 내게로 되돌아오지 아니하고 나의 기뻐하는 뜻을 이루며 내가 보낸 일에 형통함이니라"(사 55:10,11). 시므온은 예수님에 대해 이렇게 말한다. "시므온이 그들에게 축복하고 그의 어머니 마리아에게 말하여 이르되 보라 이는 이스라엘 중 많은 사람을 패하거나 흥하게 하며 비방을 받는 표적이 되기 위하여 세움을 받았고"(눅 2:34). 그래서 만약에 어떤 사람이 그리스도로 인해 흥하지 않고 패하게 된다면, 그리스도는 그 사람들에게는 넘어지는 기회인 것이다. 그러나 그리스도는 어떤 사람은 흥하고 다른 사람은 패하는, 이러한 목적이 헛되지 않게 세움을 받으셨다.

II. 예수 그리스도를 계속 거부하는 사람들을 일깨우기 위한 목적으로의 사용이다. 만약에 당신이 계속해서 그리스도를 거부하고 있다면, 또는 당신에게 현재 상태로 죽음이 임한다면 그리스도께서 죄인들을 구원하기 위해 세상에 오지 않으신 것이 당신에게는 더 나았을 상황에 있는 것이다. 다음과 같은 진리들을 깊이 생각하라.

1. 과거 인류에게 주어진 자비에 대한 가장 영광스러운 발견이 무엇

보다 당신의 비참함을 악화시키고 있다는 것이 얼마나 끔찍한 것인지 생각하라. 사람들에게 주신 사랑과 은혜가 아주 풍성하고 매우 넘쳐서 하늘의 천사들도 흠모할 만한 것인데, 당신에게는 전혀 영향을 주지 못한 다면 얼마나 끔찍한 일이겠는가. 단지 그것을 어리석고 사악하게 무시하고 악용함으로써 당신에게는 불의 뜨거움이 일곱 배나 더 강력하게 될 뿐 이라면 얼마나 끔찍한 일이겠는가.

죄인들을 향한 하나님의 자비와 그리스도의 사랑이 너무 커서 하늘에 있는 모든 천사와 천군들이 연합하여 영원한 찬양과 할렐루야로 경축하는데, 당신에게는 이것이 단지 영원한 애통함과 결코 일어나지 않았으면 하는 희망에 불과한 것이라면 얼마나 끔찍하겠는가.

하늘의 천군들이 하나님께서 세상에 그리스도를 보내실 것을 마음에 계획하신 것으로 하나님을 찬양하고, 죄인들을 위해 기꺼이 죽겠다는 계획을 마음에 품고 계셨던 어린 양을 찬양하고 있을 때, 당신은 그리스도께서 이 세상에 태어나신 날과 하나님의 영원하고 은혜로운 계획들을 모독하고 있다면 이 얼마나 끔찍한 일이겠는가. 이 문제에 대해 하나님은 아들과 언약하셨고, 타락한 사람들에게 자비를 주려는 목적을 가지고 계셨다. 하나님은 타락한 사람들 대신에 타락한 천사를 택하지도 않으셨고 자비도 주지 않으셨으며 타락한 인간들을 내버려두지 않으셨다.

2. 다른 사람들은 이처럼 큰 행복을 얻고 있는데, 당신에게는 그리스도께서 세상에 오신 것이 당신의 비참함을 가중시킨다고 생각한다면 그것은 얼마나 끔찍하겠는가. 당신과 같은 환경, 당신과 같은 존재, 같은 비참함 아래에 태어난 다른 사람들은 당신이 가지고 살아왔던 것과 다른 유리한 점이 없다. 그런데 그들은 예수 그리스도로 인해 모든 비참함에서 전적으로 구원받고 영생을 얻을 것이다. 그리스도는 보배로운 모

퉁이 돌이시며, 영생을 위해 건축될 확실한 기초가 되실 것이다. 그리고 영광은 완전한 순종으로 첫 언약으로 얻을 수 있었던 것보다 최상의 행복으로 진척될 것이다.

동시에 그리스도께서 오지 않으셨다면 첫 언약을 파기함으로써 당신이 겪는 상황보다 훨씬 더 심각하고 비참한 상황에 처하게 될 것이다. 상상할 수 없는 깊은 비참함에 던져지고, 소돔 사람들을 위해 정해진 것보다 더 깊고 뜨거운 지옥의 밑바닥에서 위를 쳐다볼 때, 당신이 눈을 들어 당신과 대화했던 사람들이 하나님의 나라에 있는 것을 볼 때 당신은 어떤 심정이겠는가? 그들은 하나님 아버지의 나라에서 해처럼 빛을 발하고, 그리스도와 함께 다스리며, 그리스도와 함께 보좌에 앉아 있을 것이다. 당신은 그들이 어린 양을 찬양하는 노랫소리를 들을 것이다. 그리스도는 모든 언어와 민족들 가운데서 그리스도의 피로 그들을 구속하여 하나님께 드리셨다. 그리고 당신은 구원자에 대한 약속을 받지 못한 이방인들이 당신보다 훨씬 더 나은 상황에 있는 것을 볼 것이다. 그들과 비교하여 당신은 얼마나 큰 고통을 겪고 있을지 생각해보라. 얼마나 끔찍한 일인가? 당신이 그것을 어떻게 견디겠는가?

3. 언젠가 당신은 모든 비참함을 피하고 영원한 행복을 얻을 수 있는 기회가 있었는데도, 이처럼 당신의 비참함이 악화되는 것이 얼마나 끔찍할지 생각해보라. 사람들에게는 지옥을 벗어나고 영생을 얻을 수 있는 기회가 있었는데 그 기회를 거절했으니 참으로 끔찍할 것이다. 그런 경우는 당신에게 기회가 전혀 없었던 것보다 일곱 배나 더 나쁠 것이다.

당신이 계속 불신앙을 고집한다면, 이런 것들이 마침내 표현할 수 없을 정도로 당신에게 끔찍하게 나타날 것이다. 최후 심판의 날, 당신이 십자가에서 죽으신 예수 그리스도 앞에 서게 될 때 이런 것들이 당신에게 끔찍한 고통을 가하는 것들이 될 것이다. 예수 그리스도는 부딪치는 돌과 걸려 넘어지게 하는 바위인 분이며, 당신은 이 돌과 바위에 걸려 넘어졌다. 그리스도가 십자가에 달리셨고 죄인들을 위해 자신의 피를 흘리셨으며 종종 당신의 문을 두드리셨다. 당신을 깨끗하게 하고 죄를 용서하기 위해 자신의 피의 혜택을 베풀어주셨던 분을 생각하라. 그리고 지금 그리스도는 무서운 위엄으로 당신을 정죄하고 철장으로 지배하실 것이다. 사악한 이방인들보다 더 끔찍한 진노를 나타내 보이시려고 복수의 옷을 입으셨으며, 당신에게 더욱 끔찍한 벌을 내리시는 음성을 들을 것이다. 당신이 용서를 구해도 소용없으며, 당신이 거부하고 거절한 분이 바로 그리스도라는 사실을 믿지 못할 것이다. 당신은 전혀 믿을 수 없어 할 것이다. 믿지 않은 것이 당신의 사악함이 아니라고 확신하기 때문이다. 자신에 대해 곰곰이 생각해보라.

1. 당신이 그리스도께 그분이 가진 신적인 탁월함에 대해 마음으로 존경을 드린 적이 있는지, 그분을 존경하지 않았다면 그것이 경멸하고 멸시하는 심정에서 나온 것은 아닌지 생각해보라. 지금 당신이 모임에 나오고 예배에 참여하는 것과 같은, 겉으로 보이는 존경을 그리스도께 드렸는지 묻고 있는 것이 아니다. 당신이 마음으로부터 그리스도의 영광스럽고 신적인 탁월함에 해당하는 존경을 드렸는지 묻고 있다.

겉으로 보이는 존경이 무슨 유익이 있겠는가? 겉으로 나타나는 행위를 보시는 것만큼 마음을 분명하게 살피시는 분에게 그것이 얼마나 가치 있는 것이 될 수 있겠는가? 마음이 그렇지 않다면, 마음으로 그분을 존중하지 않는 것을 볼 때 외적인 행동을 왜 고려해야 하는가? 당신은 그리스도가 신적인 분이고, 그분은 사람이면서 하나님이라는 것을 배웠다. 당신은 이 사실에 대해 마음으로 존경한 적이 있는가?

당신은 그리스도께서 무한히 지혜롭고 거룩하며 선하신 것과 세상을 만드셨고 만물을 다스리신다고 들어왔다. 그런 일들에 대해 진심으로 존경해본 적이 있는가? 당신은 그분을 존경하고 경외하며, 이러한 사실로 인해 그분을 높이 평가하고 감탄할 생각을 하고 있었는가? 그리스도께서는 당신으로부터 최소한의 존경도 받지 못하셨다. 당신은 그분에게 그분의 뛰어남에 대해 어떠한 진실성 있고 마음에서 우러나오는 존경을 드린 적이 없다.

이런 일이 일어난 이유가 무엇인지 생각해보자. 그리스도께서는 이처럼 위대하고 무한히 높으신 분이다. 그런데 당신에게서 어떤 존경도 받지 못하셨으며 그 대신 그분에 대한 멸시만을 받으셨다. 당신이 할 수만 있으면 그리스도를 받아들였을 거라고 말할지라도, 당신이 그리스도를 받아들이지 않는 것은 그리스도에 대한 멸시에서 나온 것이 아닌가? 당신이 그리스도께 나아오지 않은 진짜 이유는 그분을 경멸하고 멸시했기 때문이 아닌가? 무한한 영광을 가지신 분을 멸시하는 것이 용서받을 수 있겠는가?

그리스도가 천사보다 더 뛰어난 분이 아니라면, 그분께 여느 평범한 사람들과 다를 바 없는 뛰어난 점이 있었다면, 당신이 그분을 마음으로 존경하고 존중하는 것은 의로울 것이다. 그러나 그리스도께서 신적이며 무한한 영광을 가지신 분이라면 얼마나 더 존경하고 찬양해야 하는가. 사람들은 상대방의 가치에 따라 한 사람에게는 존경을 보여주면서도 다른 사람에게는 멸시를 보여준다. 열등한 사람이 아주 가치 있고 존경하기에 합당하고 뛰어난 분에게 마땅한 존경을 보이려 하지 않을 때, 그것은 악한 성향을 나타내 보이는 것이다. 그러나 당신이 하나님의 축복받은 아들이며 만왕의 왕이시고 만주의 주이신 분에게 어떠한 존경도 보내기를 거절할 때, 그것은 훨씬 더 악한 성향을 보이는 것이다.

그런데도 당신이 경멸하지 않는다고 생각한다면, 당신이 그분의 뛰어나심을 경멸하는 것이 아니고 무엇인지 묻고 싶다. 당신은 그리스도의 지혜나 거룩함 또는 은혜에 대해 마음에 진정한 존경을 한 번이라도 가져본 적이 있는가? 그분의 완전성에 대해 높이 평가하거나 생각해본 적이 있었는가? 그렇지 않다면, 당신은 그리스도의 뛰어남을 경멸하는 것이다. 그리고 당신이 그분의 완전함을 경멸하고 있다면, 당신은 그분 자체를 경멸하는 것이다. 당신이 당신의 이웃이 가지고 있는 자질을 경멸한다면, 그 사람 자체를 경멸하는 것이다. 당신의 이웃 중에 어느 한 사람이 아주 지혜롭고, 의롭고 올바른 사람이 있다고 생각해보자. 당신이 그런 자질들을 경멸하고 높이 평가하지 않는다면, 그것은 당신이 그 사람을 경멸하고 있음을 보여주는 것이다. 이와 마찬가지로 예수 그리스도를 경멸하는 정신이 당신에게 있다는 것은 의심의 여지가 없다.

만약에 당신이 그리스도를 저버리는 것이 무시와 멸시의 정신에서 나온 것이라면, 이것은 확실히 용서할 수 없는 것이다. 당신이 그리스도를 멸시할 수밖에 없었다고 변명하는 것은 우스꽝스럽다. 그것은 상황을 더 악화시킬 뿐이다. 이것은 마치 당신이 그리스도에 대한 멸시가 아주 커서 그분을 멸시할 수밖에 없었다고 말하는 것이나 다름이 없다. 그래서 불신자들은 복음을 가볍게 여긴다고들 말하는 것이다. 사도행전 4장은 이렇게 말한다. "너희 건축자들의 버린 돌로서 집 모퉁이의 머릿돌이 되었느니라"(행 4:11).

2. 당신에게 주신 복들을 당신이 경멸했든지 안 했든지 간에, 당신은 그 복들보다 세상을 선택했다. 그리고 당신은 이 문제를 결정하기 위해 실제적으로 무엇을 하고 있는지를 물어야 한다. 실제로 그리스도께서 당신에게 주신 복들보다 세상의 것들을 더 좋아하지 않는가? 당신의 마음

을 그리스도의 은혜보다 세상에 더 많이 두지 않는가? 당신은 꾸준히 지치지 않고 세상의 것들을 구하지 않는가? 세속적인 즐거움들과 그리스도의 은혜가 경쟁하며 당신에게 다가올 때, 세상이나 세속적인 즐거움이 그리스도의 은혜를 방해할 때, 당신이 세속적인 유익을 놓치지 않느라 그러한 은혜들을 끊임없이 추구할 수 없을 때 말이다. 당신은 어떤 욕망이나 세상적인 유익 또는 신뢰, 사람들의 존경과 사람들이 좋아하는 것을 만족시키면서 틀림없이 세상적인 즐거움에 자리를 내주든지 아니면 그리스도를 버리든지 할 것이다. 그러한 경우에 당신은 어느 것을 추구하겠는가? 당신이 세상적인 관심사에 온통 마음을 쓰고 있을 때, 이것이 적어도 당신이 추구하는 방법은 아닌가?

만약에 그러하다면, 이것은 그리스도께서 값 주고 사신 복들을 몹시 경멸하고 있음을 보여주는 것이다. 마태복음 22장은 이렇게 말한다. "예수께서 다시 비유로 대답하여 이르시되 천국은 마치 자기 아들을 위하여 혼인 잔치를 베푼 어떤 임금과 같으니 그 종들을 보내어 그 청한 사람들을 혼인 잔치에 오라 하였더니 오기를 싫어하거늘"(마 22:1-3). 이것은 예수 그리스도께서 자신의 보혈로 값을 치르신 복들을 매우 경멸하는 것이다. 그리스도께서 이런 복들을 주셨을 때, 사람들이 여전히 죄를 짓는다면 그들은 그 복들보다는 하찮은 세상적인 쾌락을 선택하거나, 이웃에 대한 호의를 선택하거나, 사라져버리는 감각적인 쾌락을 선택하는 것이다. 그리스도께서 주신 유익들은 이러한 세상의 쾌락처럼 하찮고 상스럽고 저 아래에 있는 것들보다 더 아래에 놓일 수 없다.

어느 왕이 가난한 사람에게 왕궁에 와서 그가 베푼 만찬에 참석하라는 제안을 했고, 또 왕의 원수들이 그 가난한 사람에게 고기와 고급 음료와 선물을 주면서 왕의 만찬에 참석하는 것을 만류하는 제안을 했다. 가난한 사람이 왕의 만찬에 참석하기보다 왕의 원수들의 제안을 선택했다면,

이것은 왕의 호의를 매우 경멸하고 그것을 몹시 멸시하는 것이 아니겠는 가? 그러나 그리스도께서 주시는 유익들과 죄인들이 추구하는 이러한 세상의 이익들 사이에는 비교할 수 없는 무한히 큰 차이가 존재한다. 그리스도께서 주시는 유익들보다 세상의 것들을 택하는 사람들은 둘 중에 하나를 선택해야 할 상황에서 실제로 세상의 것을 선택한다. 이것은 그들이 만약에 그럴 수만 있었다면 그리스도를 받아들였을 것이라는 시늉을 할 때, 실제로 그들이 위선자임을 보여준다. 그것은 반대의 경우가 주어진다면 그들이 다른 것들을 선택할 지점에 이를 때 자발적으로 그렇게 행할 것이다. 세상적인 것들이 그리스도께서 베푸신 유익들을 훼방하거나, 그리스도께서 베푸신 유익들이 세상의 것들을 훼방하는 상황이 주어질 때, 그들은 그리스도를 붙잡는 대신에 세상의 것을 받아들인다. 이것은 억지로 행해지는 것이 아니라 그들 자신의 의지에 의한 자발적인 선택임이 드러난다. 그것을 결정하는 것은 그들의 자유로운 행위다.

큰 잔치에 오라는 초대를 받았을 때, 최근에 밭을 산 사람이 있었다. 그에게는 잔치에 오라는 초대를 받아들일 것인지, 아니면 밭을 보러 나갈 것인지 자신이 선택할 문제였다.

3. 그리스도께서 당신의 사랑을 얻기 위해 많은 일을 행하셨지만, 당신이 그리스도에 대한 최소한의 참된 사랑을 가졌는지 생각해보라. 그렇지 않았다면, 이것이 어디서 기인했는가? 혹시 그리스도에 대한 막연한 적대감은 아니었는가? 그리스도의 영광과 뛰어나심 이외에, 그리스도께서 행하신 것처럼 당신의 사랑을 얻기 위해 이처럼 많은 것을 행한 사람은 없다. 사람들에게 이처럼 놀라운 사랑을 보여주신 사람은 없었다. 이와 같은 은총과 존귀를 주고 선을 행함으로 당신을 구원하셨다. 당신에게 가까이 오기 위해 이렇게까지 낮아지고, 계속해서 당신에게 초대하고

제안한 분은 없었다.

　하나님의 아들은 시시때때로 자신을 당신에게 주셔서 전적으로 당신의 것이 되게 하셨다. 당신의 머리가 되고 영적인 남편이 되시며 당신을 자신과 가장 가까운 관계에 들어오게 하신다. 그리스도께서는 당신의 영원한 몫이 되기 위해 자신을 주셨으며, 당신을 그분이 계신 하늘로 올리시고 함께 자신의 영광에 참여하게 하셨다. 당신이 그분의 나라에서 그분의 식탁에 앉아 함께 먹고 마시게 하시고, 그분과 함께 완전한 행복을 누리면서 영원히 다스리게 하셨다.

　이제 이 모든 것이 당신의 마음을 얻도록 하는 데에 당신에게 아무런 영향을 끼치지 못한 이유는 어디에 있는가? 어째서 당신의 생애에서 그리스도에 대한 최소한의 참된 사랑을 느끼지 못했는가? 이것이 그리스도에 대한 적대감에서 나온 것이 아닌가? 우리의 친구들에게 이런 모습을 보았다면, 이 사실에 동의할 것이다. 당신이 할 수만 있었다면 그리스도께 가서 그분을 영접했을 것이고, 실제로 그리스도에 대해 별로 관심을 갖지 않은 때에라도 당신을 그리스도께 가기를 바랐다고 거짓으로 말하는 것이 헛된 것임이 드러났다. 당신은 실제로 그리스도께 마음이 기울지도 않았고, 당신의 구원자와 당신의 몫을 위해 어떤 것 하나 마음에 두지 않았다.

　사람들이 할 수만 있었다면 그리스도께 갈 수 있었다고 말하는 것은 그들이 그리스도께 가지 않은 것에 대한 변명이 전혀 되지 않는다. 만약에 그랬더라면 그렇게 했을 것이고, 만약에 그렇지 않았더라면 그렇게 못했을 것이라는 말은 그가 한 행동을 변명하는 좋은 핑곗거리가 될 수 없다. 그랬더라면 그렇게 했을 것이라는 말은 그럴 생각이 없었다는 것과 별반 다르지 않다. 이것은 좋은 원칙이 아니다. 그리스도와 관련하여 그리스도를 받아들여야 할 의무와 당위의 의미에서 그러는 것이 아니라 오로지 자기애와 지옥의 고통을 당하고 싶지 않은 것에서 비롯된 핑계인 것이다.

그러므로 영광스러운 구속자를 거절하는 것에 대해 변명하지 말라. 그것은 다만 그리스도에 대한 당신의 적대감과 그에 대해 저급하고 멸시하는 생각이다. 과거에 그리스도를 거절한 것을, 반복해서 구원자를 제시했음에도 오랫동안 계속해서 받아들이지 않은 것을 속히 회개하라. 복음이 전파되었는데도 그리스도와 죽기까지 자신을 주신 그분의 사랑을 멸시하는 행동을 한 당신의 모든 죄를 회개하라. 당신에게 더 좋은 마음을 주시기를 진지하게 구하라. 그리스도에 대한 적대감이 죽게 해달라고, 하나님께서 당신에게 그리스도의 탁월함을 계시하셔서 당신이 그분을 받아들이고, 그분이 주신 유익들을 용납하고, 그분의 이름에 걸맞은 마땅한 존귀를 드릴 수 있게 해달라고 진지하게 구하라. 그리고 당신의 행복을 더 이상 추구하지 말라. 소돔과 고모라가 멸망한 것보다 더 심각한 멸망으로 자신을 내던지지 말라.

○

1733년 8월에 선포된 이 설교는 에드워즈가 날짜를 기록한 가장 초기의 설교에 속한다. 19쪽의 적용을 포함하며 36쪽으로 구성된 에드워즈의 긴 설교들 가운데 하나다. 설교 제목에서 알 수 있듯이, 설교의 주제는 그리스도가 죄인들을 구원하러 세상에 오시지 않았다면 더 좋았을 뻔한 사람들에 관한 내용이다. 설교 제목이 끔찍한 진술이지만 이 진술에 담겨 있는 내용은 복음의 설교에 반응하지 않는 사람들이 있을 것이라는 진리다. 그리고 그리스도는 그들에게 부딪치는 돌과 걸려 넘어지게 하는 바위가 되신다. 그러므로 그들에게는 "예수 그리스도와 같은 중보자가 없었다면" 더 좋았을 것이다. "그

들은 그리스도께서 주시는 어떤 혜택도 받지 못한다." 사실 여기서 그리스도
는 사람들의 큰 고통의 원인이시다. "구원자와 복음을 멸시하는 것"은 다른
어떤 것보다 더 큰 죄이기 때문이다.

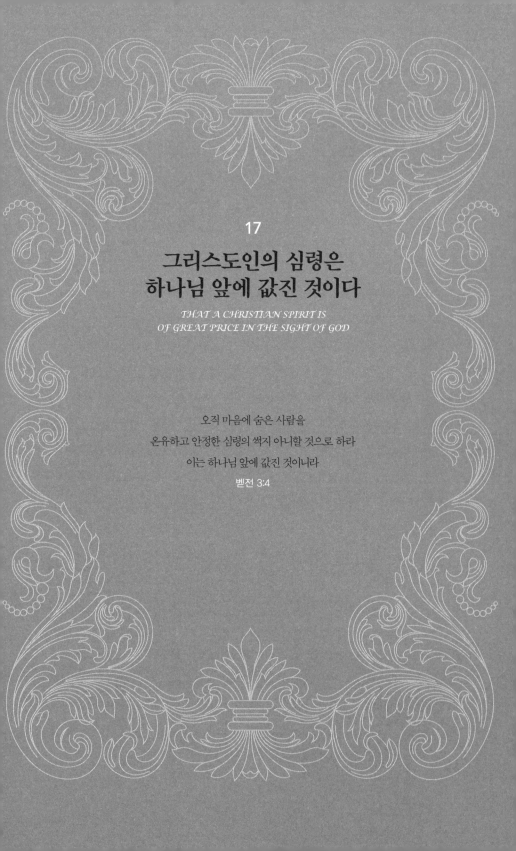

17

그리스도인의 심령은
하나님 앞에 값진 것이다

THAT A CHRISTIAN SPIRIT IS
OF GREAT PRICE IN THE SIGHT OF GOD

오직 마음에 숨은 사람을
온유하고 안정한 심령의 썩지 아니할 것으로 하라

이는 하나님 앞에 값진 것이니라

벧전 3:4

사도는 여러 부류의 사람들과의 관계에서 그리스도인들이 어떻게 행동해야 하는지 지침을 제시하고 있다. 사도는 베드로전서 2장에서 총괄적인 지침을 제시하면서 신자들에게 정직하게 대화하라고 권한다(12절). 그리고 나서 그는 총체적인 관계를 설명한다. 신자들에게 왕이나 총독에게 어떻게 행동해야 하는지를 말하고(13절), 그다음 그들의 주인들에 대한 종의 의무를 말한다(18절). 그리고 베드로전서 3장에서 신자들에게 그들이 어떻게 자신을 단장할 것인지와 남편과 아내의 의무에 대한 지침을 준다. 그것은 외모로 단장하지 않는 것이다. 사도는 마음에 숨은 사람을 단장하며 썩지 않는 것으로 단장하라고 말한다.

금이나 보석과 값비싼 옷으로 단장하는 것은 다른 여자들에게 많은 영향을 끼친다. 그들은 매우 비싸고 가장 값진 세상적인 장식품으로 자신을 가렸다. 여기서 다음의 사실을 주목하라.

1. 사도가 여자들에게 머리를 꾸미는 것과 같이 겉으로 단장하는 것보다 더 권하는 단장은 온유하고 안정한 심령이다. 이것이 사람을 가장 부유하고 눈부신 장식으로 아름답게 단장하는 것이다. 온유하고 안정한 심령은 여자들을 신앙을 고백하는 참된 그리스도인이 되게 한다.

2. 이러한 장식품들이 외적인 장식품보다 더 뛰어난 유익들이 몇 가지 있다.

⑴ 온유하고 안정한 심령으로 하는 단장은 마음에 숨은 사람 안에 있다. 그 단장은 마음에 속한 단장이며 영적인 것이고 몸이 그 안에 거하기 위한 그릇이나 성막처럼 가장 고상한 부분이다.

⑵ 온유하고 안정한 심령으로 하는 단장은 썩지 않는 단장이다. 외모로 하는 찬란한 모든 장식품들은 그 특성상 썩는 것들이며 지속적으로 변한다. 그것들은 사고로 잃어버릴 수 있고, 죽음으로 모든 것이 영원히 벗겨질 수도 있다. 그러나 영적인 장식품은 썩지 않으며 좀과 녹에 상하지도 않고, 어떠한 사고에도 잃어버리지 않으며 죽음으로 벗겨지지도 않는다.

⑶ 온유하고 안정한 심령으로 하는 단장은 하나님 앞에 값진 것이다. 신앙이 있는 여자들은 과거에 금과 보석을 차려입는 데 마음을 쏟았다. 이런 것들은 값비싸고 남자들에게서 매우 가치 있다고 평가를 받았기 때문이다. 그러나 하나님 앞에서 이런 것들은 멸시를 받고 헛된 것으로 여겨졌다. 성경의 여러 본문에서 지혜에 대해 언급하고 있듯이, 지혜를 얻는 것이 금이나 은을 얻는 것보다 더 낫기 때문이다. 지혜는 값비싼 보석으로도 가치를 매길 수 없다. 외모로 단장하는 장식은 사람들의 눈에 값비싸 보이겠지만 하나님 앞에서는 값비싼 것들이 아니다.

| 교 리 |

그리스도인의 영(심령)은 하나님 앞에 대단히 가치 있는 것이다. 내가 그리스도인의 영이라고 말할 때 그것은 그 영이 기독교 교리와 약속들에 일치하는 영이라는 뜻이다. 이러한 진리에 대한 믿음의 고백에 일치하는 마음의 기질과 행동 방식이 있으며, 그 고백과 전적으로 일치하지 않는 또 다른 마음의 기질과 행동 방식이 있다. 그래서 어떤 사람이 이생의 행복이나 비참함에 대한 미래와 영원한 상태를 믿는다고 고백한다면, 이러한 고백에 일치하는 마음의 기질은 이생에 속한 좋은 것들을 무시하고 경멸하려는 마음이다. 기독교 신앙고백은 천상적이고 영원한 것들을 바라보며, 그런 것들을 관심과 바람의 가장 큰 대상으로 만든다. 그래서 만약에 어떤 사람이 자신을 지으신 하나님이 실제로 존재하는 분임을 믿는다고 고백한다면, 모든 신성한 고백들은 실제로 기독교적인 교리들인 것이다. 그러나 특히 사람들의 구속과 관련된 좀 더 특별히 기독교적인 것들이 있다. 그래서 우리는 복음이 계시하는 하나님의 놀라운 자비와 은혜를 믿는다고 고백한다.

만약에 우리가 이것에 일치하는 영에 속한 사람이 되려고 한다면, 계시는 자비로운 영에 속한 것이어야 한다. 우리와 우리 신앙의 형제자매들에게 베푸신 그리스도의 놀라우신 사랑이야말로 사랑과 자비의 영(심령)에 일치하는 영이다. 그리스도의 낮아짐, 겸손, 원수를 사랑하고 해를 끼친 사람들을 용서함은 우리의 신앙고백과 일치하는 영이다. 에베소서 4장은 이렇게 말한다. "서로 친절하게 하며 불쌍히 여기며 서로 용서하기를 하나님이 그리스도 안에서 너희를 용서하심과 같이 하라"(엡 4:32). 그리스도로 통한 하나님의 오래 참음과 인내는 우리에게 겸손과 온유함, 간구함, 오래 참음을 가르쳐준다.

우리를 향한 화평을 구하기 위해 막대한 비용을 지불한 하나님의 영광에서 우리는 화평의 영을 가져야 한다는 가르침을 받아야 한다. 그리스도의 죽음으로 우리 죄가 무한히 증오할 만하고 결점이 많다는 것이 드러나기에, 우리는 우리 자신의 무가치함을 의식하여 겸손하고 낮아짐을 배워야 한다. 그리스도인의 영은 그리스도께서 가지셨던 영에 일치하는 영이다. 그리스도는 우리의 머리이며, 그리스도의 영은 그리스도인들 안에 거한다. 그리스도의 영은 복음 안에 있기를 요구하는 영이다. 이러한 영은 다음과 같은 이유에서 하나님 앞에 엄청난 값을 지불하고 산 존재로 이해된다.

우리를 위해 지불된 값은 하나님 앞에 엄청나게 큰 액수이다. 성도들은 값을 주고 이러한 그리스도인의 영을 가지게 되었다. 성도들은 자신의 영혼의 장식을 샀다. 그리스도인의 영은 주 예수 그리스도의 보배로운 피로 산 것이다. 그리스도는 성도들이 믿음으로 받은 칭의와 구원을 위해서만 그의 순종과 고난이라는 값을 치르신 것이 아니다. 그리스도는 회심과 성화를 위해서도 값을 치르셨다. 믿음이 그리스도께서 사신 조건에 해당하는 복뿐만 아니라 믿음 그 자체와 성도들이 회심할 때 받은 거룩함의 영도 주셨다. 그리스도의 피로 사신 것 이외에는 새 언약의 다른 복은 없다.

이 그리스도인의 영은 새 언약의 복 중에 하나다. 예레미야서 31장은 이렇게 말한다. "그러나 그 날 후에 내가 이스라엘 집과 맺을 언약은 이러하니 곧 내가 나의 법을 그들의 속에 두며 그들의 마음에 기록하여 나는 그들의 하나님이 되고 그들은 내 백성이 될 것이라 여호와의 말씀이니라"(렘 31:33). 하나님은 영원 전부터 아들과 함께 들어오신 구속의 언약에서 이와 같이 타락한 사람들을 위해 아들을 주셨다. 하나님은 성도들을 세상에서 불러내 거룩하게 하셨으며 그들에게 하나님의 형상을 부여하셨다. 그리스도는 이러한 상태에 있을 때 자신의 피를 흘리셔서 구속의 언약을 위한 길을 여신 것이다.

타락한 사람들에게 거룩함을 부여하여 칭의와 영생을 주시는 순서에서 성화는 매우 필요하다. 사람은 죄 때문에 그가 가지고 있던 원래의 의를 박탈당했다. 사람은 하나님의 영을 박탈당하여 하나님 앞에서 죄인이 되었고, 하나님의 진노의 대상이 되었다. 그의 죄로 인해 성화의 방도가 없기에 하나님의 거룩한 영이 그 안에 계속 거할 길이 없었다. 죄인인 사람들은 성화 없이는 회복될 길이 없다. 그리스도는 자신의 거룩함(성화)으로 죄인의 성화를 위한 길을 여셨다. 실제로 사람은 그리스도의 의로움으로 인해 은혜를 받았다.

그리고 참으로 하나님의 영은 그리스도께서 그분의 만족함과 의로움으로 선택받은 성도들을 위해 사신 가장 크고 확실한 복이다. 그리고 이 하나님의 영이 성도들의 마음에 거주하심으로써 그리스도인의 기질을 이루신다. 그리스도인의 영은 그리스도인 안에 거하고 그곳에서 원리로 작동하시는 유일한 그리스도의 영이다. 이것이 바로 성도들이 하늘에서 받게 될 그리스도께서 사신 소유물에 속하는 중요한 몫이다. 그리스도인의 영은 하나님의 영으로 충만하고 그로 인해 즐거워하는 것이다. 그러므로 성도들이 이 땅에서 가지는 적은 것은 그들이 장차 받게 될 기업의 보증이다.

이 그리스도인의 영은 그리스도께서 우리를 부요하게 하려고 사신 불에 연단한 금이다. 그리스도인의 영은 그리스도께서 우리를 위해 사신 은혜의 아름다운 면류관과 장식품이다. 하나님은 그리스도인의 영을 위해 지불된 가격이 매우 크다고 여기신다. 그리스도의 목숨은 세상에 있는 온갖 금이나 은이나 보석보다 더 가치 있을뿐더러 모든 사람과 모든 천사의 목숨보다도 가치가 있다. 그리스도께서 타락한 사람을 위해, 그리스도인의 영을 사시기 위해 자신의 피를 흘리신 것처럼, 하늘의 모든 천사가 몸을 취하고 피를 흘렸다고 가정하더라도, 그들은 그 값을 치를 수 없었을 것이며, 그 값에 훨씬 미치지 못했을 것이다.

왕과 여왕이 입는 옷과 장식품은 매우 값비싼 것이다. 그들은 금을 차고 다이아몬드와 매우 비싼 보석을 차고 엄청나게 비싼 것들을 몸에 걸친다. 그러나 그리스도께서 선택받은 자들을 위해 사신 이 심령의 장식은 이보다 훨씬 더 비싸고 값진 것이다. 가장 작고 볼품없는 성도들이 가지고 있는 심령의 장식이 훨씬 더 부요하며, 왕과 여왕의 옷보다 더 비싸게 주고 산 것이다.

그리스도인의 영의 단장은 하나님 앞에 매우 값비싼 것이다. 하나님께서 그것을 소유하고 있는 사람에게 그 심령(영)의 장식을 매우 부요하고 값진 것으로 보시고 또 그러하다는 것을 알고 계신다. 심령의 장식을 가지고 있는 사람들에게는 말할 수 없는 혜택이다. 심령의 단장은 어떤 사람이 평생 가장 호화로운 옷을 입는다고 해도 그 사람에게는 그 옷보다 더 가치가 있는 것이다. 그 사람이 가장 눈부신 외모를 가지고 있어서 보는 사람들로 하여금 감탄을 자아내게 한다고 하더라도, 그의 심령의 단장이 더 소중하다. 심령의 단장은 엄청난 재산보다도 값지며, 옷이나 집 또는 산해진미를 먹거나 비싼 음료를 마시거나, 좋은 환경과 같이 겉으로 드러나는 모습보다도 더 값지다. 그런 것들로 구성된 행복은 어둡고 허망함을 넘어서는 것이며, 환상과 상상에만 그 자리를 차지하고 있다. 그 사람에게 매우 우수한 것을 더하였는데도 진정으로 개선된 것이 없다면, 그에게는 참된 행복이 있을 수 없다.

그러나 그리스도인의 영은 진정으로 탁월하다. 그리스도인의 영으로 자신의 영을 단장하는 사람은 진실로 더욱 아름답고 사랑스러우나 그것은 뛰어난 사람의 그림자가 아니라 가장 진실된 모습이다. 그리스도인의 영의 단장은 행복의 내면적이고 견고한 기초이며 어떤 외적인 단장보다도 더 존귀하다. 영을 단장한 사람은 하나님과 하늘의 천사들 앞에 존귀하게 보이며 그 사람은 하나님의 백성이다. 영의 단장은 썩지 않는 영원한 단장이며 기쁨이 영원히 흘러나오는 샘과 같다. 마음에 있는 보화이며 그것을 소유한 사람에게는 무한한 가치가 있다.

우리는 심령의 단장의 가치를 완전히 알 수 없으며 이후에 향상될 것을 이해하기 힘들고 불완전하게 인식할 뿐이다. 심령의 단장은 보이지 않는 세계에서 우리의 행복의 진정한 원인이 될 것이다. 우리는 이 영원성을 불완전하게 이해할 수밖에 없다. 그러나 하나님은 이것을 완전히 이해하고 계신다. 하나님은 우리보다 그 가치를 무한히 더 잘 알고 계신다.

마지막으로 그리스도인의 영이라는 말은 하나님 앞에 엄청난 가치가 있다는 의미다. 하나님은 그리스도인의 영을 매우 기뻐하신다. 그리스도인의 영은 그 자체로도 귀중하지만 하나님께 특히 귀중하다. 그 영은 하나님의 성도들 안에 있는 것이기 때문이다. 하나님은 거룩한 영, 그리스도인의 영을 기뻐하신다. 하나님은 그 영이 성도들 안에 있는 것으로 기뻐하신다. 그리스도인의 영을 갖는 것은 하나님이 받으시기에 합당하다.

우리는 하나님께서 그리스도인의 영을 기뻐하시는 네 가지 이유를 제시할 것이다.

1. 그리스도인의 영은 그 자체로 매우 사랑스럽다. 진정으로 역겨운 모든 것을 미워하고 진정으로 사랑스러운 모든 것을 사랑하는 것은 하나님의 절대적인 완전함에 속한다. 사람들 사이에서 높임을 받는 것이 하나님 앞에 역겨운 것이라고 그리스도는 말씀하신다. "예수께서 이르시되 너희는 사람 앞에서 스스로 옳다 하는 자들이나 너희 마음을 하나님께서

아시나니 사람 중에 높임을 받는 그것은 하나님 앞에 미움을 받는 것이니라"(눅 16:15). 그러나 이러한 이유는 사람들 사이에서 높임을 받는 것이 종종 그 자체로 진정 사랑스럽게 여길 만한 것이 없기 때문이다.

하나님께서 인정하고 기뻐한다고 계시하신 것이 무엇이 되었든지 간에 우리는 그리스도인의 영이 그 자체로 우수하다고 확신할 수 있다. (반대로) 그리스도인의 영은 그 자체로 매우 사랑스럽게 여길 만한 것이다. 그것은 하나님의 사랑을 가진 영이며 순전한 하늘의 불꽃이다. 그것은 우리가 하나님과 서로에 대해 가져야 할 우리의 본성과 관계에 적합하고, 그러한 사람이 되어가는 영이며 기질이다. 그리스도인의 영은 이성에 매우 일치하는 태도에 속한 영이다. 잠언 17장은 이렇게 말한다. "성품이 냉철한 자는 명철하니라"(잠 17:27). 하나님은 자신의 거룩하신 품성으로부터 거룩한 성품을 지닌 그리스도인의 영을 기뻐하신다. 의로우신 주님은 의를 사랑하신다(시 11:7).

2. 그리스도인의 영은 하나님의 영의 직접적인 열매다. 하나님은 자신이 하신 일들을 기뻐하신다. 하나님의 일들은 그분의 능력과 지혜의 결과들이며 그분의 성품에서 나온 것이기 때문이다. 그래서 하나님은 창조 사역을 기뻐하셨으며 그분이 만드신 모든 것을 선하다고 말씀하셨다. 이를테면, 하나님은 자신의 사역을 보시며 흡족해 하셨다. 출애굽기 31장에서 이렇게 말한다. "이는 나와 이스라엘 자손 사이에 영원한 표징이며 나 여호와가 엿새 동안에 천지를 창조하고 일곱째 날에 일을 마치고 쉬었음이니라 하라"(출 31:17).

그러나 특히 하나님은 사람들의 마음에 은혜롭고 거룩한 성향을 주신 자신의 거룩한 영의 사역을 매우 즐거워하실 것이다. 그 사역은 하나님의 모든 사역 중에서 가장 중요한 사역이다. 이것은 옛 창조보다 더 영광스러운 새 창조다. 옛것은 오염되었고 장차 멸망될 것이지만 하나님의 새 창조 사역은 매우 뛰어나며 영원히 존속할 것이기 때문이다.

3. 그리스도인의 영은 하나님의 명령에 순응하며, 이러한 이유에서 하나님은 그 영을 기뻐하신다. 하나님은 우리에게 이러한 영을 가진 사람이 되기를 요구하신다. 하나님의 말씀은 이러한 목적에 대한 교훈들로 가득하다. 하나님의 율법에 순종하고 그분의 권세에 복종하는 것을 보는 것은 하나님께서 받으시기에 합당하다. 하나님께 순종하는 것이 그러하듯이, 그것은 하나님에 대한 의로운 존경을 나타내는 것이다. 하나님께 적합한 존귀를 드리는 것이며 그분의 위엄과 거룩함, 탁월함을 존중히 여기는 것이다. 우리는 하나님의 피조물이며 가족으로서 하나님의 율법에 순종할 가치가 있다는 것을 인정한다.

4. 그리스도인의 영은 하나님의 형상이다. 하나님은 자신의 영광스러운 탁월함을 친히 기뻐하시듯이 필연적으로 자신의 형상 또는 그 탁월함에 합당한 것들을 기뻐하신다. 그리스도인의 영은 하나님의 성품 중에서 거룩함에 속한 형상이다. 그리스도인의 영은 하나님의 성품에 참여하는 것이다. 베드로후서 1장은 이렇게 말한다. "이로써 그 보배롭고 지극히 큰 약속을 우리에게 주사 이 약속으로 말미암아 너희가 정욕 때문에 세상에서 썩어질 것을 피하여 신성한 성품에 참여하는 자가 되게 하려 하셨느니라"(벧후 1:4). 그리스도인의 영은 하나님의 아들의 형상이다. 로마서 8장은 이렇게 말한다. "하나님이 미리 아신 자들을 또한 그 아들의 형상을 본받게 하기 위하여 미리 정하셨으니 이는 그로 많은 형제 중에서 맏아들이 되게 하려 하심이니라"(롬 8:29). 하나님께서 하나님의 아들을 무한히 사랑하시듯이, 그분은 틀림없이 자신의 아들과 닮은 것들을 기뻐

하실 것이다.

둘째로, 하나님은 성도들이 그리스도인의 영을 행하는 것을 기뻐하신다. 하나님은 성도들이 그리스도인의 영을 가진 것으로 기뻐하신다. 그분은 그들이 그리스도인의 영을 실천하시는 것을 받으시며, 성도들의 인격에 만족하신다. 하나님은 성도들과 그들의 제사를 받으신다. 그리고 이와 같은 영을 소유하고 있는 사람들을 아름답게 하시고, 이러한 단장으로 그들을 아름답게 하기를 기뻐하신다. 하나님은 성도들을 이처럼 아름답게 하시며 그들을 기뻐하셨다. 하나님은 성도들에게 부여하신 아름다움으로 인해 성도들을 기뻐하시기 때문이다.

하나님께서는 그리스도를 위해 이런 일을 하신다. 불완전하고 많은 죄로 섞고 더러워진 사람들에게 하나님께서 은혜 주시기를 기뻐하실 리가 만무하다. 죄는 더러운 마음에서 나온다. 하나님은 이처럼 죄 많은 죄인을 기뻐하지 않으신다. 하나님께서 성도들을 그리스도 안에 있는 자로 보지 않는다면, 성도들의 죄와 더러움은 너무나 커서 하나님께서 그들을 받아들이실 수 없다. 하나님께서 그리스도를 위하여 죄를 간과하지 않는다면, 성도들을 기뻐하지 않으신다. 그리스도는 자신의 의로움으로 죄를 숨기신다. 그리스도는 성도들의 벗은 몸 위에 자신의 의의 옷을 펼치신다. 하나님은 그것을 선하고 사랑스럽다고 보신다. 하나님은 혐오스럽고 더러운 것을 넘어가신다. 하나님은 야곱의 죄악을 보지 않으시며 이스라엘의 패역함을 보지 않으셨다. 하나님은 성도들에게 죄를 전가하지 않으신다. 하나님은 성도들의 겸손, 온유함, 선행, 천상의 마음가짐의 죄악된 불완전함을 눈감아주신다. 하나님은 최상의 측면만을 보신다. 하나님이 보시는 것은 그들 안에 있는 은혜로운 그리스도인의 영이다.

| 적 용 |

1. 당신이 그리스도인의 영을 가진 사람인지 살펴라. 우리는 기독교 교리를 고백하는 사람들이다. 우리는 겉치레로만 그리스도를 따르는 자들이며 우리 중에는 기독교 신앙을 고상하게 고백하는 사람들이 많이 있지만, 우리에게 그리스도인의 영이 있는지 살펴보라. 우리가 아무리 고상한 고백을 하고, 아무리 외적인 부요함으로 종교적으로 경건하며 엄격하게 보인다고 해도 우리가 기독교를 가지고 있다는 것을 제외하고는 이런 것들은 우리에게 아무런 도움이 되지 않는다.

내가 말하는 것은 당신이 스스로 이러한 심령을 찾아야 하고 다른 것은 찾지 말라는 뜻이 아니다. 이러한 심령이 있는 사람들은 아주 불완전하게 가지고 있다. 그리스도인의 영을 가지고 있는 사람들조차 그들 속에 정반대되는 심령이 많이 있다. 겸손의 영이 있다면 교만의 영도 있기 마련이다. 그러나 진정한 그리스도인들의 마음을 주관하는 것은 은혜다. 죄가 이전에 그들을 주관했던 것처럼 지금은 은혜가 주관한다.

만약에 교만한 영이나 세상적인 영이 당신을 주관하며 그런 것들에 종살이하고 있다면, 당신은 마음에 숨은 사람에게 속한 것으로 단장하고 있는 것이 아니다. 참된 그리스도인에게는 그리스도의 영을 갖는 것이 필수적인 자질로 제시되었다. 로마서 8장은 이렇게 말한다. "만일 너희 속에 하나님의 영이 거하시면 너희가 육신에 있지 아니하고 영에 있나니 누구든지 그리스도의 영이 없으면 그리스도의 사람이 아니라"(롬 8:9). 이제 우리가 그리스도의 영을 가지고 있다는 사실은 기독교적인 기질과 성향을 가진 존재로 알려진다. 그리스도의 영을 가진다는 것과 그리스도인의 영을 가진다는 것은 같은 것이다.

우리는 성령의 열매를 통해 우리가 그리스도의 영을 가지고 있는지 알

수 있다. 나무는 그 열매로 안다. 갈라디아서 5장에 성령의 열매가 무엇인지 언급되었다. "너희가 만일 성령의 인도하시는 바가 되면 율법 아래에 있지 아니하리라 육체의 일은 분명하니 곧 음행과 더러운 것과 호색과 우상 숭배와 주술과 원수 맺는 것과 분쟁과 시기와 분냄과 당 짓는 것과 분열함과 이단과 투기와 술 취함과 방탕함과 또 그와 같은 것들이라 전에 너희에게 경계한 것 같이 경계하노니 이런 일을 하는 자들은 하나님의 나라를 유업으로 받지 못할 것이요 오직 성령의 열매는 사랑과 희락과 화평과 오래 참음과 자비와 양선과 충성과 온유와 절제니 이같은 것을 금지할 법이 없느니라 그리스도 예수의 사람들은 육체와 함께 그 정욕과 탐심을 십자가에 못 박았느니라 만일 우리가 성령으로 살면 또한 성령으로 행할지니"(갈 5:18-25).

그리스도의 사람들은 육체와 함께 그 정욕과 탐심을 십자가에 못 박았다. 만약에 우리가 성령으로 살면 또한 성령으로 행하기도 해야 한다(갈 5:24,25). 그리고 에베소서 5장은 이렇게 말한다. "빛의 열매는 모든 착함과 의로움과 진실함에 있느니라"(엡 5:9). 야고보서 3장은 이렇게 말한다. "오직 위로부터 난 지혜는 첫째 성결하고 다음에 화평하고 관용하고 양순하며 긍휼과 선한 열매가 가득하고 편견과 거짓이 없나니"(약 3:17). 우리가 소리 나는 구리와 울리는 꽹과리일 뿐이라고 사랑의 열매들에 대해 묘사한 본문이 있다(고전 13:1). 아무도 속지 말라. 사랑으로 역사하지 않는 믿음은 아무 소용이 없다. 행함이 없는 그리스도인의 믿음은 죽은 믿음이다.

2. 그리스도인의 영과 상반되는 행동을 하는 사람들을 책망하라. 교만한 영. 시기심 가득한 영. 세상적인 영. 기독교의 복음이 전파되고 기독교 신앙을 고백하는 그리스도인들의 장소에서 그리스도인의 영이 거의 없

고 이와 정반대되는 것들만 많이 있다면 참으로 수치스러운 일이다. 교만함, 시기심, 세상적인 마음이 가득하다면 부끄러운 일이다. 그리스도인들이 이웃에게 부당한 취급을 당하고 상처를 입게 될 때 그들의 가슴에 상처가 그대로 남는다는 것은 창피한 일이다.

이것은 초기 그리스도인들의 영과 정반대되는 영이다. 그리스도의 마음과 어긋나는 영이다. 교만하고 자만심이 가득한 영은, 자신이 이처럼 겸손하고 낮아지신 예수 그리스도를 따르는 사람이며 그분을 최고의 주님으로 삼고 있다고 고백하는 사람에게 맞지 않는 모습이다. 확실한 것은 종이 그 주인보다 더 크지 않다는 점이다.

3. 권면을 사용하라. 구하고 또 구하라. 내면의 단장을 하라. 그것은 하나님 앞에 매우 값진 것이다. 그리스도께서 상당한 값을 치르고 사신 무한한 가치가 있는 것을 등한히 하는 것은 매우 부끄러운 일이다. 그리스도인이라고 불리는 많은 사람이 그들의 몸을 비싼 옷으로 치장하는 데는 큰 열정을 쏟으면서 마음의 속사람에 대해서 전혀 개의치 않는 것은 창피한 일이다.

사람들의 행복에 대하여 그리스도인의 영이 주는 혜택들을 생각하라. 삶의 골칫거리 중 대부분은 사람들 사이에 정반대의 영에서 기인한다. 이것이 하나님이 받으시는 속사람의 증거를 갖는 길이다. 성도들은 감추어 둔 이름, 즉 흰 돌과 새 이름(계 2:17)을 얻게 될 것이다.

하나님은 이러한 영에 은혜로운 상을 주실 것이다. 하나님은 이러한 영을 매우 기뻐하시듯이, 다른 세상에서 이에 대한 영광스러운 증거를 주실 것이다. 성도들은 하나님의 기쁨의 강에서 마실 것이다. 그들은 그리스도와 함께 흰옷을 입고 다닐 것이며 그리스도의 영광으로 환하게 비칠 것이다. 그리스도는 성도들을 그분이 베푸신 잔칫집에 들어오게 하실 것이며,

그들 위에 처진 그분의 깃발은 사랑이 될 것이다. 성도들은 영광의 왕과 함께 천상의 세계가 제공하는 가장 풍요로운 식사를 영원히 즐길 것이다.

○

날짜가 기록되지 않은 에드워즈의 이 설교는 그리스도인의 심령이 어떤 것인지, 그것이 얼마나 값진 것인지에 대해 살펴본다. 에드워즈는 "그리스도인의 심령은 불에 단련한 금이며, 그리스도께서 우리를 부요하게 하려고 우리를 위해 값 주고 사신 것이다"라고 말한다.

적용에서는 성도들에게 이러한 그리스도인의 심령을 가졌는지 살펴보라고 권한다. 그리스도인인 척 하지만 "우리에게 아무런 도움이 되지 않는 국외자인" 그리스도인들이 많이 있다는 점을 분명히 밝힌다. 에드워즈는 신앙을 고백하는 신자들이 완전하게 보여야 한다고 주장하는 것은 아니다. 이러한 심령을 가지고 있는 사람들도 "매우 불완전한 모습으로 그런 심령을 가지고 있다." 하지만 마음을 참되게 단장하고 있다는 명백한 증거가 있어야 한다. "우리는 그 열매로 그리스도의 영을 가졌는지를 안다."

에드워즈는 성도들에게 하나님이 보시기에 매우 값진 내적인 단장을 하도록 더욱 구하라고 권한다. "그리스도께서 매우 소중한 값을 치르고 사신, 이와 같은 무한히 소중한 것을 등한히 여기는 것은 매우 수치스러운 일이다." 그리고 몇 가지 놀라운 약속들로 그의 메시지를 마친다. 이런 길에서 참된 그리스도인의 심령을 구하는 사람들은 하나님께서 친히 영광스러운 상을 주실 것이라고 말이다. "그들은 기쁨의 강에서 물을 마실 것이다. 그들은 흰 옷을 입고 그리스도와 함께 다닐 것이며 그리스도의 영광으로 빛을 발할 것이다. . 그들은 영광의 왕과 함께 영원히 잔치를 즐길 것이다."

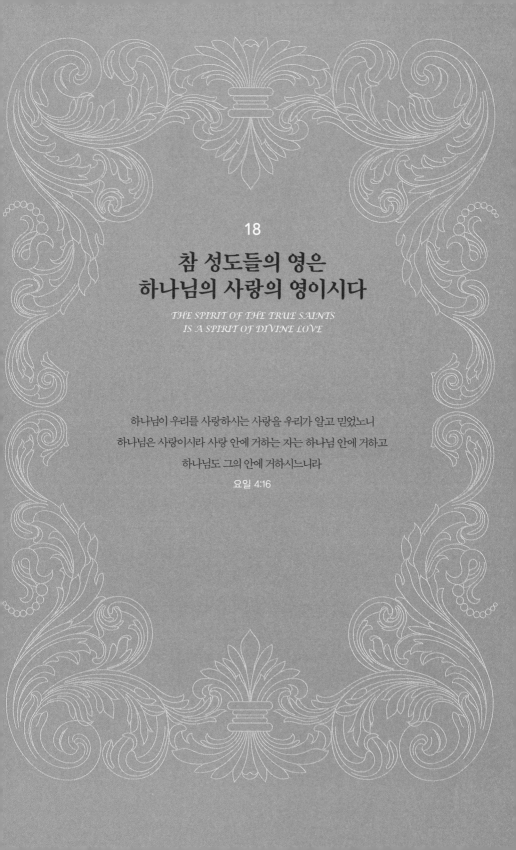

18

참 성도들의 영은
하나님의 사랑의 영이시다

*THE SPIRIT OF THE TRUE SAINTS
IS A SPIRIT OF DIVINE LOVE*

하나님이 우리를 사랑하시는 사랑을 우리가 알고 믿었노니

하나님은 사랑이시라 사랑 안에 거하는 자는 하나님 안에 거하고

하나님도 그의 안에 거하시느니라

요일 4:16

1. 사랑이 무엇인지를 보여준다.

2. 그 사랑이 어떻게 하나님의 사랑인지를 보여준다.

3. 그 사랑은 성도들 안에 거하시는 영 또는 기질이다.

I. 나는 이 사랑이 무엇인지를 보여줄 것이다.

1. 사랑의 대상에 대하여

(1) 성도들에게는 하나님을 사랑하는 사랑의 영이 있다. 이것은 최상의 선이다. 하나님은 선한 분이시다. 최고의 선이며 모든 선의 원천으로서 사랑을 받으신다. 하나님은 만물 중에서 가장 뛰어나신 분이며 최고의 아름다움을 가지고 계신다. 하나님은 다른 것들이 사랑을 받는 것처럼 사랑을 받으실 뿐만 아니라 모든 것보다도 사랑을 받으시는 분이다.

(2) 성도들에게는 주 예수 그리스도를 사랑하는 사랑의 영이 있다. 그 영으로 인하여 성도들의 마음은 유일한 구속자이신 주 예수 그리스도 그분만을 굳게 신뢰하려 한다. 성도들의 하나님에 대한 사랑은 최상이며,

하나님은 무엇보다 최상의 사랑으로 사랑을 받으시며, 예수 그리스도에 대한 그분의 사랑은 어떤 경쟁자도 용인하지 않으신다. 그리스도에 대한 사랑은 그리스도를 추구하며, 그리스도와 굳게 결합하고, 구속의 관계에서 그분만을 의지하며, 그분을 영적인 남편으로 의지한다. 그리스도를 유일한 사랑의 대상으로 삼은 성도들의 마음은 그분께 향한다. 성도의 영혼은 여러 남편과 결혼하지 않는다. 그들의 영혼은 한 분만을 바라며, 한 분 이상 다른 어떤 존재가 없다. 그분은 예수 그리스도이시다. 성도의 영혼은 그분과 아울러 다른 분을 가지려는 생각을 하지 않는다.

거룩한 성도에게는 그리스도에 대한 이러한 사랑이 있다. 그리스도는 자신에 대한 그리스도인들의 사랑에 영향을 주신다. 그로 인해 성도들은 그리스도에게 그 사랑을 드리며, 전적으로 오직 그리스도만을 사랑하고자 갈망한다. 성도는 그리스도께서 일부를 담당하기를 기꺼이 바랄 뿐 아니라 그분이 모든 것을 주관하시기를 바라기도 한다. 성도는 예수 그리스도 이외에 다른 어떤 사랑하는 사람에게 관심을 갖지 않으며 상관하지도 않는다.

성도는 다른 연인이 자신의 마음을 차지하는 것을 견디지 못한다. 그는 그것을 그리스도의 특별한 소유로 여기고 있기 때문이다. "내 사랑하는 자는 내게 속하였고 나는 그에게 속하였도다"(아 2:16). 성도는 예수 그리스도를 위해 자신을 지키려 한다. 아가서 4장에서 이렇게 말한다. "내 누이, 내 신부는 잠근 동산이요 덮은 우물이요 봉한 샘이로구나"(아 4:12). 성도는 그리스도 이외에 어떤 이에게도 자신의 마음을 줄 권리가 없다고 생각한다. 그의 마음을 그리스도에게만 주었기 때문이다. 성도는 그리스도를 위하여 다른 모든 것과 결별했다. 그래서 그리스도를 떠나 다른 어떤 것에게 다시 자신을 주려고 하지 않는다.

하나님의 사랑은 그리스도를 그 대상으로 하는 사랑이다. 어떤 환경에서 그 사랑을 발휘하는 것은 성부 하나님을 향하여 그 사랑을 발휘하는 것과 다르다. 하나님의 원리는 같지만, 그것을 발휘하는 것은 관계에 따라 확실히 차이가 난다. 성도는 자녀에 대한 사랑을 가지고 아버지를 사랑하듯이 성부 하나님을 사랑한다. 그러나 그는 친구나 하나님의 동반자의 사랑으로 그리스도를 더 사랑한다. 성도는 그리스도로 말미암아 성부 하나님과 관련된 지위로 하나님을 사랑한다. 그러나 그는 성도의 머리로서 성도와 직접 연합된 분으로서 예수 그리스도를 사랑한다. 성도의 영혼은 그리스도로 말미암아 하나님과 관련된 자로 그의 살과 그의 뼈로 그리스도와 결혼했다.

주 예수 그리스도에 대해 사랑을 발휘하는 면에 있어서 더 많은 친근함이 있다. 이를테면, 그리스도께서는 우리보다 무한히 높은 곳에서 내려오셨고 우리의 속성을 취하여 우리 중 하나가 되셨기 때문이다. 그분은 우리를 좀 더 자유롭고 친근한 교제로 초대하시고, 우리의 사랑을 그분에게 좀 더 친근하게 표현하도록 하신다. 교회는 이런 목적으로 오신 그리스도의 성육신을 갈망했다. 아가서 8장은 이렇게 말한다. "네가 … 오라비 같았더라면"(아 8:1). 그리스도는 그분 자신의 성육신으로 인해 우리의 형제가 되셨으며, 그분에게 더 자유롭고 오라고 격려하며 용기를 복돋우신다.

(3) 이 사랑의 영은 경건한 자들을 위해 흘러나온다. 성도들은 하나님과 주 예수 그리스도에 대한 최고의 사랑을 가지고 있기 때문에 하나님과 그리스도의 백성인 사람들을 사랑하게 된다. 하나님과 예수 그리스도를 위해 성도들은 하나님의 백성을 사랑한다. 그들에게 하나님의 형상이 있기 때문이다. 그들은 그리스도께서 사랑하시며 그리스도와 가까운 관계에 있는 사람들이다. 그들에게는 예수 그리스도께서 부여하신 아름다

움이 있다.

이러한 것들에 관한 생각이 그들의 마음에 결합되어 있다. 성도들은 경건한 사람들을 소중히 여긴다. 이 사실에 근거하여 성도들은 경건한 사람들을 보며 즐거워한다. 시편 16편은 이렇게 말한다. "땅에 있는 성도들은 존귀한 자들이니 나의 모든 즐거움이 그들에게 있도다"(시 16:3).

(4) 이 원리는 모든 인류를 향해서도 자연스럽게 적용된다. 이것은 하나님의 사랑의 원리다. 일종의 보편적인 원리로 모든 증오와 악의와 복수를 죽이고 마음에서 나오는 여러 원리를 근절한다. 이 원리로 말미암아 영혼은 하나님의 뜻 안에서 모든 인류를 향해 하나님의 사랑이 흘러나가게 한다.

하나님의 사랑은 좁고 한정된 원리가 아니라 매우 확산된 사랑이다. 그 사랑은 우리의 최악의 원수들에게까지 마음에서 우러나오는 선의를 작용하게 하는 성향이 있다. 따라서 하나님의 사랑은 높거나 낮은 정도에 따라 이러한 효과를 가져온다. 그러나 이것은 하나님의 사랑의 속성과 성향이다. 하나님의 모든 사랑이 마음에 가득하다. 그 사랑은 점점 영향을 끼쳐 우리의 영혼으로 하여금 모든 사람의 선과 심지어 우리를 미워하는 사람들의 선까지 마음으로 진실되게 바라고 추구하게 한다.

그래서 이 하나님의 사랑의 대상과 관련하여 하나님의 사랑이 무엇인지를 보여주려 한다.

2. 그 사랑의 몇 가지 실행과 표현에 관련하여 하나님의 사랑이 무엇인지를 보여준다. 하나님의 사랑은 몇 가지 방법으로 실행되고 표현된다.

⑴ 하나님의 사랑에 대한 평가에 있어서 그것은 하나님에 대한 고상하고 높은 생각을 실행한다. 참된 성도는 무엇보다도 하나님을 높인다. 성도가 생각하기에 하나님은 가장 뛰어나고 가장 영광스러운 분이시다. 그들은 하나님을 매우 위대하고 뛰어나신 분으로 존경한다. 하나님은 모든 것을 요구하기에 합당하신 분이다. 성도들은 하나님을 모든 찬양과 영광을 받으시기에 합당한 분이며 모든 사람으로부터 순종을 받으실 분으로 여긴다. 성도들은 하나님을 가장 겸허한 경의를 표하기에 합당하며 그분에게 자신을 드리기에 합당하신 분으로 여긴다.

성도들은 하나님을 세상을 다스리기에 합당하신 분으로 생각한다. 성도들은 하나님을 주권자로 여기며, 모든 것을 자신의 주권적인 뜻과 기쁘신 뜻에 따라 자신의 영광을 위하여 만물을 통치하기에 합당하신 분으로 여긴다. 이것은 하나님에 대해 그리 많은 것을 언급한 것이 아니다. 하나님은 매우 영광스러운 분이시기 때문에 영광 받기에 합당하신 분이다. 그러므로 성도들은 나라와 권세와 영광을 전심으로 하나님께 돌릴 수 있다.

이와 마찬가지로 성도들은 예수 그리스도께 높은 가치를 드린다. 성도들이 보기에 예수 그리스도는 온 세상보다 더 값비싼 극히 값진 진주이다. 성도들은 하나님의 백성에 대해서도 이와 마찬가지의 지고한 존경을 가지고 있다. 하나님의 백성은 다른 사람들보다 더 존경할 만한 존재들이다. 시편 15편은 이렇게 말한다. "그의 눈은 망령된 자를 멸시하며 여호와를 두려워하는 자들을 존대하며 그의 마음에 서원한 것은 해로울지라도 변하지 아니하며"(시 15:4). 하나님의 백성은 여호와를 두려워하는 사람들을 존대한다. 하나님의 사랑은 다른 사람들을 존대하고 자신보다 그들을 더 낮게 여기며 자신을 가장 낮은 곳에 둔다. 자신을 지극히 작은 자로 생각하고 다른 사람들을 지극히 높게 여기는 것에 대해 빌립보서 2

장에서 이렇게 말한다. "아무 일에든지 다툼이나 허영으로 하지 말고 오직 겸손한 마음으로 각각 자기보다 남을 낫게 여기고"(빌 2:3).

그래서 하나님의 이 사랑의 원리는 이 교훈을 성취하기 위해 모든 사람을 존대하고 존중하는 성향이 있다. 베드로전서 2장은 이렇게 말한다. "뭇 사람을 공경하며 형제를 사랑하며 하나님을 두려워하며 왕을 존대하라"(벧전 2:17). 모든 사람 안에 있는 하나님의 당연한 형상으로 인해, 그들의 본연의 뛰어남과 지식, 지혜, 이와 비슷한 것들로 인해 자연인들을 존대하는 것이 이러한 신적인 원리의 성향이다. 그리고 그들의 외적인 위엄으로 인해 그들을 존대해야 한다. 이 교훈을 성취하기 위해 마땅히 공경할 자를 공경해야 한다. 로마서 13장은 이렇게 말한다. "모든 자에게 줄 것을 주되…"(롬 13:7).

(2) 성도들 안에 있는 이 원리는 그들이 하나님을 적절히 선택하게 하는 일에 실제로 작용한다. 온갖 다른 것들이 그들 앞에 놓여 있을 때, 그것이 아무리 즐거워 보이고 유혹적이라 해도 성도들의 마음은 이 원리로 인해 하나님을 택한다. 그들 앞에 온갖 종류의 다른 것이 있더라도 그들은 하나님을 택할 것이다. 그렇다. 당신이 한 편에 하나님을 놓고, 다른 편에 세상의 다른 모든 것을 놓는다고 해도 성도들은 하나님을 택할 것이며 다른 모든 것을 거부할 것이다.

성도들은 하나님과의 행복을 위해 하나님을 선택한다. 시편 4장은 이렇게 말한다. "여러 사람의 말이 우리에게 선을 보일 자 누구뇨 하오니 여호와여 주의 얼굴을 들어 우리에게 비추소서"(시 4:6). 그리고 시편 73편은 이렇게 말한다. "하늘에서는 주 외에 누가 내게 있으리요 땅에서는 주밖에 내가 사모할 이 없나이다"(시 73:25). 하나님의 사랑의 원리는 성도들에게 그들의 유일한 구주로 예수 그리스도를 선택하는 데 영향을 준다. 성도들은 다른 어떤 사람이나 여러 신보다도 예수 그리스도를 그들의 구주로 삼는다. 성도들은 자신의 의보다 그리스도를 선택한다.

성도들은 하나님의 택함 받은 사람들이다. 그들에게는 하나님께서 선택하시고 그리스도께서 부르셨다는 소망스러운 증거가 있다. 또한 성도들에게는 선택한 사람들이 있다. 그들은 성도의 택함 받은 친구들이며 택함 받은 동료들이다. 이러한 사람들은 다른 어떤 사람들보다도 성도들이 기뻐하고 좋아하는 사람들이다. "나는 주를 경외하는 모든 자들과 주의 법도들을 지키는 자들의 친구라"(시 119:63).

(3) 하나님의 사랑은 사랑받는 사람들을 사모하고 간절히 바란다.

불경건한 사람들도 어떤 점에서는 하나님을 바란다고 수 있다. 그러나 그들의 바람은 갈망에 따른 바람이 아니다. 성도들의 영혼에는 하나님을 향한 자연스러운 갈증이 있다.

성도들의 영혼을 지배하는 성향은 하나님과 예수 그리스도를 향한다. 하나님을 바라는 굶주림과 목마름과 헐떡임이 있다. 성경에서는 이렇게 말한다. "하나님이여 사슴이 시냇물을 찾기에 갈급함같이 내 영혼이 주를 찾기에 갈급하니이다 내 영혼이 하나님 곧 살아 계시는 하나님을 갈망하나니 내가 어느 때에 나아가서 하나님의 얼굴을 뵈올까"(시 42:1,2). "주를 향하여 손을 펴고 내 영혼이 마른 땅같이 주를 사모하나이다"(시 143:6). "여호와여 주께서 심판하시는 길에서 우리가 주를 기다렸사오며 주의 이름을 위하여 또 주를 기억하려고 우리 영혼이 사모하나이다 밤에 내 영혼이 주를 사모하였사온즉 내 중심이 주를 간절히 구하오리니 이는 주께서 땅에서 심판하시는 때에 세계의 거민이 의를 배움이니이다"(사 26:8,9). "파수꾼이 아침을 기다림보다 내 영혼이 주를 더 기다리나니 참으로 파수꾼이 아침을 기다림보다 더하도다"(시 130:6).

성도들의 영혼은 하나님께 가까이 가기를 갈망한다. 시편 54편은 이렇게 말한다. "하나님이여 주의 이름으로 나를 구원하시고 주의 힘으로 나를 변호하소서 하나님이여 내 기도를 들으시며 내 입의 말에 귀를 기울이소서 낯선 자들이 일어나 나를 치고 포악한 자들이 나의 생명을 수색하며 하나님을 자기 앞에 두지 아니하였음이니이다"(시 54:1-3).

시편 42편은 이렇게 말한다. "하나님이여 사슴이 시냇물을 찾기에 갈급함 같이 내 영혼이 주를 찾기에 갈급하니이다 내 영혼이 하나님 곧 살아 계시는 하나님을 갈망하나니 내가 어느 때에 나아가서 하나님의 얼굴을 뵈올까"(시 42:1,2).

참 성도들의 영혼은 하나님을, 하나님의 영광을, 예수 그리스도의 아름다움을 더욱 보기를 갈망한다. 시편 27편은 이렇게 말한다. "내가 여호와께 바라는 한 가지 일 그것을 구하리니 곧 내가 내 평생에 여호와의 집에 살면서 여호와의 아름다움을 바라보며 그의 성전에서 사모하는 그것이라"(시 27:4). 성도들의 영혼은 하나님처럼 되기를, 그들의 마음이 하나님으로 더욱 채워지기를 갈망한다. 그들은 하나님과 연합하며 교제하기를 갈망한다. 그들은 하나님의 온전한 즐거움보다 못한 그 어떤 것으로도 만족할 수 없다.

(4) 이 사랑이 발휘되는 또 다른 방법은 만족하는 것이다. 성도들은 하나님을 즐거워하고 하나님을 묵상함으로써 만족한다. 하나님의 아름다움과 사랑은 성도들에게 즐거운 것이다. 성도들은 하나님의 아름다움과 사랑으로 대단히 만족하며 그 안에서 즐거워하고 기뻐한다. 하나님의 사랑은 멀리 있을 때는 갈망하게 되고, 가까이 있을 때는 기뻐하며 따르게 된다. 시편 94편은 이렇게 말한다. "내 속에 근심이 많을 때에 주의 위안이 내 영혼을 즐겁게 하시나이다"(시 94:19).

성도들의 영혼이 하나님 안에서 누리는 달콤한 만족이 있다. 이 사랑으로 성도들의 영혼은 하나님 한 분만으로 충분하고 만족함을 누린다. 성도들의 영혼은 하나님 안에서 충만함을 얻는다. 하나님은 성도들에게 충분하다고 여겨진다. 안식에 동반되는 달콤함이 있다. 아가서 2장은 이렇게 말한다. "남자들 중에 나의 사랑하는 자는 수풀 가운데 사과나무 같구나 내가 그 그늘에 앉아서 심히 기뻐하였고 그 열매는 내 입에 달았도다"(아 2:3). 성도들이 하나님과 구원자 안에서 누리는 기쁨은 형언할 수 없다. 그 형언할 수 없는 기쁨은 하나님의 사랑에 속한 특별한 재산일 것이다. 하나님의 사랑으로 채워진 영혼에게는 하나님이 그와 함께 하심을 몸소 느끼는 것에서 오는 달콤함이나 겸손한 기쁨을 이루 표현할 말이 없다.

(5) 마지막으로 자선이나 호의로 이러한 사랑을 실행하는 다른 방법이 있다. 이것은 하나님의 흡족함과 영광 안에서 하나님께 기뻐하는 중에 나타난다. 성도들은 하나님께서 이처럼 흡족해 하시는 것으로, 하나님의 주권으로 기뻐하고 선언적인 영광을 바라는 것으로 즐거워한다. 성도들은 하나님을 영화롭게 하는 방법이 무엇인지를 갈망하고 그분을 존경하며 찬양하기를 바란다. 사람들에게는 마음에서 우러나오는 성실한 호의가 있다. 동료들에 대한 악함과 악의는 죽게 되고, 그들에 대한 선함을 진정으로 바라고 구한다. 이러한 사랑의 본성을 보여주었으니, 다음 주제로 넘어가려고 한다.

II. 이러한 사랑이 어떻게 신성한 것인지를 보여줄 것이다.

1. 하나님이 유일하고 직접적인 원인이시기 때문에 이 사랑은 신성

하다. 이것은 인간적인 원리가 아니며 사람이 만들어낸 것도 아니다. 이 것은 자연적인 원리가 아니라 초자연적인 원리이며 자연 위에 있는 어떤 것이며 땅에 속한 것이 아니다. 이것은 지상에서 성장한 것이 아니라 하늘 에서 직접 기원한 것이다.

인간은 하나님의 사랑이 완전히 결여되었다. 인간의 영혼에는 하나님 의 사랑이 하나도 없고 하나님에게서 전적으로 소외되었으며 하나님에 대한 적대감으로 충만하다. 이 거룩한 원리는 하나님에게서 왔다. 다른 것들이 제2의 원인의 힘과 영향으로 하나님에게서 온 것과는 다르게, 인 간에게 하나님의 사랑이 결여된 것은 하나님에게서 온 것이 아니다. 그러 나 그것은 하나님에게서, 사람의 영혼에 내려와 거주하는 하나님의 영의 직접적인 영향과 행위에서 온 것이다. 하나님의 사랑은 우리에게 주신 성 령으로 말미암아 우리 마음에 널리 부어졌다(롬 5:5). 하나님의 사랑은 하 나님께서 원하시는 사람 누구에게나 주시는 하나님의 직접적이고 주권적 인 선물이다.

2. 이 사랑은 하나님의 성품과의 교제처럼 신성하다. 사도 베드로 는 베드로후서 1장에서 이렇게 말한다. "이로써 그 보배롭고 지극히 큰 약속을 우리에게 주사 이 약속으로 말미암아 너희가 정욕 때문에 세상에 서 썩어질 것을 피하여 신성한 성품에 참여하는 자가 되게 하려 하셨느니 라"(벧후 1:4). 이 신성한 성품이 바로 내가 지금까지 말해왔던 거룩한 사 랑의 원리이다.

하나님의 사랑은 흔히 볼 수 있는 모든 사랑을 훨씬 능가하는 사랑이 다. 이것은 신성하며 하나님께 속한 것이다. 하나님께서는 이 사랑을 마 음에 주고 마음에 스며들게 함으로써 어떤 면에서 자신을 알리시며 자신 의 성품을 전하신다. 이 원리만큼 신성한 것은 없다.

하나님의 본질은 사랑이시다. 하나님이 어떤 분인지 알고자 한다면, 하나님은 사랑이시라는 본문에서 말하는 것처럼 하나님은 무한하고 이해할 수 없는 사랑의 원천이시라고 대답할 수 있을 것이다. 하나님은 인간에게 주신 이 거룩한 사랑에 원천을 주셨으며 인간의 마음에 부어주셔서 이 원리가 인간 안에 머물게 하셨다. 성경에 이른 것처럼, 어떤 면에서 신의 성품이 인간 안에 거하고 있다. 하나님은 이 사랑이 있는 사람 안에 거하신다.

하나님은 피조물들에게 베푸신 그분의 은혜와 사랑에서, 특히 택함 받는 자들에게 하나님의 크신 사랑을 베푸셨다. 그들을 위해 자기 아들을 주셔서 죽게 하신 것에서 자신을 사랑의 무궁무진한 원천이신 분으로 나타내신다. 요한일서 4장은 하나님의 사랑에 대해 이렇게 말한다. "아버지가 아들을 세상의 구주로 보내신 것을 우리가 보았고 또 증언한다"(요일 4:14). 택함 받은 사람들에게 보이신 하나님의 사랑은 놀라우며 이해할 수 없다. 그리스도 예수 안에 있는 하나님의 사랑은 그 높이와 길이와 넓이에서 우리의 지식을 초월한다.

그러나 신적 본성을 지닌 이 사랑은 아버지와 아들 사이의 무한한 사랑으로 이루어졌다. 그러한 이유에서 하나님은 사랑이시라고 말하는 것이다. 원리상 하나님은 순수하고 거룩한 행위가 되신다고 할 수 있다. 하나님의 성품은 행동에 다 나타나 있으며, 그 행위가 하나님 자신이시다. 하나님의 사랑은 순전한 사랑과 거룩한 기쁨의 무한한 불꽃으로 이루어진 거룩한 에너지다. 그 사랑은 아버지와 아들 사이에 영원 전부터 서로 즐거워하고 기뻐하며 무한히 사랑하는 거룩한 에너지다. 잠언 8장은 이렇게 말한다. "내가 그 곁에 있어서 창조자가 되어 날마다 그의 기뻐하신 바가 되었으며 항상 그 앞에서 즐거워하였으며"(잠 8:30). 그리고 성도들의 마음에 부어진 거룩한 사랑은 이 사랑의 원천에 기인하여 이러한 원리를 가지고 있는 것이다. 이 무한한 사랑의 원천은 아버지와 아들 사이의 관계에 있는 사랑이다. 요한복음 17장에 이 사랑이 분명하게 표현되었다. "내가 아버지의 이름을 그들에게 알게 하였고 또 알게 하리니 이는 나를 사랑하신 사랑이 그들 안에 있고 나도 그들 안에 있게 하려 함이니이다"(요 17:26).

어떤 점에서는 성도들 안에 이 거룩한 원리를 가지고 있음으로써 그들 안에 이 사랑을 거하게 하는 것이다. 바로 이 사랑을 가지고 성부 하나님께서는 아들을 사랑하셨다. 이러한 이유에서 이 사랑을 신성한 원리라고 하는 것이다. 이 원리를 그 안에 거하게 하는 사람은 아버지와 그의 아들 예수 그리스도와 함께하는 사귐이 있다(요일 1:3).

성도들은 그리스도를 사랑함으로써 아버지와 사귐이 있다. 이로써 그들은 그리스도에 대한 아버지의 사랑에 참여한다. 그리고 성도들은 성부 하나님을 사랑함으로써 그리스도와의 사귐도 있다. 그들이 성부에 대한 아들의 사랑에 참여하는 이유다. 이 사실은 이 사랑의 신적 특성과 그 사랑의 최상의 숭고함과 탁월함과 영광을 보여준다. 하나님의 무한한 거룩함과 행복이 사랑으로 이루어졌기 때문이다. 이것이야말로 사랑의 교제다. 하나님 자신의 아름다움과 무한한 즐거움과 기쁨은 틀림없이 신성한 것으로 이루어졌을 것이다.

하나님의 사랑은 피조물의 본성보다 위에 있는 어떤 것이다. 이것은 천사들의 본성보다도 위에 있으며, 이 사랑은 하늘에서 가장 탁월하다. 그렇다. 하나님의 사랑은 그것을 하늘로 만드는 것이다. 우리가 그 사랑을 사랑의 원천 안에서, 즉 아버지와 아들의 영원한 사랑 안에서 보아야 비로소 이 사랑이 얼마나 탁월한 것인지 이해할 수 있다.

성도들의 마음에 있는 이 원리는 실제로 그들의 마음에 거하며 필수적인 원리로 행동하고 영향을 주는 성령이시다. 요한일서 4장에서 말하고 있듯이, 성령의 속성은 사랑이다. "어느 때나 하나님을 본 사람이 없으되 만일 우리가 서로 사랑하면 하나님이 우리 안에 거하시고 그의 사랑이 우리 안에 온전히 이루어지느니라 그의 성령을 우리에게 주시므로 우리가 그 안에 거하고 그가 우리 안에 거하시는 줄을 아느니라"(요일 4:12,13). 로마서 15장은 이렇게 말한다. "형제들아 내가 우리 주 예수 그리스도와 성령의 사랑으로 말미암아 너희를 권하노니 너희 기도에 나와 힘을 같이 하여 나를 위하여 하나님께 빌어"(롬 15:30). 골로새서 1장은 이렇게 말한다. "성령 안에서 너희 사랑을 우리에게 알린 자니라"(골 1:8).

성도들의 마음에 있는 이 거룩한 사랑은 하나님의 사랑과 같이 신성한 것이다. 이것은 신령할 정도로 아름답고 부러운 것이다. 이것은 자연적인 아름다움이 아니며 탁월한 것도 아니다. 그러나 그것은 신성한 아름다움이자 천상에 속한 탁월한 것이다. 하나님은 자신의 사랑을 성도들의 마음에 넣으시고 자신의 아름다움에 속한 것을 그들에게 주신다. 하나님의 찬란한 빛의 일부가 성도들에게 부어졌다.

3. 하나님이 그 사랑의 주요 대상이라는 점에서 이 사랑은 신성하다. 성도들의 마음에 있는 거룩한 사랑은 주로 하나님에 대한 사랑으로 이루어졌다. 하나님의 사랑의 주요 대상은 하나님이시다. 그 사랑은 다른 사람을 향해, 경건한 사람을 향해, 모든 인류를 향해 흘러간다. 그러나 그 사랑은 주로 하나님과 예수 그리스도를 향해 흘러간다. 하나님은 제일 먼저 사랑을 받으신다. 하나님은 모든 것보다 우선하여 사랑을 받으신다. 그뿐만 아니라 이것은 하나님에 대한 사랑이며, 그분으로부터 모든 것이 흘러나온다. 다른 대상들, 경건한 자들, 다른 사람들에게 거룩한 사랑을 행사하는 것은 하나님에 대한 사랑에서 흘러나오는 사랑이다.

거룩한 사랑은 모두 본질적으로 철저하게 하나님에 대한 사랑으로 이루어졌다. 하나님에 대한 사랑은 피조물에 대한 모든 사랑의 행위의 뿌리이며 원천이다. 이러한 생각에 기초하여 이제 이 사랑이 무엇인지, 이 사랑이 어째서 신성한 사랑이라고 하는지를 보여주려고 한다.

III. 이 사랑은 성도들 안에 거하시는 성령이시다. 이 진리에는 두 가지 내용이 함의되어 있다.

1. 이 사랑이 성도들의 기질이 된다는 점에서
2. 이 사랑이 성도들과 함께 지속되고 거한다는 점에서

1. 이 하나님의 사랑은 참된 성도들의 정신과 기질이 된다. 하나님의 사랑이 있는 사람들은 그들의 마음에 있는 어떤 애정으로만 그 사랑을 가지고 있는 것이다. 이 사랑은 피상적인 것이 아니다. 그것은 마음에 소유하고 있는 것이며 영혼에서 그 사람을 지배한다. 그 사랑은 새로운 성품에 속한다. 에베소서 4장에서는 이렇게 말한다. "오직 너희의 심령이 새롭게 되어"(엡 4:23). 악한 사람의 기질과 성품이 세상을 사랑하는 것이듯이, 경건한 사람의 기질은 하나님과 그리스도를 사랑하고 죄인들을 사랑하는 것, 그의 동료와 친구들을 사랑하는 것이다. 이것이 그의 마음과 영이다.

하나님의 사랑은 마음의 깊은 곳까지 닿으며, 외부만 아니라 마음의 가장 내부에 있는 것들을 소유한다. 사랑은 참된 성도들의 특성이다. 하나님을 사랑하고 그리스도를 사랑하는 것이 성도의 특성이다. 다른 사람들을 사랑하는 것은 성도의 본성이다. 이것이 바로 본문에서 사랑 안에 거하라는 표현에 암시된 분명한 의미다.

2. 이 사랑은 성도들과 함께 지속된다. 하나님의 사랑은 성도들의 기질이며 언제나 그들 안에 있는 성향이다. 참된 성도는 이 점에서 그가 가지고 있는 영을 절대로 바꾸지 않는다. 성도의 영이 좋지 않을 수 있지만 그는 절대로 그 성품을 잃지 않는다. 하나님의 사랑은 일시적인 애정에 불과한 것이 아니다. 자연인들에게 그런 일시적인 열정이 있을지도 모른다. 그들에게 하나님이나 예수 그리스도에 대한 애정의 불꽃이 있을 수도 있다. 그들은 어떤 계기로 큰 감동을 받은 후 감사의 마음이 있는 것처럼 보일 수도 있고, 하나님의 자비에 영향을 받을 수도 있다. 그러나 참된 성도에게는 이 원리가 그 안에 늘 거한다. 그의 선함은 구름처럼 사라지고 아침 이슬처럼 없어져버리지만 하나님의 신적인 탁월한 영이 성도들 안에 사신다. 그래서 이따금 하나님의 사랑이 잠든 것처럼 보일지라도 그 사랑은 결코 죽지 않는다. 하나님의 사랑은 성도들이 기분 좋은 상태에 잠시 동안만 있는 그들의 기질에 불과한 것이 아니다. 그들은 하나님 안에, 하나님은 그들 안에 거하신다.

이 신적인 원리는 등불이며, 영혼에 불을 켜는 신성한 불꽃이다. 이 불꽃이 때로는 거의 꺼져가는 것처럼 보이기도 하지만 결코 꺼지지 않는다. 이 거룩한 씨앗이 성도들 안에 거해서 움이 트고 싹이 나며 열매를 맺는다. 하나님의 성령은 이러한 하나님의 사랑이 흘러나오는 능동적인 원리다. 성령은 성도들 안에 계실뿐더러 그들 안에 거하기도 하신다. 말하자면, 성령은 성도들 안에 있는 마르지 않고 늘 솟아나는 살아 있는 샘물이다. 요한복음 4장은 이렇게 말한다. "예수께서 대답하여 이르시되 이 물을 마시는 자마다 다시 목마르려니와 내가 주는 물을 마시는 자는 영원히 목마르지 아니하리니 내가 주는 물은 그 속에서 영생하도록 솟아나는 샘물이 되리라"(요 4:13,14).

| 적 용 |

I. 교훈을 사용하라

1. 회심하려고 하는 사람들은 사랑의 영과 반대되는 영을 용인하지 말아야 한다. 회심하려고 하는 사람들, 그들이 추구하고 있는 변화는 그들의 마음을 사랑 안에 거할 수 있는 기질로 이끄는 마음을 갖는 것이다. 이와 같은 것을 진지하게 구하고 있는 척하는 동시에 그에 대한 증거인 어떤 영이 발휘되는 것을 허용하는 것은 적합하지 않다.

하나님을 거스르는 마음을 일으키는 것은 참으로 적절하지 못하다. 이 큰 변화를 진지하게 구하는 척하는 사람들은 적절하지 않고 조바심 나는 생각들을 가지고, 최상의 사랑으로 우리를 사랑하시는 하나님을 피상적으로 사랑할 것이다. 그들은 그들의 마음이 하나님의 사랑과 너그러움으로 변화되기 위해 참으로 간접적인 노선을 취하고 있다. 그들은 동시에 다른 사람들에 대한 시기심을 행사한다. 하나님께서 다른 사람들에게 보여주신 하나님의 자비와 그들이 행복한 상태에 이르게 된 것 때문에 그들을 시기한다. 사람들은 그들의 말과 행동에서 이러한 영을 드러내고 표현한다.

마지막으로 사람들이 하나님의 사랑의 영을 추구하는 것은 가장 우회하는 노선이다. 사람들이 하나님의 사랑을 구하면서, 동시에 하나님께 밤낮 부르짖는 것이 적절할 수 있는가? 하나님께서 그들에게 신성한 사랑을 주려고 하시는데, 의도적으로 증오의 영과 저변에 악의가 깔려 있는 영을 행사하는 것이 올바른가? 하나님께 이런 영을 구하는 것이 적절한가? 그런 사람들이 기도할 때, 그들의 행동과 그들의 말이 이처럼 상충될 때, 하나님께서 그들이 구하는 것들을 주기를 거절하시는 것은 참으로 정당하다.

2. 회심하지 않은 사람들조차 경건한 삶의 사랑스러움과 달콤함을 어느 정도 인식할 수 있다. 불경건한 사람들은 은혜의 상태에 대해 빈약하고 어두운 이해를 할 수 있지만, 일반적으로는 하나님의 사랑에 대해 호감을 갖지 않고 우려를 표명한다. 회심하지 않은 사람들은 거룩함의 탁월함과 거룩한 생활의 행복에 대해 무지하다. 그러나 내가 말한 것을 깊이 생각한다면, 그들의 이성은 참된 성도의 삶이 이 세상에서 가장 뛰어나고 즐거운 삶이라고 확신할 수 있을 것이다.

증오의 영은 모든 사람에게 불쾌하다. 사람들은 일반적으로 악의를 싫어하며 그런 성향을 미워한다. 모든 사람은 사랑, 친절, 선의의 영을 칭찬하며 양심으로 그것들을 인정한다. 그러나 이 하나님의 사랑처럼 사람을 정감 있게 만드는 사랑이 있는가? 이 천상의 원리는 하나님에게서 나온다. 그 원리는 천성을 바꾸고 악의와 증오의 원리를 없앤다. 그리고 모두에게 진실하고 마음이 담긴 순수하고 이타적인 선의를 베푼다. 하나님의 사랑은 이리를 어린 양으로 바꾸며, 선인과 악인들, 친구들, 원수들을 좋아하는 평화롭고 달콤한 성향을 일으킨다.

이처럼 우수한 영과 마음의 사랑스러운 성향을 가지고 싶지 않은 사람이 누가 있겠는가? 로마서 14장은 이렇게 말한다. "하나님의 나라는 먹는 것과 마시는 것이 아니요 오직 성령 안에 있는 의와 평강과 희락이라 이로써 그리스도를 섬기는 자는 하나님을 기쁘시게 하며 사람에게도 칭찬을 받느니라"(롬 14:17,18). 하나님의 사랑 때문에 자연인들도 거룩한 생활의 달콤함을 어느 정도 이해할 수 있다. 사랑의 삶보다 더 즐거운 삶이 있을 수 있겠는가? 미움과 적대감보다 사람의 가슴에 불편함을 주는 성향이 있을 수 있지만, 사랑에는 그 특성상 달콤함이 있다. 그러나 하나님의 사랑처럼 달콤하고 기쁜 사랑이 어디 있겠는가? 이 순수하고 천상에 속한 불꽃, 사랑의 영은 마음을 이끌어 영원하고 무한히 영광스러운 하나님을 향하여 그 사랑을 흘러가게 한다.

하나님을 사랑하는 사람들은 다시 하나님의 사랑을 받는다. 잠언 8장은 이렇게 말한다. "나를 사랑하는 자들이 나의 사랑을 입으며 나를 간절히 찾는 자가 나를 만날 것이니라"(잠 8:17). 하나님과 그 사람 사이에 서로 사랑하며 사는 것이야말로 가장 행복한 삶이다.

하나님의 사랑이 세상에서 완전히 새로운 것이고, 지금까지 한 번도 들어본 적이 없으며, 우리가 어떤 곳에서 마음이 순수하고 천상에 속한 사랑의 불꽃으로 가득한 한 사람이 살았다는 소식을 지금 듣는다고 가정해 보자. 그 사람이 세상을 창조하고 다스리시는 절대자이신 분을 사랑하며, 그 사람 역시 그분에게서 매우 사랑을 받고 있다는 것을 한번 생각해 보자. 이 절대자는 때때로 그 사람에게 보이지 않게 영적으로 오시며, 그와 교제하고 그의 마음을 매우 달콤한 기쁨으로 채우신다.

이 사람은 절대자를 위해서 세상을 멸시하며 일시적인 모든 즐거움을 무시했다. 그리고 절대자를 사랑하는 마음으로 충만했다. 그 사랑으로 인해 그의 기질은 사랑하는 것으로 변하여 그의 영에 다른 사람과 보편적인 선의를 향한 놀라운 안정감과 다정함이 있다. 그 사람은 하늘에서 하나님과 거할 것이며, 그분을 완전히 즐거워하며, 그곳에서 하나님의 사랑으로 황홀하게 되어 영원히 기뻐할 것이다. 그는 잠시 후에 세상으로부터 받기를, 하늘로 올라가 이 위대하신 하나님으로부터 어떤 약속을 받기를 기대한다.

이 말은 만약 우리가 이런 사람이 있는 것과 그것이 완전히 새로운 것이라는 소식을 듣는다면, 우리가 이 사람을 정말 행복한 사람이라고 생각하지 않겠느냐는 것이다. 그런 사람은 어떤 왕이나 왕자보다 더 행복한 사람일 것이다. 우리는 그런 사람이 형언할 수 없는 마음의 기쁨과 평화와 달콤함으로 늘 충만해 있다고 생각하지 않겠는가? 그 사람은 기쁜 노래를 부르며 그의 생애를 보내지 않겠는가? 이성이 있는 사람이라면 이런 사람을 사랑스럽고 행복한 사람이라고, 세상의 다른 사람들보다 존귀하고 품위가 있으며 복을 받은 사람이라고 말할 것이다.

3. 우리는 참된 영적인 빛의 차별성을 배운다. 그 빛은 그와 함께 사람의 마음에 하나님의 사랑을 가져온다. 어떤 사람이 회심할 때, 그날이 동터오고 새벽별이 그의 마음에 떠오른다. 그의 영혼으로 인도되는 신적인 빛줄기가 있다. 이 빛은 마음에 늘 사랑을 가져온다. 그 영혼은 영적인 빛으로 채워지는 순간 그와 동시에 하나님의 사랑으로도 채워진다. 그 마음은 즉시 하나님과 주 예수 그리스도를 추구한다. 우리는 성경에서 하나님은 빛이시라는 내용을 읽는다(요일 1:5). 또한 우리는 이 본문에서 하나님께서 우리 마음에 우리를 구원하기 위해 들어오실 때 그분은 사랑이시라는 내용도 읽는다. 하나님은 빛과 사랑이라는 두 가지 성품으로 우리 안에 들어오신다. 빛과 사랑이 함께하는 경우, 서로의 진리를 보여주며 각각이 지닌 신성을 증언한다.

사랑처럼 보이는 것이 있지만 빛이 없다면, 그것은 악한 사람들이 가지고 있는 일시적인 열정에 근거한 사랑의 이기심을 보여준다. 그들에게는 사랑이 있을 수 없다. 그들에게 빛이 없기 때문이다. 하나님을 아는 지식이 없는 사람은 하나님을 참되게 사랑할 수 없다. 일시적인 열정은 있을 수 있지만, 미지의 존재와의 우정은 있을 수 없다. 하나님의 사랑이 이런 사람의 기질일 수 없다. 이 거룩한 원리는 하나님이 계시지 않는 사람의 마음에 거할 수 없다.

다른 한편, 사랑이 동반되지 않는 빛은 참 빛이 아니다. 따뜻함이 없는 빛은 거짓이다. 어느 사람이 어떤 빛이든지 어떤 지식이든지 가지고 있는 체하지만 사랑이 없다면, 그는 참된 성도가 아니다. 고린도전서 13장은 이렇게 말한다. "내가 예언하는 능력이 있어 모든 비밀과 모든 지식을 알고 또 산을 옮길 만한 모든 믿음이 있을지라도 사랑이 없으면 내가 아무것도 아니요"(고전 13:2).

참된 변화는 마음의 변화로 알게 된다. 사람의 머리가 사변적인 지식이나 거대한 아이디어와 강력한 상상력으로 충만한데 마음이 변화되지 않았다면, 그 지식은 아무것도 아니다. 하나님은 마음을 보신다. 마음의 변화의 핵심은 하나님의 사랑이 그 안에 들어와서 이 거룩한 사랑으로 인해 영혼의 기질이 변화되는 것이다. 온 마음과 진지한 종교의 핵심은 분명하다. 온 율법은 한 단어, '사랑' 안에서 성취되기 때문이다. 갈라디아서 5장은 이렇게 말한다. "온 율법은 네 이웃 사랑하기를 네 자신같이 하라 하신 한 말씀에서 이루어졌나니"(갈 5:14). 마태복음 22장은 이렇게 말한다. "예수께서 이르시되 네 마음을 다하고 목숨을 다하고 뜻을 다하여 주 너의 하나님을 사랑하라 하셨으니"(마 22:37).

기독교의 큰 의무와 같은 사랑은 그리스도인의 거룩함의 본질을 구성하는 은혜다. 고린도전서 13장에 분명히 언급된 것처럼, 이것이 없으면 다른 모든 것들은 아무것도 아니다. "내가 사람의 방언과 천사의 말을 할지라도 사랑이 없으면 소리 나는 구리와 울리는 꽹과리가 되고 내가 예언하는 능력이 있어 모든 비밀과 모든 지식을 알고 또 산을 옮길 만한 모든 믿음이 있을지라도 사랑이 없으면 내가 아무것도 아니요 내가 내게 있는 모든 것으로 구제하고 또 내 몸을 불사르게 내줄지라도 사랑이 없으면 내게 아무 유익이 없느니라"(고전 13:1-3). "그런즉 믿음, 소망, 사랑, 이 세 가지는 항상 있을 것인데 그중의 제일은 사랑이라"(고전 13:13).

영적인 빛의 이런 특성은 다른 모든 빛과 구별된다. 영적인 빛은 가장 훌륭한 학자들의 합리적인 지식과 가장 학식이 많은 사람과도 구별된다. 말하자면, 그들의 모든 지식은 냉랭하고 죽었다. 그들의 지식은 마음을 따뜻하게 하지 못한다. 그들의 지식은 하나님의 사랑의 거룩하고 천상에 속한 불꽃을 점화하지 못한다. 그들이 엄청난 지식을 축적했다고 하더라도 그 지식에는 하나님의 사랑을 불붙일 수 있는 최소한의 불꽃도 없다. 불꽃이 있지만 그들의 마음은 여전히 차가울 것이다. 그러나 참된 영적 지식은 마음을 따뜻하게 하고 녹인다. 그 지식은 사랑 안에서 나오기 때문이다. 참된 영적 지식은 그 안에서 사랑의 불을 붙인다.

이와 마찬가지로 이 사랑의 빛은 마치 어떤 형체로든 환상을 가진 것처럼 상상 속의 막연한 모든 인상과 구별한다. 사람들은 이런 상상을 할 수 있고 이보다 더 나아지지 않을 수도 있으며 죽은 채로 남아 있는 마음과 적대감으로 가득할 수도 있다. 이런 것들이 들락거리고 마음에는 최소한의 변화도 일어나지 않는다. 사탄이 사람들의 뇌에 그들을 속이려고 거짓 인상을 줄 때, 이러한 인상들에는 하나님의 사랑이 동반되지 않는다. 우리는 사탄이 광명한 천사로는 변형되지만, 사랑의 천사로는 변형되지 않는다는 말씀을 알고 있다.

마귀의 속성은 사랑과는 거리가 멀다. 마귀는 악의로 가득한 영이기 때문이다. 마귀는 마음에 있는 것보다 머릿속에 있는 것을 더 쉽게 모방한다. 마귀에게는 엄청난 지식이 있지만 하나님의 사랑이 없다. 마귀에게는 하나님의 지식에 속한 모든 것이 있으며 그의 마음에는 영적인 빛의 본질적인 내용인 하나님의 사랑에 대한 의식만 있다. 마귀는 많은 것들을 이해하지만 참된 성도의 참되고 신성하고 거룩하고 겸손한 사랑을 모방하는 그런 어설픈 일은 할 수 없다. 영혼의 이 멋진 조화로 인해 마귀는 쫓겨난다. 그는 다윗의 수금이 만들어내는 감미로운 음악만큼 그것을 천 배나 미워한다.

이러한 사실로 미루어 빛은 지옥에서 온 것이 아니라 하늘에서 온 것임이 드러난다. 그 빛은 영혼에 사랑을 가져다준다. 지옥에는 사랑이 존재하지 않는다. 하늘은 사랑의 영역이다. 그 축복된 세상은 사랑으로 가득하다. 사도는 우리에게 사랑은 결코 떨어지지 않는 은혜라고 말한다. 고린도전서 13장은 이렇게 말한다. "사랑은 언제까지나 떨어지지 아니하되 예언도 폐하고 방언도 그치고 지식도 폐하리라"(고전 13:8). 죽음으로 다른 모든 것들이 떨어질 때, 믿음이 그치고 비전으로 바뀔 때, 소망이 그치고 하늘에서 그 열매가 맺힐 때, 사랑은 그치지 않고 완전하게 될 뿐이다. 이 세상에서 불꽃에 불과한 사랑은 하늘에서 화염으로 타오를 것이다.

그러므로 우리가 영적인 빛을 가지고 있다고 생각한다면, 우리의 빛을 비추도록 노력하자. 우리에게 빛의 효과가 있는지, 그 빛이 우리 마음을 변화시키는지, 그리고 그 빛이 우리와 함께 있게 하는지 살펴보자. 우리 안에 거하시는 영은 하나님의 사랑의 영이다. 지극히 높은 선이신 하나님을 사랑하고 사랑 안에서 우리의 구원자이며 우리의 몫이신 그리스도를 가까이하며, 땅에서 가장 소중한 존재인 성도들을 사랑하고 진실되고 마음에서 우러나오는 선한 의지로 다른 사람을 사랑하자.

4. 우리는 참되고 구원하는 믿음의 특성을 배울 수 있다. 그 믿음은 사랑으로 역사하는 믿음이다. 갈라디아서 5장에서 이렇게 말한다. "그리스도 예수 안에서는 할례나 무할례나 효력이 없으되 사랑으로써 역사하는 믿음뿐이니라"(갈 5:6). 자연인들은 때로 그리스도께 오거나 그리스도를 영접하는 것에 대해 이상한 생각을 하곤 한다. 그들은 회심할 때, 가끔 그들의 행위의 진리에 대해 의문을 제기한다. 이것은 그들이 예상했던 것과 너무 다르기 때문이다. 그들은 그리스도의 탁월함과 충분성을 이해

하는데 그분에게 올 수 없었다고 말한다. 그들은 그리스도께서 자신들을 기꺼이 받아주려 하셨다는 것과 그들에게 영광스럽고 탁월하신 것 같다는 것도 알고 있다. 그들은 그리스도께 가려는 간절한 바람이 있지만 갈 수가 없었다. 그들은 그리스도께 간다는 것이 무슨 의미인지를 이해하지 못하기 때문이다. 그들은 그들이 움직여서 그리스도께 달려가는 어떤 동작에 대한 상상일 거라고 생각한다. 그들은 멀리서 반드시 그리스도를 보아야 하고 날아서 그에게 가야 한다고 생각한다.

그리스도께 가는 것은 바로 자신에게 마음을 닫고 예수 그리스도께로 마음을 기울이는 것이다. 예수 그리스도의 탁월함과 충분함을 보고 그분을 기꺼이 받아들일 때 그 사람에게는 그리스도께 가려는 마음과 그분을 갈망하는 마음이 생긴다. 이것이 바로 사랑으로써 역사하는 믿음이다.

당신이 다른 모든 사람보다 그리스도를 자신의 구주와 기업으로 선택했다면, 당신은 두려워서가 아니라 그분을 위해 세상에 있는 어느 것보다도 그리스도를 당신의 구주로, 머리로, 그리고 영적인 남편으로 이러한 관계에 있게 했다면, 당신을 그리스도 안에 있는 그 탁월함과 달콤함 때문에 받아들인 것이다. 그리스도를 영접하는 것보다 더 나은 것은 없다. 이런 일이 어떤 사람에게 발생할 때 그의 뜻이 이루어진다. 그러므로 그 사람은 소기의 목적을 달성한다. 그는 권능의 날에 그리스도께서 원하시는 준비된 제자가 되었고 반대는 극복되었다. 그러고 나면 그 사람이 보기에 그리스도는 부딪히는 돌과 거치는 반석이 되지 않고 보배로운 돌이 된다.

그리스도는 돌아서서 그리스도를 선택하는 사람을 결코 버리지 않으실 것이다. 그리스도가 기다리시는 것은 죄인들이 기꺼이 그분께 와서 그분을 영접하는 것이다. 그리스도는 마음의 문이 열리기를 기다리신다. 마음의 문이 열리는 순간 어려움은 끝난다. 즉시 그리스도와 죄인 간의 연합이 이어진다. 죄인의 어려움은 그들이 그리스도께 오려고 하지 않는 것이다. 그러나 죄인이 그리스도의 충분함과 탁월함을 보기 위해 오거나 오기를 갈망할 때, 더 이상 그가 오지 않을 것이라고 말할 수 없을 것이다.

그리스도와 함께 있는 사람이 넘어진다는 것은 불가능하다. 그 사람이 거절당하는 것보다 하늘과 땅이 더 빨리 없어질 것이다. 요한복음 6장은 이렇게 말한다. "내게 오는 자는 내가 결코 내쫓지 아니하리라"(요 6:37). 이와 같이 그리스도를 영접한 사람은 그분에게 마음을 주었지만, 그가 한 마음을 가졌다면 우리에게 속한 것을 더 이상 바라지 않는다. 그리스도께 우리의 마음이 있다면, 그분의 영광은 우리의 것이 될 것이다.

그리스도는 우리가 마음으로 따르겠다고 응답하기를 촉구하고 바라신다. 우리가 마음으로 따를 때가 실제로 따르는 것이다. 그리스도는 더 이상 우리와 논쟁하거나 다투지 않으신다. 그 차이는 일단 마음이 그리스도와 화목하면 해결된다. 목회자들이 복음의 요청으로 제시한 목적은 달성되었다. 목회자들이 보냄을 받은 목적은 그리스도를 대신하여 사람들에게 하나님과 화목하라고 간청하는 것이기 때문이다.

아브라함이 아들의 아내를 얻기 위해 자신의 종을 메소포타미아로 보냈을 때, 아브라함의 종은 리브가에게 주인의 말은 전하고, 이삭을 위해 그녀의 민족과 아버지와 친구와 친지들을 남겨두고 가야 한다고 약간의 토론이 있었다. 그다음 그들은 소녀에게 물었는데, 리브가가 "가겠나이다"라고 말했다. 아브라함의 종은 그녀의 허락을 얻어냈다. 창세기 24장은 이렇게 말한다. "그들이 이르되 우리가 소녀를 불러 그에게 물으리라 하고 리브가를 불러 그에게 이르되 네가 이 사람과 함께 가려느냐 그가 대답하되 가겠나이다"(창 24:57,58). 모든 사람을 기꺼이 떠난다는 것은 그의 주인의 영적인 배우자가 되기 위해 가는 것이다.

II. 사람들의 의견을 사용하라.

두 가지 이유에서 이 교리는 당신의 생각을 일깨울 수 있다.

1. 당신의 마음에 하나님의 사랑이 하나도 없기 때문이다. 당신에게 는 이 사랑이 전적으로, 절대적으로 결핍되어 있다. 당신 안에는 이와 같은 신적인 원리가 없다. 당신 안에는 인간의 속성을 초월하는 것이 하 나도 없다. 하나님께 속한 것과 신성한 것이 당신 안에 하나도 없다.

그 마음에 선한 것이 얼마나 비어 있는지 당신의 마음을 들여다보라. 당신의 마음에는 마귀에게 속한 것은 있지만 하나님의 사랑은 없다. 당신 은 평생 당신의 존재를 주신 절대자에게 단 한 번의 사랑의 행동도 내놓지 않았다. 당신은 주 예수 그리스도에게 마음에서 우러나오는 사랑의 움 직임이나 진지한 사랑의 행동을 하지 않았다. 가련하고 죄악 된 벌레 같 은 인간들을 향한 이 같은 사랑이 세상에 오셔서 자신의 목숨을 내어주 시고 끔찍한 고난을 겪으셨다. 고린도전서 16장을 생각해보라. "만일 누 구든지 주를 사랑하지 아니하면 저주를 받을지어다 우리 주여 오시옵소 서"(고전 16:22). 하나님을 높이 평가하거나 존경하지 않고 항상 낮은 평 가를 하거나 멸시하는 사람에게도 저주가 있을 것이다. 당신은 하나님을 선택하지 않았으며 늘 그분을 멸시했다. 당신은 하나님을 진지하게 갈망 하지 않고 지금도 하나님을 즐거워하기를 바라지 않는다.

당신은 하나님과 함께 영원히 거하기 위해 한 푼도 쓰려고 하지 않는 다. 만약에 지옥이 없다면 어땠을까. 당신은 하나님이나 그리스도로 즐 거움이나 기쁨을 삼지 않았다. 당신이 이처럼 많이 받았고, 당신을 위해 이처럼 많은 것을 행하신 하나님의 영광을, 당신은 조금도 바라지 않았 다. 당신의 관심사가 아니라면 당신은 어떤 것이 하나님의 영광이 되는지 전혀 신경 쓰지 않는다. 당신에게 하나님의 영광은 신발 밑에 있는 먼지보다도 가치가 없는 것이다.

당신은 하나님께서 얼마나 멸시와 모욕을 받으시는지 신경 쓰지 않으려고 하며, 그것을 막기 위해 손가락 하나 움직이려 하지 않는다. 두려움 때문에 하거나 억지로 할 뿐이다. 이뿐만 아니라 당신은 다른 사람들에게도 사랑의 태도를 지니지 않고, 자기 자신만을 고려의 대상으로 삼는다. 이기심이 거대한 원리이며 당신을 움직이는 유일한 원리다. 이런 사람이 하나님의 창조 안에서 살기에 적합한가? 그에게 모든 피조물은 모두 자아를 위해 존재하고, 오직 자기 자신만을 위해 존재한다. 그는 자신에게 영향을 주는 것 이외에 창조주의 존귀함이나 피조물의 선함에는 관심이 없다. 하나님의 사랑의 원리에 속하는 것은 아무것도 가지고 있지 않은 사람에게 창조의 선함이 얼마나 공허한 것이겠는가.

2. 당신에게는 하나님의 사랑의 영이 전적으로 결여되어 있을 뿐만 아니라 이와는 전혀 다른 영으로 가득하다. 당신에게는 적대감의 영이 가득 차 있다. 그래서 보통 독사의 자식이라고 불린다. 당신은 적대감으로 가득하다. 그것은 악한 것에 대한 적대감이 아니라 선한 것에 대한 적대감이다. 당신은 하나님에 대한 적대감으로 가득하다. 육신의 생각은 주 예수 그리스도, 즉 하나님의 영광의 광채와 그분의 인격의 분명한 형상과 원수가 된다. 당신의 마음에는 당신의 동료를 향한 악의와 시기와 복수의 영이 지배한다. 이런 것들은 모든 경우에 관계를 파괴한다. 당신은 하나님의 사랑의 영과 보편적인 호의와 선의 대신에 이런 것을 지니고 있다.

당신이 하나님께서 베푸신 은혜를 불평하고 반박한다면 하나님에 대해 적대감의 영을 분명히 드러내는 것이다. 당신의 마음은 혼란스러워서 죄인을 구원하시는 자비가 나타난 것까지도 적대감을 나타낸다. 하나님의 주권에 대해서 불만을 표시하고 다른 사람들이 지옥에서 구원받은 것을 질투한다. 당신은 참으로 괴팍한 영을 가지고 있다. 당신은 끔찍한 영을 가지고 있다. 이와 마찬가지로 당신은 자신의 적대감을 경멸의 표시로 나타냈다. 당신은 하나님을 멸시했다. 당신은 가장 최소한으로, 가장 가벼운 것으로 위대하신 하나님으로 인해 가지고 있는 것보다 더 많은 것을 제시했다. 당신은 주 예수 그리스도를 저버렸다. 이 돌은 당신에 의해 무시당했다. 엄청난 가치를 지닌 이 진주를 당신은 던져버렸다. 마치 그것을 길거리에 있는 평범한 돌에 하나로 취급하면서 말이다. 당신은 아주 작은 것을 얻으려고 엄청나게 큰 것을 버렸다. 당신은 주 예수 그리스도보다도 동전 몇 푼에 더 가치를 부여하며, 땅의 먼지에 더 존귀함을 부여했다.

다음과 같은 진리들을 생각하라.

(1) 하늘과 땅의 주관자이신 분에게 이처럼 적대감을 갖는 것이 얼마나 도발적인지를 생각하라. 당신과 같은 악한 벌레가 위대하신 창조주를 대적한다는 것은 대담하고 위험천만한 일이다. 당신이 얼마나 작은 존재인지, 그리고 당신의 행위에서 당신이 어떤 말도 안 되는 추정을 하고 있는지 생각하는가?

(2) 이 적대감의 영은 마귀에게 속한 영이다. 교리에서 이야기했던 하나님의 사랑에 속한 영은 신성하고 사랑스럽고 탁월한 사랑이다. 그 영은 하나님의 성령이다. 그러나 이 적대감은 옛 뱀의 영이다. 당신의 증오심이 증오로써 되갚음을 받는다는 것은 참으로 공의롭다. 당신이 하나님

에게서 영원히 미움을 받는다는 것은 참으로 공의롭다.

3. 당신의 적대감이 얼마나 믿음직스럽지 못한지를 생각하라. 당신을 구원하기 위해 매우 큰 일이 행해졌고, 아주 큰 고난이 치러졌다는 것을 당신이 똑똑히 보고 이해하고 있는데도, 적대감을 가지고 있다면 당신은 참으로 강퍅한 사람이다. 그러나 당신은 화목하려고 하지 않을 것이고 오히려 하나님과 전쟁을 하고, 그분의 주권에 불만을 토로할 것이며, 예수 그리스도를 대적하려고 할 것이다. 이러한 것이 바로 하나님의 권세 이외에는 그 어떤 것으로도 잠재울 수 없는 당신의 적대감이다.

4. 만일 이것을 절제하지 않는다면 이러한 적대감의 영이 어떻게 힘을 발휘하겠는가? 당신은 하나님의 영광에 대해서는 전혀 개의치 않으며 하나님의 모든 영광이 박탈당했는지에 대해서도 관심이 없다. 당신은 하나님의 기쁨과 행복을 고려하지 않고 그분의 모든 행복이 얼마나 박탈당했는지 별 관심이 없다. 당신은 하나님의 은혜에 적대감을 가지고 있으며 하나님이 보좌에서 폐위되신 것을 두고도 불편해하지 않고 오히려 기뻐한다. 당신은 예수님의 생애에 관심이 없다. 당신에게도 그것이 가능했다면 하나님이 자신의 생명과 존재를 빼앗겼다는 말을 듣는 것이 나쁜 소식은 아닐 것이다. 그것이 당신의 권한에 있을 수 있었다면, 당신이 자신의 이해타산에 의해 영향을 받지 않았다면, 하나님의 명예를 손상시키지 않고 하나님을 죽이지 않기 위해 당신이 무엇을 절제해야 할지 생각하라.

오, 자연인에게 어떤 마음이 있는지 생각해보라. 사람들은 일반적으로 감각이 둔하다. 그들은 참으로 무시무시한 피조물들이다. 이제 당신들 중에는 양처럼 무해한 듯이 모습을 드러내는 사람들이 많이 있다. 그러나 당신의 수중에 권세가 있고 모든 것을 제한할 수 있다면, 전능하신 하나님의 목숨도 결코 안전하지 않을 것이다. 교리에서 언급한 하나님의 사랑의 영 대신에 이와 같은 적대감의 영이 당신 안에 거하는 영이다.

III. 자기성찰을 사용하라. 이것이 당신의 마음에 있는 영인지 살피라. 당신이 하나님이나 그리스도에 대해 사랑의 감정을 가진 적이 있었는지, 하나님과 구속자를 높이고 존귀하게 여겼는지, 하나님에 대해 갈급해하는 심령이 있는지, 그분이 당신 안에 거하는 영이라는 사실로 만족하고 즐거워하는지를 살피라. 당신은 그리스도를 귀중히 여기는가? 당신은 그분을 세상의 그 어떤 것보다 존귀하게 여기는가? 당신의 마음은 세상의 모든 것보다 그분에게 더 향해 있는가? 당신은 모든 것보다 그분을 선택하는가?

특히 당신이 참된 하나님의 사랑과 위선적인 감정들을 구별하는 것과 관련하여 자신을 살피기를 바란다.

1. 참된 하나님의 사랑은 우리가 그분에게서 받은 다정함 때문도, 우리를 위해서도 아닌, 하나님 자신을 위해서였다. 자연인들에게는 하나님에 대한 감사의 애정이 있을 수 있다. 감사는 분노와 마찬가지로 인간 본성에 속하는 자연스러운 애정이다. 그것은 자연인들을 지배하는 큰 원리인 자기애에 기초를 두고 있다. 사람들은 이 자기애로 인해 다른 사람들로부터 은혜를 입을 때라도 그들을 향해 화를 내고, 우정이 없는 사람들에게 감사를 표현할 수 있다.

사울은 다윗이 자신을 죽일 절호의 기회에도 목숨을 살려준 것을 생각하며 크게 감동되어 다윗에게 감사했다. 사울은 감사로 인해 감정이 매우 북받쳐 큰 소리로 울기까지 했다. 사무엘상 24장은 이렇게 말한다.

"다윗이 사울에게 이같이 말하기를 마치매 사울이 이르되 내 아들 다윗아 이것이 네 목소리냐 하고 소리를 높여 울며"(삼상 24:16). 그렇지만 이것이 곧 사울이 다윗과 친하게 되었음을 입증하지는 않는다. 사울은 계속해서 다윗을 죽이려고 한 원수였으며, 다시금 그의 목숨을 빼앗으려고 그를 추적했다.

이처럼 사람들은 하나님께 받은 친절함에 대해 애정이 담긴 감사를 드릴 수 있지만 여전히 하나님의 원수들이다. 자연은 사람들에 대해서만 아니라 하나님께 대하여 이러한 애정을 갖는 데 있어 사람에게 영향을 줄 수 있다. 사람들은 놀라운 구원을 체험했을 때, 그들에게 행하신 하나님의 선함에 영향을 받을지도 모른다. 그래서 그들은 자기 아들을 세상에 보내어 죄인들을 위해 죽게 하신 하나님의 사랑과 죄인들을 위해 이처럼 많은 고난을 당하신 그리스도의 사랑을 들을 때 애정으로 감동될 수 있다.

이와 마찬가지로 외식하는 사람들은 하나님께서 그들을 사랑하신다고 생각하기 때문에 하나님에 대해 상당히 많은 애정을 가지고 있을지도 모른다. 그리스도께서 우리에게 말씀하신 것처럼, 세리들도 자신을 사랑한 사람들을 사랑했다. 그러나 참된 성도는 자신에 대한 하나님의 사랑이 느껴지지 않는 동안에도 하나님을 사랑할 수 있다. 마태복음 5장은 이렇게 말한다. "너희가 너희를 사랑하는 자를 사랑하면 무슨 상이 있으리요 세리도 이같이 아니하느냐"(마 5:46). 누가복음 6장은 이렇게 말한다. "너희가 만약에 너희를 사랑하는 자만을 사랑하면 칭찬받을 것이 무엇이냐 죄인들도 사랑하는 자는 사랑하느니라"(눅 6:32).

일부 양심적이지 않은 사람들도 있다. 그들에게 하나님을 사랑하느냐고 물으면, 그들은 언제든지 그렇다고 대답할 것이다. 그들은 하나님이 자신들에게 매우 좋으신 분이며, 자신들에게 많은 일을 하셨고, 자신들은 의식하지 못하지만 그로 인해 하나님을 사랑한다고 서슴지 않고 말할 것이다. 그러나 참된 그리스도인은 하나님을 위해 그분을 사랑한다. 하나님을 모든 사랑을 받으시기에 합당한 분으로 여기기 때문이다. 하나님께서 무엇을 행하신 것이나 그분이 주신 은혜들로 인해 하나님을 사랑해야 하기 때문이 아니다. 이것은 하나님에 대한 사랑의 유일한 원천이 아니며, 그가 하나님을 사랑하는 것은 그분이 가지고 계신 탁월함 때문이다. 하나님 자신의 영광스러운 성품으로 인해 그는 하나님이 지극히 높은 사랑을 받으시기에 합당한 분으로 존경한다. 하나님은 그리스도인의 마음에 그분을 칭송하기에 합당한 분으로 보이신다. 그리스도인은 하나님의 본성에 속한 최상의 영광으로 인해 모든 것 이전에 하나님을 선택한다. 그리스도인은 이런 의식을 가지고 있기 때문에 하나님을 갈망한다. 그리고 하나님에 대한 지식, 하나님과의 연합과 하나님으로 즐거워하는 것을 갈망한다. 그리스도인은 하나님 안에서 다른 모든 것들 위에 있는 바람직함과 가치 있음을 본다. 그로 인해 그는 다른 것들에게서 마음을 돌려 하나님께로 향하는 것이다.

2. 당신은 하나님의 거룩하심으로 인해 그분을 사랑하는가? 거룩성은 신성에 속하는 아름다움이다. 거룩한 사람들만이 하나님의 거룩하심으로 인해 하나님을 진실로 사랑한다. 하나님의 선하심으로 인해 하나님을 사랑하는 것은 사랑의 진실됨의 확실한 증표가 아니다. 선하심은 그들에게 관심을 더욱 집중하게 하는 성품이기 때문이다. 그러나 진실로 하나님을 사랑하는 사람들은 하나님이 무한히 거룩하시다는 이유에서 탁월하고 영광스러운 존재라고 평가한다.

그래서 하나님의 사랑으로 충만한 하늘의 천사들은 하나님의 거룩함으로 인해 그분을 사랑한다. 요한계시록 4장은 이렇게 말한다. "네 생물은 각각 여섯 날개를 가졌고 그 안과 주위에는 눈들이 가득하더라 그들이 밤낮 쉬지 않고 이르기를 거룩하다 거룩하다 거룩하다 주 하나님 곧 전능하신 이여 전에도 계셨고 이제도 계시고 장차 오실 이시라 하고"(계 4:8). 그래서 하늘에 있는 거룩한 자들은 같은 이유로 하나님을 찬양한다.

요한계시록 15장은 이렇게 말한다. "또 내가 보니 불이 섞인 유리 바다 같은 것이 있고 짐승과 그의 우상과 그의 이름의 수를 이기고 벗어난 자들이 유리 바다 가에 서서 하나님의 거문고를 가지고 하나님의 종 모세의 노래, 어린 양의 노래를 불러 이르되 주 하나님 곧 전능하신 이시여 하시는 일이 크고 놀라우시도다 만국의 왕이시여 주의 길이 의롭고 참되시도다 주여 누가 주의 이름을 두려워하지 아니하며 영화롭게 하지 아니하오리이까 오직 주만 거룩하시니이다 주의 의로우신 일이 나타났으매 만국이 와서 주께 경배하리이다 하더라"(계 15:2-4)

그리고 땅에 있는 성도들도 같은 이유로 하나님을 높인다. 사무엘상 2장에서 이렇게 말한다. "여호와와 같이 거룩하신 이가 없으시니 이는 주밖에 다른 이가 없고 우리 하나님 같은 반석도 없으심이니이다"(삼상 2:2).

3. 당신은 하나님의 공정한 속성뿐만 아니라 지독한 속성에도 만족할 수 있는가? 당신은 하나님의 자비와 선하심만 아니라 그분의 절대 주권과 보복하시는 공의에 만족할 수 있는가? 세상에는 하나님의 선함에 대해, 하나님께서 그분의 피조물들이 행복하기를 얼마나 기뻐하시는지에 대해, 많은 것을 말하는 많은 사람들과 학식 있는 많은 사람이 있다. 그러나 그들은 하나님의 주권과 보복하시는 공의에 대해서는 거의 말하지 않는다. 그들은 마치 신의 속성의 완전성에는 이런 것들이 없는 듯이, 어떤 의미에서 성경에 그 속성들이 계시되지 않은 것처럼 이런 속성들을 배제하려는 것 같다.

그들은 자신들이 하나님을 사랑한다고 상상한다. 그러나 하나님의 사랑의 영을 진정으로 가지고 있는 사람은 하나님의 모든 완전함으로 인해 기뻐한다. 하나님은 자신의 선함과 은혜의 속성뿐만 아니라 절대 주권과 보복하시는 공의의 속성들도 기뻐하신다. 하나님은 이러한 속성들을 하나님께 부여하고 그로 인해 진정으로 기뻐하는 마음과 선한 뜻을 찾으신다.

참된 성도가 매우 즐거워할 수 있는 하나님의 가장 지독한 속성에는 영광이 있다. 성도는 하나님에 대한 무서움과 두려움으로 인해 하나님을 찬송할 수 있다. 하나님은 성도에게 가장 영광스러운 하나님이시다. 그분은 매우 무섭고 두려운 존재이시기 때문이다.

법적으로 낮은 위치에 있는 자연인은 하나님의 주권에 어쩔 수 없이 복종할 수 있을 것이다. 그러나 하나님의 주권을 인정하는 것은 성도들이 기뻐하는 것이다. 성도들은 하나님이 주권적인 존재로서의 하나님의 합당하심을 이해한다. 하나님은 모든 피조물에 대해 절대적인 통치를 하시기에 합당하시며, 그분의 기쁘신 뜻을 따라 만물을 다스리시며, 자신을 그분의 목적으로 삼으신다. 경건한 사람은 하나님의 주권 안에서 쉴 수 있고 기뻐할 수 있다. 경건한 사람은 하나님께서 주권을 가지고 계신 것을 기뻐한다. 이것이 바로 예수님의 영과 기질이었다. 이 사실은 마태복음 11장에 나타난다. "그때에 예수께서 대답하여 이르시되 천지의 주재이신 아버지여 이것을 지혜롭고 슬기 있는 자들에게는 숨기시고 어린 아이들에게는 나타내심을 감사하나이다 옳소이다 이렇게 된 것이 아버지의 뜻이니이다 내 아버지께서 모든 것을 내게 주셨으니 아버지 외에는 아들을 아는 자가 없고 아들과 또 아들의 소원대로 계시를 받는 자 외에는 아버지를 아는 자가 없느니라"(마 11:25-27).

그리고 이것은 하늘에 있는 거룩한 자들의 기질이다. 우리가 요한계시록의 이야기에서 볼 수 있듯이, 하늘에 있는 거룩한 자들은 절대적인 능력과 통치를 하나님께 드리기를 기뻐하며, 하나님께서 그분의 심판을 땅에 시행하시는 것으로 인해 그분을 찬송한다. 그리고 이것은 땅에 있는 성도들의 영이다. 이것은 모세가 홍해에서 부른 노래, 한나의 노래, 동정녀 마리아의 노래 그리고 종종 시편에 반영된 그들의 노래에 이런 속성들로 하나님을 찬양하는 노래에 분명히 나타나 있다.

4. 참된 하나님의 사랑은 위선자들의 사랑처럼 보이는 것과 구별된다. 위선자들의 사랑은 자기 이익을 위해 사랑의 대상을 선택한다. 참된 성도의 마음은 하나님과 예수 그리스도를 선택한다. 그러나 위선자들은 하나님과 예수 그리스도를 선택하지 않는다. 그들은 강력한 애정이 있는 듯해 보여도 그들의 마음은 그들의 몫으로 하나님을 선택하거나 하나님께 애착을 표하지 않는다. 선택이 좋으면 의지도 좋고, 의지가 좋다면 그 사람도 좋다. 자신의 몫을 위해 진정으로 하나님을 선택하는 사람에게 하나님도 그의 몫이 되어주실 것이다. 하나님께서 모든 사람에게 선택권을 주신다.

자신의 몫을 이생에 두고 있는 이 세상 사람들은 그들의 몫을 이생에서 선택한다. 모든 자연인은 그 몫을 이생에서 선택한다. 그들은 그 이외에 다른 것을 진실되게 선택한 적이 없다. 당신은 그들이 하나님과 그리스도를 매달려 죽이는 것을 선택할 수도 있었다는 것과 죽음보다는 노예나 옥에 갇히는 것을 선택할 수도 있었다는 두 가지 주장으로 논쟁을 벌일 수도 있을 것이다. 그러나 자연인이 마음대로 생각하도록 내버려두고 그들을 협박하거나 겁주거나 생각을 강요하지 말라. 그 사람들이 하나님이나 그리스도에 대해 자유롭게 생각하도록 하라. 그러면 그들은 세상으로 날아가 세상을 장악하고 그의 마음을 세상에 아주 밀착시킬 것이다.

그러나 경건한 사람의 마음은 자신의 몫으로 하나님과 그리스도를 자유롭게 선택한다. 모든 고뇌를 없애고 지옥을 눈앞에서 치워버려라. 그러면 그 사람은 자신의 선택을 할 수 있고, 다른 어떤 것보다도 하나님을 선택할 것이다. 경건한 사람은 이 세상에서 늘 세상의 번영을 모두 누리면서 살기 위해 선택할 것인지, 아니면 하나님의 때에 죽어 천국에 들어가 하나님과 예수 그리스도를 기뻐하며 영원히 그곳에서 거하기 위하여 선택할 것인지 고민할 때, 그는 후자를 선택할 것이다. 또는 만약에 경건한 사람이 반드시 늘 이런 방식으로 살아야 하고 그가 이곳에서 엄청난 부와 세상에 속한 품위를 가지고 이 세상에서 하나님 없이 세상적인 즐거움을 누리며 살 것인지, 아니면 세상에서 가난하게 되고 비천한 신분을 가지고 그의 아버지로 하나님을, 그의 구속자로 그리스도를 섬기며 살면서 하나님의 임재를 소유하고 거룩한 삶을 살 것인지를 선택하는 상황에서, 그는 후자를 선택할 것이다.

이제 성도는 잠시 후에 천국에 가게 될 것을 소망한다. 성도들이 우선적으로 천국에 가기를 갈망하는 이유는 그곳에서 하나님과 그리스도와 함께 있고, 하나님과 그리스도를 기뻐하기를 바라기 때문이다. 시편 73편은 이렇게 말한다. "하늘에서는 주 외에 누가 내게 있으리요 땅에서는 주밖에 내가 사모할 이 없나이다"(시 73:25). 시편 16편은 이렇게 말한다. "여호와는 나의 산업과 나의 잔의 소득이시니 나의 분깃을 지키시나이다 내게 줄로 재어준 구역은 아름다운 곳에 있음이여 나의 기업이 실로 아름답도다"(시 16:5,6).

5. 참된 하나님의 사랑이 위선자들의 사랑처럼 보이는 것과 구별되는 또 다른 것은 하나님의 사랑이 자기부인을 동반한다는 점이다. 마태복음 16장은 이렇게 말한다. "이에 예수께서 제자들에게 이르시되 누구

든지 나를 따라오려거든 자기를 부인하고 자기 십자가를 지고 나를 따를 것이니라"(마 16:24). 여기서 자기를 부인한다는 것은 우리의 세속적인 취향들, 세상으로 향하는 경향을 멈춘다는 것만이 아니다. 바리새인들도 자신을 부인하는 것과 같은 내용을 가르쳤다. 참된 하나님의 사랑이 있는 사람은 하나님을 위하여 자신을 부인한다. 자신을 비우는 사람은 하나님께서 그를 채우실 것이다. 그 사람은 자신의 명예를 포기하기를 좋아한다. 하나님께서 명예롭게 하실 것이기 때문이다. 그 사람은 자신의 의를 포기하기를 좋아한다. 하나님께서 그를 영화롭게 하실 것이기 때문이다. 그 사람은 낮추기를 좋아한다. 하나님께서 그 사람을 높이실 것이기 때문이다. 그 사람은 자신이 좋아하던 것들을 십자가에 기꺼이 못 박으려 한다. 하나님의 뜻이 이루어지기 때문이다. 그 사람은 자신의 이익과 관심사를 기꺼이 포기하려 한다. 하나님의 나라가 번성하기 때문이다. 그 사람은 작은 자가 되기를 좋아한다. 하나님께서 그를 높이실 것이기 때문이다. 그는 아무것도 아니기를 좋아한다. 하나님께서 모든 것이 되시기 때문이다. 시편 115편은 이렇게 말한다. "여호와여 영광을 우리에게 돌리지 마옵소서 우리에게 돌리지 마옵소서 오직 주는 인자하시고 진실하시므로 주의 이름에만 영광을 돌리소서"(시 115:1).

6. 참된 하나님의 사랑은 결과가 있고 열매를 맺는 사랑이다. 열매를 맺지 못하는 사랑은 거짓되고 위선적인 사랑이다. 위선자는 열매를 맺지 못하고 잎사귀만 있는 열매 없는 무화과나무와 같다. 우리는 요한복음 15장 처음 부분에서 참 포도나무에는 두 종류의 가지가 있다는 것을 읽는다. 잘라서 태워버렸기 때문에 열매를 맺지 못하는 가지가 있고, 더 많은 열매를 맺게 하려고 깨끗하게 되어 열매를 맺는 가지들이 있다. 나무와 가지는 열매로 알 수 있다. 누가복음 6장은 이렇게 말한다. "선한

사람은 마음에 쌓은 선에서 선을 내고 악한 자는 그 쌓은 악에서 악을 내나니 이는 마음에 가득한 것을 입으로 말함이니라"(눅 6:45).

그리스도는 우리에게 준엄한 경고를 남기셨다. 다른 것을 참된 사랑이라고 생각하지 말고 결과가 있고 열매를 맺는 사랑을 참된 사랑으로 생각하라고 말이다. 요한복음 14장은 이렇게 말한다. "나의 계명을 지키는 자라야 나를 사랑하는 자니 나를 사랑하는 자는 내 아버지께 사랑을 받을 것이요 나도 그를 사랑하여 그에게 나를 나타내리라"(요 14:21). 계속해서 이렇게 말한다. "예수께서 대답하여 이르시되 사람이 나를 사랑하면 내 말을 지키리니 내 아버지께서 그를 사랑하실 것이요 우리가 그에게 가서 거처를 그와 함께 하리라 나를 사랑하지 아니하는 자는 내 말을 지키지 아니하나니 너희가 듣는 말은 내 말이 아니요 나를 보내신 아버지의 말씀이니라"(요 14:23,24). "너희가 나를 사랑하면 나의 계명을 지키리라"(요 14:15).

참된 사랑은 말과 혀로 사랑하는 것이 아니라 행함과 진실함으로 사랑하는 것이다. 참된 사랑이 있는 사람은 그의 사랑을 행함으로, 특히 그리스도에게 속한 사람들에게 사랑과 친절의 행위로 그의 사랑을 보여준다. 우리는 개인적으로 그리스도에게 친절함을 보여줄 수 없다. 우리의 선함이 그분에게 미치지 못하기 때문이다. 그러나 그리스도는 우리를 시험하신다. 우리가 만약에 할 수만 있다면 그분에게 친절을 보이라고 말이다. 그리스도는 그의 가련한 백성들을 그리스도를 대신하여, 그리스도를 대표하여 있게 하시고, 그리스도의 것을 받는 자들로 지명하셨다. 그리스도는 그 사람들에게 한 일을 자신에게 한 것으로 간주하실 것이다. 요한일서 3장은 이렇게 말한다. "누가 이 세상의 재물을 가지고 형제의 궁핍함을 보고도 도와줄 마음을 닫으면 하나님의 사랑이 어찌 그 속에 거하겠느냐"(요일 3:17).

땅에 있는 친구를 향한 참된 사랑이 있는 사람은 성실하고 마음씨 좋은 친구이다. 그는 그 친구를 위해 기꺼이 무엇이든 하려 할 것이며, 그에게 주려고 할 것이다. 그렇다. 그는 친구를 위해 기꺼이 고난도 받으려 할 것이다. 이와 마찬가지로 참된 사랑이 있는 사람들은 그에게 사랑을 보일 것이며, 그를 섬길 것이고 친구의 영광을 구할 것이다. 그는 그 친구에게 거저 주려 할 것이다.

나는 이러한 하나님의 사랑을 그들의 마음에서 발견할 수 있는 사람들 중 어느 누구도 이러한 표지들을 자신에게 적용하는 것을 두려워하지 않기를 바란다. 경건함 같은 것이 있다면, 이 방법을 좇아 하나님을 사랑하는 사람은 경건한 사람이다. 지금 언급하고 있는 표지들과 특성들을 열매로 맺는 사랑이 있는 사람이 참 신자이고 하나님의 자녀다. 그렇지 않다면 성경이 진리가 아니거나 우리의 종교에 아무것도 없는 것이다. 그의 마음에서 이런 것들을 분명하게 발견할 수 있는 사람은 그 사랑으로 인해 위로를 받을 것이다. 하나님의 말씀이 당신의 원천이며, 그 말씀은 결코 실패하지 않을 것이다. 당신이 영원한 구원을 잃는 것보다 하늘과 땅이 없어지는 것이 더 쉽다.

IV. 권면

자연인들은 하나님의 사랑을 진지하게 구해야 한다. 아래 사실을 깊이 생각하라.

1. 이 원리가 고상하고 탁월하기는 해도 당신은 그것을 얻을 수 있다. 당신에게 이러한 사랑이 전적으로 결여되어 있고, 당신의 마음에 하나님의 사랑이 조각상처럼 차갑고 죽어 있지만, 당신은 이 신적이고 초자

연적인 것을 얻을 수 있다. 하나님의 능력은 그 차가운 마음을 따뜻하게 하고, 그 굳은 마음을 부드럽게 녹여 하나님의 사랑을 실천하고 하늘의 상을 받게 하기에 충분하다.

하나님은 사랑이시다. 하나님은 모든 신적인 사랑의 원천이시다. 그분은 무한하며 차고 넘치는 원천이시다. 그분 안에서 당신은 이 달콤하고 천상적인 원리를 공급받을 수 있다. 그러므로 하나님은 사랑이시기에, 그분의 능력과 자비만이 당신의 마음에 거룩한 기름을 부으시기에 충분하다. 당신처럼 하나님의 사랑에서 멀리 떠나 있었던 사람 중에 이것을 얻은 사람이 많이 있다. 당신이 지금 하나님의 사랑에서 멀리 떨어져 있어서, 또는 당신이 그것을 받을 만한 자격이 없고 너무 악하고 사악한 사람이라서 그 사랑을 얻지 못할 것에 대해서는 논의의 여지가 없다. 하나님은 자신의 주권적인 은혜로 그 사랑을 모든 죄인에게 주셨다. 남녀노소, 신분과 환경을 초월하여 모든 사람이 하나님의 사랑을 받았다.

2. 이 하나님의 사랑이 세상의 사랑보다 훨씬 낫고 더 좋다. 당신이 마음을 두고 있는 하나님의 사랑보다 더 기초가 되는 것은 무엇인가? 당신의 마음을 삼키고 있는 것이 이 땅에 있는 찌꺼기보다 나을 것이 하나도 없다는 것을 발견할 수 있는가? 이치에 맞고 불멸하는 영혼이 발견할 수 있는 것들, 영혼의 가치와 바람의 대상이 되는 것들이 최상의 것들인가? 당신의 마음을 빼앗은 세상을 향한 이 사랑이 얼마나 더럽고 추악한가. 당신은 세상의 것들을 얼마나 열정적으로 추구해왔으며, 그것을 얻기 위해 얼마나 많이 고달픈 나날을 수고하며 보냈는가? 그것을 탐구하느라 얼마나 많은 밤을 지새웠는가? 무엇을 위해 그 많은 세월을 보냈는가? 당신의 마음을 세상에 이처럼 고정시킴으로써 당신은 무엇을 얻었으며, 무엇을 얻은 것 같은가?

당신이 세상에서 기대하는 것이 무엇인가? 세상이 당신에게 줄 것이라고 기대하는 거대한 것들은 무엇인가? 그것이 당신을 행복하게 할 것인가? 아니면 당신을 계속 비참하게 할 것인가? 당신이 이 모든 것들을 떠나야 할 때 당신은 무엇을 할 것인가? 사망이 소환장을 가지고 올 때, 당신은 세상을 가지고 갈 것인가? 당신이 다른 세상으로 갈 때 지금 세상이 당신을 따라갈 것을 소망하는가? 또는 세상이 당신을 죽음에서 지켜주고 하나님의 진노에서 보호할 강력한 성이 될 것이라고 생각하는가?

하나님을 사랑하는 사람들은 그들의 마음을 결코 실망시키지 않을 행복을 비밀에 둔다. 그들은 사망과 지옥에도 아랑곳없이 영원히 행복할 것이다. 당신의 이웃들과 당신 주변에 있는 모든 동료는 그들의 마음을 하나님께 드리고, 그들의 마음을 하늘에 있는 것에 두는 동안, 당신은 지렁이처럼 계속해서 더러운 것을 자신에게 먹이고 수고하고 만족시키며 세월을 보낼 것이다.

당신이 이 모든 것을 행하며 공부하고, 당신의 궁극적인 것에 자신을 드렸을 때, 세상으로부터 얻는 것은 거의 없을 것이다. 그러고 나서 당신이 세상으로부터 무엇인가 얻었다고 생각하는 그 순간, 당신은 틀림없이 그 얻은 것을 떠나야 하며 영원히 멀어질 것이다. 그렇게 되면, 자신의 몫으로 하나님과 그리스도를 선택한 당신의 다른 지인(知人)들은 영원한 복으로 들어가 그것을 즐기는 반면에, 당신은 영원한 지옥에 떨어질 것이다. 당신이 그렇게 많이 추구해오고 마음을 두었던 세상은 당신을 돕지 못할 것이다.

당신은 세상을 즐기고 있는 동안 세상과 함께 엄청난 재앙과 저주를 받을 것이다. 당신은 세상과 함께 하나님의 진노를 받을 것이다. 만약에 당신이 소량의 달콤한 음식을 먹었는데, 그 음식과 함께 전능하신 하나님의 저주가 동반된다면, 그 음식이 당신에게 무슨 유익이 있겠는가. 당신이 멋진 옷을 몇 벌 얻었는데, 그 영혼이 비참하고, 가련하며, 가난하고, 앞을 보지 못하고, 헐벗었다면, 그 옷이 무슨 유익이 되겠는가? 당신이 멋지게 장식하고 세상의 훌륭한 집에서 즐기고 있지만, 유황불이 온 사방에 흩어져 있고 매일 지옥 불이 타고 있는 위험 가운데 있다면, 그 모든 것이 무슨 유익이 되겠는가? 하나님이 계시지 않고, 당신의 원수와 마귀가 당신과 함께 동거하고 있다면 모든 것이 무슨 유익이 있겠는가?

당신이 세상으로 인해 받게 될 고통이 얼마나 많을 것이며 실망이 얼마나 클 것인가? 당신이 세상을 소유하고 있어도 전혀 만족함이 없을 것이다. 걱정거리와 노동과 성가시고 실망스러운 일들이 넘쳐날 것이다. 당신의 마음을 두기에 더 좋은 것이 없다면, 이 정도의 일은 영원히 성가신 일의 전조가 될 것이다. 그것은 하나님으로부터 올 것이다. 원수로, 그리고 보복하는 진노의 열매로 말이다.

이생에서 자신의 몫을 가지고 있는, 이 세상에 속한 사람들은 참으로 비참한 피조물들이다. 그들의 마음을 이런 것에 쏟고, 늘 이런 것으로부터 기대감을 채우는 사람들은 참으로 가련하고 속임을 당하며 착각에 빠진 피조물들이다.

3. 그리스도는 당신처럼 악한 사람에게 하나님의 사랑의 탁월한 자격을 주시기에 충분하다. 당신에게 그리스도를 향한 사랑이 없어도, 예수 그리스도의 마음에는 당신을 사랑하고 당신의 사랑을 그리스도에게 드리도록 할 수 있는 충분한 사랑이 있다. 사도는 요한일서 4장에서 이렇게 말한다. "우리가 사랑함은 그가 먼저 우리를 사랑하셨음이라"(요일 4:19).

당신의 마음에 마귀의 마음에 있는 것보다 하나님에 대한 더 많은 사랑이 없다고 할지라도, 하나님을 고귀하게 평가하지 않고 그분을 매우 낮게 평가하는 것이 있다고 할지라도, 하나님께서는 당신을 사랑하실 만한 충분한 사랑이 있다. 하나님과 주 예수 그리스도를 바라는 갈망이 없고, 그리스도가 얼마나 멸시와 모욕을 당하시는지 전혀 상관하지 않을지라도, 당신을 사랑하실 만한 충분한 사랑이 있다.

당신의 마음이 적대감의 영으로 가득하며 당신이 하나님을 대적하는 성향과 하나님이 베푸시는 은혜에 반감을 갖고 그것을 소멸시키려는 성향이 있다고 할지라도, 그리스도께서는 당신에게 베푸실 충분한 사랑이 있다. 당신은 예수 그리스도의 모든 영광과 탁월함에 마음을 쓰기보다 몇 푼 안 되는 돈에 훨씬 더 많은 관심을 두고 있으며, 하나님의 기뻐하시는 것에 전혀 관심을 갖지 않는 악한 마음이 있다. 이것으로 하나님이 모독을 당하시게 되는지, 그런 일이 가능한지, 심지어 하나님과 예수 그리스도의 원수가 되려고 하는 것을 전혀 슬퍼하지 않을지라도, 그리스도께서는 당신을 사랑하실 만한 사랑이 충분하다.

지금 당신이 이처럼 악한 피조물이라고 해도 그리스도로 인해 하나님 안에는 당신에게 베풀 충분한 자비가 있다고 말한다. 하나님은 그의 마음에 그리스도를 위하여 이와 같은 사람에게 회개의 은혜를 베풀 자비가 있음을 아신다. 하나님은 그의 원수들을 영원한 사랑으로 끊임없이 사랑하셨다. 하나님의 마음에는, 당신이 하나님의 자비가 얼마나 큰지 안다면, 그 자비의 깊이와 높이를 이해한다면, 당신이 이처럼 악한 것으로, 당신에게 사랑이 결핍되어 있는 것으로, 그리고 당신이 죽을 수밖에 없는 원수라는 것으로 낙망하지 않을 하나님의 사랑과 은혜가 있다.

그리스도께서는 그분을 죽이고 미워한 수천만의 사람들을 위해 자신의 피를 흘리셨다. 이것이 죄인들에게 베푸신 그리스도의 사랑이다. 이것이 독사의 자식들이라고 불린 세대에 베푸신 그리스도의 사랑이다. 그리스도는 자신을 악의로 죽인 사람들을 위해 기꺼이 죽으셨다. 사악한 죽음의 장본인인 살인자들을 위해 죽으셨다. 앙심을 품고 그리스도의 혈관을 열어 자신들의 손을 그분의 피에 적신 사람들을 위해 그리스도의 피가 그 혈관으로부터 흘러나왔다. 예수 그리스도 안에는 여전히 동일한 사랑이 있다. 그리스도께서는 여전히 이런 일을 행하시며 세상의 모든 세대에 행해 오셨다.

4. 하나님께서는 당신의 사랑을 찾으신다. 그분이 당신의 사랑을 필요로 하거나 그 사랑이 어떤 유익이 되거나, 그렇게 함으로써 하나님께서 더 나아지거나 행복해지는 것은 아니다. 수천만 명의 성도들이 최상의 사랑으로 하나님을 사랑하고 있지만, 하나님은 하늘의 가장 찬란한 스랍들의 사랑으로도 전혀 그 혜택을 받으시는 분이 아니다. 그런데도 하나님은 벌레 같은 당신의 사랑을 찾으신다. 하나님은 이처럼 악한 피조물의 사랑을 찾으신다. 하나님은 원수인 당신의 사랑을 찾으신다. 그분은 당신이 하나님을 향한 적대감으로 가득하다는 것을 아신다. 당신은 하나님과 화목해야 한다. 하나님의 유익을 위해서나 그분의 필요를 위해서가 아니라 당신의 유익을 위해서 그렇다. 하나님과 화목해야 당신은 탁월하고 행복한 피조물이 될 수 있다.

하나님께서 당신의 사랑을 얻기 위해 얼마나 많은 수단을 사용하시는지 아는가? 하나님께서 당신과 지속적으로 함께하시기 위해 얼마나 다정하게 행하시고, 얼마나 많은 선한 일을 당신에게 베푸시는지 아는가? 하나님은 사랑의 줄과 사랑의 끈으로 당신을 이끌고 계신다(호 11:4). 그리고 하나님은 복음 안에서 매우 큰 자비와 사랑을 당신 앞에 놓으셨으며, 당신을 구원하기 위해 자신의 피를 흘리셨다. 그분 안에 얼마나 큰 사랑과 자비가 있는지 당신에게 보이시려고 보혈을 흘리셨다.

하나님께서 이와 같은 피조물의 사랑을 찾으신다는 것은 놀라운 일이다. 이것은 사실이다. 하나님은 지금 성령의 간구로써 당신들 중에서 많은 사람의 사랑을 찾고 계신다. 하나님은 문 앞에 서서 두드리신다. 그분은 문 밖에서 계속해서 당신을 부르신다. 요한계시록 3장에서 당신에게 어떤 말씀을 하시는지 귀를 기울이라. "볼지어다 내가 문 밖에 서서 두드리노니 누구든지 내 음성을 듣고 문을 열면 내가 그에게로 들어가 그와 더불어 먹고 그는 나와 더불어 먹으리라"(계 3:20). 아가서 5장은 이렇게 말한다. "내가 잘지라도 마음은 깨었는데 나의 사랑하는 자의 소리가 들리는구나 문을 두드려 이르기를 나의 누이, 나의 사랑, 나의 비둘기, 나의 완전한 자야 문을 열어다오 내 머리에는 이슬이, 내 머리털에는 밤이슬이 가득하였다 하는구나"(아 5:2). 하나님께서는 위대한 일을 하고 계시며, 어떤 수단을 사용해서라도 당신의 굳은 마음을 사랑으로 녹이려 하신다.

이런 것이 그리스도의 무한한 은혜다. 당신이 하나님의 마음을 괴롭혔던 모든 모독과 냉대라도 그분이 당신의 사랑을 찾으시는 것을 막지 못한다. 당신이 이처럼 많은 멸시로 그분을 대한 것이 아니더라도, 영광스러운 구세주께서는 이런 것에 위축되어 당신의 사랑을 찾지 못할 만한 것이라고 여기지 않으신다. 그분은 서서 당신이 그리스도를 사랑하기를 기다리고 계신다. 이렇게 하시는 것은 주제넘은 것이 아니다. 당신이 그리스도를 사랑하게 된다면, 그분은 당신의 사랑을 받아주실 것이다. 당신이 당신의 마음을 그리스도께 드린다면, 그분은 결코 그 마음을 거절하지 않으실 것이다.

권면을 사용하라는 IV로 다시 돌아가, 두 가지 내용을 제안하려 한다.

1. 불경건한 사람들에게 하나님의 사랑을 찾으라고 권하라. 나는 지

금 이 권면을 사용하면서 그것을 내 자신에게 적용한다.

2. 불경건한 사람들에게 하나님의 사랑을 행하는 것과 관련하여 권할 것이 많이 있다. 하나님께서는 이 신적인 씨앗을 심으시고, 이 거룩한 원리를 당신의 마음에 주시는 것을 기뻐하셨다. 그분은 당신을 받으셨고 거룩하게 하셨다. 하나님은 당신의 강한 욕망을 죽이셨으며 당신을 천사의 수준으로 올리셨다. 그러므로 하나님의 사랑을 실천하기 위해 힘쓰라. 몇 가지 방법을 생각하라.

(1) 이 원리가 얼마나 달콤하고 즐거운 것인지를 생각하라. 사랑은 달콤한 감정이며 늘 기쁘게 사랑하게 된다. 베푼 사랑은 다시 돌아온다. 사랑은 하나님의 사랑이 항상 그러하듯이 사랑의 대상을 즐겁게 해주고 있다는 확신을 얻는다.

이 거룩한 사랑에는 그 안에 다른 모든 사랑을 능가하는 특별한 달콤함이 있다. 하나님의 사랑은 땅에 있는 것을 능가하는 천상적인 사랑이다. 하나님의 사랑은 우리 안에 있는 행복의 샘이다. 그 안에 하나님의 사랑이 있는 사람은 그의 마음에 참된 행복의 원천이 있는 것이다. 그것은 달콤함의 샘이며, 생명수의 샘이다. 그의 영혼에는 이 거룩한 감정을 실행할 때 동반되는 즐거운 고요함과 평온과 밝음이 있다. 생동감 있는 사랑의 행위들은 소란을 진정시키고 구름과 어두움과 두려움을 쫓아낸다. 하나님의 평화와 기쁨은 하나님의 사랑의 동반자들이다.

예수님의 사랑받은 제자는 우리가 읽은 본문 이후에서 우리에게 이렇게 말한다. "사랑 안에 두려움이 없고 온전한 사랑이 두려움을 내쫓나니"(요일 4:18). 두려움에는 고통이 있다. 이것은 하나님의 사랑이 고통을 주고 괴롭게 하는 마음을 내쫓으시며 편안함과 쉼을 준다는 것을 암시한다.

하나님의 사랑이 온전할 때, 그 사랑이 강력할 때, 그리고 생동감 있게 시행될 때 틀림없이 그럴 것이다. 여기서 온전한 사랑이라는 것은 그 사랑이 절대적으로 온전하다고 이해할 필요는 없다. 단지 강한 사랑, 열정적으로 실행하는 사랑이라는 의미일 뿐이다.

이와 같은 사랑은 두려움을 내쫓는다. 두려움은 율법적인 원리다. 사랑은 복음의 원리다. 굽실거리는 두려움은 노예의 영이다. 이와 달리 사랑은 양자의 영이다. 복음의 원리는 담대함과 확신을 준다. 요한일서 4장은 이렇게 말한다. "이로써 사랑이 우리에게 온전히 이루어진 것은 우리로 심판 날에 담대함을 가지게 하려 함이니"(요일 4:17). 두려움은 거리를 두게 하고 가까이 가려는 담대함을 막는다.

온전한 사랑은 말씀대로 어떤 사람에게 그가 하나님의 선한 기업과 하나님의 사랑받는 자녀 그리고 하나님께서 그를 받아주셨다는 자연스러운 확신을 주기 때문에 두려움을 내쫓는다. 로마서 8장은 이렇게 말한다. "너희는 다시 무서워하는 종의 영을 받지 아니하고 양자의 영을 받았으므로 우리가 아빠 아버지라고 부르짖느니라 성령이 친히 우리의 영과 더불어 우리가 하나님의 자녀인 것을 증언하시나니"(롬 8:15,16). 그러므로 당신이 빛과 양심의 삶을 산다면, 이것이 가장 가까운 길이다. 사랑의 삶을 살도록 노력하라. 이것은 의심과 어둠에서 해방시키고 하나님의 얼굴 빛 안에서 행하는 길이다. 빛은 사랑을 가져다주며 사랑은 빛을 끌어당긴다. 그의 마음이 사랑으로 가득한 사람은 기쁨과 달콤함으로 충만할 것이다.

내가 이 말씀을 전하고 있는 여러분들은 이 하나님의 사랑의 원리의 달콤함을 맛본 사람들이다. 그러므로 믿고 듣도록 더 큰 확신으로 말할 수 있다. 당신은 하나님의 사랑의 기쁨에 속하는 것이 무엇인지를 알고 있다. 당신은 하나님의 사랑을 더 많이 구하고 그것을 더 많이 행하라. 당신 안에는 사랑의 샘이 있다. 그러나 이 샘은 당신에게 저절로 달콤함과 기쁨의 열매를 내놓지 않는다. 그 샘은 단지 흐를 뿐이다. 그 샘은 영혼을 기쁨으로 채우는 흐름이다. 그러므로 그 샘이 멈추지 않고, 시내가 막히지 않게 하라. 샘의 물이 더 많아지도록 노력하라. 그러면 샘의 물은 더 풍성히 솟아날 것이다. 샘의 시내를 방해하고 멈추게 하는 부패와 미워하는 이 모든 경향에 대항하라.

(2) 이것이 어떻게 당신의 원래 모습에 속하게 되는지를 생각하라.
나는 당신의 원래 모습을 사람으로서나 당신의 원래의 본성과 관련하여 말하는 것이 아니라 성도로서의 원래 모습을 말하는 것이다. 육체를 따라 당신은 땅에 속한 땅의 사람이다. 당신은 사람의 뜻과 육체의 의지로 태어났다. 그러나 당신이 성도가 되었을 때, 당신은 하나님에게 속한 사람이다. 당신은 하나님에게서 왔고, 당신 안에 있는 거룩한 성품은 하나님에게서 왔다. 그러므로 우리 하나님은 사랑의 무한한 샘이시다. 사랑은 당신의 원래 성품과 일치한다. 당신은 그리스도에게 속했다. 당신의 원래 모습은 하나님의 어린 양으로부터 온 것이다. 사랑은 그의 성품이 유래한 분과 같이 되고자 하는 감정 혹은 원리다.

사랑과 평화의 왕이신 복된 예수님의 영적인 자녀인 사람에게 사랑이야 말로 가장 적합한 것이다. 예수님의 마음은 사랑으로, 형언할 수 없는 사랑과 자신을 죽음에 내어주신 사랑으로 넘친다. 예수님은 역사상 가장 큰 사랑의 모범이셨다. 당신은 사랑의 성령으로 말미암아 태어났다. 성령은 천상의 비둘기이시다. 당신 안에서, 그리고 당신을 위하여, 당신의 모든 사역을 행하신 분이 바로 이분이시다. 성령은 당신을 자신의 성전으로 삼으셨다. 사랑은 당신이 된다. 당신은 성령으로 말미암아 살고, 현재 당신의 모습을 이룬다. 디모데후서 1장은 이렇게 말한다. "하나님이 우리에게 주신 것은 두려워하는 마음이 아니요 오직 능력과 사랑과 절제하는 마음이니"(딤후 1:7).

당신은 성도로서의 원래 모습을 무한한 사랑 안에서 함께 즐거워하시는 복된 삼위일체로부터 받았다. 그러므로 당신이 현재의 모습을 하게 한 것은 바로 사랑이다. 삼위 하나님이 사랑 안에서 하나가 되었듯이, 당신도 그분들과 함께, 그리고 당신의 동료 성도들과 함께 하나가 되었다. 요한복음 17장은 이렇게 말한다. "아버지여, 아버지께서 내 안에, 내가 아버지 안에 있는 것 같이 그들도 다 하나가 되어 우리 안에 있게 하사 세상으로 아버지께서 나를 보내신 것을 믿게 하옵소서"(요 17:21).

(3) 사랑은 당신이 처한 관계들과 부합한다. 하나님과의 관계에 부합하는 것은 그분이 당신의 아버지이며, 당신은 그분의 자녀이기 때문이다. 그러므로 당신은 하나님을 사랑해야 한다. 자녀가 아버지를 사랑하지 않는다면, 그런 분이 어찌 아버지가 되시겠는가? 사랑은 그리스도와의 관계에 부합한다. 당신의 영혼은 그분의 배우자, 하나님의 무한히 영광스러운 아들의 배우자이기 때문이다. 신부가 이와 같은 신랑과 사랑에 빠지지 않겠는가? 사랑은 동료 그리스도인들과의 관계에 부합한다. 그들이 당신의 형제자매이기 때문이다. 그들은 다 하나님의 가족에 속해 있다. 그들은 그리스도의 지체들이다.

참된 그리스도인이 그리스도 안에서 다른 그리스도인들과 맺는 관계는 이 땅에 있는 같은 부모의 자녀들이 서로 서 있는 외적인 관계보다 더 강력하다. 하늘에 계신 같은 아버지의 자녀들이 되는 것이 막연히 땅에 있는 같은 아버지의 자녀들이 되는 것보다 훨씬 더 크다는 것이 그 이유다. 그리스도 안에서 하나가 되는 것은 땅에 있는 그 어떤 사회나 단체 안에서 하나가 되는 것보다 더 분명한 사랑의 하나 됨이다.

(4) 당신이 사랑의 세상인 하늘에 속해 있다는 것을 생각하라. 어떤 사람이 회심할 때, 그는 바로 그 순간부터 더 이상 세상에 속하지 않는다. 그는 세상에서 나그네다. 이 세상은 더 이상 그의 나라가 아니다. 그는 하늘에 속한다. 히브리서 12장은 이렇게 말한다. "그러나 너희가 이른 곳은 시온 산과 살아 계신 하나님의 도성인 하늘의 예루살렘과 천만 천사와"(히 12:22).

그러므로 당신이 하늘에 속한 사람이라는 사실을 알면, 이것은 곧 당신이 사랑을 실천하는 사람이 되었음을 의미한다. 당신이 속한 그 나라는 사랑으로 가득하다. 그곳에는 미움도, 충돌도, 질투도, 차거나 덥거나 하는 것도, 두려움도 없다. 모든 마음이 사랑으로 가득하다. 사랑이 전체 사회를 지배한다. 어떠한 성품도 온전한 사랑은 거스르지 않는다. 사랑에 냉정함이나 눅눅함이나 또는 중단됨이 없다. 그곳에는 아주 작은 흠도 없는 순전한 사랑만 있다. 하나님과 그리스도에 대한 이루 말할 수 없을 정도의, 형언할 수 없는 태도로, 거룩하게 사랑하고 서로 간에 중단되지 않으며, 영원히 지속되는 달콤한 사랑이 있을 것이다.

그러므로 당신이 속한 그 나라를 생각하라. 당신은 당신의 이름이 그 사회와 결합되어 있는 사람이다. 그러므로 당신은 거기에 부합하는 사람으로 행동해야 한다. 이로 인해 당신은 그 사회를 닮게 되고, 그들의 영을 더욱 구하고 행하게 될 것이다. 그러나 다음과 같은 구체적이고 특징적인 주제로 당신에게 권면한다.

첫째, 하나님을 사랑하는 삶을 살라.
둘째, 사람을 사랑하라.
이 주제를 하나씩 설명하겠다.

1. 하나님과 주 예수 그리스도를 사랑하는 삶을 살라고 권면하라.
사랑은 샘의 근원이며 무한한 사랑이신 하나님께 다시 돌려드려야 한다.
하나님은 다른 모든 것보다 사랑을 받으셔야 한다. 하나님은 사랑의 근
원이시며 사랑의 대상이 되셔야 한다. 당신이 하나님으로부터 이 신적인
탁월한 원리를 받을 때, 그것을 다시 그분께 돌려드린다. 당신이 그 원리
를 받은 때가 언제인지 기억하라. 그리고 그 사랑의 원천이신 분이 그것
을 소유하시도록 하라.

이 원리는 다른 어느 곳에서도 적절한 대상을 발견할 수 없다. 하나님
의 사랑으로 이것이 그 원리와 부합하고, 그것이 경건한 자들 안에 어울
린다는 것을 알게 된다. 그러나 그 원리를 만족시키는 것이 무엇인지는
발견하지 못한다. 그것은 바로 그 원리에 달콤하고 기쁨을 주는 경건한
자들의 아름다움이다. 그들의 아름다움에는 끝이 있다. 그러나 하나님
의 사랑하심은 한이 없고 경계도 없다. 하나님의 사랑은 거룩함을 기뻐한
다. 성도들과 천사들 안에도 거룩함이 있다. 그러나 하나님 안에만 그 거
룩함을 만족시키기에 충분한 거룩함이 있다. 사람에게는 거룩함에 속한
일부분이 있지만, 하나님 안에는 모든 것이 있다.

여기서 나는 하나님의 사랑에 영향을 주기 위해 당신이 생각해야 할 두
가지를 제시하려고 한다.

**(1) 하나님께서 자신의 본성과 본질에 내재한 그분의 사랑 이외에 그
분이 당신을 위해 행하신 큰일들을 생각하라.** 하나님의 사랑은 한이 없
는 대양과 같은 사랑이다. 또한 하나님께서 당신을 어떻게 사랑하셨는
지, 이 사랑의 원천이 구체적으로 당신에게 어떻게 행해졌는지 생각하라.
하나님께서 자신의 사랑을 한 번도 제시하지 않은 사람들이 수없이 많이
있다. 그러나 하나님은 자신의 사랑을 당신에게 제시하기를 기뻐하셨다.

이것은 당신이 그들보다 하나님의 사랑을 받거나, 하나님의 사랑을 끄집어낼 만한 어떤 것을 행했거나, 당신이 그들보다 사랑을 더 받을 만했기 때문이 아니다. 이것은 하나님의 주권적인 은혜다. 그 사랑으로 말하자면, 하나님의 마음에는 사랑의 샘이 있다. 하나님께서 당신을 사랑하신 것은 하나님 자신이 당신을 사랑하셨기 때문이다. 에서는 야곱의 형이었다. 그러나 하나님은 "내가 야곱은 사랑하고 에서는 미워하였다"라고 말씀하셨다.

하나님께서 세상이 창조되기 전에 당신을 사랑하셨다는 점을 생각하라. 그 후 하나님께서는 당신에게 자신의 사랑을 주셨고, 사랑 안에서 당신을 하나님 앞에서 거룩하고 흠이 없는 사람이 되도록 선택하셨다. 에베소서 1장에서 이렇게 말한다. "곧 창세 전에 그리스도 안에서 우리를 택하사 우리로 사랑 안에서 그 앞에 거룩하고 흠이 없게 하시려고"(엡 1:4).

하나님께서는 당신을 사랑하셨다. 당신을 택하여 자신의 자녀가 되게 하셨으며 구원과 영원한 영광을 위해 선택하셨다. 하나님의 영광스러운 아들이신 그리스도는 죽기까지 당신을 사랑하셨다. 하나님께서 세상을 창조하셨을 때, 그분은 이미 당신을 향한 사랑을 가지고 계셨고 당신을 존중하셨다. 먼저 하늘을 만드셨을 때, 하나님은 당신을 위해, 당신을 사랑해서 하늘을 만드셨다. 마태복음 25장은 이렇게 말한다. "그때에 임금이 그 오른편에 있는 자들에게 이르시되 내 아버지께 복 받을 자들이여 나아와 창세로부터 너희를 위하여 예비된 나라를 상속받으라"(마 25:34).

그리스도께서 세상에 오셨을 때, 그분은 당신에 대한 사랑을 가지고 오셨다. 그리스도께서 구유에 아기로 뉘었을 때, 그분의 마음에는 당신을 향한 사랑이 있었다. 그리스도께서 그분의 교훈을 전파하며 사역 중에 고난과 치욕을 받고 수고하며 이곳저곳을 다니실 때, 그것은 당신에 대한 사랑에서 나온 것이었다. 그리스도께서 겟세마네에서 땀을 핏방울처럼 흘리시며 고통 중에 계셨을 때, 그분을 그런 고통으로 이끌었던 것은 당신에 대한 사랑이었다. 그리스도께서 십자가에 달리시고 그 상처에서 피가 흘렀을 때, 그 핏줄기는 말하자면 당신을 향한 그분의 마음에서 나온 사랑의 강이었다. 갈라디아서 2장은 이렇게 말한다. "내가 그리스도와 함께 십자가에 못 박혔나니 그런즉 이제는 내가 사는 것이 아니요 오직 내 안에 그리스도께서 사시는 것이라 이제 내가 육체 가운데 사는 것은 나를 사랑하사 나를 위하여 자기 자신을 버리신 하나님의 아들을 믿는 믿음 안에서 사는 것이라"(갈 2:20).

그리고 그리스도께서 하늘로 올라가 다시 하나님의 오른편에 앉으셨을 때, 그분은 그곳에 당신에 대한 사랑을 가지고 가신다. 예수 그리스도는 자신의 친구인 당신을 잊지 않으셨다. 가끔 사람들은 성장하면서 자신의 옛 친구들을 잊곤 한다. 그러나 그리스도는 천사들의 머리이시며 하늘과 땅의 주님으로 매우 높임을 받으셨다고 해서 당신을 잊지 않으셨다. 오히려 그분의 사랑은 여전히 영혼을 상기시킨다. 그분이 당신을 위하여 자신의 피를 흘리셨고 끔찍한 일들을 겪으셨으며, 그분이 결코 당신을 잊을 수 없다는 사실을 말이다. 그래서 그리스도는 자신의 사랑을 당신에게 돌려주셨으며, 이제 긴 시간이 지난 지금 당신에게 오라고 하신다. 그리스도는 당신의 눈을 여셨으며, 멸망의 상태에서 구출하여 구원의 상태로 옮기셨다.

당신은 비참하고 애절한 상태와 상황에서 태어났다. 그러나 당신을 향한 그리스도의 영원한 사랑으로 인해 당신은 그 안에 계속 있지 않게 되었다. 그리스도는 당신에게 자유를 주고 사탄의 권세에서 구속하기를 기뻐하셨다. 지옥에 있는 모든 마귀는 그리스도의 사랑 때문에 당신을 움켜잡을 수가 없었다. 당신을 가두었던 옥문이 아무리 강하다고 해도, 그리스도의 사랑으로 그 문은 열렸다. 그리스도는 당신을 어둠에서 건져 영광의 빛에 들어가게 하셨다. 그리스도께서는 당신을 집으로 데려오셨고, 당신을 자신의 가족으로 삼아주셨다. 그리스도는 당신에게 그분을 아는 지식을 주셨고, 그분을 알게 허락하셨다. 그리스도는 당신의 벌거벗은 것을 가리기 위해 당신에게 의의 옷을 입혀주셨고, 당신을 씻어 정결하게 거룩하게 하셨다. 그분은 자신의 아름다움을 당신에게 주셔서 그분이 품어주신 다정한 사랑을 누리기에 적합하게 하셨다.

이제 그리스도의 사랑이 나타났다. 이전에 그분의 사랑은 감춰져 있었다. 그리스도는 세상이 창조되기 전부터 있던 이처럼 큰 사랑으로 당신을 인도하셨지만, 그분의 사랑은 사람들과 천사들에게 감춰져 있었다. 이제 그 사랑이 나타났다. 이제 당신에 대한 그리스도의 영원한 사랑이 계시되었고 알려졌다. 이 사랑은 성도들과 하늘에 있는 천사들에게 알려졌으며, 이러한 이유가 그들 사이에 기쁨이었다. 당신이 하나님과 원수 되었을 때, 그분은 당신을 사랑하셨다. 당신이 그리스도를 미워하고, 가련하고 비참한 벌레요 독을 품은 피조물로 있었을 때, 그리스도는 형언할 수 없는 사랑으로 당신을 사랑하셨다. 당신이 원수의 길로 행하며 스스로 자신의 구원을 찾고 있을 때, 당신이 하나님을 대항하여 적대감을 행사하고 있었을 때, 하나님께서는 이처럼 큰 사랑을 당신에게 제시하셨다. 당신들 중에는 격동에 휩싸이고, 두려워하고, 다투기 좋아하는 사람들이 많이 있지만, 이 모든 것도 하나님의 사랑을 보여주는 것을 방해하지 못했다. 이것으로 인해 하나님의 사랑이 전혀 줄어들지 않았다. 오히려 그분의 사랑이 이 모든 것을 극복했다. 그리스도는 모든 사람을 위해 승리와 사랑의 전차를 타셨으며 당신의 영혼을 구속하셨다.

그리스도 안에 어떠한 은혜와 어떤 사랑이 있는가. 로마서 5장은 이렇게 말한다. "곧 우리가 원수 되었을 때에 그의 아들의 죽으심으로 말미암아 하나님과 화목하게 되었은즉 화목하게 된 자로서는 더욱 그의 살아나심으로 말미암아 구원을 받을 것이니라"(롬 5:10). 하나님께서 당신을 위해 모든 것을 행하신 것은 진실이며 사실이다. 하나님께서는 겉으로 보이는 재산과 부요와 존귀를 가진 지상의 많은 왕과 비교하여 그들을 능가할 정도로 위대한 분이시다. 그러나 하나님은 겉으로 보이는 영광의 관점에서 지상의 모든 왕과 권력자들에게 행하신 것보다 당신을 위해 더 많은 것을 행하셨다. 지상의 왕들과 권력자들의 도시와 나라들은 하나님께서 당신에게 주신 것과 비교하면 쓰레기와 오물에 불과하다.

그리스도께서 당신을 위해 행하신 것을 생각하라. 그분은 당신을 위해 죽으셨다. 그분이 당신을 위해 어떤 열매를 맺으셨는가? 하나님의 영광스러운 아들이 당신을 위해 겪으신 고난, 괴로움, 고통을 당신이 안다면, 당신에 대한 그리스도의 다정함과 사랑에 압도될 것이다. 당신이 회심할 때 하나님께서는 당신을 위해 무엇을 행하셨는가? 하나님은 당신에게 자신을 주셨다. 그분이 얼마나 더 주실 수 있었겠는가. 하나님께서는 자신의 모든 속성과 완전함과 더불어 자신을 줌으로써 당신이 영원히 그것을 누리고 즐거워하게 하셨다.

(2) 당신은 가장 사랑스러운 방법으로 하나님에 대한 당신의 사랑을 표현할 수 있다. 당신이 하나님께 사랑을 표현하는 것은 결코 주제넘은 일이 아니다. 당신은 원하는 만큼 하나님을 사랑할 수 있으며, 하나님께 나아갈 수 있고, 원하는 방식으로 사랑스럽게 그 사랑을 표현할 수 있다. 이것이 가능한 것은 당신이 하나님께 나아갈 수 있도록 해주시는 중보자가 있기 때문이다. 중보자가 없다면, 당신이 감히 하나님께 가까이 나아가 위대하고 거룩하신 하나님과 어떤 교제를 갖는다는 것은 실제로 주제넘은 일이 될 것이다. 그러나 영광스러운 중보자가 계신다. 당신은 그리스도의 이름으로 하나님께 가까이 나아갈 수 있으며, 그것도 담대하

게 나아갈 수 있다. 당신은 위대하신 하나님께 얼마든지 가까이 다가가서 사랑의 방법으로, 담대하게 하나님과 대화할 수 있다. 당신은 하나님과 거리를 두거나 당신의 사랑 표현을 누그러뜨리려는 최소한의 두려움도 없을 것이다.

하나님께서는 그리스도 안에서 당신과 같은 미천하고 가련한 피조물들이 자신에게 나아와 자신과 함께 사랑의 교제를 나누는 것을 허락하신다. 당신은 하나님께로 나아가 그분께 당신이 얼마나 그분을 사랑하는지 말하고 당신의 마음을 열 수 있다. 그러면 하나님께서 받아주실 것이다.

당신은 그리스도께 드리는 사랑의 표현에 익숙할 것이다. 그리스도께서 당신 가까이 계시기 때문이다. 그리스도는 하늘에서 내려오셨으며 의도적으로 인성을 취하셨다. 당신에게 가까이 가서 당신의 친구가 되기 위해서 말이다.

그리스도와 당신은 아주 가까운 관계에 있다. 그분은 당신의 것이고, 당신은 그분의 것이다. 당신은 원하는 대로 그분에게 갈 수 있으며, 그분의 가슴에 당신의 사랑을 부을 수 있다. 당신은 그분을 안을 수 있고, 요한이 예수님의 품에 기대었듯이 그분에게 기댈 수 있다. 그리스도는 당신을 늘 맞아주시고 언제나 기뻐하실 것이며 당신을 사랑으로 대해주실 것이다. 당신이 그리스도께 가고 있을 때, 그분은 달려와 당신을 맞아주신다. 당신을 안으시며, 당신이 그분을 사랑하는 사랑보다 훨씬 더 큰 사랑으로 언제나 당신을 대하실 것이다. 당신이 그리스도를 사랑하는 것만큼 그분이 당신을 사랑하시는 것으로 위안을 받을 수 있다. 이렇게 하는 것은 절대로 주제넘은 일이 아니다.

아직도 여전히 이렇게 말하는 그리스도인들이 있을 것이다. "나는 매우 미천하고 악한데, 이처럼 위대하시고 영광스러우신 분과 감히 이와 같은 교제를 한다는 것이 가능할까?"라고 말이다. 나는 이렇게 답하겠다. 하나님의 은혜는 그분의 위엄만큼 크다. 그리스도의 고난으로 나타났듯이, 하나님의 자비와 낮아지심은 그분의 위엄과 존귀하심의 높음과 완전히 동등하다. 그러므로 이처럼 벌레 같은 사람이 그리스도의 사랑에 자신을 맡길 수 있는 것이다. 비록 당신이 매우 미천하고 악하다고 해도, 확실한 것은 당신이 그리스도께 나아가고, 아내가 남편에게 하듯이 당신의 사랑을 그분에게 표현할 수 있다는 점이다. 당신은 그분의 신적인 품에 당신을 맡길 수 있다.

그러므로 당신의 무가치함 때문에 좌절하지 말라. 당신의 놀라움을 극대화 시켜 최대한 겸손한 태도로 당신의 사랑을 표현하라. 그렇다고 해서 그리스도와 멀리 있거나 당신의 사랑의 표현을 바꾸지 말라. 당신은 사랑을 표현하면서 겸손을 원할지도 모른다. 그러나 당신이 하나님의 사랑의 기쁨을 과도하게 누리고 표현한다는 것으로 죄책감을 가질 필요가 없다. 그리스도께서는 당신에게 온전히 섬기기를 요청하신다. 아가서 5장은 이렇게 말한다. "내 누이, 내 신부야 내가 내 동산에 들어와서 나의 몰약과 향 재료를 거두고 나의 꿀송이와 꿀을 먹고 내 포도주와 내 우유를 마셨으니 나의 친구들아 먹으라 나의 사랑하는 사람들아 많이 마시라"(아 5:1). 당신이 그리스도께 사랑을 많이 표현할수록 그분은 당신에게 자신의 사랑의 표지들을 더 많이 주실 것이다.

(3) 당신이 그분이 계신 곳에 오게 되고, 친구에게 가서 항상 그분과 함께 거하게 되고, 그분의 얼굴을 보며 더 이상 떨어져 있지 않게 될 때, 그분의 사랑이 당신에게 어떻게 표현될지 자주 생각하라. 당신이 그분이 계신 곳에서 그분의 영광을 보게 될 때, 그 왕이 당신을 영광스럽게 하시며 그분 안에서 즐거워할 수 있는 자신의 방으로 안내할 때를 생

각하라. 당신이 그곳으로 들어가 그분 우편에 앉아 그분의 식탁에서 그와 함께 먹고 마실 때와 당신이 그분의 보좌에 그분과 함께 앉게 될 때를 생각하라. 그분의 보좌 중앙에 계신 어린 양이 당신에게 먹을 것을 주며 생명수의 샘으로 당신을 인도할 때를, 그분이 자신의 사랑을 당신에게 충분히 나타내실 때를 그리고, 당신이 그분의 사랑의 광채 안에서 영원히 거하게 될 때를 생각하라.

그때에 어린 양의 혼인식이 열릴 것이고 신부가 준비될 것이며 결혼 날이 영원한 날이 될 것이다. 혼인의 기쁨은 영원히 지속될 것이다. 그리고 당신은 기쁨의 강에서 풍성히 마실 것이다. 이를테면, 당신은 하나님의 사랑과 달콤함에 흠뻑 잠길 것이다. 그리스도께서는 그분이 지상에서 아주 비천한 상태에서 그의 제자들과 함께 계셨을 때 그들을 얼마나 친절하게 대하셨는가. 매우 온유하게, 부드럽게, 친근하게 대하셨다. 그렇다면 하늘에서 영광 중에 그의 참된 제자들을 얼마나 큰 사랑으로 인도하실는지 알 수 없다. 그때에는 모든 죄가 제거되고, 그리스도의 제자들은 온전히 거룩해지며, 그분의 사랑을 온전히 누리기에 합당한 사람으로 바뀔 것이다.

이 사실들을 생각하면, 당신이 하나님과 예수 그리스도의 사랑을 아는 것에 많은 영향을 받을 것이다. 당신은 하나님과 예수 그리스도를 최고로 사랑하게 되고, 하나님과 예수 그리스도 이외에는 어떤 것도 사랑하지 않을 것이다. 당신은 하나님과 그리스도를 다른 어떤 것과도 동등하게 사랑하지 않을 것이다. 하나님과 예수 그리스도에 대한 당신의 사랑을 행함으로 표현하라. 매일 하나님의 영광을 위하여 기꺼이 수고하고 고난을 받으라. 하나님을 모욕하고, 다른 사람들에게 걸림돌이 되며, 그것을 생각하는 데 염증을 느끼지 않고 두려움도 없이 기독교에 불이익을 주는 삶을 생각할 수 있는가?

2. 나는 성도들에게 사람들을 사랑하는 삶을 살라고 권한다.

(1) 서로 사랑하고, 영광의 기업을 이어받을 동료 상속자들로 서로 만족하는 삶을 살라. 참된 성도들이 다른 사람들에 대해 투쟁하고 대적하는 삶을 사는 것처럼 보이는 것은 통탄할 만한 일이다. 요한복음 13장을 보면 주님의 명령에 따라 그리스도께서 그들을 사랑하신 것처럼, 서로 사랑해야 하는 사람들이 이러한 모습을 보인다는 것을 생각할 때 참으로 충격적이다. "새 계명을 너희에게 주노니 서로 사랑하라 내가 너희를 사랑한 것같이 너희도 서로 사랑하라"(요 13:34).

(2) 모든 사람을 사랑하라. 자신을 다툼과 시기, 배교와의 원수로 나타내라. 이와 같은 것들은 다 거룩한 그리스도인의 사랑과 어울리지 않는다. 할 수 있는 한 모든 사람들과 평화롭게 살며, 모든 사람의 선을 구하라. 악인들에게 마음에서 우러나오는 선의의 사랑을 나타내라. 하늘에 계신 당신의 아버지께서 자신의 해를 떠오르게 하시는 것처럼 말이다. 악인들을 공동의 사랑으로 사랑하라. 그들을 위해 울며 기도하라. 그들의 영혼의 선함을 구하고 그들의 몸의 선한 것을 구하라. 언제나 그들이 잘되기를 위해 행할 준비를 하고, 그들을 위해 고난을 받으라. 악인들이 하나님께서 당신에게 주신 것 같은 자비를 갖도록 바라고 기도하라.

당신의 원수들을 사랑하라. 이웃 중에서 당신에게 해를 끼치고 당신을 욕하고 그것으로도 만족하지 않는 사람들이 있다면 어떻게 할 것인가? 당신의 사랑이 이런 것들을 이기게 하라. 그리스도의 사랑이 당신이 하나님께 해를 끼친 것을 이겼듯이 말이다. 다른 사람들이 당신에게 상처 준 것의 일만 배도 더 되게, 당신은 하나님께 상처를 주었다. 그러나 그리스도께서는 당신을 사랑하셨다. 당신이 그리스도를 경멸하고 그렇게 한 것을 회개하지 않았을 때도 말이다. 그리스도께서는 자신을 죽음에 내어주는 사랑으로 당신을 사랑하셨다.

당신이 무가치한 것과 당신이 하나님과 사람들에게 준 큰 상처를 기억하라. 그런데도 하나님께서 얼마나 큰 사랑으로 당신을 사랑하셨고 당신을 위해 얼마나 큰일을 행하셨으며, 그것이 당신이 당신의 원수들을 사랑하는 데 늘 영향을 주고 있다는 사실을 기억하라. 여기서 나는 다른 사람들을 사랑하는 지침을 제시하고 이 권면을 강조하기 위한 하나의 동기로 마무리하려 한다. 내가 제시하려는 지침은 겸손히 사랑하고, 사랑 안에서 행하고, 사람들 앞에서 겸손히 행하라는 것이다. 마음의 겸손과 온유함을 자비와 친절함과 합하라. 골로새서 3장은 이렇게 권한다. "그러므로 너희는 하나님이 택하사 거룩하고 사랑받는 자처럼 긍휼과 자비와 겸손과 온유와 오래 참음을 옷 입고"(골 3:12). 이것이 자랑하거나 허풍을 떨지 않는 참된 그리스도인의 사랑 또는 성품의 특성이다. 고린도전서 13장은 이렇게 말한다. "사랑은 오래 참고 사랑은 온유하며 시기하지 아니하며 사랑은 자랑하지 아니하며 교만하지 아니하며 무례히 행하지 아니하며 자기의 유익을 구하지 아니하며 성내지 아니하며 악한 것을 생각하지 아니하며"(고전 13:4,5).

당신의 동료 그리스도인들에게 당신의 사랑을 겸손히 표현하라. 자신보다 다른 사람들을 존경하고 존대하라. 그들 안에 있는 그리스도의 형상을 위해 그들을 존경하라. 자연인들에게 당신의 사랑을 겸손히 표현하라. 자신이 더 낫다고 자신을 존중하는 것이 아니라, 당신을 그들과 다르게 만드신 분이 누구인지를 생각하라. 그러면 당신은 즉시 그들과 같은 존재이며 주권적인 은혜로 당신이 구원받았다는 것을 알게 될 것이다. 그들이 천부적으로 가진 뛰어남과 외적인 엄위로 인해 자연인들을 겸손히 존중하라. 어떻든지 간에 당신이 친절을 베풀 때 당신의 후함을 떠벌리지 말고 겸손한 마음으로 친절을 베풀라.

사랑으로 보이는 겸손이 당신의 낮아짐으로 드러나게 하라. 당신은 아주 낮은 자리로 자신을 낮추고, 다른 사람들을 위해 기꺼이 낮아지고 낮은 직책을 가지라. 이것은 요한복음 13장의 말씀에 일치하는 행동이다. 예수께서 "저녁 잡수시던 자리에서 일어나 겉옷을 벗고 수건을 가져다가 허리에 두르시고 이에 대야에 물을 떠서 제자들의 발을 씻으시고 그 두르신 수건으로 닦기를 시작하여"(요 13:4,5).

당신의 원수들을 사랑하라. 당신도 과거에 하나님과 그리스도의 원수였고, 당신의 원수들이 보여주는 같은 부패의 씨앗들이 당신에게 있었다는 사실을 겸손히 생각하라. 사랑과 마음의 겸손이 늘 함께 가게 하라. 이로써 당신의 사랑과 그 사랑을 표현하는 것이 사랑스럽게 될 것이다.

내가 이 권면을 강조하는 동기는 이것이 당신이 위선자들이라고 부르는 어떤 사람에 대한 비난들을 잠재울 최상의 방법이 되지 않기 때문이다. 다른 사람들이 당신 안에서 일어나는 큰 변화에 주목하게 된다면, 그것은 당신이 동료나 친구들을 사랑하는 삶을 살기 때문이다. 다른 사람들이 당신 안에 있는 경건의 실체를 알 수 있게 하는 다른 더 큰 영향은 없다. 모든 사람은 이런 성향을 인정한다. 사랑하는 것은 모든 사람이 좋아하는 것이다. 이것은 다른 사람을 설득하고 확신을 주는 탁월한 방법이다. 사랑은 사람들에게 종교를 생생하게 드러나게 한다. 이것이 바로 그리스도께서 다른 사람들에게 우리가 그분의 제자임을 확신시키기 위해 당신에게 주신 지침이다. 요한복음 13장은 이렇게 말한다. "너희가 서로 사랑하면 이로써 모든 사람이 너희가 내 제자인 줄 알리라"(요 13:35).

그래서 당신이 이처럼 사랑의 삶을 살면, 악인들 앞에 하나님의 존귀를 아주 잘 드러내게 될 것이다. 세상의 눈에 그리스도인의 광채가 되게 하는 것은 없다. 여러 마을에서 우리 가운데 임재를 가볍게 여기려고 하는 누군가의 입을 막을 것이 최상의 방법일 것이다. 그들이 경건하다고 고백하는 사람 중에서 이 우주적인 사랑의 영에 관한 균형 잡힌 섭리를 본다면, 그들은 하나님께서 진리의 하나님으로 우리 가운데 계신다고 확신할 것이다. 이것은 그들에게 하나님의 계심을 알 수 있도록 영향을 주며, 그럼으로써 그들은 같은 복을 구하게 될 것이다.

○

에드워즈의 확장된 설교 중 하나이다. 총 84쪽이며, 64쪽이 적용으로 구성되었다. 날짜가 표시되지 않았지만, 예일대학교 편집위원들은 이 설교가 1730년대 중후반에 행해진 것이라고 제안했다. 이 설교는 하나님의 사랑이 무엇인지에 대해 자세히 주해했다. 하나님의 사랑은 성도들 마음에 거한다. 신자에게 "예수 그리스도에 견줄 만한 다른 연인에게 관심을 두지 않겠다"라고 다짐하게 하는 것이 바로 이러한 사랑이다. 하나님의 사랑으로 가득 찬 영혼은 "하나님과 하나님의 영광과 예수 그리스도의 아름다움을 더욱 보고 싶어 한다." 그리고 나서 에드워즈는 신자의 마음에 하나님 자신의 임재하심인 하나님의 사랑이 "위선자들의 외견상의 사랑"과 어떻게 구별되는지를 상세히 설명한다.

에드워즈는 노샘프턴에서 대부흥 운동에서 하나님의 영을 부어주신 사건을 다시 한번 흥미롭게 언급하는 것으로 이 설교를 마무리한다. "이것은 여러 마을에서 우리 가운데 임재를 가볍게 여기려고 하는 누군가의 입을 막을 것이 최상의 방법일 것이다. 그들이 경건하다고 고백하는 사람 중에 이 우주적인 사랑의 영에 관한 균형 잡힌 섭리를 본다면, 진리의 하나님께서 우리 가운데 계시고 그들에게 영향을 끼치신다는 확신을 얻을 수 있을 것이다. 그럴 때 이와 같은 복을 찾게 되는 것이다."

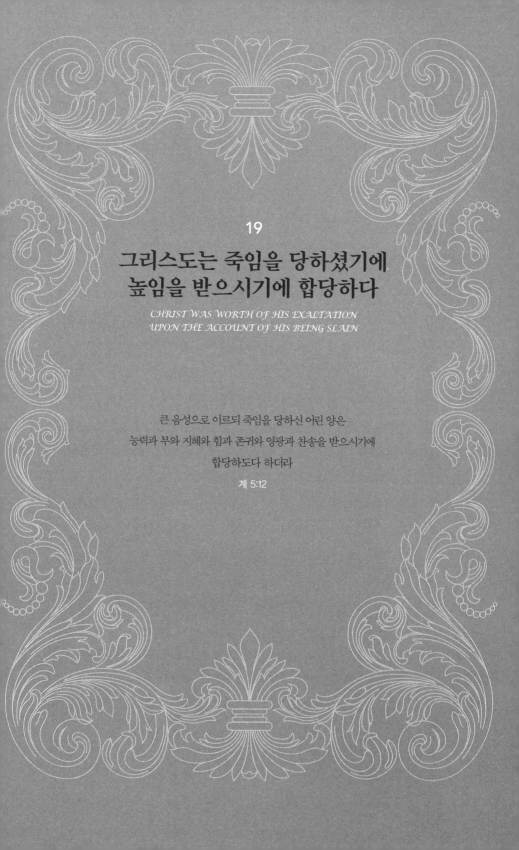

19

그리스도는 죽임을 당하셨기에
높임을 받으시기에 합당하다

CHRIST WAS WORTH OF HIS EXALTATION
UPON THE ACCOUNT OF HIS BEING SLAIN

큰 음성으로 이르되 죽임을 당하신 어린 양은

능력과 부와 지혜와 힘과 존귀와 영광과 찬송을 받으시기에

합당하도다 하더라

계 5:12

본문의 문맥은 하늘 위에나 땅 위에나 땅 아래에 일곱 인으로 봉인된 책을 펴거나 볼 수 있는 사람이 없다는 선언이 있고 나서 그리스도께서 그 책을 취하셨을 때 그분께 드린 찬양의 이야기를 소개한다.

그 책을 펴거나 일곱 인을 떼기에 합당한 자가 없으며, 하늘이나 땅에 또는 지옥에 감히 그렇게 할 사람의 모습이 보이지 않는다고 선포된 후에, 요한은 일찍이 죽임을 당한 것 같은 어린 양이 인을 떼시려고 등장하는 것을 본다. 이런 상황에서 피조물들은 어린 양을 찬송하고 높인다. 먼저 네 생물이, 그다음으로 이십사 장로들이 찬송한다. 이십사 장로들은 그리스도의 전체 교회를 대표한다. 특히 이십사 장로들은 영광스러운 교회를 대표한다. 본문에서 우리는 천사들이 이 상황에서 올려드리는 찬송을 듣는다. "내가 또 보고 들으매 보좌와 생물들과 장로들을 둘러 선 많은 천사의 음성이 있으니 그 수가 만만이요 천천이라 큰 음성으로 이르되 죽임을 당하신 어린 양은 능력과 부와 지혜와 힘과 존귀와 영광과 찬송을 받으시기에 합당하도다 하더라"(계 5:11,12).

관찰 1. 그들이 그리스도께 드리는 합당한 것들은 그분의 높아지심에 속하는 합당함 또는 그분의 높아지심으로 받으셔야 하는 영광의 합당함, 하나님의 우편에 그분의 아들 예수님의 높아지심이다. 하나님은 아들 예수 그리스도에게 능력과 권세와 통치권과 나라를 주었다. 하늘과 땅에 있는 모든 권세, 세상을 심판할 권세, 하나님의 아들을 천사들보다 높은 위치에 세우심, 만물을 그의 발아래에 두었다. 중보자이신 그리스도는 아버지로부터 신적 권세와 권위를 받으신다. 단지 굴복시키는 통치자의 권세가 아니라 하늘과 땅의 최고의 주님으로서 가지고 계시는 권세다. 그리스도는 하나님으로서 처음부터 이것을 가지고 계셨지만, 중보자로서는 원래 이것을 가지고 계시지 않았다.

부 : 만물이 그리스도께 복종하며, 절대적이고 주권적인 소유자이신 그분께 바쳐진다. 그분은 행복과 영광에서 부유하시다. 그리스도는 초월적인 방식에서 부요함을 누리시며 특히 다른 모든 사람보다 부유하시다. 이런 의미에서 그리스도는 낮아지기 전에 이미 부하셨다고 말하는 것이다. 고린도후서 8장은 이렇게 말한다. "우리 주 예수 그리스도의 은혜를 너희가 알거니와 부요하신 이로서 너희를 위하여 가난하게 되심은 그의 가난함으로 말미암아 너희를 부요하게 하려 하심이라"(고후 8:9). 그리스도는 지금 세상이 시작되기 전에 아버지와 함께 가졌던 영광으로 높아지셨다.

지혜 : 우리는 그리스도가 땅에 계실 때 지혜가 자라셨다는 내용을 읽는다. 그분은 지금 지혜가 더 많아지셨다. 그분의 마음이 매우 높고 온전하게 되셨다. 특히 이 경우에 이십사 장로들은 사람이신 그리스도께 지혜를 돌린 것만이 아니다. 그리스도는 자신이 가진 지혜로 하나님의 강력한 책의 인을 떼고 그 책을 읽을 수 있으셨다. 그리스도께서 높아지신 상태에서 그 인을 뗄 수 있었기 때문이다. 그리스도는 변호와 판결을 이행하여 세상을 다스리기에 충분한 일을 하셨다.

존귀와 영광 : 그리스도는 아버지로부터 큰 존귀와 영광을 받으신다.

복 : 그리스도는 높아지신 상태에서 땅에 있는 성도들과 하늘의 모든 천군의 복을 상속받으신다. 그리스도께서 높아지심으로 모든 유익이나 혜택들은 천사들로 말미암아 언급된 것들에 포함된다.

관찰 2. 그리스도를 찬양하면서 그분께 적용한 특정한 성품. 어린 양은 죽임을 당하셨다. 그리스도께서는 두 가지 이유로 죽임당한 어린 양의 이러한 특성 아래 특정한 성품을 가진 분으로 언급된 것 같다.

1. 그리스도는 죽임을 당하셨지만 이러한 성품을 받기에 합당하시기 때문이다. 매우 누추하고 낮은 환경에 나타나신 분이 이러한 근거로 찬양을 받으신 것이 놀랍다. 그리스도는 많은 사람에게 멸시를 받으셨다. 그들의 존귀나 인정을 받기에 합당하지 않았지만 말이다. 그리스도는 천사들 말고는 합당한 근거가 될 만한 모양이나 호감 가는 것이 없으셨다.

2. 그리스도는 죽임당하신 어린 양이므로 이런 내용의 찬양을 받기에 합당하시다. 그리스도는 어린 양이며 온유하고 겸손하신 분이기 때문이다. 하나님께서는 언제나 겸손한 자들을 존귀와 높임을 받기에 가장 합당하다고 여기신다. 그분이 죽임당한 어린 양이셨기 때문이며, 가장 큰 고난을 경험하셨고 고난을 당하셨기 때문이다. 그분은 자신을 부인하셨고 죽임당한 어린 양이셨다. 그리스도는 양처럼 시련을 겪으셨다. "그가 도살자에게로 가는 양과 같이 끌려갔고 털 깎는 자 앞에 있는 어린 양이 조용함과 같이 그의 입을 열지 아니하였도다"(행 8:32). 온유하게 인내하고 복종하셨으며, 어린 양으로 죽으셨으며, 희생 제물이 되셨다. 그러므로 그분은 찬양을 받기에 합당하시다.

| 교 리 |

그리스도는 죽임을 당하셨기 때문에 높임을 받기에 합당하셨다. 그런데 세상은 같은 이유로 그리스도를 멸시하기에 합당하다고 여겼다. 십자가에 못 박히신 그리스도는 유대인과 헬라인에게 걸림돌이 되셨다(고전 1:23). 그들은 십자가와 그리스도가 어울리지 않은 것으로 판단했다. 그리스도가 이처럼 불명예로운 죽음을 당하셨다면, 그것은 그리스도가 당연히 비난받을 만한 사람으로 여겨졌다는 것이며 악인으로 정죄를 받았다는 것이다. 평범한 악인이 아니라 가장 악하고 가장 비참한 악인으로 말이다. 유대인과 헬라인들은 십자가에 대한 이러한 판단을 그리스도인들에게 가했다. 그들이 십자가에 못 박히신 하나님을 경배한다고 그들을 비난하고 조롱하는 방법으로 말이다.

그러나 십자가는 실제로 세상적인 이미지와는 완전히 다르다. 바로 이 사실 때문에 유대인과 헬라인들이 비난한 그리스도께서 모든 피조물 위에 높임을 받으시고, 모든 이름 위에 뛰어난 이름을 받기에 합당하시다.

1. 그리스도가 높아지신 것이 무엇인가?
2. 그분은 어떤 면에서 높아지기에 합당하신가?
3. 왜 그분은 합당하신가?

I. 그리스도가 높아지신 것이 무엇인가? 이것은 두 가지 다른 질문으로 나눌 수 있다. 그리스도가 높아지셨다는 의미는 무엇인가? 그리고 그리스도는 어느 정도로 높아지셨는가?

1. 그리스도가 높아지셨다는 의미는 무엇인가?

대답 : 이것은 그리스도께서 율법이 요구하는 것을 완전히 이루시고, 하나님의 공의를 만족하신 후에 들어가신 영광스럽고 복된 상태다. 그리스도께서 처음 세상에 오셨을 때, 그분은 낮은 모습으로 오셨다. 그분의 낮아지심은 사망의 권세 아래와 무덤에 갇히셨을 때 끝났다.

그리스도의 높아지심에 속하는 것들은 그분이 이 세상에 계셨을 때 처하셨던 낮고 비천한 고난의 상태에서 높아지신 모든 것들이다. 그리스도는 비참한 상태에 있는 우리를 구원하기 위하여 낮아지셨다. 그리스도의 높아지심은 그리스도께서 죽은 자들 가운데서 다시 살아나신 부활의 때 시작되었다. 그리스도는 죽은 자들 가운데서 다시 살아나셨을 때 낮고 비천한 고난의 상태에 더 이상 계시지 않았다. 그 후 그분은 죽을 몸을 벗어버리셨으며, 그분의 몸은 더 이상 죽을 몸이 아니었다. 동시에 그리스도는 그분의 몸의 모든 연약함을 벗어버리셨다. 그분의 몸은 더 이상 피곤함과 굶주림과 목마름의 영향을 받지 않게 되었다. 그리스도는 더 이상 종의 형체가 아니셨으며, 수치를 당하거나 고난을 받는 대상이 아니셨다. 그분의 썩어질 것은 썩지 않을 것으로, 그분의 죽을 몸은 죽지 않을 몸을 입었다.

그리스도께서 들어가신 이 높아지심의 그다음 단계는 그분이 하늘에 오르신 것, 즉 승천과 하나님 오른편에 앉으신 것이다. 그분은 왕이시며, 세상의 심판자, 천사들의 머리, 하늘과 땅의 주님이시다. 그리스도의 인성은 완전함과 능력과 지혜에 있어서 높아지셨다. 본문에 언급된 것처럼, 그분은 영광과 신적 영광을 나타내심에 있어 가장 초월적인 아름다움을 입으셨다. 이전에 베일에 감춰졌던 하나님의 형상을 입으셨다.

몸의 높아지심. 그분은 지극히 높은 존귀로 높임을 받으셨다. 그분은 천사들의 찬송과 할렐루야를 받으셨다. 그분에게는 주권과 행복과 기쁨이 있다.

질문 : 누군가 그리스도께서 인성으로만 높아지셨는지, 인성으로 어떻게 높아지셨는지 묻는다면 어떻게 대답할 것인가?

대답 : 그분은 신인(神人)으로서 그리고 중보자로서 높아지셨다고 대답할 수 있다. 이 높아지심은 그분의 신성을 고려한다면 단지 그리스도께 속한 것이 아니다. 왜냐하면 그리스도의 신성은 낮아지거나 높아질 수 있는 것이 아니기 때문이다.

또한 그리스도가 높아지신 것은 그분이 사람으로서만 높아지신 것이 아니다. 그분은 신인과 중보자로서 높아지기도 하신 것이다. 신인이신 그리스도는 그분의 직책의 특성상 낮아질 수도 있고 높아질 수도 있으시다. 본성에 있어 동등한 분들은 직책에 있어서 하나가 될 수 있다. 반면에 그 직책을 실행함에 있어서는 보좌 위에서 다스릴 수 있으시다. 인간으로서의 그리스도는 인성 그 자체에 변화가 있었다. 완전함과 행복이 그것이다.

그러나 그분의 높아지심은 그분의 인성에 한정되지 않고 신성과 관련이 있다. 그것은 단지 신성이 고려된다는 의미가 아니라 인성과 연합하고 인성에 신성이 나타난다는 의미에서 그러하다. 어떤 새로운 완전함이나 영광을 부여함으로써가 아니라 그분의 낮아지심의 상태 속에 감춰지고 가려진 그분의 영광의 나타남으로 그리스도의 신성의 높아지심이 발생한 것이다. 그리스도께서 낮아진 상태에 계시는 동안에 신성의 능력과 통치를 행사하지 않으셨던 것을, 높아지심으로 행사하고 자동적으로 드러내셨다. 어떤 면에서 그리스도의 신성은 한쪽으로 제쳐놔 있었다.

2. 그리스도는 어느 정도 높아지셨는가? 그리스도가 높아지신 정도를 결정하거나 어느 정도 높아지셨는지 어떤 식으로든 생각하는 것은 우리의 한계를 넘어서는 일이다. 그 점에 대해 우리가 아는 것은 거의 없다.

그러나 성경이 그리스도의 높아지심의 정도에 대해 가르치는 몇 가지가 있다.

(1) 그리스도의 높아지심은 모든 피조물이나 세상의 여러 왕을 훨씬 뛰어넘는 높아짐이다. 그분은 가장 높은 천사들보다도 높아지셨다. 빌립보서 2장은 이렇게 말한다. "이러므로 하나님이 그를 지극히 높여 모든 이름 위에 뛰어난 이름을 주사 하늘에 있는 자들과 땅에 있는 자들과 땅 아래에 있는 자들로 모든 무릎을 예수의 이름에 꿇게 하시고 모든 입으로 예수 그리스도를 주라 시인하여 하나님 아버지께 영광을 돌리게 하셨느니라"(빌 2:9-11). 에베소서 1장에서 이렇게 말한다. "그의 능력이 그리스도 안에서 역사하사 죽은 자들 가운데서 다시 살리시고 하늘에서 자기의 오른편에 앉히사 모든 통치와 권세와 능력과 주권과 이 세상뿐 아니라 오는 세상에 일컫는 모든 이름 위에 뛰어나게 하시고"(엡 1:20,21).

(2) 그리스도는 하늘과 땅에 대한 최고 통치자의 수준으로 높아지셨다. 여러 측면에서 매우 비천한 상황에 나타나신 것과 비교되는 영광을 가지셨다. 그리스도는 사람들이 싫어하는 대상이며 멸시와 조롱의 대상으로 취급받으셨다. 에베소서 1장은 "또 만물을 그의 발 아래에 복종하게 하시고"(엡 1:22)라고 말한다. 그분은 만왕의 왕이며 만주의 주이시다. 그분은 하늘의 왕이시다. 그리스도께서 하나님의 보좌에 앉아 그분의 권세와 통치를 행사하시는 것은 종속된 자로서가 아니라 최고의 주님, 절대적이며 주권을 가지신 주님으로서 그렇게 하신다. 그리스도는 하나님의 오른편에 앉아 계신다. 그분은 자신의 법과 자신의 섭리로 세상을 다스리시며, 그분의 눈에 보이는 나라를 온 세상에 확장시키실 것이다. 그리스도는 귀신들, 천사들, 섬기는 영들을 다스리는 능력이 있으시다. 그분은

최고의 심판자로서 세상을 심판하실 것이다. 그분이 행하시는 심판은 최후의 심판이 될 것이다. 애원하는 것이나 호소하는 일이 없을 것이다.

이것은 그리스도께서 신성으로 존재하셨을 경우에만 해당하는 것이 아니다. 신인으로서, 중보자로서 또는 교회의 머리로 높아지신 상황에도 해당한다. 에베소서 1장은 이렇게 말한다. "또 만물을 그의 발 아래에 복종하게 하시고 그를 만물 위에 교회의 머리로 삼으셨느니라 교회는 그의 몸이니 만물 안에서 만물을 충만하게 하시는 이의 충만함이니라"(엡 1:22,23).

(3) 그리스도는 하나님의 영광과 존귀에 참여하신다. 그리스도의 영광은 창조 전에 아버지와 함께 가졌던 영광이다. 그리스도께서 가지고 계신 신성의 칭송(요 17:5)과 하나님의 모든 천사들이 그분을 경배하는 것을 노래한다(히 1:6).

우리는 요한계시록 5장에서 그리스도가 신격에 있어 성부 하나님과 하나가 되셔서 천사들과 천군들의 할렐루야와 모든 피조물의 찬송을 받으시는 장면을 발견한다(계 5:13). 그리스도께서 세상을 심판하러 오실 때, 그분은 아버지의 영광으로 오실 것이다(마 16:27). 그분은 형언할 수 없고 이해할 수 없는 방법으로 하나님의 행복을 누리신다.

II. 그분은 어떤 면에서 높아지기에 합당하신가? 그분이 어떤 점에서 합당하신지 탐구하기 위해, 여기에 사용된 '합당하다'라는 단어가 성경에서 종종 두 가지 의미로 사용되었다는 점을 알 필요가 있다.

1. 이 단어는 어떤 사람이 합당하다고 말할 때만을 의미하는 경우가 있다. 그런 것을 그들에게 부여하는 것이 적절하거나 어울리는 자질을 갖

춘 경우 외에 다른 뜻은 없다. 마태복음 10장은 이렇게 말한다. "아버지나 어머니를 나보다 더 사랑하는 자는 내게 합당하지 아니하고 아들이나 딸을 나보다 더 사랑하는 자도 내게 합당하지 아니하며"(마 10:37). 여기에 행복의 혜택을 받기에 합당한 두 가지 적합함이 있다. 법적 적합함과 복음적 적합함.

(1) 법적 적합함은 사람들이 율법의 대의나 행위 언약에 따라 하나님의 은총과 행복을 받기에 적합한 것을 가리킨다. 우리는 이것을 직접적인 적합함이라고 부를 수 있다. 이에 비춰본다면 사람들은 스스로 그 적합함을 구비하거나 얻는다. 그들은 자신이 완전한 순종했다는 것을 알기에 자신 안에 있는 자격으로 직접적으로 적합하다. 이런 합당함이 그리스도께 있는 것이다.

(2) 복음적 적합함은 사람들이 하나님의 은혜로운 복음의 법에 따라 행복과 하늘의 상급을 받기에 적합한 것을 가리킨다. 우리는 이것을 간접적인 적합함이라고 부를 수 있다. 이에 비춰본다면 사람들은 그들 안에 하나님의 은총의 행복과 상급을 받기에 알맞은 자질들이 있어서 적합한 것이 아니다. 그들은 다만 하나님이 보시기에 충족시킬 만한 자질이 그들에게 전가되었기 때문이다. 그들은 그리스도를 영접함으로써 그분과 연합하여 긴밀한 관계를 가졌다. 그래서 그리스도를 통해서 또는 그리스도께 속한 지체로서 그 상급을 받기에 합당한 것이다.

당신이 어떤 물건을 살 때와 마찬가지로, 그리스도의 인격과 사역의 선함과 탁월함과 상급의 탁월함이 있다. 이것은 우리의 첫 부모(아담과 하와) 안에 있었던 것보다 더욱 우수하다. 이러한 이유에서 죽임을 당하신 그리스도는 직접적인 적합함뿐만 아니라 적절한 공로에 의해서도 합당하신 분이다. 이 탁월함과 선함 사이의 균형으로 인해 그리스도께서 죽기까지 복종하시고, 십자가에 못 박히시고, 높아지심의 영광에 속하는 수단이 있다.

III. 세 번째 이유이다. 합당함의 마지막 부분에 대해서만 설명하려 한다. 올바른 등가적(等價的) 또는 보상적 공로(하나님의 은총을 받은 상태에서 베푼 선행에 의해 얻어지고, 천국에서 영광과 같은 보답을 마땅히 받을 권리가 있는 공로 - 역주)에 대하여. 두 가지 이유가 있다. 그 행위의 탁월함에는 그리스도의 높아지심의 영광과 동등함에 비례하기 때문이다. 두 가지는 원래 의무가 아니다.

1. 우리는 그리스도의 죽음을 그리스도의 행위로 생각해야 하며, 단지 열정으로 생각해서는 안 된다. 그리스도는 막연히 수동적이지 않으셨다. 그분은 자원하여 죽음에 복종하셨고 실제로 죽으셨다. 이 일에 있어 그리스도와 그분의 사역은 더할 나위 없이 완벽했다. 그리스도의 사역은 탁월했으며 거룩하고 합당한 행위였다. 그 행위의 탁월함은 그 안에 무한한 탁월함이 있는 동등함에 비례했다.

2. 순종의 행위로서 그리스도의 행위는 하나님께서 명령하신 순종의 행위였다.
질문 : 그리스도의 이 순종이 다른 사람의 완전한 순종보다 나은 이유는 무엇인가? 순종이 어떻게 완전함보다 더 낫다고 할 수 있는가? 순종의 행위들은 사랑에 대한 분량에서, 하나님의 권위에 대한 존경에서 탁월하다. 순종이 행해지고 실천될 때에는 영광이 동반되며, 영광은 순종으로 나타난다.

이 순종의 행위는 어떤 사람이나 천사의 순종보다도 아버지에 대한 무한히 큰 사랑과 존경으로 수행되었다. 여기서 그리스도의 인간성(인간의 본성)에 대한 사랑뿐만 아니라 그리스도의 인격(사람으로서의 성품)에 대한 사랑도 고려해야 한다.

그리스도의 순종은 하나님의 권위에 순응하고 하나님의 위엄의 권세와 영광에 대한 무한한 존경에 근거하여 행한 것이기에 거룩한 행위였다. 그리스도의 순종은 사람이 하나님의 위엄과 존귀에 가한 상처를 치유한 행동이었다. 그리스도는 죄인들을 구원하려는 마음을 가지고 계셨다. 그리스도는 기꺼이 순종하셨다. 그래서 그분은 하나님의 위엄의 영광에 부합하게 행동하셨다.

이 무한한 존경은 그 행위의 힘든 정도에 따라 나타났다. 무한한 순종이었던 낮아지심과 자신을 부인하신 것이 사랑에서 우러나온 것이라면, 이는 자신을 부인함에 비례하여 합당하다. 에베소서 2장은 이렇게 말한다. "또 함께 일으키사 그리스도 예수 안에서 함께 하늘에 앉히시니 이는 그리스도 예수 안에서 우리에게 자비하심으로써 그 은혜의 지극히 풍성함을 오는 여러 세대에 나타내려 하심이라 너희는 그 은혜에 의하여 믿음으로 말미암아 구원을 받았으니 이것은 너희에게서 난 것이 아니요 하나님의 선물이라 행위에서 난 것이 아니니 이는 누구든지 자랑하지 못하게 함이라"(엡 2:6-9).

그리스도의 순종에는 무한한 탁월함이 있다. 그리스도께서 사람들에게 무한한 자비와 사랑을 행하셨고 나타내셨기 때문이다. 자비로운 하나님께서 보시기에 자비는 탁월하며 사랑스러운 것이다. 자비의 특성과 본질은 사랑이다. 자비는 그것을 행하는 정도에 비례하여 사랑스럽고 탁월하다. 그러나 그리스도의 사랑은 아래에 언급할 두 가지 점에서 모두 무한했다. 하나님은 자비를 기뻐하셨기에 그것에 근거하여 그리스도가 무한한 상을 받기에 합당하다고 평가하신다.

1. 그리스도는 무한한 선 때문에 순종하셨다. 그분은 하나님의 영광과 사람의 선을 위해서 순종하셨다. 그리스도의 순종은 하나님의 영광을 모든 피조물, 모든 천사, 모든 인류가 행한 것보다 더 많이 드러났다. 그러므로 그리스도는 하나님의 영광을 무한히 높이시기에 합당하시다.

하나님의 무한한 영광은 그리스도의 순종에 충분히 나타난다. 이로써 하나님은 자신의 은혜의 영광을 무한히 행하고 나타내셨다. 무한한 낮아짐의 선물, 무한한 자기부인은 하나님의 사랑하는 자들인 택함 받은 모든 사람의 무한한 선이 되었다. 이러한 이유에서 그리스도는 합당하시다. 본문의 8절과 9절에서 구속함을 받은 사람들이 찬송하듯이 말이다. 이십사 장로들은 어린 양 앞에 엎드려 절한다. 그들은 각각 거문고와 향이 가득한 금 대접을 가지고 이렇게 찬송한다. "그들이 새 노래를 불러 이르되 두루마리를 가지시고 그 인봉을 떼기에 합당하시도다 일찍이 죽임을 당하사 각 족속과 방언과 백성과 나라 가운데에서 사람들을 피로 사서 하나님께 드리시고 그들로 우리 하나님 앞에서 나라와 제사장들을 삼으셨으니 그들이 땅에서 왕 노릇 하리로다 하더라"(계 5:9,10).

2. 그리스도가 합당한 이유는 본래 그런 행위를 해야 할 의무가 없었기 때문이다(계 5:12).

(1) 의심의 여지없이 그리스도는 우리를 위해 행하신 것으로 인해 우리의 사랑과 찬송을 받기에 합당하시다는 점이다. 그리스도께서 하신 일을 고려하면 그분이 받은 상급은 너무 적다. 그분은 참으로 놀라운 영광과 높임을 기꺼이 받으시며, 피조물들의 찬양을 받으실 것이다.

(2) 그리스도께서 합당하시다면, 그분이 하신 일을 자주 기념해야 한다는 것은 의심의 여지가 없다. 그래서 의도적으로 거룩한 절기가 제정되었다.

사람들이 이 사실에 대해 듣고 이 거룩하고 놀라운 일을 알고 있지만, 그것을 기념하려 하지 않는 것은 정말로 큰 죄다. 다른 사람들은 기념하려다가도 등을 돌리고 가버린다. 이런 행동은 마치 사람들이 그리스도가 죽임을 당하지 않고, 그분의 영광에 그렇게 많은 것을 드리기에 합당하지 않은 것처럼 그리스도를 치욕거리로 만드는 행동이다.

| 적 용 |

그리스도의 죽음이 단지 죄를 만족시킨 것만은 아니었다. 그리스도의 죽음은 우리의 죄에 대한 하나님의 공의를 만족시키기 위한 희생 제물이었다. 그러나 그리스도께서 자신의 죽음으로 빚을 갚은 것만은 아니었다. 그의 죽음은 무한한 가치가 있다. 그리스도는 우리의 보증으로서 하나님께 진 빚을 갚으셨을 뿐만 아니라 이 일로 하나님은 그리스도에게 무한한 빚을 지게 되셨다.

그리스도는 고난으로 공의를 만족시키셨고, 그분의 의로 공로를 얻으셨다고 말한다. 그런데 그런 경우, 이것은 그리스도께서 고난으로 막연히 율법의 심판을 겪은 것으로 여기셨다고 이해할 수 있다. 그러나 이것은 그런 고난에 복종하는 행위의 거룩함과 탁월함을 고려하지 않은 것이다. 그러므로 그리스도의 죽음은 그분의 의로움과 구별될 수 있다. 그러나 그것은 거룩한 순종의 행위, 사랑의 표현, 하나님과 그분의 영광에 대한 존경, 아버지 앞에 무한히 사랑스러운 행위로 여길 수 있다. 그래서 그리스도의 죽음은 죄에 대한 속죄이고, 공로를 세운 자신의 의의 일부분이며 주요한 부분이다.

그리스도의 죽음을 죄에 대한 속죄로만 이해할 경우, 우리는 그 행위의 탁월함에 대해서는 전혀 고려하지 않게 되며, 단지 그분의 죽음이 우리가 받을 심판에 해당한다는 것만 생각하게 된다. 그러나 우리가 하나님 앞에서 그리스도의 죽음의 거룩함과 사랑스러움을 그분의 자원하신 행위로 여긴다면, 그 죽음은 우리의 죄책을 대속할뿐더러 무한히 영광스러운 상급을 얻는 공로이기도 하다.

그래서 특히 그리스도께서 드리신 희생 제물은 하나님께 향기로운 제물이라고 말하는 것이다. 그리스도의 죽음에는 의가 있었다. 그리스도께서 이 희생 제물을 드리심으로써 하나님의 권위와 명령에 신적이고 성스러운 사랑과 존경으로 가득한 마음을 올려 드린 것이다. 그리스도는 이 고난을 기꺼이 짊어지셨고 그 고난을 겪으심으로써 이러한 사랑을 표현하신다.

그리스도의 희생 제사는 하나님의 분노를 만족시키거나 풀어주셨을 뿐만 아니라 하나님의 은총을 받는 향기로운 제물이었다. 에베소서 5장은 이렇게 말한다. "그리스도께서 너희를 사랑하신 것같이 너희도 사랑 가운데서 행하라 그는 우리를 위하여 자신을 버리사 향기로운 제물과 희생 제물로 하나님께 드리셨느니라"(엡 5:2). 이로써 특히 하나님께서는 자신의 아들을 기뻐하셨다. 하나님께서는 우리의 보증인을 기뻐하셔서 자신의 분노를 가라앉히셨을 뿐만 아니라 자신의 의를 위하여 그리스도 안에서 무한히 기뻐하셨다. 이사야서 42장은 이렇게 말한다. "여호와께서 그의 의로 말미암아 기쁨으로 교훈을 크게 하며"(사 42:21).

그리스도께서 죽임을 당하심으로써 자신을 위한 높아지심의 공로를 얻으셨다면, 그분이 이로써 우리를 위한 영광스러운 것들을 얻을 공로를 얻으셨다는 것은 의심의 여지가 없다. 그리스도는 우리를 위해 죽음을 당하셨기 때문이다. 그리스도는 우리 때문에 목숨을 내주셨다. 그리스도의 그 행위가 그분이 높아지시는 영광스러운 상을 얻을 정도로 뛰어나고 공로가 있는 것이었다면, 그리스도께서 하나님의 우편에 높아지신 것은 당연하다.

의심할 여지없이 이곳에 있는 우리에게 충분한 공로가 있다. 우리가 그리스도 안에 있다면, 우리가 그 공로의 열매로 얻게 될 행복은 아주 영광스럽다. 그 엄청난 영광을 사기 위해 자신의 목숨을 내주신 그리스도 안에 충분한 공로가 있다면, 그 안에 그리고 그리스도의 다른 의로움 안에 우리가 바랄 수 있고, 우리가 누릴 수 있는 것과 우리를 위해 사기에 충분한 것이 있다는 것은 분명하다. 그러나 나는 몇 가지 반대에 답함으로써 이 문제를 더욱 분명하게 하고, 설명하기 위해 노력할 것이다.

그리스도가 자신의 높아지심이나 죽임당하신 것을 큰 상으로 여길 만한 가치가 있다면, 어떻게 우리에게 무엇인가가 남아 있다고 할 수 있을까?

그리스도께서 높아지심으로써 받으신 상은 그분의 공로와 동등하다. 하나님은 그리스도의 공적 또는 공로에 따라, 또는 하나님께 순종하심으로써 수행하신 행위들의 탁월함에 비례하여 그리스도에게 충분한 상을 주신다. 이로써 마치 그리스도께서 공로를 세운 모든 것이 그분께만 있고, 우리에게는 남은 것이 아무것도 없는 것처럼 보인다.

그러나 신적인 충만함과 무한한 충만함은 모든 것을 소유하고 있는 어느 누구나 차지할 수 있으며 특정한 사람들에게 제한되지 않는다. 유한하고 제한된 선은 무한한 선과 함께 있지 않다. 제한된 선은 일단 모든 것을 소유하여 누군가 그것을 차지한다면 다른 사람을 위해 남는 것은 없다. 그러나 무한한 선의 경우는 그렇지 않다. 무한한 선은 마치 그것이 어느 사람에게 제한되는 것처럼 누군가 독점적으로 차지하는 그런 것이 아니라서 다른 사람들도 그가 소유하고 있는 것을 줄이지 않고 얼마든지 참여할 수 있다.

예를 들어보자. 하나님은 무한한 충만함으로 자기 충족적인 분이시다. 스스로도 자신을 위하여 충분한 것을 가지고 계신다. 하나님은 자신을 위해 과분하지 않지만, 모든 피조물을 위해서 충분한 것을 가지고 계신다. 그분은 자신 안에 있는 선한 것을 다 누리신다. 하나님께는 자기 충족적인 것이 있다. 그래서 그분께 자기 충족적인 것 이상의 것이 있다고 말하는 것은 적절하지 않다. 그런 것은 없기 때문이다. 이것은 어떤 사람에게 부자로서 그가 누릴 수 있는 것보다 더 많은 재산이 있는 것과 같은 그런 충족함이 아니다. 하나님은 그분이 가지고 계신 모든 것을 누리신다. 하나님은 친히 무한한 선을 가지고 계시며, 무한히 행복과 선을 누리신다. 하나님은 자신을 위해 충분한 것보다 더 많은 것을 가지고 계신다고 말할 수 없다. 그러나 하나님은 모든 피조물에게 공급하기 위해 무한히 충분한 것을 가지고 계신다. 그분은 자신이 누리는 것을 피조물들도 동일하게 누리게 하신다. 하나님의 자기 충족성을 모두가 경험하고 있다.

하나님께서는 자신이 누리시는 것보다 많은 것이 있다고 말할 수 없지만, 그분의 피조물에게 주시는 무한하고 끝없는 원천이 있다. 하나님은 자신의 행복을 주시더라도 그 선함의 정도가 결코 줄어들지 않는 충분함이 있다. 하나님은 모든 피조물에게 자신의 행복을 주기를 기뻐하신다. 이 피조물들은 너무 많다고 할 수 없을 정도로 얼마든지 하나님의 행복을 받는다.

그리스도의 충분함과 공로도 마찬가지로 합당하다. 신인(神人)이신 그리스도는 자신의 무한한 공로의 혜택을 가지고 계신다. 그리스도는 그 혜택에 해당하는 충분한 상급이 있다. 의로운 아버지 하나님은 그리스도의 공로에 따라 온전히 그에게 상을 주신다. 그러나 우리는 그리스도의 공로가 한계가 있고, 그리스도께서 그것을 소유하고 계실 때 임시적이라는 생각을 가져서는 안 된다. 모든 신자와 각각의 신자에게 줄 혜택은 줄어들지 않는다. 모든 사람이 그리스도가 받은 혜택만큼 같은 혜택을 받을 것이기 때문이다. 모든 사람이 그리스도가 받은 것과 같은 혜택을 받을 것이다. 그 혜택은 그리스도의 공로뿐만 아니라 그분의 만족과 관련되었다.

그리스도께서 갚으신 값은 무한했다. 한 사람의 죄의 값을 치르기에 무한한 값이 필요하다. 그런데 한 사람은 그 무한한 값으로 갚아야 할 죄가 있다. 그는 자신이 죄의 값을 갚거나 그 타당성을 자신하지 못한다. 수천, 수백만 명에게도 충분한 것이 있다. 너무 많다고 하지 말라. 각 사람에게는 적지 않다. 이것은 그리스도께서 왜 그의 공로에 걸맞은 상급을 받으셨는지 자신에게는 어느 정도 만족시켜줄지 몰라도, 우리에게는 상급을 초월한 무한한 것이 있다.

그리스도가 비록 온전하게 상급을 받았다고 해도, 우리에게도 공로가 있다. 신자들은 그리스도 안에 있는 자로서, 이와 마찬가지로 그와 함께 참여하는 자로서 그리스도의 공로의 혜택을 가지고 있기 때문이다. 그리스도께서 자신의 공로에 해당하는 상급을 온전하게 받았지만, 그리스도의 지체들로서 그리스도 안에 있는 사람들은 그분의 공로에 참여하고, 그러한 자들로 그 상급을 받을 권리가 있는 것이다. 비록 신자들에게는 그리스도께서 공로를 얻으신 것을 주장할 독자적인 권리가 없지만 말이다. 그렇지만 그들은 그리스도 안에 있는 존재로서, 그분의 지체들로서 그분이 받으신 공로에 참여할 권리가 있다. 그들은 그리스도의 지체들이며, 그리스도께서 공로를 이루신 대가로 받은 온전한 상급을 받은 자들이다.

그래서 그들이 자신의 힘으로 어떠한 혜택도 받지 못할 것이라고 결코 주장할 수 없다. 오히려 그 반대다. 그리스도 또는 중보자께서 상급을 받으셨다면, 그리스도 안에 있는 사람들은 그분 안에서 반드시 상급을 받을 것이다. 그리스도 안에 있는 사람들은 그리스도와 연합되었기 때문에 그분께서 받으신 상급에 참여한다. 이것은 신자들이 그리스도의 공로에 참여하게 됨을 의미한다.

만약에 어떤 사람이 자신이 행한 어떤 것으로 말미암아 한 인간으로서 자신의 인격의 비범한 탁월성이나 어떤 친절한 행동을 하여 이웃의 큰 존경과 사랑을 받을 만한 공로를 보여주었다. 그리고 실제로 그의 공로에 합당한 존경과 대우를 받았다면, 그는 자신의 공로나 공적을 행했다고 말할 수 있을 것이다. 그 사람의 매우 친근하고 소중한 공로 때문에 그의 이웃들은 그를 위해서라면, 그리고 그가 이웃 사람들에게 여전히 관심의 대상으로 있는 한 틀림없이 정중하고 극진한 대접을 해줄 것이다. 어떤 사람이든지 다른 사람들에게 관심의 대상이 되는 한, 그의 선한 성품들이나 선한 행위들로 인해 그들에게 칭찬을 받는다. 이 시점까지는 그들이 곧 그 자신이기 때문이다. 그 사람이 그에게 개인적으로 선하게 대우하고 그의 공로에 대해 별도로 응대할지라도, 그의 공로 때문에 그를 존경할 것이다.

높아짐은 충분한 보상이 된다. 그러나 이로부터 얻는 공로가 있다. 그리스도의 높아지심은 우리의 중보자로서 높아지신 것이기 때문에 그분과 함께 신자들도 높아지는 것이다. 중보자이신 예수 그리스도는 신자들을 자신과 동일한 존재로 여기신다. 우리가 관찰했듯이, 중보자이신 그리스도는 독립적인 한 개인이 아니시다. 그분은 사람의 보증인이며 대표자이다. 그리스도는 자신을 실제로 우리의 보증인과 대표자로 여기시며, 그분은 신자들의 대표자 또는 중보자의 특성을 지닌 분으로서 높아지셨다.

두 번째로, 신자들이 그리스도와 함께 영광스럽게 되는 것은 그분이 추구하고 공로로 받은 상급에 속한다. 그리스도는 성도들이 영화롭게 되는 것에 마음을 집중하셨으며 이것을 열렬히 구하셨다. 그리스도 앞에 놓여 있던 것이 이러한 기쁨이었다. 이로 인해 그리스도는 지금 매우 기뻐하신다. 여기에 그분이 행하신 사역의 성공이 있다. 그리스도는 사역을 다 이루실 만한 가치가 있었다. 그리스도는 사탄을 이기고 승리하셨다. 여기에 영혼들을 하나님과 영원한 영광으로 인도하시는 하나님의 은혜의 나라의 영광이 있다. 이로 인해 그리스도께서 우리에게 공로로 주신 것을 대적하는 모든 반대가 제거된다. 그리스도는 높아지심으로 자신이 공로를 이루신 것과 같은 영광을 받으셨다. 그리스도의 영광에는 신자들이 영광을 받게 되는 것도 포함되어 있다.

그리스도께서 공로를 받으신 것이 자신을 위한 것이었다면, 우리가 그분의 공로에서 무슨 혜택을 기대할 수 있겠는가? 반대로 그리스도의 공로가 우리를 위한 것이었다면, 그리스도께서는 어떻게 혜택을 받을 수 있었는가? 그리스도의 의의 보상이 그분 자신에게 해당하는 것이라면, 우리는 그분의 의와 무슨 관계가 있겠는가? 그러나 그리스도께서 우리를 위하여 어떤 공로를 행하셨다면, 그분 자신은 어떻게 상급을 받게 되겠는가?

이 문제와 관련하여 그리스도께서 행하신 것은 머리 되신 그분이 전체 몸을 위해 공인으로 행동하신 것이다. 머리는 온 전체를 위해 행동하며 공로를 이루며 머리나 지체를 배제하지 않는다. 머리에는 의와 충만함과 공로가 있다. 의나 충만함이나 공로는 몸의 다른 지체들과 분리되어 머리 자체만을 위하지 않으며, 머리를 배제하고 몸만을 위하지도 않는다. 머리에 공로가 있다면, 그 머리에는 머리와 지체들로 구성된 전체 몸을 위한 충만함이 있다. 한 사람의 머리와 몸의 여러 장기들이 기능하는 것과 정확히 같은 방식으로, 그것들은 생명의 근원이며 전체 몸에 건강이 된다. 머리나 마음에 그것 자체만을 위한 생명과 건강이 있는 것은 아니다. 머리나 마음에는 몸을 위한 생명과 건강이 있다. 또한 머리나 마음은 그 영혼은 배제하고 몸만을 위한 생명과 건강이 있는 것이 아니다.

그리스도는 우리를 위하여 우리의 본성을 취하심으로써 우리 중 하나가 되셨다. 그분은 택함을 받은 자들의 사회에 속한 한 분이 되셨다. 그들의 머리로서 그렇게 하신 것이지만 말이다. 왕이 그가 왕으로 있는 나라에 속하거나 가장이 그 가족에 속하는 것처럼 말이다. 그러므로 어떤 왕이 그 나라의 대표자로, 또는 자신을 배제하지 않고 나라의 선을 위해 행동하는 것처럼, 그리스도께서 행하신 것은 그분이 전체 사회를 위해, 공적인 인물로서 전체를 위해 행하신 것이다. 그리스도는 한 가족의 가장이 한 가족을 대표하는 것처럼 행동하고, 자신을 가족에게 속한 자로, 그 자신이 가족의 구성원들과 함께 혜택을 가지는 것처럼 행하신다.

이 신비로운 몸 안에는 혜택들을 교감하는 것이 있다. 여러 혜택들은 원천인 머리로부터 지체들에게로 전달된다. 그러나 머리로부터 그렇게 하는 것은 아니다. 먼저는 만물 가운데 가장 탁월한 것을 가지고 있다는 점에서, 지체들이 머리에 머물러 있고 머리가 참여하는 것이다. 골로새서 1장은 이렇게 말한다. "그는 몸인 교회의 머리시라 그가 근본이시요 죽은 자들 가운데서 먼저 나신 이시니 이는 친히 만물의 으뜸이 되려 하심이요 아버지께서는 모든 충만으로 예수 안에 거하게 하시고"(골 1:18,19).

그리스도께서 세상에 오셔서 하신 모든 일은 신비로운 그리스도를 위해 행하신 것이다. 이를테면 그리스도는 우리의 보증인이 되시며 자신의 인격을 확장하는 것으로 모든 신자를 포함하신다. 그래서 그들은 그리스도의 지체들이 되었다. 전체 몸, 머리, 지체들 그리고 모든 것이 한 분 그리스도로 간주된다. 모든 것이 신비로운 그리스도이며 다 함께 그리스도라고 불린다. 고린도전서 12장은 이렇게 말한다. "몸은 하나인데 많은 지체가 있고 몸의 지체가 많으나 한 몸임과 같이 그리스도도 그러하니라"(고전 12:12). 본문은 모두가 하나의 신비로운 그리스도라고 말한다. 이 신비로운 그리스도를 위해 그리스도께서 세상에 오신 것은 사역을 성취하기 위해 그렇게 행동하신 것이다.

이로써 그리스도와 그분의 백성 간에 혜택의 교감이 있게 되었다. 그리스도는 자신의 의로움에 해당하는 상급을 받으셨으며, 이와 마찬가지로 그 백성들도 그분의 의에 해당하는 상급을 받았다. 그리고 그리스도는 자신이 마련하시고 받으신 모든 혜택의 첫 번째 참여자이시다. 어떤 의미에서 그리스도께는 자신이 갚으신 혜택이 있다. 그리스도에게는 갚아야 할 자신이 지은 죄는 없지만, 그분에게 죄책이 전가되었고 이에 대한 갚음이 필요하셨다. 그리스도가 전에 우리의 보증인이 되셔서 우리의 죄책을 친히 짊어지신 후, 만약에 그분이 그 죄책을 갚지 않으셨다면, 공의와 율법은 그분을 대적할 것이고, 그분은 의롭다 하심을 받아야 한다고들 한다(딤전 3:16).

그리스도께서 행하고 고난을 당함으로써 상급을 받으신 것처럼, 우리도 행하고 고난을 당해야 한다는 그리스도의 법의 영광이 이 사실로 인해 전혀 손상되지 않는다. 이 사실은 그리스도가 우리 중 하나가 되고, 이 몸의 머리가 되는 데 있어 그분의 자유로운 사랑에 전혀 반대하지 못하기 때문이다. 그리스도는 그분의 행복에 다른 어떤 것도 필요하지 않고 덧붙일 수 없을 정도로 완벽하시다. 그리스도께서 자신을 우리와 연합하려 하시는 것은 사랑을 보여주시려는 데 있다.

그리스도의 의가 자신에게만 아니라 우리에게도 전가되었다면, 신자들은 왜 그리스도처럼 큰 상급을 받지 않는가?

온몸, 머리와 지체들은 그 혜택의 참여자들이다. 그러나 각각은 저마다의 역할에 따라 그렇게 한다. 그리스도와 성도들의 온 교회는 하나의 몸이다. 몸의 머리는 그리스도이며, 성도들은 각기 다른 위치와 역할에 속한 지체들이다. 아니, 온몸과 머리와 지체들은 그리스도의 의 안에서 교감한다. 그들은 모두 그리스도의 의의 혜택에 참여하는 자들이다. 머리이신 그리스도는 이로 인해 상급을 받으시며, 모든 지체는 저마다 그 혜택과 상급에 참여하는 자이다. 그러나 모든 지체가 그 혜택에 동등하게 참여해야 한다고 결론을 내려서는 안 된다. 오히려 각각의 지체는 그 몸에서 자신의 질서와 각자의 역할과 위치에 따라 그 혜택에 참여한다.

그리스도가 그분의 역할에 따라 온전하고 완전한 행복을 가지셨던 것은 그분이 모든 사람을 위하여 행하신 공로에 해당한다. 머리는 몸의 다른 지체들보다 훨씬 더 많은 것에 참여한다. 완전한 건강을 즐기는 자연적인 몸에서 일어나는 것처럼, 훨씬 더 큰 역할을 하는 더 고상한 지체들은 열등한 지체들보다 더 많은 것에 참여하는 법이다. 머리와 장기들은 그 건강의 더 큰 분량에 참여한다. 머리와 장기들이 손과 발보다 더 많은 자리를 차지하는 것은 그들이 더 큰 역량을 가진 지체들이기 때문이다.

손과 발은 손과 발 그 자체의 역할을 수행하듯이 몸의 생명과 건강은 더 중요한 부분이 더 많은 자리를 차지하고 있다. 이와 마찬가지로 그리스도의 신비로운 몸에서도 모든 지체는 머리의 의의 혜택에 참여한다. 그러나 그 지체들이 몸 안에서 가지고 있는 각각의 다른 역할과 위치는 하나님께서 기쁘신 대로 위치와 역할을 결정해주는 것에 따른다. 하나님은 누가 눈이었으면 좋겠는지를 결정하신다. 고린도전서 12장은 이렇게 말한다. "그러나 이제 하나님이 그 원하시는 대로 지체를 각각 몸에 두셨으니"(고전 12:18). 하나님은 모든 사람에게 그분의 영의 다른 정도를 주심으로 몸 안에서 각 사람의 위치와 역할을 효과적으로 결정하신다. 몸에서 가장 높은 곳에 있는 사람들과 가장 큰 역할을 하는 사람들에게는 하나님께서 자신의 영의 가장 큰 부분을 주셔서, 그들이 이 세상에서 가장 훌류하고 가장 큰 일을 할 수 있게 하신다.

그리스도의 목숨을 주라는 명령이 아담이 파기한 율법과 관련이 없다면, 그리스도의 의무감이 어떻게 우리에게 전가될 수 있겠는가?

우리는 그리스도께서 아담이 파기한 법을 성취하심으로써 우리를 위해 공로를 세우셨고, 순종이 우리에게 전가되었으며, 그리스도의 의가 율법의 의였다고 말한다. 그리스도는 우리가 지배받고 성취하지 못한 율법을 성취하신다.

아담이 파기한 것과 같은 율법을 그리스도께서 성취하실 필요는 없다. 그분은 오직 도덕적인 명령의 관점에서만 성취하셨다. 율법의 적극적인 명령들은 다를 수 있다. 그리스도는 아담이 지배받았던 같은 율법 아래 있지 않으셨다. 그분은 오직 그 율법의 도덕적인 명령들의 관점에서만 그러했으며, 적극적인 명령들은 달랐다.

예를 들어, 그리스도는 아담이 처했던 금단의 열매를 먹지 말라는 적극적인 명령 아래 있지 않으셨으며 그러한 명령을 받지 않으셨다. 당시 그와 같은 열매가 없었기 때문이다. 그리고 다시 그리스도는 유대인의 의식법과 같은, 아담이 처하지 않았던 적극적인 명령 아래 계셨지만, 그리스도는 이 의식법에 순종하심으로써 우리를 위해 공로를 세우셨다.

그리스도께서 세례 요한에게 세례를 받아야 한다는 법에 순종하신 것은 중보자로서 그리스도의 의에 속하였다. 그리스도는 왜 그가 세례를 받아야 하는지 그 이유를 말씀하셨다. 이렇게 하여 의를 이루시기 위해서였다(마 3:15). 그러나 이것은 아담이 처하지 않았던 명령이었다.

자기 목숨을 내어주라는 그리스도의 명령 역시 아담이 겪지 않았던 또 다른 적극적인 명령이었으며, 우리에게 전가된 그분의 순종이었다. 아니 이보다 우리는 이렇게 표현할 수 있다. 우리에게 전가된 순종으로서 그리스도의 의는 비록 그것이 도덕적인 명령은 아니라고 해도 주로 적극적인 명령이다. 아담이 율법을 파기하지 않았다면, 아담의 순종은 주로 금단의 열매를 먹지 말라는 적극적인 명령에 순종하는 것이었을 것이다. 이 명령은 다른 것들보다도 아담의 순종을 시험하기 위해 주어졌기 때문이다. 우리는 성경에서 우리의 구속이 모든 곳에서 그리스도의 죽음으로 말미암았다는 내용을 발견한다. 그리스도께서는 자기 피로 교회를 사셨다(행 20:28). 요한계시록에서는 하늘에 있는 성도들이 이 사실을 노래한다(계 5:9). 그리스도께서는 자신의 피로 우리의 죄에 대한 대가를 지불하셨으며, 우리를 구속하셔서 하나님께 드리셨다.

그리고 우리는 마치 신약성경의 주요 주제가 그리스도의 죽음이고, 우리가 지옥에서 구원을 받았을 뿐만 아니라 하늘에 들어갈 권리를 얻은 것이 주요 내용인 것처럼, 신약성경 곳곳에서 구속이 그리스도의 죽음으로 말미암는다는 것을 발견한다. 그리스도의 죽음은 죄에 대한 대가를 지불하고 지옥에서 건지며, 순종의 행위로서 하늘을 사신 것이다. 그리스도의 죽음으로 하늘을 사셨다는 것이 주된 가르침이다. 그리스도의 죽음이 그분이 겪으신 고난의 주요 부분인 것처럼, 그분의 죽음은 순종을 만족시킨 주요 원리다.

그리스도의 죽음만이 죄의 대가를 지불하는 유일한 고난은 아니었다. 그리스도께서는 일평생 많은 고난을 겪으셨으며 그 모든 고난은 속죄의 고난이었다. 모든 것이 그분이 치른 대가에 속한다. 그러나 그리스도의 죽음은 그분의 가장 중요한 고난이다. 그리스도께서 죽으셨다는 것은 그분의 유일한 순종의 행위가 아니었다. 그분은 일평생 순종하셨기 때문이다. 모든 순종은 공로의 의미가 있었다. 그리스도께서 죽음에 이를 정도로 순종하시고, 그래서 자신을 낮추시고 자신을 부인하신 것은 그분의 주요 순종의 행위였다.

○

이 설교는 에드워즈가 적어도 두 차례에 걸쳐 설교한 메시지의 또 다른 예이다. 첫 번째는 1732년 초에, 이후 1756년에 설교했으며 34쪽의 설교와 그중에서 7쪽이 적용이다. 이 설교에 대해 특히 흥미로운 사실 하나가 있다. 설교 본문 18쪽에 이런 기록이 있다. "라이먼(Lyman)과 그의 아내는 매우 위독한 그들의 니그로(흑인)를 위해 기도한다. 라이먼 부부는 하나님께서 … 해주시기를 기도한다." 나머지 간략한 메모는 확실하지 않다.

이 설교에서 에드워즈는 하나님의 백성을 축복하는 것이 그분의 뜻이며, 하나님은 그런 일이 일어날 수 있도록 방법을 제공했지만, 백성들은 그 방법들을 사용해야 한다는 점을 설명한다. 에드워즈가 '복'(blessing)이라는 단어로 말하려고 하는 것이 무엇인지는 매우 분명하다. "하나님께서 그들을 축복하신다는 것은 그분이 백성들에게 필요한 모든 선한 것들을 베푸신다는 의미다. 하나님은 하나님으로서 하실 일을 그들에게 행하신다." 하지만 에드워즈는 하나님이 자신의 은총과 복을 "주권적으로 주시는 분"이시므로, 그분이 기뻐하시는 사람에게, 그리고 기분이 기뻐하시는 방법으로 복을 주실 것이라고 설명한다. 그리고 "우리 중에는" 하나님께서 선택하신 것에 대해 "이의를 제기할 수 있는 사람이 아무도 없다." 왜 그런가? 우리는 그것을 받을 자격이 하나도 없고, 다만 "하나님을 거슬러 행하는 사람들"이기 때문이다.

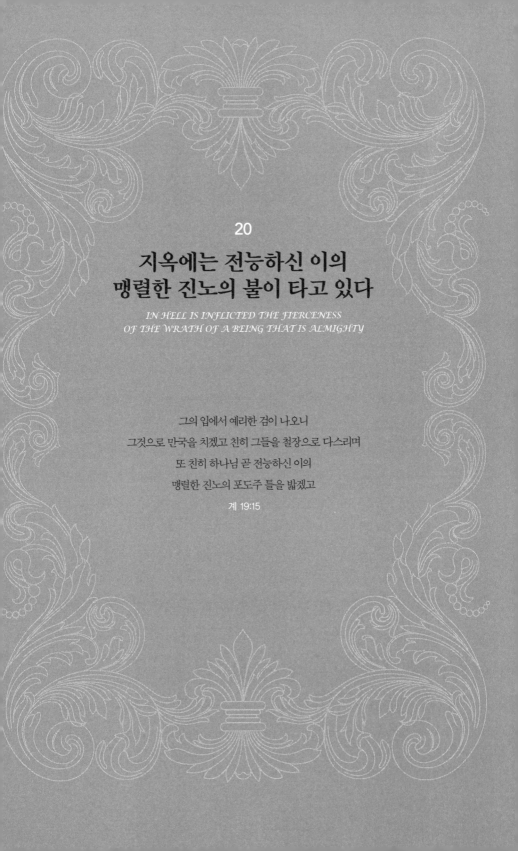

20

지옥에는 전능하신 이의
맹렬한 진노의 불이 타고 있다

IN HELL IS INFLICTED THE FIERCENESS
OF THE WRATH OF A BEING THAT IS ALMIGHTY

그의 입에서 예리한 검이 나오니

그것으로 만국을 치겠고 친히 그들을 철장으로 다스리며

또 친히 하나님 곧 전능하신 이의

맹렬한 진노의 포도주 틀을 밟겠고

계 19:15

요한은 이 말씀을 받기 전에 바벨론의 멸망에 관해 받은 환상을 보았다. 그리고 우리는 이 사실로 인해 하늘에서 찬송과 할렐루야를 부르는 이야기를 19장 초반에서 읽는다.

여기서 요한은 그리스도께서 흰말을 타고 하늘에서 오시는 환상에서 교회의 원수들의 멸망에 대한 더욱 진전된 계시를 받는다. 그리스도는 하나의 군대를 형성하여 대적해오는 그리스도의 원수와 교회의 원수들에 대항하여 하늘 군대를 대동하고 내려오신다. 그리스도께서 전쟁에 나가시는 이 환상의 영광이 장황하게 묘사되었다. 그리스도께서 흰말을 타고 하늘에서 내려오시는 모습은 공의를 상징하는 것 같다. 그분은 공의를 행하려고 오신다. 그리스도의 이름은 충신과 진실, 하나님의 말씀, 만왕의 왕, 만주의 주이시다. 위엄, 불꽃같은 눈, 아무도 그분을 이해할 수 없음 등의 이름으로 묘사되었으며 그분의 이름은 아무도 알지 못했던 이름이었다. 그리스도의 옷은 피로 물들었다. 이것은 자신의 피를 흘리셨음을 언급하거나 그의 원수들의 피를 언급하는 것일 수 있다.

이사야 63장은 이렇게 말한다. "어찌하여 네 의복이 붉으며 네 옷이 포도즙틀을 밟는 자 같으냐 만민 가운데 나와 함께한 자가 없이 내가 홀로 포도즙틀을 밟았는데 내가 노함으로 말미암아 무리를 밟았고 분함으로 말미암아 짓밟았으므로 그들의 선혈이 내 옷에 뒤어 내 의복을 다 더럽혔음이니"(사 63:2,3). 요한계시록 19장에서 이렇게 말한다. "또 내가 하늘이 열린 것을 보니 보라 백마와 그것을 탄 자가 있으니 그 이름은 충신과 진실이라 그가 공의로 심판하며 싸우더라"(계 19:11). "그의 입에서 예리한 검이 나오니 그것으로 만국을 치겠고 친히 그들을 철장으로 다스리며 또 친히 하나님 곧 전능하신 이의 맹렬한 진노의 포도주 틀을 밟겠고"(계 19:15).

그리스도는 그의 백성과 원수들에게 매우 다른 직책을 보유하시고 매우 다른 일을 행하신다. 그의 백성의 죄는 사하시고, 그의 원수들은 멸하신다. 그의 백성들은 금 규로 다스리시고, 그의 원수들은 철장으로 다스리신다. 그의 원수들은 친히 포도주 틀에 던지시고, 그의 백성은 … (생략).

그리스도는 만물을 그의 손에 가지고 계시며, 사람의 영원한 상태와 관련하여 모든 일을 관리하신다. 그분은 왕으로서 법령을 내리는 권한과 심판하는 권한을 다 가지고 계신다. 세상의 심판자로서 그분에게는 포도주 틀을 밟는 권한이 있으시다. 요한계시록에는 악인들의 멸망을 포도주 틀을 밟는 것으로 비유한 이 표현이 여러 번 등장한다. 여기서 말하는 것은 이사야서 63장 첫 부분을 언급하는 것과 같다. 그리스도를 이렇게 묘사한 것은 지금 그분이 특별한 방식으로 이와 같은 일을 하려고 나가시기 때문이다. 악한 세상에 가해지는 끔찍한 심판은 그들의 지옥 멸망이 포함될 것이다.

| 교 리 |

지옥에는 전능하신 이의 맹렬한 진노의 불이 타고 있다.
우리는 세 개의 명제를 제시하려 한다.

1. 지옥에는 하나님의 진노가 불타고 있다.
2. 지옥에서 맹렬한 진노를 내리시는 하나님은 전능하신 분이다.
3. 그곳에는 그분의 진노의 맹렬한 불이 타고 있다.

명제 1. 지옥에 있는 사람들은 하나님의 맹렬한 진노를 경험한다.
하나님의 진노는 지옥에 있는 모든 사람 위에 가해진다. 그곳에 있는 사람 중에 하나님의 맹렬한 진노를 받지 않는 사람은 없다. 그곳에서 그들의 존재는 그것으로 끝이다. 지옥에 있는 모든 사람은 이 마지막을 위해 어둠의 영역으로 던져진다. 이 비참한 세계의 원주민인 사람은 아무도 없다. 그곳에 있는 사람들은 다 다른 나라에서 다른 세상에서 떨어졌으며, 그들이 이전에 살았던 나라에서 이 최종적인 상황으로 떨어진 것이다. 그곳은 바로 그들이 하나님의 진노를 경험하는 곳이다.

지옥에 있는 사람들은 하나님의 진노를 계속 경험한다는 목적으로 그곳에 있다. 그렇다. 그곳은 하나님의 맹렬한 진노에 사용될 목적으로 만들어졌고, 하나님께서 그곳을 준비하셨다. 하나님은 지옥을 이 용도 이외에 다른 용도로는 사용하지 않으신다. 하늘이 하나님의 사랑을 나타낼 목적으로 준비된 것처럼, 지옥은 하나님의 맹렬한 진노를 위해 예비되었다. 지옥에 있는 사람들은 두 가지 방식으로 하나님의 맹렬한 진노를 경험한다.

1. 지옥을 경험하는 사람들은 그들이 경험하는 것을 전부 하나님의 맹렬한 진노라고 말할 수 있을 것이다. 지옥에 있는 사람들이 겪는 고통은 매우 다양하다. 그들은 온갖 종류의 고통을 경험하며 모든 종류의 선을 박탈당한다. 진정 하나님의 진노는 그들이 겪는 고통을 전부 합친 것이라고 말할 수 있다.

저주받은 자들이 겪는 심판은 상실의 심판과 감각의 심판 등 두 부분으로 이루어졌다. 그들은 죽음의 형벌을 받는다. 그들은 하나님의 은총을 상실했다. 그들은 얻을 기회가 있었던 하늘과 영생을 상실했다. 이것은 틀림없이 매우 통탄할 만하고 끔찍할 것이다. 그들이 아브라함과 이삭을 볼 때, 그들은 자신들이 받는 심판이 작은 것이 아니라는 것을 알게 될 것이다. 누가복음 13장은 이렇게 말한다. "너희가 아브라함과 이삭과 야곱과 모든 선지자는 하나님나라에 있고 오직 너희는 밖에 쫓겨난 것을 볼 때에 거기서 슬피 울며 이를 갈리라"(눅 13:28). 심판은 그들에게 두려운 것이 될 것이다. 하늘에서 쫓겨난다는 것은 종종 저주받은 자들이 겪을 매우 끔찍하고 두려운 심판을 상징한다. 이 문제는 열 처녀 비유에 표현되었다(마 25:1-13). 다섯 처녀는 결혼식에서 문 밖으로 쫓겨났다. 그들이 늦게 와서 문이 닫힌 것을 보고 소리쳤지만 신랑은 그들에게 이렇게 대답한다. "너희에게 이르노니 내가 너희를 알지 못하노라." 하나님으로부터 영원히 분리되는 것, 하나님의 영광스럽고 은혜로운 임재에서 쫓겨나는 것은 매우 두려운 심판이 될 것이다.

이런 측면에서 그들이 받는 심판을 볼 때 적극적이고 직접적인 형벌은 없다. 그들이 받는 심판의 이런 측면이 부정적이기 때문이다. 그러나 저주받은 자들은 이러한 상실에서 하나님의 진노를 경험한다. 이러한 진노에서는 그들이 하늘에 들어가는 문이 닫히고, 하나님의 은혜로운 임재에서 떨어진다.

이러한 진노에서는 하나님께서 그들을 자신의 목전에서 쫓아내고 그분의 임재에서 떠나보내신다. 하나님께서 그들에게 진노에 차서 말씀하시는 것이다. "그때에 내가 그들에게 밝히 말하되 내가 너희를 도무지 알지 못하니 불법을 행하는 자들아 내게서 떠나가라 하리라"(마 7:23). 그리고 그분이 악한 자들에게 선언하신 마지막 문장에서 우리는 마태복음 25장 41절의 말씀을 떠올릴 수 있다. "또 왼편에 있는 자들에게 이르시되 저주를 받은 자들아 나를 떠나 마귀와 그 사자들을 위하여 예비된 영원한 불에 들어가라." 여기에는 상실의 심판과 감각의 심판이 다 포함되어 있다. "나를 떠나"라는 선언에 상실의 심판이 있고, "저주를 받은 자들아"라는 말씀에 감각의 심판이 있다. 그러나 심판자의 진노는 두 곳에 다 표현되었다.

지옥에 있는 사람들은 영생을 상실할뿐더러 모든 외적인 선을 빼앗긴다. 이런 면에서도 하나님의 심판이 있을 것이다. 악한 사람들은 하나님의 손에서 직접 고통을 받는 것 이외에 감각의 심판을 받을 것이다. 그들은 마귀들에게서 엄청난 고통을 받을 것이다. 마귀는 우는 사자같이 삼킬 자를 찾아 돌아다닌다. 모든 악인은 틀림없이 이 우는 사자의 권한에 넘겨질 것이고, 그들은 그 사자로부터 엄청난 고통을 받을 것이다.

그들이 받는 이런 고통을 가리켜 하나님의 진노를 받는다고 말할 수 있다. 그들이 이렇게 사탄의 수중에 넘겨져 그에게서 고문과 같은 고통을 받는 것은 그 고통이 하나님의 진노에서 오는 것이기 때문이다. 악인들은 서로가 다른 사람의 고통의 도구가 될 것이며 그 고통은 하나님의 진노에서 온다. 그래서 그들이 겪는 모든 고통은 하나님의 맹렬한 진노라고 말할 수 있다. 고통 중에서 좀 더 직접적으로 다른 사람들의 손에서 오는 것이 더러 있을지 몰라도, 하나님의 진노는 악인들이 받는 심판을 합친 것이다.

악인들은 이런 것들을 겪으면서 두 가지 방법으로 하나님의 진노를 경험한다고 말할 수 있다.

(1) 하나님의 진노가 그들이 받는 모든 심판의 첫 원인으로서 진노를 경험한다. 다시 말해서, 그것은 진노를 가하는 일차적인 원인이고 진노를 방지하는 일차적인 원인은 아니다. 하나님의 진노를 방지하는 일차적인 원인은 죄다. 그러나 악인들이 겪는 모든 것은 하나님의 진노의 결과다. 두 번째 원인은 사용될 수도 있고, 마귀들과 악인들이 하나님의 진노를 겪는 중에 그들이 받는 심판의 부정적인 부분이나 긍정적인 부분이나 모두 그 진노의 상당히 많은 수단이 될 수 있다.

(2) 그들이 당하는 진노가 하나님의 진노에서 나온 것이라는 생각은 모든 사람에게 찔림을 준다. 그들이 하늘의 것을 상실하고 마귀들의 잔인함을 경험한다면, 이것이 하나님의 진노에서 나왔다는 것이 훨씬 더 견디기 힘들 것이다. 이 모든 것이 하나님의 미워함과 진노의 결과로 그들에게 임했다는 사실을 고려하지 않으면, 어떤 상실을 경험하고 어떤 상황에 들어가는 것이 그들에게 그리 두려운 것이 되지 않을 것이다.

그들이 할 수 있는 모든 상황에서 이런 것을 생각할 수 있다면, 하나님의 은총과 긍휼이 그들에게 도움이 될 것이다. 그러나 이와는 반대로 하나님께서 그들을 철저히 미워하시고 이 모든 것이 하나님의 미움의 열매이며 결과라는 것을 생각한다면, 그들의 상태는 더욱 암울해지고, 애절하며, 우울하고, 가라앉아 견딜 수 없게 될 것이다. 그래서 그들이 겪는 고통의 그다음 것이 나올 것이며 직접적인 원인이 무엇이 되었든지 간에, 하나님의 진노가 그 원인의 원천이고 그 원인의 가시가 될 것이다. 진실로 그 원인을 모두 합친 격이 될 것이다.

하나님의 진노는 율법이 경고하는 저주를 다 합친 것이다. 그들의 비참함은 하나님의 진노에서 비롯된다. 그들은 하나님의 저주의 자녀이며, 진노로 가득 찬 진노의 그릇들이다. 악인들이 인자가 오시는 것을 볼 때 두려워하게 될 것이 바로 이것이다. 요한계시록 6장 16절에 따르면, 그들은 "산들과 바위에게 말하되 우리 위에 떨어져 보좌에 앉으신 이의 얼굴에서와 그 어린 양의 진노에서 우리를 가리라"고 말한다. 지옥에 대한 두려움과 공포는 이것이 진노의 포도주 틀이라는 점에서 이해된다. 그들이 마시게 될 잔의 두려움과 공포는 이것이 하나님의 진노의 잔이라는 데 있다. 그러나 또 하나 생각해야 할 것이 있다.

2. 지옥에 있는 사람들은 아마도 하나님 자신에게서 직접 기인한 하나님의 진노의 더 직접적인 표현으로 고통을 받을 것이다. 그들은 하나님과 직접적으로 전혀 관련이 없는 사람일 것이다. 그들은 살아 계신 하나님의 손에 빠져들 것이다. 하늘의 하나님이 성도들에게 직접적으로 사랑을 나타내시고 표현하실 때, 성도들은 형언할 수 없을 정도로 행복해한다. 이와 마찬가지로 하나님은 지옥에 있는 악인들에게 그들을 완전히 비참하게 하시기 위해 그분의 진노를 직접 표현하고 나타내실 가능성이 크다. 이것은 주님의 임재에서 쫓겨나 영원한 멸망의 형벌을 받는다는 표현에 암시된 내용이라고 생각된다(살후 1:9).

그들에게 직접 표현된 하나님의 진노는 특히 불과 같을 것이다. 하늘에서 그들 위에 비처럼 내려오는 불과 유황 말이다. 하나님의 진노는 하나님으로부터 그들 위에 내려오는 우레와 번개 같을 것이며, 멸망으로 전형화된 소돔의 심판이 될 것이다.

명제 2. 지옥에서 맹렬한 진노를 내리시는 하나님은 전능하신 분이

시다.

1. 능력의 행위는 모든 효과를 낼 수 있는가?
2. 어떤 효과의 정도와 관련하여 한계가 있을 수 있는가? 태양의 움직임과 위치를 정하시는 하나님의 능력. 보이지 않는 천사들. 하나님의 의도대로 비참하게 될 수 있다.
3. 모든 효과는 쉽게 수행된다.
4. 결코 피곤해하지 않으신다.

명제 3. 지옥에서는 이 전능하신 분의 모든 맹렬한 진노가 지속된다. 불경건한 사람들에게 복수를 행하시는 하나님은 때때로 진노를 폭발하시는 분으로 언급된다. 그리고 우리는 종종 성경에서 하나님의 분노, 분노의 맹렬함, 그리고 큰 분노의 열기에 대한 언급들을 읽는다. 하나님은 사람이 잠에서 깨어나듯이 일어나시고, 포도주로 인해 소리치는 힘센 사람으로 언급된다. 하나님의 얼굴에 새끼 잃은 곰 같은 분노가 있다고 언급되기도 한다(호 13:8). 분노나 맹렬함과 같은 단어가 하나님께 어울린다는 말은 아니다. 이러한 명칭들은 사람들 안에 있는 그러한 열정에 내포된 불완전성들인데, 이런 것들은 하나님과는 거리가 멀어 보이기 때문이다.

그러나 지옥에서 실행된 하나님의 진노의 끔찍한 결과를 고려할 때, 하나님의 진노는 실제로 분노나 맹렬함이라고 불리고 있다. 이러한 명칭들은 분노나 진노의 아주 큰 수준과 정도를 의미하기 때문이다. 사람들은 대단히 화가 났을 때 격노한다고 말한다. 그들의 분노는 맹렬하고, 몹시 화가 나 있는 것을 표현한다. 그리고 사람들은 분노가 격렬하고 맹렬할 때, 복수를 행함으로써 더욱 격렬하게 그 분노를 표출한다. 사람들은 그러할 때, 자신의 힘을 발휘하며 그들이 추구하는 복수는 더욱 커지며, 그 효과는 더욱 두렵다. 이사야서 27장에서 이렇게 말한다. "나 여호와는 포도원지기가 됨이여 때때로 물을 주며 밤낮으로 간수하여 아무든지 이를 해치지 못하게 하리로다 나는 포도원에 대하여 노함이 없나니 찔레와 가시가 나를 대적하여 싸운다 하자 내가 그것을 밟고 모아 불사르리라"(사 27:3,4).

이 말씀을 보면, 지옥에서 저주를 받은 사람들은 전능하신 하나님의 맹렬한 진노를 겪고 있다고 말할 수 있다. 하나님의 분노는 정열적인 결과가 아니지만 아주 크고, 그 결과들이 두려운 것이라서 이런 점에서 하나님의 분노는 그분의 진노의 맹렬함을 보여준다. 힘이 있는 사람이 화를 낼 때, 자신의 힘을 최대한 발휘한다. 이처럼 하나님은 저주받은 자들을 심판하시면서 전능자로서 분노를 행하신다. 하나님은 두려운 방법으로 자신의 진노를 실행하고 표현하시며, 그 결과들은 끔찍할 것이다.

1. 하나님은 어떤 동정도, 절제도 보이지 않으며 진노를 가하실 것이다. 어떤 사람이 분노나 화나 격노함을 최대한 발휘하여 진노를 발할 때 동정심을 배제하는 것처럼, 하나님의 분노는 아주 커서 하나님께서는 온통 자신의 진노의 대상인 사람에게 해를 가하는 것을 목표로 삼을 것이다. 하나님은 자신의 선한 안녕을 생각하지 않으며, 자신의 안녕이 어떻게 될지 상관하지 않으신다. 하나님의 분노는 머리끝까지 올라 어떤 자비도 생각할 여지가 없다.

이처럼 하나님은 저주받은 자들을 조금도 불쌍히 여기지 않으신다. 하나님은 원래 연약한 사람들처럼 정열에 움직이지 않는 분이며, 무한한 지혜와 공의가 넘쳐나는 분이시다. 그러나 여기서 하나님은 진노의 맹렬함과 분노에 휩싸인 사람처럼 그들에게 동정을 베풀지 않으신다. 자비의 날은 끝났으며, 자비의 문은 닫혔다. 그리고 자비나 연민을 행사하던 것은 끝났다.

하나님은 긍휼과 같은 어떤 것에 의해 전혀 제한을 받는 분이 아니다. 하나님은 지옥에 있는 사람들의 안녕을 전혀 존중하지 않으신다. 하나님의 분노의 대상이 되는 사람들의 안락함을 생각하여 자신의 손을 거두거나 가볍게 하지 않으신다. 하나님의 손이 그들이 짊어질 수 있는 것보다 더 무겁게 가해지지 않도록, 또는 그들의 비참한 처지가 견딜 수 없을 정도가 되지 않도록 주의를 기울이지 않아도 된다.

하나님께서 목표로 하는 것은 악한 사람들의 안녕이 아니라 그들의 고통과 비참함이다. 그들이 계속 존재하는 목적은 그들의 안녕에 있지 않다. 그들은 고통을 받기 위해 존재한다. 그것이 유일한 이유다. 그러므로 하나님께서는 그들의 안녕을 고려하지 않고 그들을 고통의 상황에 빠뜨리신다. 악한 사람들과 관련하여 하나님의 전체 계획은 자신의 진노를 보여주시는 것이며, 자신의 자비를 보여주시는 것이 아니다(롬 9:22). 만약에 하나님께서 진노를 보이려 하시고, 자신의 능력을 알게 하려 하신다면 어떡하겠는가? 하나님께서 멸망 받아야 할 진노의 그릇을 오래 참으시고, 그래서 그들에게 자비를 보이지 않고 진노하신다면 어떡하겠는가? 그들은 진노의 그릇이다. 그것이 그들의 마지막이다. 그들은 자비가 조금도 섞이지 않은 진노로 채워질 그릇이다.

하나님은 자신의 전능의 팔을 제지하거나 완화하지 않고 그들에게 내리시며 조금도 안심을 주지 않고 계속 진노하신다. 하나님께서 그들이 얼마나 비참한지, 얼마나 견딜 수 없는 고통 중에 있는지, 그들의 영혼이 얼마나 철저히 내려앉고 견딜 수 없어 하는지를 보신다. 그리고 그들의 상황이 이루 말할 수 없을 정도로 끔찍하다는 것을 아시면서도 동정함이나 긍휼함이 전혀 없으시다. 하나님의 마음은 조금도 수그러들지 않는다.

하나님께서 그들의 공포에 가득하여 지르는 비명소리와 부르짖음과 슬피 우는 것을 들으실 때도 그분께는 후회하는 마음이 전혀 없으시다.

하나님의 손을 거두어달라고 기도하거나 탄원해도 하나님의 마음을 움직일 수 없을 것이다. 하나님은 이제 멈출 수가 없게 되었다. 공의는 온전히 진행될 것이다. 욥기에서 이렇게 말한다. "하나님은 그를 아끼지 아니하시고 던져버릴 것이니 (악인은) 그의 손에서 도망치려고 힘쓰리라"(욥 27:22). 여기서 다른 세상에서 하나님의 진노를 표현한 것은 이 세상에서 그것을 표현한 것과 아주 다르다. 이 세상에서는 하나님이 기뻐하지 않으시는 열매들에는 많은 악이 있고, 하나님은 이로 인해 사람들을 심판하신다. 그러나 여기서는 하나님께서 심판을 행하시더라도 약간의 자비를 베푸신다. 다른 세상에서처럼 자신의 불같이 타오르는 분노를 실행하지 않으신다. 하나님께서는 이 세상에서 사람들을 하나님의 맹렬한 진노의 포도주 틀로 던지려고 하지 않으신다.

사람들은 때때로 이 세상에서 매우 끔찍한 심판의 대상이 된다. 그러나 이 세상에서는 사람들이 이처럼 끔찍한 상황에서 환난을 당하면서 어떤 자비도 얻을 수 없다고 말하지는 않는다. 이 세상은 자비가 없이 진노를 받으며, 맹렬한 진노를 위해 계획된 곳이 아니다. 이를테면 하나님께서 자신의 손을 너무 무겁게 가하지 않게, 징계가 너무 심하지 않게 자신을 억제하신다. 우리 틀에는 주의와 존중이 있어야 한다. 항상 약간의 완화적인 상황이 있다. 쓴 맛을 완화시키려고 잔에 뭔가를 넣기도 한다. 진노의 잔은 뭔가 섞였다. 여기서는 중간이나 완화, 경감을 당연시한다. 시편 78편은 이렇게 말한다. "그의 진노를 여러 번 돌이키시며 그의 모든 분을 다 쏟아 내지 아니하셨으니"(시편 78:38).

그러나 다른 세계에서는 하나님께서 자신의 모든 진노를 일으키실 것이다. 하나님의 진노는 그것을 막을 댐이나 장애물이 없는 홍수나 빠른

급류처럼 임할 것이다. 이 세상에서 하나님이 자신의 바람을 보내시는 날에 거친 바람을 멈추시기도 하신다. 이사야서 27장 8절은 이렇게 말한다. "주께서 백성을 적당하게 견책하사 쫓아내실 때에 동풍 부는 날에 폭풍으로 그들을 옮기셨느니라." 그러나 다른 세상에서는 하나님의 진노의 폭풍을 억제하시는 일이 없을 것이다. 하나님은 지옥에서 긍휼 없는 진노를 시행하신다는 점을 분명히 하는 세 가지 사실이 있다.

(1) 하나님께서 그들에게 어떤 긍휼을 행하신다면, 그들의 비참함은 완전하지 않을 것이다. 저주받은 자들의 고통은 완전한 비참이며, 그래서 성경에서는 이것을 캄캄한 흑암으로 부른다(유 13). 이 히브리적 표현은 완전한 어두움이나 비참함을 상징하는 히브리어의 숙어를 따른 것이다. 그래서 하나님의 진노는 섞인 것이 없이 부어진다고 말한다. 요한계시록 14장은 이렇게 말한다. "그도 하나님의 진노의 포도주를 마시리니 그 진노의 잔에 섞인 것이 없이 부은 포도주라 거룩한 천사들 앞과 어린 양 앞에서 불과 유황으로 고난을 받으리니"(계 14:10). 둘째 사망은 완전한 멸망이다. 하나님의 진노는 그분의 원수들을 당혹스럽게 만들 것이다. 살찐 어린 양들처럼 그들은 연기로 변하여 사라질 것이다. 하나님께서는 그들을 찢으실 것이다. 호세아서 13장 8절의 말씀처럼 하나님은 원수들을 암사자같이 삼키실 것이다. 하나님은 그들을 갈아서 가루로 만드실 것이다.

그러나 이제 하나님께서 저주받은 자들에게 어떤 긍휼이 있으시다면, 그분은 그들의 비참함을 어떤 위로도 없이 이렇게 완전하게 하지는 않으실 것이다. 하나님께서 그들에게 긍휼을 베푸신다면, 그분은 그들의 고통을 가라앉히는 어떤 조치를 취하실 것이다. 하나님은 완화된 어떤 상황을 주실 것이다. 하나님께는 그렇게 하는 것이 쉬운 일이기 때문이다.

하나님께 어떤 긍휼이 있다면, 그분은 그들에게 시원한 물 한 모금 마시는 것을 거부하지 않으실 것이다. 그렇다. 만약에 하나님에게 저주받은 자들을 향한 어떤 긍휼이 있다면, 그것은 상황을 완화시키는 것이리라. 그들이 하나님께서 자신들에게 긍휼을 베푸셨다고 생각한다면, 그것은 위로와 배려가 될 것이다. 그들이 하나님께서 그들의 비명소리와 부르짖음을 들으시며 약간의 동정심을 발휘하신다고 생각한다면, 그들이 어느 정도 하나님의 마음을 감동시켜 그들에게 연민을 가지게 할 수 있다고 생각한다면, 그것은 그들에게 안심이 될 것이다. 여기서는 섞인 것이 없는 진노는 없을 것이다. 긍휼이 진노와 섞일 것이기 때문이다.

(2) **하나님께 저주받은 자들을 향한 긍휼이 조금이라도 있다면, 그들의 비참함은 중단이 있을 것이며, 그분은 그들에게 약간의 유예를 주실 것이다.** 하나님은 그들이 계속해서 이와 같은 극단적인 비참함의 대상이 되지 않도록 하실 것이다. 모든 순간 최소한의 휴식도 없이 마치 그들이 그런 것을 열렬히 바라지 않은 것처럼 보일 것이다. 하나님께 긍휼이 조금이라도 있다면 하나님께서는 그들이 잠시 휴식을 즐기는 것을 너무 지나치다고 여기지 않으실 것이다. 그러나 짐승과 그의 우상을 경배하는 자들과 그의 이름의 표를 받은 자들은 밤낮 쉼을 얻지 못할 것이다(계 14:11).

(3) **하나님께 저주받은 자들을 향한 긍휼이 조금이라도 있다면, 그들을 그와 같은 비참함 아래 영원히 붙들어두지 않으실 것이다.** 하나님께서 그들의 비참함을 절대적으로 끝없이 만드신다는 것은 저주받은 자들을 향한 긍휼이 전혀 없음을 보여준다. 하나님께서 그들을 전적으로 비참함에 내버려두셨다는 것은 하나님께서 그들의 안녕에 대해 전혀 고려

하지 않으신다는 것과 그들이 전적으로 하나님의 진노를 받게 하셨음을 의미한다. 하나님께서 그들의 안녕을 고려하시는 것이 아주 작게라도 있다면, 그들의 비참함을 영원히 지속시키지 않고, 그보다 덜 고통 받게 하는 것으로 충분할 것이다. 그분은 처음이나 마지막이나 기꺼이 그들을 더 행복한 상태에 이르게 하기도 하고, 그들을 눈곱만큼도 변하지 않게 하며, 그들의 고통을 그런 식으로 끝내게 하실 것이다. 그러나 상황은 이와 정반대다. 하나님께서는 그들을 이러한 목적으로 영원히 붙드실 것이며 그들은 영원히 비참하게 될 것이다.

이런 것이 하나님의 거룩한 진노, 지혜롭고 공의로운 진노의 맹렬함이다. 하나님께서 그들을 치셨으며 그들이 그분의 복수의 일격을 받아 얼마나 비참한 처지에 놓여 있고, 그들의 비참한 순간들이 매번 그들에게 얼마나 두려운 것인지를 보신다. 그때에 하나님은 후회하는 것이 전혀 없다. 하나님은 그의 손을 멈추지 않으시고 여전히 계속해서 그들을 치실 것이다. 하나님께서 그들의 마음이 얼마나 내려앉았는지, 그들의 영혼이 어쩔 줄 몰라 하고, 절망에 빠져 있는 것을 보실 때, 하나님은 그들에게 소망을 주셔서 그들의 마음을 가볍게 하지 않으신다. 그들이 날마다, 해마다, 세대마다 그리고 수억 년의 세월이 흐르는 동안 그러한 진저리나는 고통 속에서 지쳐버렸을 때라도, 하나님의 마음은 그들을 향해 누그러지지 않으며, 여전히 그들을 때리시며 아끼지 않으실 것이다. 그들의 비참함이 시작에 불과하다는 이런 생각으로 그들의 영혼이 압도당할 때, 하나님은 여전히 아끼지 않으시고, 그 상황이 계속되게 하실 것이다. 그래서 그 비참한 상황이 시작에 불과하며, 영원히 시작에 불과할 것이다.

저주받은 자들이 하나님의 맹렬한 진노를 겪는다는 것이 무엇을 의미하는지에 대해 한 가지를 언급했다. 그것은 하나님께서 어떤 긍휼이나 완화됨 없이 진노를 가하신다는 것이다.

하나님은 자신의 힘의 위대함을 보여주시기 위해 저주받은 자들에게 자신의 진노를 부으신다. 이로써 지옥에서 가해진 하나님의 진노는 불타오르는, 또는 맹렬한 진노로 비교될 수 있다. 불같은 그의 진노가 극에 달하면, 힘이 있는 사람은 그의 힘을 발휘할 것이다. 그는 온갖 노력을 다할 것이며, 분노가 폭발하면 그의 모든 영혼과 힘이 깨어날 것이다. 힘이 있는 사람은 할 수 있는 모든 것을 보여줄 것이다. 이와 마찬가지로 하나님께서는 지옥에 있는 저주받은 자들에게 하나님의 힘을 최대한 발휘하여 진노를 가하신다.

하나님은 분노한 피조물과는 다르지만, 그분이 가진 모든 힘을 쏟으신다. 하나님의 능력은 무한하시기 때문이다. 하나님께서 하시는 것처럼 피조물의 고통과 비참함에 대해 무한한 힘을 얼마든지 쏟아 부을 수 있는 존재는 없다. 우리가 어느 정도의 고통 가운데 처하게 될지 생각해보자. 무한한 존재이신 하나님의 능력은 그 고통을 더욱 증대시킬 수 있다. 하나님께서는 저주받은 자들에게 진노를 가하시며 자신의 능력을 최대한 나타내신다. 저주받은 자들이 받게 된 고통은 형언할 수 없을 만큼 너무 끔찍하여 하나님의 능력의 위대하심을 최고로 보여주는 적절한 예가 될 것이다. 로마서 9장 22절에서 사도가 우리에게 알려주듯이, 하나님께서 악한 자들을 지옥으로 보내시는 것은 자신의 능력의 위대함을 보여주시려는 데 그 목적이 있다. 하나님께서 하나님의 진노를 보이시고, 자신의 능력을 알게 하시고, 멸하기로 준비된 진노의 그릇을 오래 참으셨다면 어떻게 하겠는가?

같은 내용이 데살로니가후서 1장에 암시되었다. "이런 자들은 주의 얼굴과 그의 힘의 영광을 떠나 영원한 멸망의 형벌을 받으리로다"(살후 1:9). 본문은 하나님의 힘의 영광이 악인들을 심판하는 상황에 나타날 것이며, 또는 하나님께서 그러는 중에 자신의 위대한 힘을 영화롭게 하실 것을 암시한다. 지옥에 있는 죄인들의 멸망에서 하나님은 우리가 생각하는 것보다 훨씬 큰 힘을 보여주실 것이다. 그래서 시편 90편 11절에서 시편 기자는 "누가 주의 노여움의 능력을 알며 누가 주의 진노의 두려움을 알리이까"라고 말하는 것이다. 달리 말해 이것은 그들이 보거나 느끼기 전까지 아무도 알 수 없고, 생각할 수도 없다는 말이다.

하나님께서는 영적인 고통으로 하나님의 능력 있는 힘을 보여주신 것이다. 악인들은 끔찍한 공포와 놀람을 경험할 것이며, 그들의 영혼은 극도의 공포에 사로잡힐 것이다. 하나님께서 영혼에 엄청난 고통과 괴로움을 가하실 때, 그분의 힘의 위대함이 가장 잘 발견될 것이다. 하나님께서는 이처럼 놀랄 만한 공포로 악인의 영혼을 채우실 수 있다. 이러한 공포에서 하나님의 전능하신 팔의 무게를 느끼게 될 것이다. 부활 후 육체에 느끼는 극도의 고통에서도 하나님의 힘의 위대함이 나타날 것이다.

하나님은 진노를 행하실 것이다. 그분은 피조물의 모든 힘을 훨씬 능가하는 정도의 힘으로 진노를 행하실 것이다. 약한 사람의 힘은 다른 사람을 극도의 고난으로 몰아넣을 수 있지만, 그 고통은 비교하면 아무것도 아니다. 하나님의 진노를 당하는 사람들이 겪는 고통은 누가복음 12장에 분명히 시사되었다. "내가 내 친구 너희에게 말하노니 몸을 죽이고 그 후에는 능히 더 못하는 자들을 두려워하지 말라 마땅히 두려워할 자를 내가 너희에게 보이리니 곧 죽인 후에 또한 지옥에 던져 넣는 권세 있는 그를 두려워하라 내가 참으로 너희에게 이르노니 그를 두려워하라"(눅

12:4,5).

천사나 마귀의 힘은 약한 사람의 힘보다 사람에게 훨씬 더 큰 해를 끼칠 수 있다는 점에 의심의 여지가 없다. 천사들은 힘에 있어서 위대하다. 그래서 그들은 능력 있는 천사들로 불린다. 마귀의 힘은 사람의 힘보다 훨씬 더 큰 것으로 언급되었다. 에베소서 6장에서 이렇게 말한다. "우리의 씨름은 혈과 육을 상대하는 것이 아니요 통치자들과 권세들과 이 어둠의 세상 주관자들과 하늘에 있는 악의 영들을 상대함이라"(엡 6:12). 그러나 저주받은 자들이 당하는 고통은 천사들보다 훨씬 더 크다는 것이 분명하다. 천사들은 하나님의 영광에서 나왔으며, 하나님의 능력을 알리는 자들이기 때문이다.

| 적 용 |

1. 사실이 그러하다면, 우리가 지옥에 있지 않은 것으로 인해 하나님께 감사해야 할 이유는 무엇인가? 그중에 하나는 세상이 하나님의 선하심으로 가득 차 있다는 것이다. 하나님은 세상에 자신의 맹렬한 진노를 행사하지 않으시지만, 이 세상은 언제나 자비와 심판이 섞여 있다. 고통을 야기하는 사람들은 지금까지 말한 것을 유익하게 생각할 수 있다. 이 교리는 그들에게 고려의 대상이 되는 적절한 주제다. 당신은 아마도 여러 환경이 매우 통탄하고 우울하다고 여길지 모르며, 내가 겪는 슬픔 같은 슬픔은 없다고 부르짖을지도 모른다. 그러나 이 시간에 들은 내용을 곰곰이 생각해보면, 당신은 하나님의 이름을 축복할 큰 이유를 발견할 수 있을 것이다.

당신이 현재 이 세상에서 겪고 있는 고통이 아무리 무거워 보여도, 당신의 상황과 지옥에 있는 사람들의 상황 사이에는 아주 큰 차이가 있다. 당신이 앉아서 여전히 누리고 있는 자비들을 헤아려본다면, 당신은 측량할 수 없는 자비들을 발견할 것이다. 그러나 만약에 당신이 지옥에 있다면, 이 자비를 전혀 누리지 못할 것이다. 하나님은 저주받은 자들에게 내리신 것처럼 당신에게는 그분의 불같고 맹렬한 진노를 내리지 않으시며, 아주 특별하고 놀라운 방법으로 그분의 힘을 발휘하지 않으실 것이다. 하나님의 전능하신 팔의 무게가 당신 위에 떨어지지 않는다. 만약에 그 전능하신 팔의 무게가 당신 위에 떨어진다면, 그것은 당신을 순식간에 박살내고, 지금까지 경험하지 않고 생각하지도 못하는 비통과 비애의 가장 낮은 곳으로 가라앉힐 것이다. 하나님은 지금 당신을 적당한 정도로만 바로잡고 계시며, 죽음으로는 이르게 하지 않으신다. 당신의 고통을 완화거나 경감시키기 위한 것들이 많이 있다. 당신이 세상적인 모든 고통을 겪고 있다고 생각한다면, 당신의 고통은 회복될 소망이 있으며 자비가 섞여 있다는 것을 알 수 있을 것이다. 자비롭게도 하나님은 진노의 쓴 잔을 누그러뜨리기 위해 무언가를 던져주셨다.

당신은 저주받은 자들이 어떤 고난을 당하고 있는지 모른다. 그것을 안다면, 당신이 당하는 고통이 그들이 당하는 것과 비교하여 얼마나 가벼운 것인지 알게 될 것이다. 그것은 거대한 용광로에 비교하여 불꽃 하나에 지나지 않으며, 그 무게는 거대한 강의 폭포와 비교하여 물 한 방울에 불과하다.

당신은 하나님의 긍휼과 소망을 찾으려 할지도 모른다. 그러나 지옥에 있는 자들은 헛되이 부르짖는다. 그들은 하나님의 긍휼을 얻을 수가 없다. 당신은 당신의 고통을 가지고 은혜의 보좌에 나아가라는 격려를 받는다. 하나님께서는 이렇게 말씀하신다. "환난 날에 나를 부르라 내가 너를 건지리니 네가 나를 영화롭게 하리로다"(시 50:15). "너희 중에 고난당하는 자가 있느냐 그는 기도할 것이요 즐거워하는 자가 있느냐 그는 찬송할지니라"(약 5:13). 그러나 지옥에 있는 자들은 하나님께 나아가는 것이 영원히 차단되었다. 그들에게는 그들의 불평을 표현하고 구조와 도움을 구하기 위해 그들의 슬픔을 터뜨리러 갈 곳이 없다.

우리가 하나님께 감사해야 할 또 다른 이유는 우리가 지옥에 있지 않고 우리의 죄를 용서받을 기회가 있는 세상에 있다는 것과 고통의 장소에서 피하여 하늘을 얻었다는 데 있다. 이곳에서는 하나님의 사랑의 표현이 하나님께서 지옥에서 자신의 진노를 가하는 것만큼 크고 놀랍다. 당신은 오래전에 지옥에 있었어야 할지도 모른다. 얼마나 많은 사람이 우리보다 일찍 지옥에 갔을까? 그리고 지금 과거에 우리가 지옥에 가는 데서 겨우 피해 나온 것을 돌아보지 못하는가? 만약에 이 교인들이 다 그리스도인이 되기 전에 처하였던 죽음에서 그들이 피하고 구원받은 목록들을 가져온다면, 얼마나 많은 사례가 있겠는가? 그들이 위독한 병에서 회복된 것, 그들이 무덤 언저리에 가까이 있어서 지옥의 문턱까지 갔던 때, 어떻게 구원을 받았겠는가? 그들이 죽었더라면 틀림없이 지옥에 갔을 것이며, 당신이 이 시간에 들은 하나님의 두렵고 맹렬한 진노를 겪을 수밖에 없었을 것이다. 사고로 죽을 뻔한 상황에서 놀랍게도 보존되고 겨우 피해 나왔다는 이야기를 한다면, 이런 비슷한 예들이 얼마나 많이 있겠는가?

우리도 이 사실을 알지 못했을 때, 치명적인 사고에서 겨우 피해 나온 적이 많이 있었다는 것은 의심의 여지가 없다. 우리가 살아오는 동안 하나님의 섭리의 인도를 받아 눈에 보이지 않는 죽음을 피한 적이 여러 번 있었다. 우리는 죽음이 지배하고 우리가 계속해서 수천 가지 방법으로 죽음에 노출되어 있는 세상에 살고 있다. 우리가 그리스도를 믿지 않은 상태에서는 그러는 중에 지옥에 들어갈 기회가 여러 번 있었다. 그러므로 우리가 지옥에 들어가지 않았다는 것이 하나님께 감사해야 할 중요한 이유다.

그리스도를 믿지 않는 사람들은 이 땅에 있고 지옥에 있지 않다는 것으로 인해 하나님의 이름을 찬양할 이유가 있다. 40년, 50년 또는 60년간 오직 지옥의 구덩이 위에서 가느다란 실에 매달려 있다가 하나님의 놀라우신 은혜로 지옥에 들어가지 않은 사람들이 더러 있다. 지혜로운 사람은 온 세상을 위하여 15분 동안도 그와 같은 상태에 감히 매달려 있으려 하지 않을 것이다. 그 실은 정해진 시간 안에 끊어지고 그들은 지옥에 떨어지고 말 것이기 때문이다. 그런데 그들은 오랫동안 그 가느다란 실에 매달려 있는데, 아직 지옥에 있지 않다. 하나님의 선함을 궁금해하는 이유가 무엇인가? 하나님의 선함과 오래 참음이 그들을 회개로 이끄는 이유는 무엇인가?

회개하여 그들이 지옥에 들어가지 않은 것을 하나님께 감사해야 하는 이유는 무엇인가? 그들이 자신을 돌아보고 그리스도를 믿기 이전 상태가 얼마나 오래였는지, 그들의 삶이 그러한 상태에 얼마나 자주 노출되었는지 생각할 때, 그들은 어떤 이유로 회심하기 전에 이런 상태에서 죽지 않은 것으로 인해서 하나님께 감사해야 하는가? 그 당시 그들은 지옥에 가서 전능하신 하나님의 진노의 고통을 겪었어야 했을 것이다. 그들은 끔찍한 심판을 피했을 뿐만 아니라 이로 인해 이런 유익을 얻었다. 이를테면, 그들은 회개하고, 주 예수 그리스도에 대한 믿음을 보고, 그들에게 부어주신 큰 자비를 얻도록 보존되었으며, 그들의 모든 죄가 사함을 받았다. 나아가 그들은 이제 그 비참함에서 영원히 안전하며 영원한 영광의 자격을 얻었다.

2. 본문은 그리스도를 믿지 않는 상태에 있는 사람들을 일깨우기 위해 사용될 수 있다. 어떤 상황이든지 간에 하나님의 진노의 대상이 된다는 것은 매우 두려운 일이다. 자신을 지으신 창조주와 사이가 좋지 않고,

하나님과 그 사람 사이에 평화가 없다는 것은 피조물로서는 매우 침울한 일이다. 그 사람은 하나님이 자기를 대적하는 것보다, 모든 사람과 잘 지내는 것이 더 낫다고 생각한다. 그 사람은 땅에 있는 모든 남자와 여자, 어린아이들과 천사들이 그와 함께한다면 하나님이 자신을 대적해도 좋다고 생각한다.

하나님의 진노는 세상에서 가장 두려운 일이다. 죄는 무한히 큰 도덕적 악이므로 하나님의 진노가 가장 큰 자연적인 악이다. 그리스도를 믿지 않는 상태에 있는 사람은 모두 진노의 자식들이다. 하나님의 진노가 당신 위에 거할 것이며, 지금까지 들은 진노와 고통을 겪을 것이다. 그러므로 그 고통이 얼마나 끔찍할지 생각하라.

어떤 사람이 하나님 앞에서 쫓김을 당하며, 세상에서 내쫓김을 당하는 것은 두려운 일이다. 그 사람은 우주에서 버림을 받고 세상에 들어오는 것이 차단된다. 다시 말해서 그는 하나님의 선함의 징표나 열매나 소통이 있는 우주의 모든 곳에서 쫓겨난다. 그는 바깥, 어두운 데로 쫓겨나 진노의 장소로 예비된 곳으로 들어갈 것이다. 그곳은 하나님의 진노를 견디는 목적 이외에는 다른 목적으로 창조되지 않았으며, 그런 목적으로 유지될 것이다. 그 사람은 그곳에서 상실의 심판과 감각의 심판을 다 받으며 하나님의 진노를 경험할 것이다. 그는 하늘을 상실할 것이며, 다른 사람들은 아브라함과 함께 천국에 앉아 있고 자신은 진노 아래 쫓겨나 있는 것을 볼 것이다. 그 사람은 문 앞으로 다가가지만, 문은 닫혔고 그들은 진노 가운데 있을 것이다.

문이 닫힌 후에 그들은 "주여, 주여"라고 부르짖지만, 진노에 찬 대답만 듣게 될 것이다. 이 세상에서 끊어지고 쫓겨난다는 것은 이 세상의 모든 복을 누리는 것에서 끊어진다는 의미다. 진노가 거행될 때에는 그들이 있는 곳에서 자비의 모든 시내가 끊어지고 만다. 잔인한 마귀들의 수중으로 넘겨져 고통을 받게 되고, 마귀들에 의해 가장 비참한 고통을 받을 것이다. 이뿐만 아니라 살아 계신 하나님의 손에 빠져 더 직접적인 진노를 영원히 받게 되며, 영원한 멸망의 심판을 받게 될 것이다.

하나님의 맹렬한 진노를 받는다는 것은 능력으로 옷 입으시고 모든 곳에 계시는 하나님께서 그들을 찢으신다는 것을 의미한다. 하나님은 억제하지 않고 긍휼이나 완화하지 않고 그분의 불같은 복수를 집행하실 것이며, 영광과 위엄으로 치장하시고 그들에게 복수의 공의를 실행하신다. 하나님은 큰 심판으로 그들을 덮칠 것이다. 천둥이 한 번 영원히 치듯이 하지 않고 지속적으로 으르렁거리며, 그들의 영혼은 하늘에게 그들 위에 영원히 내려오는 그치지 않는 번쩍이는 불과 불타는 유황의 시내로 채워질 것이다.

심판 날에 그들이 마귀와 그 천사들을 위해 예비된 영원한 불에 들어가는 것이 얼마나 끔찍하겠는가? 그 후 그들의 영혼과 몸은 하나님의 진노로 영원한 고통 가운데 있을 것이다. 하나님이 크신 위엄으로 그들에게 나타나 그 진노를 받아 모두 멸망시키고, 땅의 기초에 놓은 불로 온 땅을 사르실 것이다. 땅은 뜨거워 그 중심까지 타버릴 것이며, 가장 낮은 지옥까지 불에 탈 것이다. 하나님께서 하늘과 땅을 흔드실 날에, 바산과 갈멜산이 시들고, 레바논의 꽃이 시들며, 산들이 그로 인해 흔들리고, 작은 산들이 녹아내릴 것이다. 그리고 땅과 세상과 그 안에 있는 모든 것은 하나님의 분노가 불같이 쏟아질 때 그분 앞에서 불에 탈 것이며, 바위는 그분으로 말미암아 굴러 떨어질 것이다. "누가 능히 그의 분노 앞에 서며 누가 능히 그의 진노를 감당하랴 그의 진노가 불처럼 쏟아지니 그로 말미암아 바위들이 깨지는도다"(나 1:6).

하늘이 불에 녹아 풀어지고 큰 소리로 떠나가며, 세상을 구성하던 것이 뜨거운 불에 녹아 없어지는 심판의 날에 악한 자들은 얼마나 두렵겠는가? 그리스도께서 하늘에서 오시는 날에 악인들의 처지는 얼마나 끔찍하겠는가? 그분은 진리이시고 의로 심판하시며 싸우신다. 그분의 눈은 불꽃과 같고, 그분의 머리에는 많은 면류관이 있으며, 그의 옷과 넓적다리에는 만왕의 왕, 만주의 주라 이름 쓴 것이 있고, 하늘의 군대가 그를 따르며 그분의 맹렬한 진노의 포도주 틀을 밟을 것이다. 그리고 악인들은 포도주 틀에 던짐을 당할 것이다.

그러나 지옥에 던짐을 받는다면, 당신의 처지가 얼마나 두렵고 끔찍한지 좀 더 실감하기 위해 몇 가지 사실을 곰곰이 생각해보자.

1. 하나님이 전능하시고 당신이 그분의 진노를 경험해야 하는 처지에 있다면, 그분이 모든 곳에 계셔서 이렇게 심판하신다면 얼마나 두려운 결과가 나타날지 생각하라. 하나님이 전능하시다면, 그분은 당신을 원하시는 대로 비참하게 만드실 수 있다.

(1) 하나님이 전능하시다면, 당신은 전적으로 그분의 손에 있으며, 그분은 당신을 철저히 비참하게 만들 수 있다는 결론에 이를 것이다. 당신의 이해력과 깨달음은 그분의 손에 있으며, 그분은 침울한 걱정들로 당신의 이해를 채울 수 있으시다. 당신은 그분의 진노를 보면 큰 공포에 휩싸일 것이다. 당신의 의지와 감정들은 그분의 손에 있다. 하나님은 당신의 의지와 감정들과 관련하여 모든 것들을 안정되게 하실 수도 있고, 당신을 매우 비참하게 만드실 수도 있다. 당신의 몸은 그분의 거처이며, 그분은 당신을 그 안에서 최대한 비참한 것으로 채울 수 있으시다. 하나님은 당신의 영혼과 몸을 전적으로, 그리고 완전히 멸할 수 있으시다.

(2) 하나님이 전능하시다면, 그분은 비참하게 하는 모든 수단을 동원할 수 있으시다. 땅에 있는 원수들은 때때로 그들의 두뇌를 짜내어 수단을 찾아 다른 사람들에게 고통을 주며, 그들의 격한 분노를 만족시키기 위해 원수들을 고통에 처넣곤 한다. 땅에 있는 원수들은 할 수 있는 한 모든 것을 다하며 할 수 있는 일이라면 이보다 더 하려고 할 것이다(마 10:28). 그들에게는 그들이 할 수 있는 것 이상의 것은 없다. 그러나 이것이 하나님께는 적용되지 않는다. 하나님은 무엇이든지 할 수 있으시다. 그분은 원수들을 비참한 처지에 던져 넣기 위한 수단이 무한히 많다.

우리는 어떤 사람을 비참하게 할 수 있는 많은 것들을 생각할 수 있지만, 하나님의 힘으로 할 수 없는 것이 무엇인지에 대해 생각할 수 있는 것은 아무것도 없다. 하나님께서는 우리가 생각하지도 못할 정도로 고통스럽고 비참하게 만들 수 있는 수천 가지의 수단을 쉽게 가져올 수 있으시다. 하나님은 자신이 기뻐하시는 장소와 환경에 당신을 둘 수 있으시다. 어떤 점에서 위로의 수단이든지 도움의 수단이 될 수 있는 모든 것들이 그분의 손에 있으며, 그것을 제거할 수 있으시다. 당신이 찾은 위로가 무엇이든지 간에, 그분은 그것이 당신에게 전혀 위로가 되지 않게 할 수 있으시다.

당신이 저주받은 친구들 가운데서 당신을 위로하고 동정해줄 몇 사람을 찾으려고 노력한다면, 그들 중에서 실제로 당신의 처지를 위안해주기를 바란다면, 하나님께서는 이 상황을 정반대로 만들 수 있으시다. 저주받은 자들은 다 당신을 동정하고 도움을 주는 대신에 당신에게 고통을 더할 것이고 당신에게 고문자들이 될 것이다.

당신이 처한 비참한 상황에서 친구가 없는 것보다 많은 동반자가 있는 것이 당신에게 도움이 될 것이라고 생각한다면, 전능하신 하나님이 이것을 당신에게 도움이 되게 하는 대신에 당신의 고통을 가중시키는 것을 가능하게 하시는 분이라는 사실을 생각하라. 그렇다. 하나님은 당신을 당신의 고문자로 만들 수 있으시며 당신에게 도움이 되게 하는 대신에 당신이 자신의 고통의 수단이 되게 하시는 분이다.

(3) 하나님이 전능하시다면, 그분은 당신을 그분이 기뻐하시는 대로 비참한 존재로 만들 수 있으시다. 하나님은 자신이 원하는 수준으로 당신의 고통의 정도를 확장시킬 수 있으시다. 하나님은 당신을 수만 배로 비참하게 만들 수 있으시다. 하나님은 그분이 기뻐하신다면 당신을 사람들이 현재의 상태에서 목숨만 겨우 붙어 있는 정도로 비참하게 만들 수 있으시다. 의심할 바 없이 악인들의 고통의 분량은 다른 세계에서는 더욱 커질 것이다. (진노의) 그릇은 더 많은 진노를 담을 수 있게 더 커질 것이다.

여기서 내가 하나님께서 사람들의 고통의 정도를 확장하시는 것에 대해 말할 때, 하나님께서 그들의 고통을 견디거나 스스로 고통을 견딜 수 있는 힘을 증가시키겠다는 것을 의미하지 않는다. 내 말은 단지 그 고통의 정도가 더 커지고, 그들이 더 많은 고통을 받는 상황을 맞이한다는 것이다. 사람들은 더 고통스러운 처벌을 받을 수 있을 것이며, 그 상황에서 그것을 견디거나 어디서도 도움을 얻을 만한 충분한 힘을 얻지 못한다. 따라서 종종 저주받은 자들이 고통을 견디기에 강하게 된다고 말하는 것은 적절하지 않은 표현이며 잘못된 표현인 것 같다.

이와 같은 표현은 저주받은 자들이 마치 고통을 견디거나 고통 아래 빠지지 않고 강하게 된다고 말하는 것처럼 보인다. 그러나 이것은 철저히 잘못되었다. 이런 의미에서 저주받은 자들은 지옥의 고통을 견딜 수 없다. 지옥의 고통은 그들이 견딜 수 있는 것보다 더 크다. 이사야서 33장은 이렇게 말한다. "시온의 죄인들이 두려워하며 경건하지 아니한 자들이 떨며 이르기를 우리 중에 누가 삼키는 불과 함께 거하겠으며 우리 중에 누가 영영히 타는 것과 함께 거하리요 하도다"(사 33:14). 에스겔서 22장은 이렇게 말한다. "내가 네게 보응하는 날에 네 마음이 견디겠느냐"(겔 22:14). 고통을 견딜 수 있는 사람은 아무도 없다. 그들은 이런 의미에서 고통을 견디지만, 고통 아래로 가라앉으며, 고통 아래에 부수어지고, 철저히 멸망당한다. 하나님은 그들이 할 수 있고 받을 수 있는 것 또는 고통의 대상이 되는 것을 확장시키지만, 그들이 고통을 견딜 만한 힘을 주지는 않으신다.

어떤 사람에게 고통 아래에서도 자신을 유지할 더 큰 힘을 준다는 것은 그 고통을 더 잘 견딜 수 있게 한다는 것이 아니다. 오히려 그 반대다. 그것을 견딜 수 있는 힘이 없으며 영혼을 약하게 한다는 의미다. 마음을 약하게 하고 낙담하는 것은 영혼이 고통에 더 민감해지는 것이다. 영혼이 연약할수록, 그것을 견딜 수 있는 힘은 더 적어지며, 그래서 영혼에게 상처를 주는 것에 더 쉽게 마주하고 같은 것이라도 거기서 더 많은 고통을 받게 된다. 고통을 더 많이 받으면 힘도 약해지고 고통을 지고 가는 것도 약해질뿐더러 고통에 더 민감해진다.

그러나 전능하신 하나님은 그분이 기뻐하시는 대로 당신을 얼마든지 많은 고통을 당하게 할 수 있으시다. 당신은 하나님의 손안에 있다. 그러므로 하나님은 모든 점에서 당신에게 맞는 곳에 당신을 두어 그분이 기뻐하시는 만큼 고통을 받게 할 수 있으시다. 하나님은 원하시는 대로 당신을 약하게도 할 수 있고, 쇠약하게 만들 수도 있으시다. 만약에 당신이 저주받는 일이 일어날 경우에 그것을 견디고, 할 수 있는 한 버티기를 소망한다면, 전능하신 하나님이 원하시는 대로 모든 힘과 용기를 다 거둬가실 수 있다는 것을 생각하라. 하나님은 원하기만 하면 당신의 마음을 약하게 만들 수 있으시다. 어떤 존재가 되었든지 그가 당하는 고통은 대부분이 그 대상이 어떤 존재냐에 달려 있다. 하나님의 손에 있는 영혼은 그 영혼의 기능, 원리, 감정들도 하나님의 손에 있다. 그래서 하나님은 모든 면에서 그들을 고통에 처하기에 가장 적절한 곳에 그들을 둘 수 있으시며, 모든 생각에 작용하여 그들의 마음을 공포로 채울 수 있으시다.

하나님은 고통의 모든 방안을 아신다. 하나님은 수문이 어디에 있는지 아시며 원하실 때 그 문들을 열 수 있으시다. 사람들의 몸은 하나님의 손 안에 있다. 그래서 그분이 원하는 만큼 많이 그 몸이 쓰라린 고통을 인정하고 받아들이게 할 수 있으시다. 어떤 의미에서 몸은 고통으로 소멸되거나 사라지지 않고 견디기에 강할 수 있을지 몰라도, 다른 의미에서 전능하신 하나님이 그가 견딜 수 있는 것보다 더 크고 많은 고통을 부가하시므로 몸은 더 많은 고통을 느낄 수 있다.

(4) 하나님이 전능하시다면, 그분은 역량에 따라 고통을 일으킬 수 있으시다. 하나님은 원하시는 대로 고통의 양을 확장시킬 수 있으시다. 그것이 끝나면, 그분은 그 양을 채울 수 있으시다. 하나님은 받을 수 있는 양만큼 고통으로 영혼을 채울 수 있으시다. 그분은 인성의 용량이 허용하는 한 사람을 고통스럽게 할 수 있으시다. 하나님이 전능하시다는 점에서 이런 일들은 저주받은 자들이 당하는 공포와 두려움이 어떠한지 보여준다.

2. 하나님께서 그분의 맹렬한 진노를 가하실 때, 그분의 힘이 지극히 크다는 것을 보여줄 때까지 이러한 일들을 행하실 것을 생각하라. 하나님은 자신의 힘으로 끔찍한 고통의 수단을 찾을 것이고, 당신을 가장 끔찍한 환경에 두실 것이다. 하나님은 성도들이나 천사들 앞에서까지 하나님의 위엄과 힘을 최대로 나타내시며, 큰 고통으로 당신의 영혼과 몸을 채우실 것이다. 하나님의 힘의 영광이 성도들과 천사들에게까지 나타

날 것이다. 요한계시록 14장은 이렇게 말한다. "그도 하나님의 진노의 포도주를 마시리니 그 진노의 잔에 섞인 것이 없이 부은 포도주라 거룩한 천사들 앞과 어린 양 앞에서 불과 유황으로 고난을 받으리니"(계 14:10). 이것은 결코 끝나지 않고, 영원히 지속된다는 것을 기억하라.

○

에드워즈가 1734년 4월에 행한 이 설교는 34쪽 분량이다. 그중에서 전반부의 3쪽은 간략한 노트 형식으로 되어 있으며 15쪽의 적용으로 구성되어 있다. 설교의 주제는 교리에 선언되어 있듯이, 지옥에는 전능하신 이의 맹렬한 진노의 불이 타고 있다는 것이며 이 책을 마무리하기에 적절한 메시지다.

교리에서 구분된 명제는 세 가지다. 지옥에는 하나님의 진노의 불이 타고 있다는 것, 그 맹렬한 진노의 불을 내리시는 하나님은 전능하신 분이라는 것, 그리고 그곳에서는 하나님의 맹렬한 진노가 불타고 있다는 것이다. 이 도전적인 설교에서 에드워즈가 전하고 있는 메시지는 분명하다. 지옥은 두려운 곳이며, 그곳은 영원하며, 그곳은 하나님의 원수인 사람들을 위해서 있는 곳이고, 하나님은 그곳에 있는 사람들에게 긍휼하심이나 동정을 보이지 않으실 것이라는 사실이다.

적용과 관련해서 에드워즈는 교인들에게 그들이 하나님께 감사해야 할 이유가 무엇인지를 생각해보라고 말한다. 그것은 그들이 지옥에 있지 않는 것이다. 우리가 지금 이곳에서 겪는 환난은 무거운 것이지만, 에드워즈가 표현했듯이 "당신이 처한 상황과 지옥에 있는 사람들이 처한 상황이 얼마나 큰 차이가 있는지"를 알아야 한다. 에드워즈는 그의 교인들에게 이미 하나님의 진노에서 구원을 받았는지 살펴보라고 도전한다. "당신들은 모두 지금 들은 것을 경험하고 있다."

미주

1 B. B. Warfield, "Edwards and the New England Theology," in Encyclopedia of Religion and Ethics (1912).

2 Jay Toison, "The New Old-Time Religion," in US News and World Report (8 December 2003), 36-44.

3 Toison, "The New Old-Time Religion," 36-44.

4 Miscellany #181. A. P. Pauw, The Supreme Harmony of All (Grand Rapids: Eerdmans, 2002), 28에 인용됨.

5 Miscellany #343.

6 H. R. Niebuhr, "The Anachronism of Jonathan Edwards," in Theology, History and Culture: Major Unpublished Writings (New Haven: Yale University Press, 1996).

7 Niebuhr, "The Anachronism of Jonathan Edwards."

8 Paul Helm, "Treatise on Grace and Other Posthumous Writings" (J. Clarke, 2000).

9 Sermon: "The End of the Wicked Contemplated."

10 Unpublished sermon: "The Sacrifice of Christ Acceptable."

11 D. Laurence, "The Foolishness of Edwards," in Worldview, 18 (1971), 49.

12 C. Angoff, A Literary History of the American People (1931).

13 C. Angoff, Jonathan Edwards: His Life and Influence (Rutherford, N.J.: Dicksinson University Press, 1975), 15,16.

14 G. Godwin, The Great Revivalists (1950).

15 J. L. Gonzales, A History of Christian Thought, Vol. 3 (1975/1986), 288.

16 R. T. Handy, A History of the Churches in the United States and Canada (1976), 114.

17 A. S. Wood, The Inextinguishable Blaze (1960/1967), 62.

18 Wood, The Inextinguishable Blaze, 66.

19 R. G. Turnbull, "Jonathan Edwards: Bible Interpreter," in Interpretation (1952), 422-35.

20 R. G. Turnbull, Jonathan Edwards the Preacher (1958).

21 R. L. Stuart, "Jonathan Edwards at Enfield," in American Literature (1976), 46.

22 J. Gerstner, A Mini Theology (Wheaton, 1987).

23 I. R. K. Paisley, Jonathan Edwards: Theologian of Revival (privately printed, 1987), 7,8.

24 Paisley, Jonathan Edwards: Theologian of Revival, 7,8.

25 스위트가 에드워즈 콘퍼런스에서 발표한 논문.

26 스위트가 에드워즈 콘퍼런스에서 발표한 논문.

27 미출판 이사야 53:7 설교.

28 개인적으로 나눈 대화에서.

29 개인적으로 나눈 대화에서.

30 Miscellany 94.

31 J. Piper, "The Pastor as Theologian," 1988년 4월 15일, 목회자를 위한 베들레헴 콘퍼런스의 발표 논문, 12.

32 개인적으로 나눈 대화에서.

33 개인적으로 나눈 대화에서.

34 개인적으로 나눈 대화에서.

35 Piper, "The Pastor as Theologian," 13.

36 Michael Jinkins, A Comparative Study in the Theology of the Atonement in Jonathan Edwards and John McLeod Campbell (New York: Edwin Mellen Press), 1992.

37 Miscellany 741.

38 Miscellany 741.

39 Miscellany 741.

40 Miscellany 741.

41 Miscellany 741.

42 Miscellany 741.

43 출판되지 않은 마태복음 25:1-12 설교.

44 Miscellany 104.

45 Miscellany 103.

46 Miscellany 710 부록.

47 Miscellany 710 부록.

48 "죄인들을 영벌에 처하신 하나님의 공의"(The Justice of God in the
   Damnation of Sinners)라는 제목의 설교.

49 죄인들을 영벌에 처하신 하나님의 공의"라는 제목의 설교.

50 "The Christian Pilgrim" (Yale Works) 2:244.

하나님의 영광과 존귀

초판 1쇄 발행	2020년 7월 27일
지은이	조나단 에드워즈
옮긴이	오광만
펴낸이	여진구
책임편집	안수경 최은정
편집	이영주 김윤향 최현수 김아진 정아혜
책임디자인	조아라 마영애 | 노지현 조은혜

기획 · 홍보	김영하	해외저작권	기은혜
마케팅	김상순 강성민 허병용	마케팅지원	최영배 정나영
제작	조영석 정도봉	경영지원	김혜경 김경희

303비전성경암송학교 유니게과정 박정숙 최경식
이슬비전도학교 / 303비전성경암송학교 / 303비전꿈나무장학회 어운학

펴낸곳	규장

주소 06770 서울시 서초구 매헌로 16길 20(양재2동) 규장선교센터
전화 02)578-0003   팩스 02)578-7332
이메일 kyujang0691@gmail.com   홈페이지 www.kyujang.com
페이스북 facebook.com/kyujangbook   인스타그램 instagram.com/kyujang_com
카카오스토리 story.kakao.com/kyujangbook
등록일 1978.8.14. 제1-22

ⓒ 한국어 판권은 규장에 있습니다.
이 출판물은 저작권법에 의해 보호를 받는 저작물이므로 무단 전재와 무단 복제를 할 수 없습니다.

책값 뒤표지에 있습니다.
ISBN 979-11-6504-106-9   03230

규 | 장 | 수 | 칙

1. 기도로 기획하고 기도로 제작한다.
2. 오직 그리스도의 성품을 사모하는 독자가 원하고 필요로 하는 책만을 출판한다.
3. 한 활자 한 문장에 온 정성을 쏟는다.
4. 성실과 정확을 생명으로 삼고 일한다.
5. 긍정적이며 적극적인 신앙과 신행일치에의 안내자의 사명을 다한다.
6. 충고와 조언을 항상 감사로 경청한다.
7. 지상목표는 문서선교에 있다.